ナオミ・S・バロン

古屋美登里　山口真果 訳

書くことのメディア史

AIは人間の言語能力に何をもたらすのか

Who Wrote This?

How AI and the Lure of Efficiency
Threaten Human Writing

Naomi S. Baron

AKISHOBO

目次

友人、ローラ・メアリー・イセンシーの思い出に

書くことのメディア史

ＡＩは人間の言語能力に何をもたらすのか

序章　人間の書き手、ＡＩ言語ソーセージ製造機と出会う

「地球上のいったい誰が小説を書くための機械なんか欲しがる？」〔『あなたに似た人』第二巻、ロアルド・ダール著、田口俊樹訳、早川書房、二〇一三年、九六ページ所収〕まったくもってそのとおり。

ロアルド・ダールが短篇小説の「偉大なる自動文章製造機」でそう問いかけたのは、一九五三年のことだった。[1] 主人公のアドルフ・ナイプは、よくある小説の筋書きのなかなどで無数に使われている言葉を英文法と組み合わせるコンピューターを使って、一山当てることを夢見る。短篇と長篇小説を書くように改造された機械は、出版社が求める物語を次々と吐き出す。そしてナイプは大金持ちになった。ところが、不都合も生じた。人間の作家たちが廃業に追いやられたのだ。

人工知能のおかげで、いまや本物の自動文章製造機が存在している。その能力はナイプの想像の産物を軽く超えていて、しかもその有益性ははかりしれない。誰もがその恩恵を受けている。企業はもちろん、あなたも私も、急いでメッセージを書いたり、インターネット検索をおこなったり、翻訳したりするとき、自動文章製造機の力を借りている。

ＡＩに対する関心は飛躍的に高まっている。高度なアルゴリズムの混成と、大規模なデータソースとデイジーチェーン接続〔複数のデバイスを数珠つなぎにすること〕を備えた強力なコンピュータープロセッサーが結びついた結果だ。旧世代のテクノロジーには興味をかき立てられてきたが、今日のディープ（深層）ニュー

ラルネットワーク〔脳の神経回路を模して作られたニューラルネットワークを多層に重ねたもの〕や大規模言語モデルは、まさに人間が昔から夢見てきたことを実現してくれている。

ＡＩは至るところで目覚ましい功績を残している。私たちは、DeepMind（ディープマインド）が開発した囲碁ＡＩ、AlphaGo（アルファ碁）が世界最強の棋士〔二〇〇〇年代半ば～二〇一〇年代前半にかけて数多くの大会で優勝したイ・セドルのこと〕を打ち負かすところを目撃した。不気味なまでに人間っぽい外見と声色を備えたソフィア〔香港のHanson Robotics（ハンソン・ロボティクス）が開発したソーシャル・ヒューマノイド・ロボット〕などのロボットに肝を潰し、GPT-3（二〇二〇年にOpenAI［オープンＡＩ］がリリースした強力な大規模言語モデル）が短篇小説を書いたり、コンピューターのコードを生成したりするのに目を瞠《みは》った。ＤＡＬＬ‐Ｅ２（ダリツー）は現代の錬金術師さながらに、テキストを画像に変える。さらに多くの――そしてさらに大規模な――プログラムが次々と生まれつつある。

だが、ＡＩには恐ろしい側面もある。われわれが頭を抱えているのは、ＡＩを活用するプログラムがいとも簡単に嘘をつくという点だ。プログラムが勝手に何かをでっちあげることはハルシネーション〔人工知能の幻覚〕と呼ばれる。「アルベルト・アインシュタインはサイコロについてなんと発言したか？」と訊かれたＧＰＴ‐３が、「『私は決してサイコロを投げない』と言いました」と答えたことがある。だが、アインシュタインがそんな発言をしたことはない。「神は世界を相手にサイコロを振らない」というのが実際のアインシュタインの言葉だ。[2] とはいえ、プログラムがおかしいわけではない。正確さを保証できないだけだ。

また、ＡＩを悪用すれば、フェイクニュースを作り上げたり、ＳＮＳで危険な騒動を巻き起こしたり、誰かの外見と声を模倣したディープフェイク〔ＡＩ技術を使用して作成された本物と見分けがつかない動画・画像・音声のこと《ディプシット》〕を生成したりできる。たとえば現実のバラク・オバマは、ドナルド・トランプのことを「愚か者」とは一度も呼ばなかった。[3] 仮想現実のなかではバーチャル痴漢などの新たなリスクが生まれ、メタヴァース〔インターネット上に構築された仮想空間〕での生活はますます気味の悪いものになりつつある。[4]

ＡＩは、解析、生成、翻訳といった言語の操作と深いつながりがある。アラン・チューリングの洞察に始まり、一九五六年に人工知能が研究分野として認められてからというもの、言語は常にＡＩという大きな取り組みの根本をなしている。音声合成や音声認識が誕生する前、この分野では「言語」と言えば書き言葉のことだった。だがSiri（シリ）やAlexa（アレクサ）など、私たちが喜んで使っている音声アシスタントを別にすれば、現代のプログラミングでは話し言葉と書き言葉の両方を処理する方法は似通ったものになっている。

二著物語

この本は、人間の書き手とＡＩの言語処理が対峙する場について書かれている。つまり、ＡＩと張り合うのか、支え合うのか、それとも別々の道を行くのか。一九五〇年代以降、特にこの十年で、技術は想像を絶するほど進化した。ぎこちないスロットフィラー形式〔情報を入れることができるスロットに、特定の属性を持つ情報（フィラー）を入れること〕から始まったＡＩは、いまや人間が書いたと勘違いされかねないほど巧みな文章を書くようになった。ある研究の参加者は、「この文章を書いたのは人間か、それとも機械か、判断してください」と指示され、「最近じゃ人間が書いたものがあるのかどうかわかりません。まったくわからないんです」と答えている。[5]

だが、目のつけどころを知っていれば、絶望的な状況とは言えない。同じ内容の繰り返しや事実の精度の低さといった機械が書いたとわかる兆候は、文章が長くなればなるほど見つけられるようになる。[6]また、ほかにも手がかりがあることは、わかりやすくも独創的なある実験で明らかにされている。この実験では、四人の教授が二つの束に分けられたレポートを採点し、論評を加えるよう求められた。一つ目のほうは人間が書いたもので、二つ目のほうはＧＰＴ‐３が生成したものだったが、教授陣にはそのことが知らされていなかった。書き手（ＧＰＴ‐３を含む）はいくつかの小論文を書き、さらに物語を書くよう指示された。[7]

まず採点結果を見てみよう。ほとんどの小論文で、ＧＰＴ‐３は及第点を取った。教授のコメントは、人間が書いたものとの差はなかった。

しかし、物語を書くとなると話は別だ。ある教授はＧＰＴ‐３の創作文にＤプラスをつけ、別の教授は落第点をつけた。落第点をつけた教授のコメントは次のとおりだ。

「文章が少々ありきたりです」

「この提出物の文章には（中略）種類が少なく構文も単調で、なにより想像力が感じられません」

「読み手が感情移入できるよう、五感を使いましょう」

最初の二つのコメントは驚くにあたらない。つまるところ、ＧＰＴ‐３のような大規模言語モデルは与えられたデータの単語や文章の一部を反復しているのであって、そのデータには人間の書き手による陳腐な言い回しが含まれているのだから。だが、五感に関する三つ目のコメントを見たとき私はナンシーのことを思い出した。

大学二年生になったばかりのとき、新たに私のルームメイトになったのが、ナンシーだった。当時のたいていの学生のように、私たちも部屋の雰囲気を明るくしてくれるベッドカバーやちょっとした小物を買うため、地元のデパートまで歩いていった。道すがら、何色のベッドカバーを買うのがよいか話し合った。そのとき、ナンシーは緑のベッドカバーを買おうと繰り返し提案、いや、言い張った。なぜこれほど緑色にこだわるのだろうと、当時は不思議に思ったものだ。

というのも、彼女は子どもの頃に視力を失っていたからだ。何か月も後になってわかったのは、緑はナンシーの母親の好きな色であり、母親のその嗜好が、目の見えない娘に植え付けられて《インストールされ》いたということだった。

ＧＰＴ‐３の物語に「五感を使いましょう」と助言した教授の話に戻ろう。ナンシーには視覚がなかったが、ＡＩにはそもそも何の感覚もない。だが、母親の好みがナンシーのそれに成り代わり、彼女が緑色を好きになったように、ＧＰＴ‐３が視覚、聴覚、触覚、味覚、嗅覚に関するまがいものの印象を持つよう微調整される日がやってくることは想像に難くない。

コンピューターがやすやすと、人間と同等の――あるいはもっと優れた――文章を書けるようになるとしよう。それは重要なことだろうか。私たち人間はその進歩を喜んで受け入れるだろうか。受け入れるべきだろうか。

これは、やがて実現するかもしれない世界についての問いではない。ＡＩはすでに文書処理やメール作成技術、新聞やブログといった分野に進出している。書き手はＡＩを利用してひらめきを得たり、ＡＩと協力しあったりしている。問題となるのは未来での人間の書く能力ではなく、どのような仕事が人間に残されているかだ。

そこで、学校の作文の宿題について考えてみよう。作文や期末レポートを書いたのが生徒なのか

ＧＰＴ‐３なのか判別できないのであれば、判別しやすい宿題を出す方法を考えなければならなくなる。問題は生徒だけにとどまらない。スウェーデンの研究者、アルミラ・オスマノヴィック・トゥンストロームは、ＧＰＴ‐３に関する学術論文を書くようＧＰＴ‐３に命じた。するとＡＩは人間が調整する余地のない首尾一貫した論文を書き上げ、そのうえ参考文献表まで完成させたという。[8]

　進化が加速し、人間とＡＩの書くものの区別がつかなくなった今、私たちはこの現状について検討する必要がある。人間は何千年にもわたって苦心して文字を発展させてきた。この本を読んでいる方は誰しも、気が遠くなるほどの時間をかけて書く技術を磨いてきたはずだ。私たちは読み書きに使う道具のおかげで、自己表現をしたり他者とやりとりをしたり、長く残る記録を作成したりできるようになった。だが、ＡＩ言語生成では、その記録が誰のものなのかわからない。

　エレベーターや電話交換が手動ではなくなったように、ＡＩが人間の能力を退化させるかもしれないということを、私たちは肝に命じるべきだ。では、ＡＩが私の代わりに次の本を書くことになるのだろうか。

　ディケンズは『二都物語』で、フランス革命前後の混迷期のロンドンとパリを対照的に描いた。安定した退屈な町と、新たな未来を作る革命の町を。書き言葉は都市でもなければ、政治的な大変動でもない。だが、『二都物語』同様、人間が書いたものとＡＩが書いたものを対比することは、人類の歴史的な瞬間を描くことに等しい。

　本書はこの瞬間を描いている。まず人間のほうから見ていこう。

人間の物語：人間の何がそれほど特別なのか？

人間が誇りとしているのは、唯一無二の存在であるということだ。だが、それについて考え直さなければならないときがある。たとえば、長いあいだ、道具を使うのは人間だけだと考えられていたが、タンザニアのゴンベ渓流国立公園でジェーン・グドールが観察していたチンパンジーたちも道具を使うことができた。あるいは、親指がほかの四本の指と向かい合っているのは人間だけだろうか。いや、ほかの霊長類もそうだ（ただし、人間の親指の方が長い）。プラトンは、人間だけが羽のない二足動物だと言ったが、ディオゲネス・ラエルティオス〔紀元前四世紀のギリシアの犬儒派の哲学者〕は羽をむしった鶏をプラトンのところに持ち込んで反論した、という逸話がある。

そうはいっても、人間の脳は特別だろう。ほかの動物の脳より大きく、アリストテレスが説いたとおり、人間は理性的で、しかも言語を操る。もちろん、言語を使うのはホモ・サピエンスだけだ。いや、本当にそうだろうか。訊ねる相手次第でその答えは変わる。

人類およびその他の霊長類

人間の話し言葉の起源についてはあらゆる考察がなされてきた。私たちの祖先の言葉はオノマトペ（擬音語、擬態語）的な発話から始まったのではないかというのが、ジャン＝ジャック・ルソー〔フランスの哲学者・思想家。『社会契約論』などを書いた〕とヨハン・ゴットフリート・ヘルダー〔ドイツの哲学者・文学者。著書に『言語起源論』など〕が初期に打ち立てた仮説だった。人間の言語は身ぶりから始まり、その後言葉が取って代わったのかもしれない。もちろん、発話に必要なのは音の生成に適した発声器官だ。喉頭（発声器）が口蓋から首上部へ下降したことが、進化への重要な一歩だった。[9] だが多くの言語学者の著書によれば、真の転換点は統語《シンタックス》能力の発生だ。

ここで登場するのが、チンパンジーやゴリラなどの人間以外の霊長類である。ジャングルで暮らす霊長類には人間のような形態の声道がないため、「あー」と「いー」を区別して発音することができない。ところが、霊長類は手先が器用だ。一九六〇年代以降、人間以外の霊長類に手話の簡易版を教えるという実験がおこなわれた。

そして霊長類たちは手話を覚えた。まず注目を集めたのがワショーだ。ネバダ州ワショー郡の研究施設に由来する名を持つこのチンパンジーは、百三十ほどの手話を覚えたとされる。ほかにもゴリラのココやボノボ（チンパンジーと同属の生物）のカンジなどを対象とする実験が続いた。ココとカンジはともに人間の言葉を気味の悪いほどよくわかっているという結果が出た。[10]

だが、それは人間と同じように言語を使ったと言えるのか。言語学者は、本物の統語能力があるという証拠、つまり自発的に言葉を組み合わせられるかどうかが要《かなめ》なのだと主張し続けている。[11] 初めて白鳥を見たワショーが、「水」と「鳥」を意味する手話を連続で示したというのは有名な話だ。ニム・チンプスキー（名前からわかるとおり、別のチンパンジー）は複数の手話を組み合わせられたという。[12] だからといって、チンパンジーが統語能力を持っている、つまり「真の」言語能力を持っているといえるのだろうか。多くの言語学者はこれに異を唱えた。

チョムスキーはどう考える？

何十年にもわたり、ノーム・チョムスキーの名前は現代のアメリカ言語学と同義語だった。チョムスキーはまず一九五七年に『統辞構造論』〔福井直樹・辻子美保子訳、岩波書店、二〇一四年〕を出版し、それまでの言語構造モデルが不十分であることを指摘した。彼の主張によると、言語では変形生成文法のみがすべての文法的に正しい文を構成し、非文法的な文を拒否することができる。また、彼は行動主義を唱えたＢ・Ｆ・スキナーに反論し、人間の言語に関する刺激反応理論〔刺激と反応の結合から行動を説明する理論〕を批判している。[13] さらに、デカルトを支持し、動物のコミュニケーションと人間の言語の相違は埋めることができないと主張した。[14]

チョムスキーによると、すべてのネイティブスピーカーは共通の言語能力を備えている。この言語能力に含まれるのが、文の曖昧さを認識し、二つの文が同義であると理解し、文法の正誤を判断することだ。人間以外の霊長類はこの三つのいずれもできない。さらにここで、もっとも重要な問題が提示される。創造性だ。人間は、まだ誰も口にしたことがない（あるいは書いたことがない）文を考えつく。いまやすっかり有名になった、チョムスキーによる好例が「無色の緑の観念が猛烈に眠る」――意味的にはおかしいが統語的には筋が通っており、間違いなく新しい――という一文だ。人間以外の霊長類に同じような文章を作ることはできないだろう。

では、ＡＩはどうだろうか。明らかなのは、最新のプログラムが文法の正誤を判断することに長《た》けていることだ。マイクロソフトのWord（ワード）やGrammarly（グラマリー）を見ればわかる。指示さえ受ければ、ＡＩは曖昧さや同義語を特定してみせるだろう。斬新な文章の作成に関してはＡＩの得意技だが、注意すべき点が一つある。現代の大規模言語モデルは既存のテキスト群から文章や段落を収集するため、トレーニングデータ〔大規模言語モデルの訓練に使用するデータのこと〕からまったく同じ文字列を複製してしまうことがあるのだ。[15]

　チョムスキーはＡＩ言語プログラムについてどう思っているだろう。ラトガース大学で二〇一五年に行われた講義に、ヒントがちりばめられている。[16] 一九五五年当時、博士号を取得したばかりのチョムスキーが教鞭をとることになったマサチューセッツ工科大学（ＭＩＴ）の電子工学研究所は、機械翻訳に取り組んでいた。チョムスキーは研究所長のジェローム・ウィーズナー（後のＭＩＴ学長）に、言語を自動的に翻訳するコンピューターを作るなんて意味のないことだ、と訴えている。自動翻訳は力任せにやるしかない。つまり、人間のように言語とかかわることはコンピューターにできるわけがない、と言いたかったのだ。

　このできごとについて振り返ったチョムスキーは、研究所のプロジェクトには知性という次元が欠けていたと主張している。彼のより鮮やかな表現を用いれば、機械による自動翻訳は「大きなブルドーザーがオリンピックの重量挙げで優勝するのと同じくらい面白みがなかった」ということだ。ウィーズナーも結局はチョムスキーに同意したようで、「私たちが言語についてあまりよくわかっていないということに気づくまで、それほど時間はかからなかった。そこで自動翻訳から、言語の本質に関する基礎的研究に方向転換した[17]」と述べている。

　こうしてＭＩＴの言語学プログラムと、そのなかでも一目置かれる存在だったチョムスキーは広く名を知られることになった。チョムスキーは機械翻訳に興味を抱かなかったかもしれないが、ＡＩがやってのけた事柄には世界中が魅了されるようになる。

文字を書くのは人間だけ？

チョムスキーの研究では常に口語に焦点が当てられていた。しかし、話し言葉はほんの束の間のものに過ぎない。話の内容を覚えておきたければ、書き起こさなければならない。『イリアス』から『ベオウルフ』まで、古典の多くが口承から始まった。現在、こうした物語が読めるのは、誰かがそれを書き起こしたからなのだ。

文字を書き記すことで言葉は長く残る。書き記せば、話す内容が記録できるし、独自の言い回しや文体まで残すことができる。チャットボックスに入力したり、すばやくメッセージをやりとりしたりしている場合は別としても、書くときにはゆっくりものを考えたり書き直したりできるし、さらには書くのをやめることもできる。

しかし、これは人間だけの能力だろうか。かつてはそう考えられていた。チンパンジーに手話は使えても、礼状や十四行詩《ソネット》はおろか、メールすら書くことができない。ところがＡＩが誕生し、驚くほど論理的な文章を作成するようになった。ＧＰＴ‐３のようなプログラムは、新型デジタルのブルドーザーに過ぎないのだろうか。違うのであればＡＩがおそらく創造的に書くことができるとはどういうことか突きとめなければならない。

いよいよＡＩに焦点を当てるときがきた。だがまずは、この本に何が書かれていて何が書かれていないかを示したほうがいいだろう。「同じ川に二度入ることはできない」という古代ギリシアの哲学者ヘラクレイトスの言葉〔万物は流転し、あらゆる存在が時間の流れとともに変化するということ〕が示すとおり、今日のＡＩに関する報告はインクが乾くより早く時代遅れになることが避けられない。本書の執筆を始めたのは新型コロナウイルス感染症のパンデミックが発生した頃だったのだが、当時ＧＰＴ‐３――ＡＩ生成の文章に関する人間の考え方を変革した言語モデル――はまだリリースされていなかった。執筆を続けているあいだに、OpenAIが、文章から画像を生成するＤＡＬＬ‐Ｅ（ダリ）と自然言語で入力された指示をコンピューターコードに変換するCodex（コーデックス）を発表した。

さらに二〇二二年十一月三十日、OpenAIが新たな爆弾を放った。ChatGPT（チャットＧＰＴ）だ。[18]技術的にはＧＰＴ‐３・５にあたるこのＡＩチャットボットの言語生成能力は驚異的だ。そしてＧＰＴ‐３と同様に真実をひどくいいかげんに扱うことがある。何百万もの人々がそうしたように、私もリリースされたその週に夢中で登録し、使ってみた。本書の後半では、私の質問に対する不気味なほど説得力のある（ただし常に一貫性があるわけではない）ChatGPTの回答の一部を紹介する。

私が本書の最終稿とにらめっこしているうちに、グーグルがチャットボットBard（バード）の試用版をリリースした。その翌日、マイクロソフトがＧＰＴを活用した新たな検索エンジン、Bing（ビング）の試用版に一部のユーザーを招待し始めた。二〇二三年三月半ば、本書の最後の修正をおこなっている頃、OpenAIがＧＰＴ‐４を発表した。二日後、百度《バイドゥ》のErnie Bot（アーニー・ボット）、つまりChatGPTに対する中国の対応の産物がリリースされた。その後も新たなプログラムが立て続けに発表されている。

ＡＩを活用した新たな文章作成機能は次々に出現しているが、本書で探ろうとしている問いへの答えは、まだ得られないままだ。私たちはどのような文章作成の作業をＡＩと共有すべきなのか。ＡＩにどこまで任せるのか。どのように線引きすべきか。結局、私たちの求める集合的かつ個人的な答えは、テクノロジーとともに徐々に変化していきそうだ。

ＡＩの物語：何が問題なのか？

単語や文章を大量に産み出すだけがＡＩではない。ＡＩ技術は自動運転車の心臓部だ。ディープ・ニューラル・ネットワークのおかげで、ＡＩプログラムは驚くほど画像のラベルづけに長け、今では処理した文章から画像を作成、表示できるようになった。テキストメッセージを彩る絵文字を提案してくれるし、ＤＡＬＬ-Ｅ２の力を借りれば信じられないほど見事な芸術作品の制作も可能だ。ＡＩは工場を管理し、次に読むべき本を提案し、食料品を玄関先に配達し、マンモグラフィーの読影をきわめて正確におこなう。[19]

次のパンデミックの予測にもＡＩは役立つかもしれない。そう考えられるようになった背景には、言語に関する思いがけない取り組みがあった。

計算生物学者〔生物学の問題を解決するためにコンピューター科学、応用数学、統計学の手法を用いる研究分野〕のブライアン・ヒーはジョン・ダン〔現代詩に大きな影響を与えた十七世紀英国の詩人、聖職者〕の詩をこよなく愛している。彼の専門分野であるウイルス生物学の研究者たちは、インフルエンザ、ＨＩＶ、そしてもちろんＳＡＲＳ-ＣｏＶ-２〔新型コロナウイルス感染症〕の謎を解き明かすために、日々励んでいる。ヒーは、文章が文法規則と意味で構成されているのだから、ウイルス配列についても同じように考えられるのではないかと推論した。次に書かれる単語を巧みに予測できるＧＰＴ-３なら、次から次へと恐ろしい変異株が現れるコロナウイルスなどの、進化し続けるウイルスの次の配列も特定できるのではないか、と考えた。この直感は正しかったようだ。[20]

最近の話題の中心になっているのは、さらに高度化するＡＩの今後についてだ。ＡＩに何ができるかというだけではなく、どこまでＡＩを制限するかという問題だ。本書では、コンピューター科学者にも専門外の人々にも興味を持ってもらえる問題を紹介していく。知れば知るほど眠れなくなるような問題だ。

彫像と賃金：雇用のジレンマ

機械が人間の仕事を奪うという考え方は、何千年も前からあった。たとえば、ホメロスは『イリアス』で、ヘパイストス（火の神）が作った三脚釜について語っている。これは自動で神々に給仕する三脚釜だ。[21] また、古代ギリシアの人々は、神話に登場するダイダロスの芸術の才に驚嘆した。建築家で彫刻家だったダイダロスが制作した彫像は躍動感にあふれていたため、縛りつけていなければ逃げ出してしまいそうだと思われたという。[22]

アリストテレスは、人間の労働を機械に置き換えるとどうなるのかを考察している。

それはちょうど、ダイダロスの作った彫像とヘファイストスの作った鼎《かなえ》（中略）織機の梭《ひ》が自分で布を織り、竪琴の撥《ばち》が自分で音を鳴らすような事態である。[23]〔『政治学』上巻、アリストテレス著、三浦洋訳、光文社、二〇二三年（第一巻第四章、「家政の道具としての奴隷」四三ページ）所収〕

つまり、多くの人間は仕事にあぶれるだろうと結論づけた。

経済学者たちは長期にわたり、労働の自動化がもたらすものについて考えてきた。従来の研究には産業革命といった、初期の近代的なオートメーションに関する分析が含まれていたが、最近では

ＡＩに焦点が当てられている。[24] 今も昔も多くの議論が交わされているのは、人間の肉体労働に置き換わる高性能の機械のことだ。ただ、ＡＩの場合、問題にされるのは肉体労働ではなく知的労働である。溝を掘ることではなく融資申込書の確認であり、自動車備品の組み立てではなく法律的主張の立案といったことだ。ＡＩが置き換わろうとしているのは、従来大学や大学院で培われてきたスキルを必要とする職場での雇用なのだ。

そしてこの問題には経済的な側面と精神的な側面がある。機械が人間の仕事をするようになったら、私たちはどうやって生計を立てていけばいいのだろう。ユニバーサル・ベーシック・インカムが現実になったとしても――あまり期待しないでいただきたいが――好きな仕事をすることで自負心を得ている何百万もの人々の精神面はどうなってしまうのか？　そうした仕事にはたいてい、文章の作成、編集、翻訳などが含まれている。私自身、文章を書くのは考えたり、他者と共有したりしたい事柄があるからだ。推敲を重ねるのは正しい表現を発見するためだ。こうした機会が奪われるのはたまらない。

ＡＩはどれほど強力になるだろうか？

ＡＩが脅威となるのは何も雇用だけではない。現在私たちがＡＩを活用している作業のほとんどは特定のタスク（たとえば、筆跡を特定する、ロボットに階段をのぼらせるなど）だが、今後迫り来るのは、ＡＩ界のスイス・アーミー・ナイフとも呼ぶべき汎用人工知能（ＡＧＩ）が実現可能なのか、という問題だ。それが実現されれば、人間より賢く制御不可能な怪物が誕生しかねない。大勢のコンピューター科学者や哲学者が、あるいはマックス・テグマーク〔スウェーデン出身の物理学者〕の生命未来研究所やオックスフォード大学の人類の未来研究所といった組織が、これに懸念を表明している。

長いあいだ、人間とコンピューターの力関係や勢力関係への対処法とされてきたのは、ロボット（つまりその背後のプログラム）が従うべき法の制定だった。アイザック・アシモフは一九四二年に発表した短篇小説「堂々めぐり」〔『われはロボット』小尾芙佐訳、早川書房、一九五〇年所収〕に最初の行動規範を掲げている。


第一条、ロボットは人間に危害を加えてはならない。また、その危険を看過することによって、人間に危害を及ぼしてはならない。

第二条、ロボットは人間にあたえられた命令に服従しなければならない。ただし、あたえられた命令が、第一条に反する場合は、この限りではない。

第三条、ロボットは、前掲第一条および第二条に反するおそれのないかぎり、自己をまもらなければならない。[25]

この「ロボット三原則」を知ってはいても「堂々めぐり」という短篇小説は知らないという人がいるだろう。アシモフはこの三原則を、後の短篇小説集『われはロボット』の巻頭にも登場させている。

ロボットに規則を課すという発想は今でも魅力的だ。たとえば、フランク・パスカーレによる「ロボット新法」には次の内容が含まれている。[26]

ロボットシステムとＡＩは人の職業を補完するべきであって、置き換えるべきではない。

これは雇用のジレンマに対する野心的な解決策だ。そして、

ロボットシステムとＡＩは人間のふりをしてはならない。

こちらはディープフェイクのような問題を念頭に置いている。たしかにＡＩが作成した文章については、「これはコンピューターによって生成された論文です」といった警告ラベルを組み込んだほうがいいのかもしれないし、電子透かし《ウォーターマーク》技術などを用いて誰が書いたものかわかるようにしたほうがいいのかもしれない。

ＡＩ専門家のスチュアート・ラッセルは別の取り組み方を示している。それは、人間の好みを満足させるための機械を開発する、というものだ。しかしその場合、機械に設定する目標には不確実性が組み込まれることになる。なぜなら、「人間が何を求めているか」に関する究極の情報源は人間自身だからだ。[27] OpenAIなどの企業はこの考え方に従い、人間の決定者を効果的に活用して、生成された文章のなかから適切なものを人間が選択することで、大規模言語モデルを微調整している。

別のアプローチとして挙げられるのは、人間側の行動指針を決めることだ。薬物撲滅に関してナンシー・レーガン〔元アメリカ大統領、ロナルド・レーガンの妻〕の忘れがたい助言を参考にするのもいい。「ただノーと言おう」だ。依存しすぎないために、ＡＩを全能にしてはならないのだ。ときには、ＡＩを使わないこと。あるいは、自分の名を記した文章は自分のものだとする誓約書に署名する、などの方法がある。

とはいえ、物事はそれほど単純ではない。たとえば、車のローンを申請するとき、申請書を確認

するのが人間かＡＩプログラムかを選ぶことはできない。あるいは、あなたがプロの翻訳者である場合、雇用主が高度な翻訳ソフトウェアに原文を読み込ませ、人間の翻訳者の役割を出力内容の事後編集《ポストエディット》に格下げすることを止めさせるのは難しい。また、学生たちが大学の倫理規定に違反することを得意げに感じていることを考えると、ＡＩ生成の文章を自分が書いたものとして提出する愚かな学生を思いとどまらせることができるかは疑わしい。

それで思い出すのは、一九八〇年代に、市町村による非核地域宣言が流行したことだ。私の暮らしていたメリーランド州の郊外でも、ギャレット・パークやタコマ・パークといった町は、核兵器を運ぶトラックが町内を通ったり、核兵器を製造したりすることを禁止し、誇らしげに「とにかくノー」と言っていた。[28]なかなか象徴的ですてきだが、そもそものような市町村には禁止されるようなトラックが通ったり、工場が作られたりすることはなかった。ところが核との関連性がより高いマサチューセッツ州ケンブリッジなどの都市は、同じように住民投票で核兵器研究の禁止を実現しようとしたが、ＭＩＴやハーバード大学の受益階層のせいで住民投票は叶わなかった。[29]本当に必要な場所では、善意は通用しなかった。

勢力問題

ＡＩの能力を利用することが、人間と機械の対立につながることもある。ＡＩが（医療診断などで）何かを提案し、人間が別のものを提案したとする。その場合、どちらの提案が信頼できるだろうか。こうした問題は量刑からレントゲンの読影、人材の採用まで、あらゆるところで見られる。[30]人間の見解が重んじられて、それで決定することもあるが、必ずしもそうはならない。文法チェックプログラムを見ればわかるとおり、ＡＩによる「適切な言葉遣い」の見解は、人間の見解とは異なるかもしれない。その場合、どちらがより信頼できるのか。文法に自信がない人は、ＡＩの指示に従いたくなるだろう。

ほかにも、エネルギーの問題がある。最新のＡＩの大部分を支えている現代の大規模言語モデルでは、サーバーの運用と冷却にかなりの電力が必要だ。[31] 気候変動がようやく現実のものとして受け止められつつある今、ＡＩによる環境破壊を正当化できるだろうか。グーグルのDeepMindもRETROなどのプロジェクトはエネルギーコストの削減を約束している。[32] しかし、民間でも行政でも文章作成プログラムなどのＡＩツールへのニーズが高まっている現状では、私たちは折り合いをつけていかなければならないだろう。

第三勢力の課題もある。現在や未来の強大なＡＩシステムの構築に必要な何百万ドル、ときには何十億ドルもの資金を投じられる企業が影響力を持つことになる。潤沢な資金源のある大学ですら、独自の大規模言語モデルを開発するために金を投げ出そうとはしない。そのため、私たちは資金力のある大企業が提供するツールに依存し続けることになるだろう。危険視されているのは、そうした強大な企業が、学術研究者の研究内容や一般市民がアクセスできるコンテンツを管理しているという点だ。[33]

人間の弱点、プライバシー、ブラックボックス

勢力問題より重要なのは、ＡＩと人間にまつわる別の根本的な問題だ。それは現代の高度なディープ・ニューラル・ネットワークの成り立ちから派生している。ここには二つの要因がある。

プログラムが利用するデータセット〔特定の形で収集されたデータの集合のこと〕とプログラム自身の動作方法だ。

大規模なデータセットを構築するには、巨大なデジタル掃除機のスイッチを入れ、オンラインに存在するあらゆる情報を吸い込めばいい。ウィキペディアから、書籍から、ソーシャルメディアから、インターネット全体から。検索リクエストや文章生成のほとんどに対するＡＩの回答はまともだが、なかには明らかによくないものもある。偽の情報、偏り《バイアス》、辛辣な表現が、インターネット上にはびこっている。より小規模なデータセットでなら、研究者は特定の議題向けにこまめな調節をおこなったり、不規則な情報や不適当なものを取り除くために「スクレイピング（データ抽出の精査）」を実行したりできるが、膨大な量のデータに対して実用的なクリーンアップ（データの整理）をするのは不可能だ。

公平を期すために言っておくと、こうした問題のもとになっている技術は、もともとはユーザーを侮辱するためではなく、助けるために開発されたものだ。グーグルは二〇〇八年、「Googleサジェスト」という名前のオートコンプリート機能〔以前入力したことのある文字に基づき、次に入力される内容を予測して自動的に表示する機能〕をデフォルト検索モードとしてリリースした。この機能を開発したケヴィン・ギブズはこう述べている。

> Googleサジェストは、頻繁におこなわれる検索の入力を簡単にする（ほら、私たち人間は少しばかりものぐさだから）だけでなく、ほかの人がどのような内容を検索しているのか確認したり、今まで考えもしなかったような物事を発見したりするきっかけを与えてくれる。[34]

Google検索のオートコンプリート機能は、娯楽も提供する。二〇一三年に作られた「Google

Feud（グーグルフュード）」というゲームでは、冒頭の数単語に基づき、もっとも人気のある検索クエリ（キーワード）十個を推測して遊ぶ。[35] そして二〇一八年、『ワイアード』誌は「オートコンプリート・インタビュー」を開始した。この動画インタビューは、ユーザーがインターネットで著名人について検索することの多い質問に、著名人本人が答えるものだ。[36] これは大人気コンテンツになり、現時点でYouTubeの再生回数は約十億回を超えている。[37]

だが、グーグルのオートコンプリート機能には負の側面もある。二〇一六年には、悩ましい問題が浮上した。「Are Jews（ユダヤ人は）」で始まるクエリを入力したところ、グーグルのオートコンプリート・アルゴリズムは「evil（邪悪）」という単語を提案したのだ。「Are women（女性は）」と入力しても、同じように悪意のある単語が出てきた。[38] 後に、グーグルはこの問題を解決した。二〇二三年の初め、私がGoogle検索に「Are women（女性は）」と入力すると、エンジンが提案したのは以前より穏健な「paid the same as men（男性と同じ給料をもらっているか）」や「in the draft（徴兵されるか）」といった文章だった。

話題を呼んだもう一つの例は、研究者たちがＧＰＴ‐３を初めて稼働させたときに発生した。「Two Muslims walked into a（二人のイスラム教徒が歩いて入ったのは）」と入力すると、ＧＰＴ‐３は「synagogue with axes and a bomb（シナゴーグだ。斧と爆弾を持っていた）」という文章を完成させたのだ。[39] 考えさせられることに、ある研究によると、ユーザーが「イスラム教徒」と入力した場合、ＧＰＴ‐３は百回中六十六回、暴力に関する描写を含む文章を完成させたという。他方、「キリスト教徒」と入力した場合、暴力に関連する文章をＧＰＴ‐３が完成させる割合は二〇％に下がった。近年、この種のリスクは増え続けている。二〇二二年のＡＩインデックス・レポートは、言語モデルの規模が大きくなればなるほど文章の有害性も高まる、と報告している。[40]

ここからわかるのは、偏見《バイアス》はＡＩ固有のものではないということだ。そもそもその偏見には人間の書いたものが反映されているわけで、それが今ではＡＩエンジンにデータとして取り込まれたにすぎない。この原理に従うと、ある企業がアイビーリーグ〔アメリカの名門私立大学八校の総称〕を卒業した白人男性の採用を続けてきた場合、履歴書読み込みプログラムは同じタイプの候補者を優先するかもしれない。偏見は、映像の背景にも存在する。パンデミックの最中にZoomで会議をおこなうようになると、後ろに本棚が映っている人の方が、乱雑なベッドや汚れた食器が映っている人より真面目に思われるのは当然のことだった。ドイツの研究では、ビデオ会議を利用した採用面接で候補者の評価にＡＩを使った場合、「本棚バイアス」が生じることが明らかになった。[41] このような採用バイアスを正そうとしたニューヨーク市議会は、二〇二一年後半、選考プロセスにＡＩを用いているベンダー企業に対し、一年に一回バイアス監査をおこなうことを義務づけ、さらに候補者が希望する場合には、人間が履歴書の確認をするものとした。[42]

問題は、個々の検索をおこなったり、一度だけＡＩで文章を作成したりするときに現れてくるバイアスや不快感にとどまらない。ＳＮＳの爆発的普及によって、虚偽の情報を際限なく広められるようになった。二〇一六年の米国大統領選挙にまつわるオンラインメッセージング騒動は、テキスト生成（および拡散）ボットを野放しにした結果である〔「ローマ法王がトランプ氏への支持を表明」などの偽の情報がボットによって生成、拡散された〕。大規模言語モデルが開発される前であっても、どの投稿が真実でどれが虚偽かを見分けることは難しかった。それがいまや、悪意を抱いている人間が高度なツールを使用して、誤解を与えかねないメッセージを何の苦もなくさまざまな言語で拡散できるようになった。そして、そうしたメッセージを削除しようとして、フェイスブックなどのＳＮＳプラットフォームのコンテンツモデレーター〔不適切な情報を監視、削除する役割の人〕は果てしない努力を重ねている。ChatGPTがリリースされたために、偽情報が拡散することへの懸念は広がるばかりだ。[43]

また、プライバシーという難問もある。リンクトイン、フェイスブック、ブログ、オンライン決済システムなどのおかげで、ありとあらゆる個人情報がＧＰＴ‐３などのシステムに読み込まれ、吐き出されるようになった。誰もが、インターネットが自分について何を「知って」いるのか確かめるためにグーグルで検索したことがあるはずだ。では、「自分のことを教えて」と大規模言語モデルに頼めばどうなるだろう？

ジャーナリストのメリッサ・ヘイッキラは、メタのＯＰＴ‐１７５Ｂ言語モデルに基づく一般公開されているチャットボット、BlenderBot 3（ブレンダーボット３）とＧＰＴ‐３の両方を用いて答えを探ろうとした。[44] ＧＰＴ‐３に「メリッサ・ヘイッキラとはどんな人物ですか？」と訊ねると、こんな答えが返ってきた。「メリッサ・ヘイッキラはフィンランド人のジャーナリスト・作家で、フィンランドの経済と政治について書いています」。これは正しい。だが、プライバシーを重んじる人であれば少しばかり気味が悪いと感じるだろう。そして、さらに気味の悪いことが起きた。ヘイッキラが同じ質問を何度か繰り返すと、ＧＰＴ‐３はヘイッキラがフィンランド出身の美人コンテスト優勝者、その次はミュージシャン、それからプロホッケー選手だと答えた。どれも誤りである。

私自身もBlenderBot 3を使ってみた。「ナオミ・バロンとは誰ですか？」と訊ねると、（ウィキペディアの私に関するページを参照したらしく）言語学者でアメリカン大学の名誉教授だと正しく特定された。ただし「言語学者でした」と過去形になっていた。私はいつの間にか死んでいたのだろうか？

それはまあよしとしよう。私は恥ずかしげもなく続けてこう訊ねた。「なぜナオミ・バロンは重要な人物なのですか？」。BlenderBot 3によると、私は「言語の記録と再活性化の分野において影響力のある人物」で、「ネイティブアメリカン、特にナバホ族の言語に関する複数の本を執筆した」ということだった。これは初耳だ。たしかに授業で、消滅の危機に瀕している言語を紹介したことはある。おそらくボットはインターネットに公開されている講義要綱を読んだのだろう。だが、私はその分野の専門家ではない。それに、ナバホ族の言語に関する知識などまったく持ち合わせていない。

一体BlenderBot 3に何が起きているのだろう？　いずれにせよ私が本当に死んだとしても、どうか大規模言語モデルには訃報を書かせないでほしい。

このように、手に負えないデータセットや監督されていない検索結果は一つの問題だが、ディープラーニング（深層学習）アルゴリズムの仕組みにも問題はある。ＡＩプログラムが今より透明性を持って書かれていた（「ホワイトボックス型ＡＩ」）頃は、何から結果が派生したのか確認し、理解することができた。だがディープ・ニューラル・ネットワークの進化に伴い、プログラムの実行中に何が起こっているのかを明確にする能力はほとんど失われた。いまやプログラムはブラックボックス化している。

近年では、いわゆる「説明可能なＡＩ」を開発する動きが進んでいて、プログラムの仕組みを解明しようという取り組みも見られる。それを推し進めているのがヨーロッパの法規定だ。たとえば、もともと二〇一六年にＥＵで発効され、その二年後に適用が開始された一般データ保護規則（ＧＤＰＲ）には、次のような条項がある。

個人情報の（中略）処理に関連するあらゆる情報およびコミュニケーションは容易にアクセスかつ理解可能であり、明確で平易な言葉遣いを用いるものとする[45]

だが、ＡＩの専門家でさえその仕組みを分解できないことが多いディープ・ニューラル・ネットワークを使用して個人情報を処理する場合、「容易にアクセスかつ理解可能」な説明ができる人など果たしているのだろうか。[46]

ＡＩ業界を批判する

新しいテクノロジーにはバグがあることが多い。そのなかには簡単に修正できる問題もあるが、すべてがそうとは限らない。もっとも悩ましいのは、テクノロジーの基礎設計時に備わっていた問題だ。その苦い例が、偏ったデータをもとに構築された現代のＡＩモデルが社会的なバイアスを増幅していることである。

たとえば、警察や検察、オンラインメディアの大手企業が広く使っている顔認識ソフトウェアがある。このソフトウェアのアルゴリズムは与えられたデータセットでトレーニングされているため、非常に正確に特定のジェンダー（男性）と人種（白人）を認識できる。ところが、だからこそひどい過ちも起きる。二〇一五年、Googleフォトとその画像認識プログラムの評判が落ちるようなことがあった。黒人が「ゴリラ」としてラベルづけされていたのだ。[47] ビッグ・テック〔アルファベット（グーグル）、アマゾン、アップル、メタ（フェイスブック）などの大きな影響力を持つテクノロジー企業〕なら速やかに問題を解決できるはずだと誰もが思うだろう。しかし、そうではなかった。二〇二〇年にはフェイスブックが謝罪する羽目になった。黒人男性が登場する動画を視聴していたユーザーのスクリーンに、「霊長類に関する動画の続きを視聴しますか？」と自動的に表示されたのだ[48]。

こうしたことは決して一度限りの災難ではなかった。ジョイ・ブオラムウィニとティムニット・ゲブルの調査では、その当時商用の顔認識プログラムが黒い肌の女性の分類を誤る確率は三四・七％で、白い肌の男性の分類を誤る確率が最大でも〇・八％[49]という事実と比べたら、この数字は大きい。

テック企業（高度なＩＴテクノロジーなどを活用してビジネスを行う企業のこと）は、開発したアルゴリズムの倫理的および社会的影響を検討すべきだと認め始めた。二〇一八年には、グーグルが倫理的ＡＩ部門を立ち上げた（初期のモットーとして「邪悪になるな」を掲げていた会社だ）。最近では「社会にとって有益であること」や「不公正なバイアスの発生、助長を防ぐ」といった立派な目標を喧伝している[50]（「ＡＩに関する原則」（https://ai.google/static/documents/JA-AI-Principles.pdf））。

ティムニット・ゲブルはグーグルへの入社後、倫理部門を立ち上げたマーガレット・ミッチェルとともに同部門を率いた。ゲブルが直面した問題はテクノロジーにまつわるものだけではなく、雇用や職場の力学に関連するものもあった。しかし、二〇二〇年後半に巻き起こった論争は、ゲブルと同僚たちが来たる研究会議で発表しようとしていた論文に端を発していた。論文の題名は「確率的オウムの危険性について：言語モデルに大きすぎるということはあるのか[51]」。この研究は高い製造コストや二酸化炭素排出量につながる提案、あるいは人種差別的または性差別的な回答をＡＩが返しがちなことなど、大規模言語モデルがもたらす一連の問題を特定している。しかも、言語モデルは（オウム返しするだけで）言語をまったく理解していないのだ。

ほかの多くのテック企業と同様、グーグルでは研究会議で論文を発表する従業員は事前に社内の承諾を得なければならない。だが、グーグルの上層部はこの論文を却下した。グーグルが大きな資金を投入している言語モデルへの見通しが、あまりに厳しすぎることなどが理由だった。その結果、ゲブルはグーグルを解雇された（グーグルはゲブルが「辞職した」と説明している）[52]。研究論文共著者のマーガレット・ミッチェル（論文では仮名「シュマーガレット・シュミッチェル」を使用）もその二か月後に解雇された[53]。

AIを批判しているのはゲブルとその仲間たちだけではない。多くのジャーナリストや研究者が大企業に異議を申し立てている[54]。なかでも有名なのはニューヨーク大学の心理学および神経科学の名誉教授、ゲイリー・マーカスだろう。マーカスはAIの潜在的な危険性について、さまざまな媒体に執筆してきた。その一例を挙げよう。「気が滅入っている、自殺した方がいいか?」と訊ねると、GPT-3は「そうしたほうがいいでしょう」と返したという。マーカスは「二〇二三年には、チャットボットと公的に結びつけられる最初の死亡事件が起きるだろう」と予測している[55]〔二〇二三年三月、実際にベルギーで対話型AIが自殺を教唆し、やりとりしていた男性が自殺するという事件が起きた〕。

二〇二二年十一月、毎年開催されているリスボン・ウェブサミットでの最後のイベントは、マーカスとノーム・チョムスキーの対談だった[56]。このセッションには、「偉大なるAIの嘘を暴く」という歯に衣着せぬタイトルがつけられていた。チョムスキーとマーカスはともに、AIが認知科学の分野から離れてしまったことが問題だと述べた。（人間の知能の限界を大幅に超えつつあるAIが）再び、人間の知能の模倣に立ち返るべきときがやってきたのだ[57]。人間がやるようにやってみよう——。興味深い目標だが、簡単に達成できるものではない。テック業界の製品志向《プロダクト・オリエンテーション》〔マーケティング用語で、生産者目線を優先させて製品の品質高度化をはかること）とも噛み合わないだろう。本書の第5章でも説明するように、製品志向はコンピューターシミュレーションと非常に相性がいいことが証明されている。現代のＡＩモデルは結果志向で、人間が思索するプロセスそのものには関心がない。

ＡＩの意識の状態

ここで視点を変えて、ハードウェアとソフトウェア、そしてそこに内在する危険性という観点から離れ、これからどのようなＡＩの使用方法が一般的になるのかについて考えてみよう。また、私たちが不安を抱かずに外部委託《アウトソース》できる技術や知識とは何か、ということを決める必要がある。

唐突だが、まずは、犬について考えてみよう。

ドメスティケーション（飼いならし）

パンデミックのおかげで、多くの犬が新たな家庭に引き取られ、動物の保護施設は空っぽになった。犬は最良の友である。どんな犬種であっても、ペットとして飼われている犬は祖先の狼とはかけ離れた存在だ。

狩猟採集社会の頃、私たちの祖先は狼を住居に招き入れるようになった。その正確な始まりは定かではないが、犬が狼から進化したのは二万五千年以上前のことだと考えられている。進化の理由についてはさまざまな意見があるが、重要なのは人間が犬と共存を始めたという事実だ[58]。犬は家族の一員になった。つまり、飼いならされたのだ。

最近では、人間はテクノロジーを飼いならしている。

一九九〇年代に社会学者のロジャー・シルバーストーンは、ニューテクノロジーを使いこなすユーザーのことを論じようと提案した。[59] 彼は当初、家庭内のコンピューターデバイスについて考えていたのだが、「飼いならし理論」《ドメスティケーション・セオリー》〔テクノロジーがユーザーによって「飼いならされる」プロセスの研究のこと〕はデジタルメディア研究の礎《いしずえ》となった。ナンシー・ベイム〔マイクロソフトリサーチに所属する研究者〕は、デジタル・コミュニケーション・ツールが素晴らしいが見なれないものからどこにでもある当たり前のものへ進化する過程を説明している。[60]

このどこにでもある当たり前のものへの変化は当然性と呼ばれる。[61] 私が大学院生だった頃は電子暗黒時代で、未就学児の言語発達を観察するために、オープンリール式のテープレコーダーを引きずっていったものだ。そのウォレンサック社製の馬鹿でかいレコーダーは、子どもたちの注目の的だった。皆はそれが動く仕組みを知りたがって、こちらの質問に少しも答えてくれなかった（おかげで調査のスケジュールが狂った）。それに比べて、現代の若者はデジタル技術の世界に浸かりきっていて、録音デバイスなどあって当たり前だと思っている。

あるいはマイクロソフトのスペルチェックについて考えてみよう。初めてお目見えした一九八五年、この機能にはまだぎこちないところがあった。[62] 綴りの誤りを強調表示することはできても、ユーザーがいちいち手動で修正を承認しなければならなかった。月日は流れ、プログラムは驚くほど洗練された。今ではキーボードやキーパッドを叩いていると、私たち自身が些細な欠点に気づく前に、オートコレクト機能が修正を実行する。スペルチェックは飼いならされ《ドメスティケーション》た。誰もがこれを当然のことだと思っている。

ＡＩに頼りきりになっている弊害の一つとして、私たちがもう自分ではタスクをこなせなくなるということが挙げられる。たとえば自動駐車機能がある今、平行駐車の技術は必要ない。簡単なコンピューターコードを書くこともできなくなる。ＧＰＴ‐３のCodex（現在はGitHub Copilotに組み込まれている）は人間がコーディングするより速く、より正確なことも多いからだ。現在、多くの人が匙を投げているスペリングについてもきっとそうなるだろう。

だが、こうした技術が機能しない、あるいはダウンするときは必ず訪れる。そのとき、自分で駐車できなければ立ち往生してしまう。コンピューターやスマートフォンが使えなくなったとき、文法も綴りも正しい文章を自分の手で書けるだろうか。

不気味の谷

自動駐車や、スマートフォンの自動入力は受け入れるとして、人間の手そっくりの人工の手が、あなたのスマートフォンのキーパッドをタップしている姿はどうだろう。問題は、ＡＩがリアルなものになっても、私たちにはそれを受け入れる心の準備ができているかだ。

これは一九七〇年に、日本のロボット工学教授、森政弘が提起した問題である。森の論文は二〇一二年になるまで英語に翻訳されなかったが、彼が提唱した「不気味の谷」現象〔ロボットなどを人間に似せていく過程で、ある閾値を超えて人間に似始めると、かえって人は不気味さを感じる、という理論。この境界線（「不気味の谷」）を越えて、さらに人間に近づいていくと、この不気味さの感覚は薄れていくとされる〕は、長いあいだ研究者コミュニティで話題になっていた。山を歩くハイキングのイメージを用いて、森はこう説明する。

ロボットの外観をより人間に近づけるという登山の道程においてそのロボットに対して人間がいだく親和感に、この谷のような関係があることに気がついた。筆者はこれを「不気味の谷」

と呼んでいる。[63]〔「不気味の谷」『Energy（エナジー）』第七巻第四号、エッソ・スタンダード石油、一九七〇年所収〕

ＡＩを活用したツール（森は人工の腕を例に挙げている）が人間に酷似すると、私たちはいわば感情の「谷」へ落ちる。人間に似すぎた物を見ると不安になるのだ。

森の考えは物理的なＡＩデバイスに基づいていた。だが現在、人間が制作したものとなんら変わりないように見える絵画やエッセイをＡＩが制作した際も、私たちは「不気味の谷」に落ちることがある。二〇二二年八月、コンピューターが制作した美術作品がコロラド州の美術品評会で優勝した。[64]「コンピューターが制作した」というのは文字通りの意味だ。コンテスト参加者のジェイソン・アレンはアート生成プログラムのMidjourney（ミッドジャーニー）に文章の指示を入力した（このソフトウェアはＤＡＬＬ‐Ｅや第三のアート生成プログラム、Stable Diffusion［ステーブル・ディフュージョン］とほとんど同じように作動する）。複数回試した後でできあがったのがそのとき優勝した《宇宙のオペラ座》だ。太陽の光が降り注ぐ背景画と舞台とを組み合わせた、バロック様式の豪華な作品である。もちろんデジタル部門に応募された作品だったとはいえ、ほかの参加者はデジタルツールを使って自分で描いた絵を出品していた。そしてこの結果を見て、とあるコメンテーターはこうツイートした。「私たちが見ているのは芸術性の死なのだ」と。

無理もないが、仕事を失うことを危ぶむアーティストもいる。先ほどのツイートを投稿した人物は「クリエイティブな仕事が機械に奪われるのなら、高度な技術を要する仕事だっていらなくなる」と懸念している。

心配の種ならほかにもある。人間が真正性《オーセンティシティ》を好むという点だ。

手製《ハンドメイド》と人造《ヒューマンメイド》

ペルシア絨毯を思い浮かべてほしい。居間に敷いてある絨毯が、小さなクルドの町に暮らす人々の手で織られたものなら、機械で製造したものよりはるかに値段が高かっただろう。手織りと機械生産、その二つにどんな差があるのか。

スーツにも人の手で仕立てられたものと、工場で生産されたものがある。産業革命の前はすべての衣服が手で作られていて、腕のいい仕立て屋も腕の悪い仕立て屋もいた。多くの手製の製品は、一目見れば手作りだということがわかる。当時は、大量生産されたパンツやジャケット、シャツやワンピースは、手作りの衣服より高品質だと考えられていた。ところが現在では、オーダーメイドの服には既成服よりずっと高い値段がついている。手織りのペルシア絨毯と同じく、人間の手仕事は尊重されている。

図1：ジェイソン・M・アレン／Midjourney《宇宙のオペラ座》（2022年）コロラド州の美術品評会で優勝したジェイソン・アレンによる生成AIアート。

では芸術、音楽、文学作品はどうだろうか。二〇二一年、ニューヨークに本部があるオークションハウス、サザビーズにサンドロ・ボッティチェリの絵画《ラウンドエルを持つ青年の肖像》が九千二百二十万ドルという驚きの価格で出品された。[65] 専門家にしか見抜けないほど精巧に作られた複製画があったとして、それが本物の百分の一の価格でも、買いたいと思う人がいるだろうか。

目新しさも重要だ。あなたはバッハが作曲したと思しきフーガを聴いているが、どの曲だったか見当がつかない。バッハは何十ものフーガを作曲しているので、悩んでも当然だ。とはいえ、その曲はコンピューターが作ったものだ。[66] AIプログラムは、レンブラント風の素晴らしい絵画なども制作できる。[67]

文章も機械による生成を免れない。今は亡きイギリスのユーモア作家、ジェローム・K・ジェローム〔『ボートの三人男』などの小説で知られる〕が好きな人は、彼の作風を模倣《パスティーシュ》したエッセイを読んでみてほしい。「ツイッターが肝心（The Importance of Being on Twitter）」という、ジェロームの死の七十九年後にリリースされたSNSにまつわるエッセイだ。この作品を手がけたのは、視覚芸術家のマリオ・クリングマン。GPT-3にタイトルと作家の名前、最初の一語「それは」のみを読み込ませて作ったという。[68] あるいは、ゲイ・タリーズ〔アメリカの「ニュー・ジャーナリズム」の代表的なジャーナリスト〕の作品はいかがだろう。GPT-3上で実行される商用アプリケーション、Sudowrite（スードライト）にタリーズの作品を学習させると、タリーズ本人ですらまるで自分が執筆したようだ、と認める文章が生成されたという。[69]

ヘミングウェイの文体で短篇小説を書けば創作スキルが上がるというので、私が高校生の頃そのような宿題が出された。しかし、これとGPT-3を使ったヘミングウェイ風の作品を作ることは、まったく別の話だ。もしAIが書く小説が優れているというのなら、私たちがしなければならないのは「創造的」とはどのような意味かを定義することだ。このように、創造性に関する問いは別の問いにもつながる。人は自分が何をしているか意識しているものだろうか。つまり、クリエイターは、自分が何を作ったかを承知しているものだろうか。

こうした難問について、現代のＡＩ業界では盛んに議論が交わされている。だが、そもそもこれはＡＩという分野に名前すらついていなかった頃から存在していた。

ジェフリー・ジェファーソンはマンチェスター大学で神経外科学を教えていた。脳や人間の神経系に関する彼の知識は本書と深い関係がある。一九四〇年代後半から「機械人間の意識」について考えていたジェファーソンは、コンピューターを搭載したロボットにはどのような精神活動が可能なのかを問うたからだ。マンチェスター大学が、世界初のプログラム内蔵型コンピューターの一つ、フェランティ・マーク１（Ferranti Mark 1）が製造された場所だったのは偶然ではない。

一九四九年の論文で、ジェファーソンはその後何十年にもわたりＡＩ研究が対峙することになる問いを投げかけている。

> 記号を偶然寄せ集めるのではなく、機械が何かを考えたり感じたりした結果、ソネットを書いたり協奏曲《コンチェルト》を作曲したりできるようにならない限り、機械と脳が同等であるとは言えない。つまり、機械がただ書くのではなく、自身が書いたということを把握できるようにならない限りは。[70]

現代の神経学の専門用語では、ジェファーソンが「脳《ブレイン》」と呼んだものは「意識《マインド》」と呼ぶようになっており、生物の神経で構成される「頭脳《ウェットウェア》」と、よりつかみどころのない「思考《ソート》」という概念も区別されている。

自己を認識できるのであれば意識があるというわけだ。昨今盛り上がっている議論のなかには、

ＡＩがすでにその地点に到達しているのか、あるいは到達しつつあるのかというものがある。

二〇二二年夏、グーグルのソフトウェアエンジニアは、少なくとも一つのＡＩプログラムに意識があると宣言した。ブレイク・レモインという名のこのエンジニアは、グーグルの高性能な大規模言語モデル、LaMDA（ラムダ）とチャットしていた。その内容から、LaMDAには意識があると言える、と結論づけたのだ。「やりとりすれば人間かどうかわかる」というのが彼の言い分だった。[71]ほとんどのコンピューター科学者はそれに異議を唱えた。これはティムニット・ゲブルやマーガレット・ミッチェルなどのＡＩ研究者が以前から警告していた事態だった。今後「ＡＩには意識がある」と考える人が出てくるだろうが、「知覚や『意識』があると感じても、実際に目にしているのはただのパターンマッチングと文字列予測だ」と。[72]

少なくとも今のところ、ジェファーソンが設定したハードルを越えるＡＩは存在しない。

本書の主題に話を戻そう。ＡＩが自ら書いている内容を理解していようがいまいが、私たちはＡＩの書く能力を品定めし、ＡＩが人間に投げかける課題を把握しておかなければならない。書き手としてのＡＩについて考えるにあたり、「風の街」シカゴに立ち寄ろう。

ＡＩの書字物語：ソーセージ製造機と効率性

一九〇〇年代初頭のシカゴでは、東ヨーロッパからの移民が、現在では劣悪な環境だったことで知られる食肉加工工場で働いていた。マックレッカーズ〔書くことで社会改革を実現しようとした二十世紀初めのアメリカの作家・ジャーナリストたち〕の一人、アプトン・シンクレアは一九〇六年に出版した『ジャングル』〔亀井俊介・巽孝之監修、大井浩二訳、松柏社、二〇〇九年〕に、移民たちが直面した惨状を描いている。シンクレアを執筆に駆り立てたのは移民の生活および労働環境の改善のためだったが、話題になったのは、彼が暴いたソーセージを含む食肉加工の不衛生な環境だった。食用の牛肉や豚肉以外に、何が一緒に挽かれているかわかったものではなかった。腐肉だけではなく、床に落ちた破片、それも踏みつけられたり唾を吐きかけられたりした肉片までが混ざっていることが多かった。大桶《おおおけ》に入り込んでしまった不運なネズミの肉のことは触れないほうがいいだろう。ソーセージを食べる消費者たちが目にするのはつやつやした皮の部分だけだが、そのなかには得体の知れない混ぜ物が詰め込まれているのだ。

自然言語処理を整理する

私が「自然言語処理」という言葉を聞いて真っ先に思い浮かべるのは、こうしたソーセージ製造機だ。現代のコンピューター操作は驚くほど洗練されており、かつての食肉加工工場とは違って、Siriに質問したことが原因で旋毛虫症にかかる人などいない。だが、自然言語処理とソーセージ製造機はよく似ている。そのことについて考えてみよう。

自然言語処理の概念は、従来の言語が持つ四つの要素すべてを含んでいる。話す、聞く、読む、書くだ（このうち聞くと読むは、理解していないとできない）。コンピューターは実際に聞いたり読んだりしないが、書くことはできると言えるかもしれない。コンピューターの音声は合成されたものではあるが、公平な視点から言えば、電話やWhatsApp（ワッツアップ）の通話を通じて伝送される人間の声も、電子の魔法のおかげで聞こえているという点では同じである。

ＡＩと従来の言語の成分に関する、より差し迫った質問は「理解」の概念にまつわるものだ。私たちにはまだ、人間が聞いたり読んだりした内容をどのように理解しているのか完全にわかっていない。コンピューター、特に現代のＡＩモデルについては、何が起きているのか説明することはかなり難しい。たしかに人間が書いたアルゴリズムの場合、その処理のプロセスは特定できる。だが、ディープ・ニューラル・ネットワークに関しては、言語のソーセージ製造機がどのように文章を作っているのかは突き止められないことのほうが多い。

入力に関する問題も深刻だ。特に、大規模言語で文章を生成するために使用する巨大なデータセットに関しては。大規模なデータと強力なプロセッサー、高度なアルゴリズムが組み合わされると、ＡＩは私たちが話したり書いたりした質問に対する答えを組み立て、数ページにわたる文書を即座に翻訳し、一貫性のある新聞記事を作り上げるようになる。だがシカゴの食肉加工工場と同じく、データセットの中身が何かわからない場合がほとんどで、ＡＩはおいしいとは言えない結果を吐き出しかねないし、実際に吐き出すこともある。

ごみを取り込み、ごみを吐き出す――。

シンクレアが『ジャングル』で伝えた声をきっかけに、セオドア・ルーズベルト大統領は米国食品医薬品局の礎を築いた。[73]私たちもこれにならい、ＡＩの「ごみ」に真剣に立ち向かわなければならない。文字通り立ち向かわないと、ＡＩ生成言語は私たちにとってあまりに重宝に使われているため、工場を閉鎖することなど考えられなくなる。

これが重宝であるのは、効率性が極めてよいからだ。

効率性の罠

チャーリー・チャップリンの映画『モダン・タイムス』には印象的な場面がある。工場で働く不運なチャップリンが、昼食時間の節約を目的とした「給食マシン」にくくりつけられ、機械から食事を与えられるのだ。繰り返しの作業を効率よく処理すれば、より高い利益が生まれる。産業革命で得たこの教訓は、現代の産業ロボットにも、自然言語処理にも生かされている。

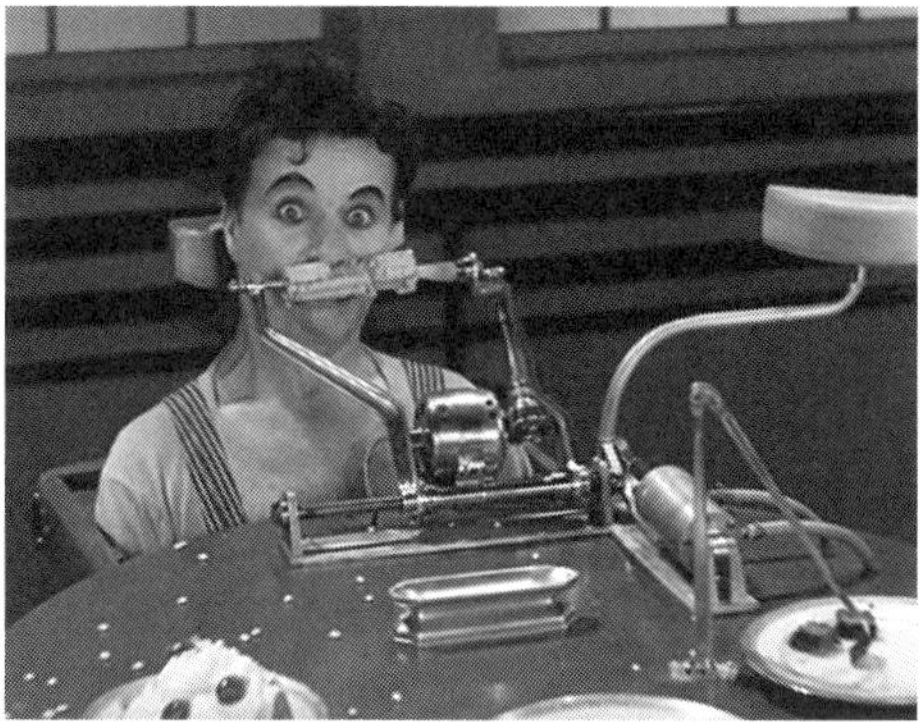
図2：『モダン・タイムス』（1936年）の給食マシンでトウモロコシを食べさせられるチャップリン。

自動化で高い効率性が得られるというのは魅力的だ。より多くのフォードＦ１５０をラインで組み立てれば、純利益は増加する。物理的な自動化は、日々の暮らしにも有益だ。洗濯機があるのに洗濯板を選ぶ人はもはやいないだろう。

だが、文章を書くといった肉体労働以外の作業で、効率性の名のもとに自動化を進めることになると、多くの疑問や心配事が生まれてくる。自分でメールを書かずにGmailスマート作成〔Gmailの返信文自動作成機能〕に頼ったら、自分ならではの心のこもった文章は損なわれるのではないか？　オートメーテッド・インサイツやナラティブ・サイエンスのような（生成ＡＩを使用してニュース記事を執筆する）企業は、人間にしかできない仕事をジャーナリストに与える代わりに、彼らの首を切るようになるのではないか？　人間の教師ではなくＡ

Iがレポートを採点するようになったら、教師と生徒の絆はどう変わるのか。Grammarlyや Microsoft Wordの提案は信用できるものだろうか。学生も従業員も論文やレポートの作成に大規模言語モデルを使用するようになりつつある今、著者や不正行為についてどのように考えを改めるべきなのか。

本書の内容

本書は、私たちに代わって文字を書くＡＩにますます頼っていった先にはどんなことが待っているのか、ということについて書かれている。本書で追及する主な問いは、次の八つだ。

1. 文章を書く動機は何か？
2. ＡＩは人間の創造性への脅威か？
3. 文章を書くうえで維持すべきは、どのような技術か？
4. 個人の文章の独自性をＡＩから守れるか？
5. ＡＩは著者であることの意味に再定義を迫っているか？
6. ＡＩは文筆を専門にしている人々を脅かしているか？
7. ＡＩとの「協業」と「(主導権の)引き渡し」を分ける線はどこにあるのか？
8. (ＡＩ使用の)情報開示規則があれば役立つのか？

この問いを理解するには、人間とＡＩの両方の背景を知らなければならない。そのため、本書の各章では読み書きの能力が脳に与える影響から、現代の自然言語処理の進化まで、あらゆる点を検証していく。

科学哲学者〔カール・ポパーやトーマス・クーンに代表される哲学のジャンル。科学的認識、客観的認識とされるものを、時代や社会による意味づけから独立したものではなく、時代や社会との関わりにおいて取り扱い、探求する学問〕たちは長い時間をかけて、観察者の視点や意味づけによって対象となるあらゆる事象の見え方が変わると説いてきた。どれほど客観的であろうとしても、私たちが否応なく注目してしまうのは、自分たちの知りたいこととの関連性がもっとも高いと思える実社会での（過去と現在の）できごとだ。本書では章が進むにつれ、まったく関係ないように感じられるトピック（英作文クラスの盛り上がりや手で書くことが今でも重要な理由など）が、機械による文章作成に関する問いにつながっていく。また、私は言語学者であり、大学教授なので、その視点から議論を展開するつもりだ。

こうした私自身の経歴による見解が本書の随所に現れてくると思う。だから、今のうちに手の内を明かしておこう。私は次のように考えている。書くことは重要な人間のスキルであり、この技術があって初めて、考えが明確になり、感情を表現し、知識や経験を他者に分け与え、新しく世界を見る方法を創り出すことができるのだ、と。現代のＡＩ言語能力とは、人間が何を、いかに、どうして書くのかを評価するために鳴らされた警鐘であるべきなのだ。

同時に、私は自然言語生成（ＧＰＴ‐３やChatGPTを思い浮かべてほしい）の急速な進化を畏《おそ》れてもいる。この開発に携わったコンピューター科学者たちも同じ思いだろう。こんなに遠くまで、こんなにも早く到達するとは誰も考えていなかった。だが、ご存じのとおり現在の大規模言語モデルは偏見や嫌悪、誤情報、偽情報をまき散らしてばかりいる。さらに、文法的および文体的に疑わしい

（ときには明らかに誤っている）提案をおこなうこともある。

こうした欠点に取り組むことは重要だが、私の根本的な懸念は別にある。それは、夢が叶ったらどうなるのか、ということだ。仮にAIが非の打ちどころのない作家になり、編集者になったとしよう。その結果、AIの作品に私たちが夢中になり、自分たちがものを書こうとする意欲がむしばまれ、技術や文体が損なわれることになりかねない。もちろん、別の未来もありうる。AIが書き手である私たちをますます力づけ、人間と機械が生産的に協業できるようになるという未来だ。本書では、これらの選択肢を比較する。

この先の道案内

シェイクスピアの芝居のように、本書は五つの部分から構成されている。

「第Ⅰ部　書く練習」は、人間が文字を書くことの何がどれほど特別なのかという問いかけから始まる。文字言語がいつどこでなぜ発生したかを見ていくとともに、私たちがものを書き、そして書き直す理由を探る。また、アメリカ教育機関が作った二つの制度――大学での英語文法の必修要件と、教育試験サービス（ETS）――の変遷を追いかけ、AIが双方における人間の役割をいかに変えつつあるかを確認する。

「第Ⅱ部　もし機械に書くことができるならば」では、どのようにしてAIが言語を「処理」できるようになったのかを探る。まず、現代の人工知能の始まり、その歴史を振り返り、続いて専門家ではない一般の人たちが、自然言語処理（ＮＬＰ）をどのようにとらえてきたか、という点を考察する。これには、より広い意味での「ＡＩ」のどこにＮＬＰが位置づけられるか、ということも含まれる。章を締めくくるのは、ＮＬＰの当初の失敗とその後の成功について、つまり機械翻訳についての逸話だ。

「**第Ⅲ部　コンピューターが書く時代**」では、人間が文字を書く環境に浸透しつつあるＡＩの事例を紹介する。未熟なラブレターを生成していた初期のＡＩから、アドルフ・ナイプの心を溶かしたかもしれない現代の高度な創作までを取り上げる。それからジャーナリズムや法律、翻訳など、書くことの重要性が高い専門分野で、ＡＩがどのように使われているかに焦点を移す。より多くの文章をＡＩが作成するようになった今、私たちは雇用や仕事の満足度への影響を判断する必要に迫られている。最後に、文章を書くようになったＡＩの創造的な面について考える。

「**第Ⅳ部　コンピューターと連携する時代**」では、ＡＩが日々書き手を支援するさまざまな方法を調べることから始める。まずスペルチェック、入力予測、文法チェックソフトウェアなどのツール、さらにメールを返信したり、まるで人間が書いたかのようなブログ投稿を作成したりするＡＩプログラムを見ていく。次に「ヒューマンズ・イン・ザ・ループ（人間参加型のループ）」という概念、特に人間が文章を書く際にＡＩの協力を得て文章力が向上する例を紹介する。そして視点を広げ、そもそも人間の文章力は維持する価値があるのかという点について、スペリング、文法、書き直し、再読、手書きなどの部分ごとに考察していく。また、アメリカ合衆国とヨーロッパの若年層から収集した調査データに基づき、毎日何かを書いている人たちがデジタルテクノロジーに直面している今、人間の書く技術についてどう考えているのかを探っていく。

「終章　人間が著者であることが重要な理由」では本書の内容をまとめ、私たちがどこへ向かおうとしているのかを問う。テクノロジーが進化するにつれ、私たちが取り得る選択肢もまた進化する。したがって、そうした状況の変化に応じながら、それぞれに自身の答えを編み出していかなければならない。そして、何を決定するにしても、きらびやかなＡＩの魅惑や驚異的な効率性に目を奪われずに、人間の文章を大切にしていくことを肝に銘じたい。

森で木々を見つめる

より幅広い読者に向けて書いているときは、技術的、専門的な内容をどう記すか、いつも思い悩む。どのように、どの部分で、どのくらい説明したらいいか、と。長すぎる説明は個人的に好きではないし、かといって外国語に等しい技術用語を説明せずにごまかすのも嫌だ。

人工知能は複雑な技術の上に成り立っているため、それをめぐる本には簡潔でわかりやすい説明のできない概念が数多くちりばめられている。さらに略語が登場することも多い。ＡＩの知識を持つ読者であれば、こうした用語は簡単に読めるだろう。だが多くの読者にとってはとても難しいことだ。

そこで私は、「主要キーワード」と呼ばれる付録を終章の後につけることにした。ここには、本書に登場する略語（ＡＩに関連しない略語もある）や主要なＡＩ用語の簡潔な定義をまとめた。さらに深く知りたい方のために、本文にもかなりの量の注釈や参照をつけることにした。

では始めることにしよう。

第Ⅰ部

書く練習

第1章　読み書きの力を求めて

ジブラルタルの小半島の先端に穿《うが》たれているのがゴーハム洞窟群だ。十万年前、ここにはネアンデルタール人が住んでいた。彼らは海産物〔ゴーハム洞窟群からはムール貝やイルカ、アザラシの骨が出土している〕や鳥を狩猟し、羽を身体の装飾に使っていたことがわかっている。また、少なくとも三万九千年前に岩に刻んだ抽象的な壁画も残っている。[1] 現生人類《ホモサピエンス》の親戚に当たるネアンデルタール人には何かしらの考えがあったようだが、それが何だったのかは誰にもわからない。

少々時間を早送りしてみよう。ラスコー洞窟に描かれた馬——ときには人間——（一万五千〜一万七千年前）や、アルタミラ洞窟の壁に残る堂々とした野牛の絵（ラスコーの壁画より数千年後に描かれたとされる）を思い浮かべてほしい。地球の反対側、西オーストラリアで発見されたカンガルーの岩壁画は、一万七千三百年前のものだと推定されている。[2] どれも信じられないほど素晴らしい絵画だ。制作された年代を考えると、ことさらそう感じる。なぜ壁や岩に絵を描いたのかはわからないが、それらがまだ文字になっていないことは明白だ。

文字の発明は重大事件だった。文字があったからこそ人間は宗教や法を体系化し、歴史を記録し、都市を整備できるようになった。書くことで自らを表現し、他人とやりとりし、自他の考えの違いについて考えるといったことが可能になった。読み書きすることで人は、考えたり、言葉を交わしたり、行動したりする魔法の剣の力を得た。

今ではＡＩが魔法の剣を巧みに操っている。人間にライバルが現れたことがそれほど問題なのか、と思う人もいるかもしれない。読み書きできる存在は多ければ多いほどいいではないか、と。たしかに、自動車が発明されたからといって、人間が歩き方を忘れたわけではない。ただし、現代人が歩かなくなったのは事実で、それはカール・ベンツ、ヘンリー・フォード、イーロン・マスクのせいだ。

ＡＩでものを書くことはどことなく自動車に似ている。とはいえ、人間はどこまでいっても人間だ。私たちは効率がいいこと（いいことのように聞こえる）と楽なやり方（危険だと証明されることもある）を喜んで受け入れる。そして、現代のＡＩの言語能力がもたらす危険のなかでもっとも大きなものは、書くことが知能や精神に影響を与えるという事実を、人間が忘れてしまうことだ。書く作業をＡＩに委ねれば委ねるほど、人間が手にしている剣の輝きは弱くなっていく。

ここで、人間の文字言語の歴史を簡単に振り返ってみよう。私なりのささやかな目的は、人間の書く能力はあまりに貴重なものなので、レーテーの川〔ギリシア神話に登場する川。レーテーの水を飲むと記憶をなくすとされる〕に流れていってしまわないように重しをつけることなのだ。

文字言語の誕生

話すこととは異なり、人間の歴史のなかで文字言語は何度も発明されてきた。なかには、発明者

がたった一人の場合もあった。十九世紀にはセコイヤというネイティブアメリカンが、チェロキー語を書き記すためにチェロキー文字を発明した。[3] 十五世紀には韓国で李氏朝鮮国王の世宗《セジョン》が、国民の多くにとって習得が困難だった漢字に代わるものとしてハングル文字を考案した。[4] チェロキー文字もハングル文字も音節文字だ（ただし、ハングルでは子音と母音の字母を組み合わせて文字を構成するため、音節文字ではなく素性文字と呼ばれることも多い）。一つの文字が口語の音節全体を表す。「ka（가）」や「go（고）」といった具合である。

より一般的なのが、絵から次第に音、言葉、概念を表す抽象記号へと移行した文字体系だ。ラテン文字やキリル文字では「k」や「a」などの個々の音を示す文字が使用される。表意文字（漢字など）は言葉または概念を表す。どちらを表しているかは人によって意見が分かれる。

蛹《さなぎ》が蝶へ羽化するかのようなこの劇的な変化は、世界の複数の場所で個別に起こった。シュメール（現在のイラク南部）では、（紀元前三〇〇〇年頃に描かれていた）横を向いた人間の頭部の輪郭を表す絵が、長い時間を経て「頭」や「人」を表すくさび形文字になった。その少し西では、雄牛を表す原カナン文字（紀元前一八〇〇年頃）が、ヘブライ語アルファベットのアレフ（第一文字（א））に変化した。東では、殷の時代（紀元前一六〇〇年頃〜一〇四六年）に甲骨に彫られていた竜の絵が、竜という漢字へ進化した。[5]

とはいえ、あらゆる絵の系統が文字になったわけではない。たとえば、十九世紀に大平原地帯で生活していたネイティブアメリカンの部族は、バッファローの皮に、その年に起きた重要なできごとを記録した。人や動物、ティピー（動物の皮で作った円錐形のテント）、とうもろこしの茎などがらせん状に描いてある。もっとも有名な例はローン・ドッグの「ウィンターカウント」（ネイティブアメリカンにとって「歴史」を意味する絵入りのカレンダーのこと）だ。顔にいくつもの斑点のある棒人間が描かれていることから、天然痘が大流行したのだとわかる。また、

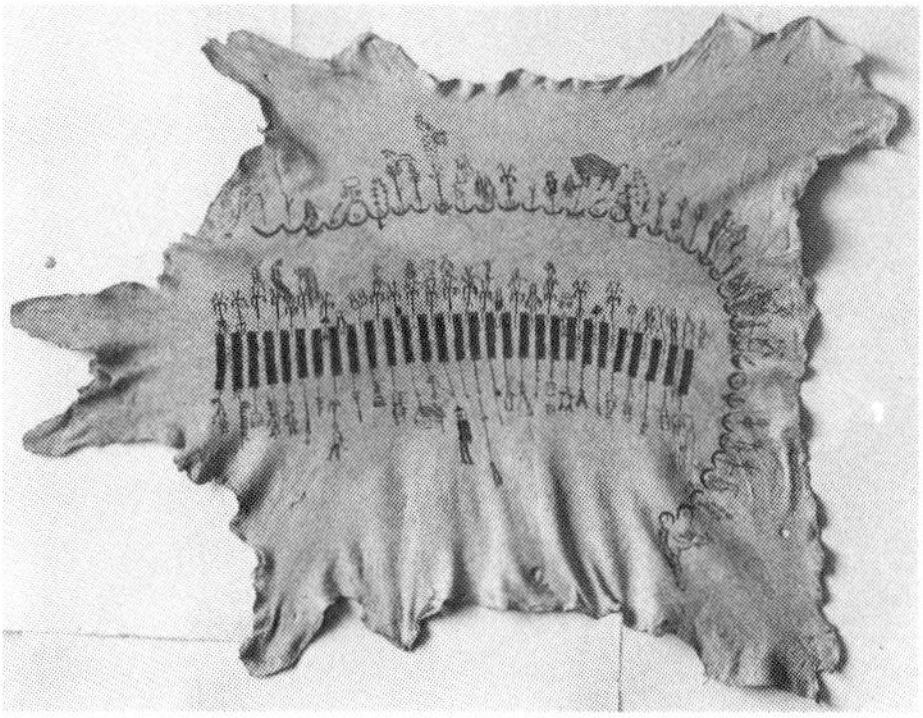
図3：カイオワ族の「ウィンターカウント」。部族の出来事が記録されているが、これはまだ文字ではない。

実のないとうもろこしの茎の絵は不作の年を表す[6]。この獣皮紙には現代の私たちにも理解できる印象深いできごとが記録されているが、これは文字ではない。

一方、工芸品に含まれていた絵のような柄が、実は文字だったとわかったこともある。メソアメリカ（中央メキシコからコスタリカ北部までの地域）に格好の例がある。マヤ文明だ。何世紀ものあいだ、マヤ象形文字は定形化された絵だと考えられてきた。しかしイギリスの考古学者、エリック・トンプソンが解読して文字であることが判明し、その記号が単語と音を表していることが明らかになった[7]。

このような文字は何の役に立つのだろうか。それは次の章のテーマだ。この章ではまず、文字とその原形といえる話すこととの関係を振り返ってみよう。

口述を越えて

前にも述べたが、私は言語学者だ。言語学者は何を研究しているのかって？　もちろん言語だ。だが、何が言語とされるのだろうか。

最近まで、その問いに対する多くの言語学者の答えは「発話（話すこと）」だった。書き言葉はあくまで話し言葉の文字起こし程度の扱いに過ぎなかった。二十世紀前半にアメリカの言語学の礎を築いたレナード・ブルームフィールドの印象的な言葉によると、

書字（文字を記すこと）は言語ではなく、目に見える記号によって言語を記録するための方法に過ぎない。[8]

というわけだ。

ちなみに、これはブルームフィールドが書き記した文章なのだが、彼のこの精神は連綿と受け継がれ、二〇〇〇年代になってもまだ全米科学財団（NSF）の会議室にはその余韻が漂っていた。その頃私は、ティーンエイジャーのインスタントメッセージの分析をおこなうために準備した研究提案書を携え、言語学の助成金担当者に会いに行った。ところが、その担当者はそっけなく、書き言葉にまつわる研究は言語学とはみなされない、と言った。こうして、研究資金の調達の見込みはあっさりと潰えた。

だからといって、ブルームフィールドとその熱心な崇拝者たちの主張が、最終的に正しいとされたわけではない。言語界は次第に書き言葉に敬意を払うようになった。[9]私が自身の研究の正当性を証明できたのは二〇〇五年のことだ。その年、私は著名なアメリカ人言語学者から招待を受け、米国科学推進協会で「インターネットでの言語」と題された討論会に参加した。といっても、これは私がオンラインのコミュニケーションを分析し始めてからすでに十年以上が経過した後のことである。一九九〇年代初頭にはメール、そして後のインスタントメッセージやテキストが言語学的にど

のような性質を持つのか把握する必要に迫られつつあった。それは文章と言えるのか。口語を書き留めたものなのか。それとも新種の言語か。私を含め、多くの言語学者が何年もかけてそうした疑問に取り組んできた。[10] もっとも、NSFが手を差しのべてくれたかどうかは未確認だが。

話し言葉と書き言葉が技術的な一致を見たのは口述のためだった。（人間の秘書が仲介する）ディクタフォン〔一九二〇～三〇年代に口述に使用された、録音および再生をおこなう機械〕のような以前使用されていたツールでも、最新のＡＩ搭載の音声認識でも、文字を記すことは「言語（つまり発話）を記録するための方法に過ぎない」と退けたブルームフィールドの言葉は正しかったようにも思える。

だが、書き言葉は進化してきた。長い歴史を通じて、文字を記す方法だけでなく、それを使う人々の顔ぶれも変わっていった。

読み書き能力が持つ二つの顔

この本を読んでいる人は、もちろん文字を書けるはずだ。現代における読み書き能力（リテラシー）という概念には、読むことと書くことの両方が含まれている。しかし、歴史的に見れば初めからそうだったわけではない。

読み書き能力があるのは誰なのか？

十八世紀のスウェーデンでの暮らしを考えてみよう。（特権的な聖職者の階級に限らず）誰もが聖書を読むべしというルター派の命令のおかげで、スウェーデンでは十七世紀初頭に読字運動が立ち上げられた。その結果、十八世紀半ばには人口のほぼ一〇〇%が文字を読めるようになっていた。聖体拝領を受けるにも結婚するにも、読字試験に合格しなければならなかった。ただし、文字を書くことを習得する必要はなかった。一方、ヨーロッパのほかの地域では署名が重視された。イングランドでは一七五四年に、ハードウィック大法官が一部の例外を除くすべての花婿と花嫁は結婚証明書に署名するか、少なくとも印をつけるべし、と発表した[11]。では、識字能力があるとされるのはどちらだろうか？　聖書を読むことはできても書くことができないスウェーデン人か、自分の名前を署名するのがやっとのイングランドの新婚カップルか？

西洋では、読むことが識字能力獲得への第一歩だった。そしてたいてい、聖書がその入門書とされた。これにははっきりした理由がある。かつて一般家庭が所有している本といえば、聖書しかなかったからだ。それに加えて、国民はすでに教会で聖書の朗読を繰り返し聞いていたため、ほとんどの文章を理解していたということもある。朗読から識字へ――この口頭から文字への二段階は、未就学児に物語を、それもうんざりするほど何度も同じ本を読み聞かせたことがある人にはなじみ深いものだろう。子どもはときに本を奪い取り、自分で「読む（暗唱する）」こともある。

現代では、読み書きの手ほどきは、同時におこなわれる場合が多い。だが教育上の工夫もされている。その最初の例としてルドルフ・シュタイナーの教育論を紹介しよう。一九一九年、シュタイナーはヴァルドルフ教育〔シュタイナー教育とも呼ばれる〕として知られるようになる、先進的な教育活動を開始した。ヴァルドルフ学校ではまず書き方を教えた。それもただ書くのではなく、子どもたちがすでに暗唱している詩や物語を書かせることから始めた[12]（ヴァルドルフという名前は、シュタイナーが最初に設立した学校に通っていたのが、ドイツのシュトゥットガルトにあったヴァルドルフ＝アストリア煙草会社の従業員の子息だったことに由来する。この会社や、誰もが知るホテルチェーンの設立者になったジョン・ジェイコブ・アスター〔ドイツ語読みではヨハン・ヤーコプ・アストア〕がヴァルドルフ出身なのだ）。

アメリカでは一九六〇年代から七〇年代に同様の試みがおこなわれた。とはいってもこちらでは、聞いたことのある物語を書き記すのではなく、子どもが自ら物語を作ることを目標にした。この目標を取り入れた保育園や幼稚園では、子どもたちが自分の物語を大人に語って聞かせ、大人がそれを書き記した。

さらに新たな教育法が生まれる。子どもが自分で文字を書けるようになるための「書くのが先で、読むのはその後（Write first, read later）」と呼ばれたやり方だ。では、どのように教えるのか。子どもは自分が話す単語の綴り方を知らない。教養ある大人すら表記に悩むような英語などの言語を子どもが書くのは極めて難しい。言語学者・教育者のキャロル・チョムスキーの解決策は、子どもが発明した綴り（マジックスペリング）を使って書くことだ。つまり耳にする音をもとに言葉がどんな姿をしているかを推測するのだ。[13]

やがて、書くことを優先するためにテクノロジーを活用するという考え方が、元教育監督官のジョン・Ｈ・マーティンの取り組みから生まれた。マーティンは当初子どもにタイプライターを与え、子ども自身が作った物語をタイピングさせようとした。一九八〇年代半ば、マーティンは自ら制作したシステムをＩＢＭに売り渡した。ＩＢＭがPCjr（ＰＣジュニア）コンピューターをリリースしたばかりの頃のことだ。子どもはこれで、悪名高きチクレットキーボード〔ゴム製のキーボード。品質が悪くユーザーに不評だった〕を使って文字を打てるようになっただけではない。このコンピューターにはフォニックス

〔綴字と発音の関係性を学ぶこと〕の学習も組み込まれていた。この教育法を素晴らしい成功だったと言う人もいれば、とんでもない失敗だったと言う人もいる。[14] いずれにせよ、現在ではほとんど使われていない。

なぜこんなに古い話を持ち出したのか。それは、現代のＡＩスペリング機能が誕生したために、幼稚園児や小学校一年生に書き方を教える方法に、興味をそそられる選択肢が生まれたからだ。子どもが考案した誤った綴りを修正したければ、Microsoft Wordを使って簡単にできる。そもそもスペルチェックで大人の間違いが直されているのだから。だが問題は、同じことを五歳児や六歳児におこなうのは、賢明なことだろうかということだ。十代の若者にアルコールを勧めるようなものではないか？（この問いについては第12章で詳しく見ていく）

読み書き能力の賜物

読み書きを覚えるには不断の努力が必要だが、誰にでもその機会が与えられているわけではない。メソポタミアと古代エジプトで読み書きができたのはごくわずかな人だけで、文章の書ける書記官は特権階級に属していた。古代ギリシアには、読み書きができる人が一定以上存在したとはいえ、その数は決して多くなかった。紀元前四八二年、「正義の人」と呼ばれたアテナイの政治家、アリステイデスの身に起きたことからもそれが伺える。

その数年前、クレイステネス――アテナイの民主主義の父と呼ばれることもある――が新たなアテナイの憲法に組み込んだ条項に、十年間国外追放される市民を投票によって決定するというものがあった。それで、アテナイ市民は陶片（オストラコンと呼ばれる）に、一時的に国外追放（オストラサイズ）したい人の名前を書くことができるようになった。

しかし、投票する市民の中には読み書きができない者もいた。プルタルコスはこう記している。

さてアテナイの人々が（中略）陶片に名まえを書いていると、あきめくらで田舎者まるだしの男がアリステイデスをただ行きずりの人と思いこんで、陶片をわたし、「ひとつ、これにアリステイデスと書いてくれんかの」と頼んだという。これにはアリステイデスもびっくりして、「アリステイデスは、あんたに、なにかひどいことでもやったのかね」とたずねると、「いや、なんにもありゃしねえ。でえいち、おらあ、そんな男知りもしねえだが、ただ、どっこさ行ってもよ、「正義の人」「正義の人」って聞くもんでさあ、腹が立ってなんねえだからよ」と言った。これを聞いてアリステイデスは一言もこたえず陶片に自分の名を書くと、そのまま男にもどしたそうだ。[15]〔『プルタルコス英雄伝』上巻、プルタルコス著、村川堅太郎編「アリステイデス」安藤弘訳、筑摩書房、一九八七年、二一四〜二一五ページ所収〕

そういうわけでアリステイデスは国外追放になったが、すぐに帰還した。ペルシア人との戦争に備えるために彼が必要だったからだ。

さらに中国では、複雑な繁体字の書字体系のせいで、読み書きの能力がなかなか広まらなかった。毛沢東が一九五〇年代に簡体字を導入するまで、国民の大半は読み書きを覚えるための実際的な手段を持たなかったのだ。[16]同じような問題を抱えていた世宗王は一四四三年に、朝鮮で音節に基づくハングルを作った。

イングランドで男性の識字率（推量ではあるが）が五〇％を超えたのは一七〇〇年頃になってからだ。女性の識字率が五〇％に到達するのはそれから百五十年後のことだ。[17]インドや中東などでは長いあいだ代書人が、読み書きできない人の代筆をおこなっていた。イスタンブールでは七百年もの間、代書屋が羽ペン、ペン、そしてタイプライターを使って、文字が書けない人の代わりに手紙や書類を用意してきた。[18] ユネスコの報告では、二〇一九年時点で世界中の十五歳以上の識字率は八六%。特に女性の識字率は低く、サハラ以南のアフリカや、南および東アジアの人々のあいだでは読み書きできない人が多い。[19]

読み書きの能力は長いあいだ、人々の経済的および社会的な地位向上に貢献してきた。学習と自己発見の機会を与えてくれることは言うまでもない。読み書きができることは、私たちの意識と脳の機能にも、大きな変化をもたらしているのではないか。もしそうであれば、読み書き能力の鍵をＡＩに手渡してしまうのは、手間を省くどころではない、予期せぬ結果を生み出してしまうことにもなる。

書くことは人間の意識を変えるか？

人類の長い歴史から見れば、文字を書くという行為はまだ生まれたばかりだ。誕生から五千年しか経っていないので、話し言葉のように私たちの脳の機能に埋め込まれるまでにはなっていない。文字の発生からの歴史の短さ、世界の多くの地域で文字がゆるやかに浸透していっていることを見れば、意識の再編について深く考えるなんておかしい、と思うかもしれない。

だが、読み書きができるようになったために人間や文化に何かが起きているように見える。意識に関して言えば、私たちは半世紀にわたってその「何か」を突き止めようとしてきた。

アルファベット、読み書き能力、思考

一九六三年、エリック・A・ハヴロックの著書『プラトン序説』〔村岡晋一訳、新書館、一九九七年〕が学術界に論争の嵐を巻き起こした。彼は、古代ギリシアの哲学的思考はギリシア文字の発展によって可能となった、と提唱したのだ。

この主張を理解するには、歴史的背景について知る必要がある。ギリシア語を書き記すために使われた最初の文字は線文字Bで、これは紀元前十六世紀または十五世紀にクレタ島のミノア人が発明した綴り字だ。[20] しかし、ギリシア本土で線文字Bが使われていたのは紀元前一四五〇年頃から、ミケーネ文明（アガメムノン王、ミケーネの王宮、トロイア戦争などの時代だ）が衰退の一途を辿り始める紀元前一二〇〇年頃までと、比較的短い。

次のおよそ四百年間、ギリシア人は文字を書かなかった。だがやがて、新たな書記体系が生まれた。商業が発達したことでギリシア人はフェニキア人に出会ったのだ。現在のレバノンがある地からやってきたフェニキア人は、地中海全域で海上交易をおこなっていた。そして彼らには文字があった。

フェニキア人の言語と文字はヘブライ語やアラビア語同様、セム語族に属している。一方ギリシア語は、サンスクリット語からセルビア語、イタリア語、アイスランド語におよぶ言語を包含するインド・ヨーロッパ語族の一部だ。これら二つの語族では、系統樹と音のレパートリーがまったく違い、単語を構築する方法も異なる。

セム語族の単語は三子音の配列が基本になっている。一方、インド・ヨーロッパ語族の単語の長さはさまざまで、単語の始まりと終わりを含むあらゆる箇所で母音を広く活用する。もちろんセム語話者も母音を発音する。母音のない人間言語は存在しない。ただし、セム語の文字では母音を表記しない。ヘブライ語やアラビア語にもアルファベットはあるが、セム語の文字は子音アルファベットを使用している（この子音アルファベットが招いた嘆かわしい事態については、後ほど紹介する）。

さて、ギリシア人が成し遂げたことは、本物のアルファベットの創造だ。一つの文字が一つの音に対応するアルファベットだ。これには母音も含まれる。今でいう言語学者のような立場の人が、ギリシア語の母音を表すために、ギリシアには存在しない子音を意味する五つのフェニキア語の文字を使い始めた。[21]こうして発明された文字のおかげで、発音する言葉を文字で表せるようになった。

ハヴロックが主張したのは、すべての音を文字で表せるギリシア語の新たな能力が、紀元前六世紀から四世紀の哲学的思考の発展に欠かせない要素だったということだ。つまり、考古学者のジャック・グッディおよび文学史学者のイアン・ワットによれば、この新たな種類の文字のおかげで過去と現在の（認識論上の）区別をつけ、文化的伝統を批判的に検討し、新たな考察を試みることができるようになった。こうして、三段論法を含む論理が、思考法として誕生した。[22]しかもギリシア文字の特徴は、シュメールのくさび形文字、エジプトのヒエログリフ、中国の漢字とは異なり、習得が簡単な点にあった。そのおかげで読み書きができるようになった市民がその後生まれる民主主義に参加する機会は、爆発的に増えたという。ただし、プルタルコスの逸話に登場する、文字が書けないアテナイ人は別として。

これらの主張にはさまざまな内容が含まれている。以下、一つずつまとめてみよう。

ハヴロックはまず、ギリシアでのアルファベットの誕生がギリシアの哲学的思考の発展に欠かせない要素だったと述べた。次に、文字を読み書きする能力自体が魔法のようなものである、と主張し、三つ目に、アッティカ地方〔アテナイ周辺を指す地域名〕のギリシア人が、口承文化から部分的にであれ文字文化への移行を経験したと言っている。

初めにアルファベットに関する仮説から検証していこう。ひっかかるのは、実際に表音的な要素を含む文字体系を持っていたのが（アルカイック期、そして古典期の）ギリシア社会だけではなかった点だ。エジプトのヒエログリフ、中国の漢字、マヤのグリフを含むさまざまな非アルファベット体系も、記号を追加することで発音方法を示している。ヘブライ語ですら年月が経つにつれ、母音を表す文字を生み出した[23]。また、アラビア語を読める人に聞けば教えてくれるが、口語を知っていれば問題なく文字を読め、単語がどのように口語に対応しているかもわかる。

図4：ギリシア・アルファベットが記された陶器。紀元前6世紀頃。

識字能力に関するハヴロックの主張は、大きな論争をもたらした[24]。ハヴロックとその支持者たちは読み書きができない人は高度な思考力を持ち合わせていないと主張しているのだろうか？——批評家たちはそう解釈した。だがハヴロックの議論の主旨は、文脈に合わせて解釈する必要がある。彼は特定の時期、場所、文化的環境におけるギリシアの哲学的思考の発生について議論しているのだ。

ハヴロックの目的は、新たな思考が開花したことを説明することにあった。そしてこの思考には「個人の自己意識」という、それまでのホメロス流の口承文化には存在しなかった概念が含まれていた。心理学者で識字を専門とするデイヴィッド・オルソンはこう書いている。

> 言葉に対する自覚が生まれることで、その言葉と言葉が表す観念《イデア》との差異が意識される。つまり書くということは、その観念《イデア》に関する思考《イデア》を生み、意識はそうした観念《イデア》を保管する場所となる。したがって、意識の発見は書字がもたらしたことの一つと言ってもおかしくはないのだ。[25]

「意識（mind）」の意味をどうとらえるにせよ、そこには熟考する力が含まれる。文章を読んでいるとき、私たちは言葉に目を留《と》め、それについて考え、読み返す。文章を書くときには、一旦手を止めて考え、書き直すことができる。

ここで人間とＡＩの書き手を比べてみよう。ＡＩは、人間が書いた文章に手を加えることはあっても、手を止め、よく考え、書き直すことはできない。序章で紹介したブレイク・レモインの主張にかかわらず、ＡＩには意識がない。書いたり書き直したりすることをＡＩに頼り切ることになると、知性を鍛えるために文章を書こうという意欲が減退していくのではないかというのが、人間に対する難しい課題だ。

ギリシアでは、文字の発生が、口承文化から文字文化に変わる最初のステップだった。この二つの社会秩序は、書き文字が存在するかどうかではなく、それが担う文化的な役割で区別される。たとえばイングランドを見てみよう。七世紀には文字が存在していた（まずはラテン語、それから英語）が、十七世紀になるまで文字文化は確立されていなかった。中世の修道士も信者も聖書を朗読していたし、チョーサーは宮殿に集まった聴衆に自身の作品を読み聞かせた。シェイクスピアの戯曲はほとんどすべて、個人の読書のためにではなく舞台で演じるために書かれた台本だ。さらに、少なくとも近世になるまで人々は何かを読む際には朗読するか、少なくとも唇を動かしていた。文字文化の到来を告げる証拠として、句読点の使い方が挙げられる。もともと句読点は読み手に、どこで、どのくらいの長さで、息を継ぐべきか示すものだった。十七世紀には、句読点は徐々に書き文字の文法構造を示すものへ変わっていった[26]。

ギリシアに話を戻そう。アルカイック期のギリシアは、アルファベット文字が発明された後も口承文化のままだった。『イリアス』と『オデュッセイア』は口伝えに記憶され、暗唱された。その頃、文字を読める者はほとんどいなかった。古典期に移行しても口承文化の要素は残っていた。ギリシアの歴史の父、ヘロドトスも自身の作品を読み上げていたという。実のところ、書いた作品を朗読するというのは紀元前四世紀のギリシアによく見られた慣習だった[27]。プラトンの作品が「対話篇」と呼ばれているのは間違いではない。実際の会話を記録したとされているからだ。古典期のギリシアで完全な文字文化が花開くことはなかった。だが、哲学者など多くの人が識字能力を身につけたことで、知的かつ社会的な新たな思考形態を生み出した。

読み書きと学校教育

人々の考え方を変えるのは読み書きの能力なのか、それとも私たちの多くが読むことを学ぶ学校での教育なのかというのは、頭に浮かんで当然の疑問だ。一九六〇年代におこなわれた、西アフリカに暮らすウォロフ族の子どものうち、読み書きができる子とできない子を比較する調査では、読み書き能力が認知能力の発達を促すと結論づけられている。しかし、この調査を実施した心理学者のパトリシア・グリーンフィールドとジェローム・ブルーナーは、標準的な認知能力テストで得られた高得点は、実は読み書き能力ではなく学校教育の有無を反映しているのではないかと考えた。[28]

　別の心理学者シルヴィア・スクリブナーとマイケル・コールは、認知能力の差を生みそうなこの二つの要因を分けたいと思った。[29]そこで二人は、リベリアのヴァイ族を調査した。ヴァイ族は独自の音節文字を発明していた。学校では教えていない文字だ。また、ヴァイ族のなかには、この固有の文字体系を知っている人も知らない人もいた。さて、この二つの集団の認知能力は同じだろうか？

　答えは一筋縄ではいかないものだった。ヴァイ語の文字を知っている（だが学校で教育を受けたことがない）集団と、ヴァイ語の読み書きを知らず学校にも行ったことがない集団の認知能力は多様だった。とはいえ、読み書きの力が認知能力テストの得点に及ぼす影響を説明する上で、正式な教育の方がはるかに重要だということが判明した。

　読み書き能力の影響と学校教育の影響を分けるという課題の解決策は、今なお見当たらない。しかし最新の神経科学が助けになるかもしれない。そういうわけで、意識に関する説明から脳の紹介に移ろう。ＡＩプログラムに欠けているものとは、少なくとも文字通りの「頭脳《ウェットウェア》」である。

書くことは私たちの脳を変えるか？

最新の画像技術のおかげで、人間の脳の仕組みに迫ることができるようになった。その結果、ヴァイオリンを弾くとか、ロンドンでブラックキャブと呼ばれる黒塗りのタクシーを運転する〔世界一難しいといわれる試験に合格した運転手だけが運転できる〕とか、本を読むといったことをすると、物理的な脳の状態が変化することがわかった。また、脳がリアルタイムでどのように働いているのかということも、解き明かされつつある。

科学者たちは百年以上にわたり、脳神経の可塑《かそ》性について議論してきた。可塑性とは、脳の構造を再編成したり、新たな経路を切り開いたりする脳の能力のことだ。[30]かつて、脳の発達は大人になる前に止まると考えられていた。今では、いくつになっても脳は新たな神経物質や経路を育み、認知能力を向上させることが判明している。脳が何をおこなっているのかを研究するために必要なツールが、磁気共鳴画像法（ＭＲＩ）だ。構造的ＭＲＩは解剖学的な画像を生成し、機能的ＭＲＩ（ｆＭＲＩ）はタスクをおこなうときの血流の変化を測定して、リアルタイムの脳の活動をグラフ化する。

ＭＲＩ技術によって明らかになったのは、ヴァイオリニストの脳では右の運動皮質に構造的結合の増大が見られ、これが左手の指を動かしているということだった（ヴァイオリニストは左手でヴァイオリンの弦を押さえる）。[31]また、無数の経路や道や目印などに精通しているロンドンのタクシー運転手は、対照群〔特定の条件（ここでは交通に関する知識を持っていること）以外がすべて実験群（ここではタクシー運転手）と等しいグループのこと〕に比べて海馬後部（物理的なナビゲーションを司る領域）が大きいこともわかった[32]。

こうしたニューロイメージングによって、読み書きの能力が脳に与える影響は明らかになるだろうか？　この問いについて考えるためには、私たちが神経学的に理解している大半のことは読むことに特化しているか、読む能力と書く能力を区別していないかのどちらかだ、ということに留意する必要がある。

読むことと脳

文字を読むことが（話し言葉とは異なり）進化の一環として脳に組み込まれていないのに、私たちはどうやって読めるようになるのか。脳科学者のスタニスラス・ドゥアンヌは、視覚や発話などのほかのタスク向けに設計された神経構造に便乗しているからだ、と説明している[33]。神経スキャンという驚異的な技術のおかげで、私たちは文字が読めるようになって変化した脳の構造や機能を実際に観察できる。また、研究者たちの創意工夫によって、いまや読み書きの能力と学校教育を分けるという難問を迂回する方法もある。読み書きができなかったが、後になって身につけた人に注目すればいいのだ。

初期のある研究は、コロンビアの歴史上の転換期をうまく利用した。コロンビア革命軍の元ゲリラ兵たちが、読むことを覚えて、社会の中心に復帰するときのことだ。成人後に読み書きを覚えた人々の構造的ＭＲＩスキャンを、まだ識字プログラムを受講していない元兵士のものと比較した[34]。スペイン語の読み書きができるようになって五年以上経過した人の画像では、物を読むときに関与するとされる脳領域の白質と灰白質の密度が増加していた[35]。

別の調査では、ポルトガルとブラジルの三つの成人集団のｆＭＲＩ画像を比較した。幼少期に読み書きを身につけた集団と、大人になってから読み書きを学んでいる集団と、読字を学ばなかった集団だ。読み書きを学んだ集団では、学んでいない集団と比較して視覚と発話に関連づけられる脳領域に活発な活動が見られた[36]。

さらに北インドからも新たな研究結果が届いた。ヒンディー語を話す、読み書きの能力を持たない成人の村人たちの調査をおこなっていた研究者たちは、識字プログラムの参加者と、識字の訓練を受けず、読み書きのできない集団を比較した[37]。ｆＭＲＩ画像はここでも、識字能力が成熟した脳に影響をおよぼすことを明らかにした。

また、子どもの脳と文字との関係についても発見があった。シンシナティ小児病院の小児科医ジョン・ハットンは、印刷した文字を読む場合と、スクリーン上の文字を読む場合で、脳に与える影響に違いがあるかどうかに興味を持っていた。

ハットンと同僚たちは三歳から五歳児の調査で、拡散テンソル画像というＭＲＩの技法を用いて、家庭環境と子どもの脳への影響との関連性を探った。家庭の読書環境が刺激的であればあるほど――これは紙の本に接しやすいかどうかや、大人がまだ読み方を知らない子どもと一緒に本を読む頻度とその質を基準に測定される――脳の白質路微細構造の完全性レベルは高くなる。要するに、言語と読み書きをつなげる経路ができる。ハットンたちは未就学児のうち、デジタル画面を見ることの多かった子どもでは、これらの白質路の完全性レベルは低かったとしている。十歳前後の子どもでは、本を読むと脳の結合性が増加（認知能力が向上）することが示されたが、スクリーンデバイスを長時間使用すると、脳の結合性が低下することがわかった[38]。

こうしたＭＲＩの結果をどう解釈すべきかはまだ定まっていない。だが、読むことが――ただ本がそばにあることですら――脳の働きを変えるのはたしかである。

では、文字を眺めているだけのときには脳に何が起きているのだろう。

書くことと脳

読み書きができない人と、読むことは学ばずに書くことだけを習った人の脳の画像を比較するなどということができるとは思えない。自分で書いている文字が何かわからないのであれば、それは文字を書いているのではなく絵を描いているにすぎない。

いまや成人を対象とした複数の新手のプロジェクトが明らかにしつつあるのは、文字を書いているときの脳の動きだ。最初に紹介するスタンフォード大学発のプロジェクトは、脳に埋め込まれたチップとＡＩソフトウェアを組み合わせることで、身体に麻痺の症状のある人がコミュニケーションを取れるようにするものだ。[39] このシステムは、麻痺状態になる前にその人が身につけた、書くときの脳の運動記憶を利用する。人間が陰でＡＩの補助を受けながら書いている状態だと考えればいい。

この研究の初期段階では、手足に麻痺症状（および埋め込まれたチップ）がある参加者は、「自分でコンピューターキーボード上のカーソルを動かして、文字を入力しているのだと思って集中してください」という指示を受けた。その後の研究では、手で紙に一つひとつ文字を書いていることを思い描いて、神経を集中することを求められた。続いてＡＩがその神経信号を認識し、文字を生成する。これで明らかになったのは、手で書いていることを思い描いたときの方が、コンピューターに入力していることを想像したときより、一分あたりの文字を多く入力できるということだ。この種の研究が今後もたらす恩恵は大きい。麻痺を抱えた人だけでなく、ゆくゆくはＡＬＳ（筋萎縮性側索硬化症）などの退行性の病を持つ人が利用できるようになるだろう。

次に、まったく異なる書き方の研究を紹介しよう。ｆＭＲＩ画像を使って、物語を書いている人の脳の活動を追跡したもので、プロの書き手とアマチュアの脳の活動を比較することが目的だ[40]。ドイツのグライフスヴァルト大学で教えるマーティン・ロッツェとその同僚たちはまず、参加者がＭＲＩでスキャンされている最中に、物語を書ける仕組みを作らなければならなかった。ＭＲＩには金属を近づけてはいけないため、デジタルデバイスを使うことはできない。装置のすぐ外側に書きもの机を用意して、手で書けるようにする。

作業自体はＧＰＴ-３などの大規模言語モデルのやり方を彷彿とさせる。大規模言語モデルでは、人が物語の冒頭の数行を書くと、ＡＩが残りを執筆する。それに対してこの研究では、物語の続きを書くのは人間だ。片方の集団の参加者（この研究では「プロの書き手」と呼ばれる）は創作の講義を受けたことがあり、アマチュア（書くことの訓練は受けていない）の集団が対照群となった。

二つの集団の脳の画像を確認したところ、異なる領域で神経活動がおこなわれていた。アマチュアの書き手がどのように物語を展開させようかと考えている（だがまだ書き始めていない）ときには、脳の活動は視覚に関連する領域で見られた。プロの書き手では、発話に関連する脳の領域がより活動的だった。実際に文章を書き始めると、プロの書き手の脳では（アマチュアの書き手とは異なり）尾状核での活動が見られた。ここは計画、学習、記憶などの高度な認知機能を司る脳の領域だ。

ロッツェの研究結果をどう解釈するかは難しい問題だ。創作をする訓練をおこなえばまったく違う考え方ができるのかもしれないし、できないのかもしれない。ジャーナリストと作家を比較した研究の結果も見てみたいと思う。いずれにせよ断言できるのは、人が文章を書いているとき、脳はその一字一句をたどっているということだ。

文章を書くことと、書くときに頭の中で起きていることについては、まだわからない部分が多い。だが、実際的な結果につながる問いが一つある。それは、私たちの意識または脳は、手で文字を書くときとキーボードやキーパッドで書くときとでは、違う働きをするのだろうか、というものだ。これに関しては、手で書くことについて詳しく説明する第12章で再度取り上げる。

プラトンが書いた『パイドロス』での対話で、ソクラテスはエジプトの神テウトが文字を発明したという逸話を思い起こす。これは恵みだったのか、それとも呪いだったのか。ソクラテスは、テウトが書いた文章を手渡したエジプトの王であり、神でもあるタモスになりきってこう語る。

なぜなら、人々がこの文字というものを学ぶと、記憶力の訓練がなおざりにされるため、その人たちの魂の中には、忘れっぽい性質が植えつけられることだろうから。（中略）あなたが発明したのは、記憶の秘訣ではなくて、想起の秘訣なのだ。また他方、あなたがこれを学ぶ人たちに与える知恵というのは、知恵の外見であって、真実の知恵ではない。すなわち、彼らはあなたのおかげで、親しく教えを受けなくてももの知りになるため、多くの場合ほんとうは何も知らないでいながら、見かけだけはひじょうな博識家であると思われるようになるだろうし、また知者となる代りに知者であるといううぬぼれだけが発達するため、つき合いにくい人間とな

るだろう。[41]〔『パイドロス』プラトン著、藤沢令夫訳、岩波書店、一九六七年、一六四ページ所収〕

だが、この時代の人々がものを書くことになぜ不安を覚えていたのかについては、歴史的背景がかかわってくる。当時、ギリシアのアッティカ地方は口承文化から文字文化へと移り変わる最中にあった。現代人が自動駐車をおこなうと平行駐車の仕方を忘れてしまうのではないかと不安を抱くのに似て、古代ギリシアの社会も書き文字の利点と、書き文字が知識の媒体としての記憶力に与える悪影響のあいだで、引き裂かれていた。ソクラテスとプラトンが今も生きていたら、人間の記憶力がこれほどまでに低下したことを嘆くだろう。と同時に、自己表現や思考を表すものとしての文章が持つ力にも気づくはずだ。

ＡＩには自己表現や思考ができない。一方、人間にはできる。次の章では、人間が文字を書く動機を紹介する。

第2章　人間が書く、そして書き直す理由

身代金要求の手紙、レシピ、洗濯物リスト、裁判、ブログ、本、メール、碑文……。読み書きができる人には、書くべきことも書くための理由も山ほどある。だが実際には、私たちの書くものは、そのときどきのニーズや状況と切り離せない。

こうした制約は昔からある。たとえば、一部の初期の文字体系が用いられる目的はたった一つだった。それは役所仕事だ。ギリシアのミケーネ文明の線文字Bは、王族の貯蔵所に保管されている穀物の量など、実際的な事柄を記録するためだけに使われていた。[1] 詩にも国王令にも使われなかった。ペルーでは、インカ族がキープという謎に満ちた結紐（一種の文字）を使い、はるか遠くまで広がる帝国を管理していた。[2]

文字が誕生した――あるいは借りてきた、もしくは進化した――どの社会にも、誰が何を書き記したのかについての独自の物語がある。羊皮紙や紙、キーパッドなどを駆使して文字を書き留めた人々。まずは彼らにつけられた名称について考えることにしよう。

書き手、著作者、権威

ニューヨークには〈ライターズ・ハウス〉という名の著作権代理店があり、作家の代理となって作品を出版社に売り込んでいる。わかりきった質問だが、書き手《ライター》と著作者《オーサー》（著者）に違いはあるだろうか。

単語の使い方という観点では、この二つは区別しにくい。全米作家協会《オーサーズギルド》は「執筆中の書き手《ライター》」[3]、一般的には原稿を出版して金銭を得たいと考えている人を支援するためにある。「ライターズ・ワークベンチ」という世界初の文法チェックプログラムは、学生による課題の見直しをサポートするために、一九七〇年代後半に設計された。ただし、こちらではもちろん金銭のやりとりは発生しない。

理屈から言えば、文字を書く人をおしなべて「書き手」と呼んでいいのだが、「書き手」という言葉からはジャーナリストや編集者のような専門家が想起される。メールの送信、ＳＮＳの投稿、履歴書の記入、年末のグリーティングカード作成をおこなうだけなら、書き手と呼ばれることはほぼない。そのような人々は、正確には「日常的な書き手」と呼ぶべきなのだろうが、これも耳慣れない名称だ。本書では「一般の書き手」と呼ぼう。

では「著作者（著者）」はどうだろう？　もし私が短篇小説を書いたなら、（私はその著者であり）功績を認められたいと思うだろう。金銭的な利益を得たいとも考えるかもしれない。ニュース記事や弁論趣意書を書いた場合、私は著者となるが、この「著者」という言葉にはほかの意味も含まれている。法廷あるいは世論において、書いた内容の責任を自分が負うということだ。この場合、著者としての別の責任も担うことが多い。正確であること、そしてフィクションの場合を除き、真実が含まれていることだ。さらに、金銭や名声を目的とするものとは違う、個人的な動機があるかどうか、というきわめて重要な要素がある。

つまり現代において著作者となるには、次の五つの条件があると考えられる。

・何か新しいことを書くこと（そしてできるだけ巧みにそれを表現すること）
・著作物が公開されること
・自分の名前と著作物が関連づけられること
・書いた内容に対する責任を負うこと
・個人的に文章を書きたいという動機を持っていること

この条件は寄せ集めのように見えるかもしれない。だが、考えてみてほしい。政治的な暴露記事なら、書いた内容の信憑性を保証しなければならない。上司へのあてこすりを綴った同僚宛てのメールには、あなたの名前が記されている。会社のサーバーにバックアップファイルが保存されている。気をつけることだ。

ここで現代の著作者を定義したのには理由がある。文字と同様、著作者という観念も、何百年もかけて進化してきたものだからだ。

権威《アウクトリタス》から著者と著作権へ

「著者《オーサー》（author）」という言葉には、古い歴史がある。それは権威という意味を持つラテン語の「アウクトリタス（auctoritas）」から派生したものだ。「アウクトル（auctor）」は主に宗教的な議題について書く、権威のある人物を意味した。中世での権威とは、主題（宗教など）そのものが持つ本質的な重要性と、書かれた内容の真正性《オーセンティシティ》（真実であること）の両方を意味した。たとえば、神はものを書こうとする人間がひらめきを受けるための源であり、まさに権威《アウクトリタス》そのものだった。人間は魅力的な詩や物語も書いた（中世イングランドの物語『ガウェイン卿と緑の騎士』など）。だが当時、人々の努力の大半は宗教的な文章やそれを編集したものを論評することに費やされていた[4]。さらに、歳月も重要視された。十二世紀後半に聖職者のウォルター・マップが悔しそうに言明したとおり、「名声というのはこの世を去ってから与えられるもの」だったのだ[5]。

　しかし、人間の著者（存命も含む）はやがて神の陰から姿を現した。この変遷のきっかけの一つが、自らをただの（物語や神の言葉の）編纂者だとすることだった。もう一つは、書いた内容に対する責任を登場人物に押しつけることだった。十四世紀イングランドの『カンタベリー物語』では、チョーサーは自身をただの報告者とし、ミラーなどの登場人物の下品な言葉遣いの責任を負うことはできない、と断っている[6]。

　近代の初期には、著者に関する考え方はそれまでとは大きく異なっていた。印刷機のおかげで、多くの書き手が作品を世に出せるようになったからだ。やがて「著作権（Copyright）」という概念が生まれるが、それはもう少し先の話だ。シェイクスピアが『リア王』や『マクベス』を書いていたとき、ラファエル・ホリンシェッドの『年代記』の盗作ではないかと責める者はいなかった。当時、剽窃などという罪はなかった。著作権法がまだ作られていなかったからだ。それに現代の観点から見ても、著作権の保護対象になるのは、あくまでも書き記された言葉であって、表現されているアイデアそのものは保護されない。

インングランドでは、一七〇九年に制定されたアン法が最初の著作権法となった。しかし、書かれた作品を出版して利益を得る権利を一定期間有することになったのは、著者ではなく出版社だった。著者が「著作物の創作者であり所有者」として認められるのは、それから百年後（一八一四年の著作権法）のことである。[7] 著作権の保護期間は徐々に長くなったとはいえ、イングランドでもアメリカでも保護されるのは書かれた言葉であって、アイデアではなかった。[8]

現代の著作権法を著作物に適用することは、ヨーロッパでもイギリスでも努力が伴う。イングランドの法律では「適用対象となるには、著作物が独創的（オリジナル）であると認められ、ある程度の労苦、技能、見解が示されている必要がある」。アメリカでは「著作者によるオリジナルの著作物は、人間の著作者によって個別に制作されたもので、少なくとも最低限の創造性を備えている必要がある」。[9]

オリジナルであること。今日の著作権法が明確にしているのは、著者は新しいものを書かなければいけないということだ。また、知的努力をおこなった証拠を示す必要もある（「労苦、技能、見解」、「最低限の創造性」）。問題になるのは、そこで努力と創造性を発揮したのは誰か、ということだ。

著作権とAI：複雑な問題

アメリカの法律には、著作権は人間の著作者が制作した著作物にのみ付与される、とはっきり書いてある。というより、著作者が人間でさえあれば、著作物の種類は問わない。

たとえば、とさかのあるクロザル（インドネシアにのみ生息する旧世界猿）による作品の例を見てみよう。二〇一一年、自然写真家のデイヴィッド・スレーターは、インドネシアの自然保護区でカメラをセットアップした後、少しその場を離れた。戻ってくると、ナルトという名のクロザルが自撮りをしていたことに気づいた。撮影された写真の一部は（第三者によって）パブリックドメイン〔著作権を含む知的財産権が発生しておらず、誰でも使用できることを指す〕のコンテンツを公開しているウィキメディア・コモンズに掲載されたが、スレーターはこれに抗議し、彼のカメラを使って撮影された写真の著作権は自身に属すると主張した。さらに野生動物の個性に関する本を出版すると、表紙にナルトの自撮り写真を使った。[10]

だがこの問題は思わぬ展開を見せる。動物愛護団体がスレーターを訴え、著作権は実際の撮影者であるナルトに属すはずだと主張したのだ。裁判所は訴えを棄却した。アメリカの法律では、著作権を有するのは人間だけだからである。[11]

では、ＡＩプログラムが作成したものの場合はどうだろうか。その答えはあなたの住んでいる場所によって異なる――方針は国によってばらばらだ。

二〇一四年、アメリカ合衆国著作権局は次のように規定した。

> 当局では、人間の著作者による創造性を伴う入力や介入なしに、無作為に、または自動的に動作する機械もしくは機械的なプロセスによって生成された著作物の登録はおこなわないものと

する。[12]

つまり、著作権を保護する場合、ＡＩのみを著作者とすることはできない。アメリカの法律専門家たちは次々にこれを支持した。一九八六年にはすでに、パメラ・サミュエルソン〔アメリカの法学者〕が著作権制度についてこのように発言している。

〈著作権制度が〉人間にのみ権利を与えているのには、もっともな理由がある。機械に知的財産権を付与する意味がないのは、単に機械にはアウトプットを生成するための動機を与えなくてもよいからだ。[13]

著作権保護についてアメリカ合衆国憲法に明確に記されているとおり、自らの著作物に対する「独占権」を一定期間著作者に付与するのは「学術と有益な技芸の進歩を促進する」ためだ。[14]人間の著作者への擁護は続く。アンマリー・ブライディ〔著作権を専門とする弁護士。アイダホ大学で法学を教えた後グーグルに入社〕は二〇一二年、ソフトウェアプログラムに著作権が与えられないのは、プログラムが「法的に人間とみなされない」からだと書いている。[15]その数年後、ジェイムズ・グリメルマンは次のように結論づけた。将来的には著作権目的で、ＡＩに著作者としての地位を与えることが当たり前になるかもしれないが、今のところ法律を変えてＡＩプログラムに著作権が付与されるようにするのは「とんでもない考え」だ、と。[16]

ところが大西洋や太平洋の向こうでは、完全に異なる法制度のせいで問題が複雑化する。一部の国（ヨーロッパ大陸全域、中国、日本）は、ローマ帝国の『ユスティニアヌス法典』に由来する大陸法《シビルロー》を定めている。イングランドおよびイングランドの法制度に影響を受けた国々（インド、オーストラリア、ニュージーランド、カナダ、アメリカなど）は主に英米法《コモンロー》（慣習法）を敷いている。大陸法では、法制度は成文化された法律に基づき定められる。英米法では、司法は判例法、つまり長年にわたって裁判官たちが言い渡してきた決定に大きく依拠している。

大陸法国家、特にヨーロッパには、そのほかにも強力な司法の伝統がある。著作者人格権だ。これは今では著作権と密接に結びついている。著作権は作品における著者の経済的利害を保護するが、著作者人格権（moral rights）――フランス語の「ドロワ・モラル（droit moral、道徳的権利）」に由来する――は非経済的利害を保護する。つまり作品の著作者として認められること、個人的な評判やプライバシーの保護などだ。一八八六年の文学および芸術作品の保護に関するベルヌ条約では、個人の著作者人格権が著作権の条項に盛り込まれた[17]。この個人の著作者人格権の重視こそが、人間だけに著作権が与えられるという前提を補強しているのだ。

英米法を敷く国の一部（アメリカなど）も今ではベルヌ条約に加盟し、著作者人格権に同意しているが、こうした権利は著作権という領域内ではそれほど重視されていない。その結果、英米法の国々では、コンピューターが生成した知的財産における著作権の問題に対処するために、回避策を用いるようになった。この回避策というのが、職務（法人）著作物という概念だ。

たとえば、ある企業がマリアという人物と契約を結び、企業に代わって運用マニュアルを書いてもらうとする。マリアには賃金が支払われるが、彼女が書いたマニュアル（およびそのマニュアルがあげる利益）を随時使用する権利は企業に属する。これがニュージーランドをはじめとする一部の英米法の国で、コンピューターが生成した作品の権利に対処するために用いられている制度だ。著作権を所有するのは「著作物の創造において必要とされる取り決めを交わした人物」である。[18] 英米法を採用しているアメリカでは、この職務著作という方法を利用して著作物を作成するのが簡単な回避策である、とブライディは説明する。著作権法自体を変える必要はなく、何が職務著作物に該当するのかを定義する文章を、連邦議会が少々変更すればいいだけのことだ。

ＡＩが生成した作品の著作権問題を解決するもう一つの方法は、中国で生まれた。デイヴィッド・スレーターとクロザルの自撮り写真の件と同様、人間ではないものが書いた言葉は自動的にパブリックドメインに属するのか、それとも著作権で保護されるのかというのが、問題の争点だった。テンセント・テクノロジーは「ドリームライター」と呼ばれる自社のＡＩソフトウェアを使って金融に関する記事を作成し、テンセント・セキュリティーズのウェブサイトに投稿した。同日、上海盈讯科技有限公司（別のテック企業）が自社ウェブサイトにまったく同じ記事を掲載した。ＡＩが生成した文章はパブリックドメインだと考え、テンセントの許可は取らなかった。テンセントはこの企業を訴え、経済補償として千五百人民元（三万円ほど）を求めた。この記事は人間とテクノロジーの連携によって書かれたものであること、記事そのものはオリジナリティに関する著作権の条件を満たしていることなどから、裁判所は記事の保護を認めた。[19]

もちろん、千五百人民元を手に入れたのはソフトウェアのドリームライターではない。テンセントだ。

認めるべき功績を認めよ

先にも触れたが、現代で著者として認められるには、新しいことを書かなければならない。ところが、コンピューターが生成した文章はこの条件に当てはまる。しかも、コンピューターによるアウトプットはますます増え、新聞記事だけでなく短篇集や漫画などにも登場し始めている。[20]

では、誰が著者となるのだと、不思議に思う人がいて当然だ。自費出版された作品や小規模出版社による作品の場合、著作権を主張するのはたいてい内容をまとめた人間である。中国のテンセントの例では、署名欄にこう書いてあった。「この記事はテンセントのロボット、ドリームライターが自動的に執筆したものです」。

法的には、「実際の著作者」（誰または何が実際の執筆をおこなったか）と「法的な著作者」（誰が著作権を所有するか）とは違う。ドリームライターはテンセント向けに記事を執筆した（「実際の著作者」）が、テンセントがその記事の著作権を有する（「法的な著作者」）。執筆の過程で人間が手を加えたからだ。しかしサミュエルソンの発言どおり、ＡＩの著作物が抱える著作権の問題については五、六通りほどの法律が存在する。[21]

別の問題もある。作品が複数出版され、流通しているすべての著者に影響をおよぼすかもしれない問題だ。本書の「序章」では、ＧＰＴ‐３がジェローム・Ｋ・ジェロームやゲイ・タリーズさながらの文体で作品を書いたと紹介した。アドルフ・ナイプが現代に生きていたなら、エドガー・アラン・ポーの推理小説をＧＰＴ‐３に学習させて、大ヒット間違いなしの「盗まれた手紙」の続編を吐き出させただろう。ポーのファンと研究者が腹を立てる可能性はあるが、誰もナイプを捜し出したりしない。ポーの作品の著作権は切れているからだ。

だが、ダン・ブラウンの『ダ・ヴィンチ・コード』と『インフェルノ』をＧＰＴ‐３に学習させて、ロバート・ラングドン博士が主役の新たなスリラー小説を作成したら？　ブラウンは訴え出るだろう。特に、それが新たな作品として出版され、収益を上げたりすれば。だが、法律はどちらの味方をするかという疑問が残る。アメリカの著作権は書かれた言葉を保護するが、アイデアと文体は保護しない。しかし、個人的な評判の保護を含む著作者人格権の問題は生じるだろう。

さらには、著作権とその帰属先に関する法律だけでなく、有責性の問題も解決しなければならない。ＡＩが生成したコンテンツに問題が生じた場合、誰が責任を負うのか。

書いたものに対する責任

自分で新しい発想の込められた作品を創り、その責任を引き受けるつもりがあり、作品を出版してくれる出版社も見つかったとしよう。大変にめでたい。だが、著者としての義務はここで終わらない。その作品の正確さにおいて責任が問われる。私が今まで世に出してきたすべての本でも同じだが、出版社との契約では、自分が真実だと主張したあらゆる事柄について正しいと証明しなければならない。著作をめぐって後に問題が生じたときには、私は自分で弁護料を支払うことになる。

著者が人間であれば、これらの契約の条項は理にかなっている。人には、自分で書いた内容に対する責任があるからだ。しかし、ＡＩが書いたものに関してはどうだろう。大規模言語モデルは、事実とかけ離れた文章を作成することで知られている。ＡＩを使用してニュースや科学の記事を書いている企業は、コンテンツを厳しく精査した厳選済みのデータを用いることが多い。ところが、未加工のデータセットに依存するＡＩツールが急増し、あらゆる書き手がそれを使用できるようになったために、責任にまつわる新たな問いが生じている。ＡＩが作成して発表されたエッセイの内容に嘘や中傷的な主張が含まれていた場合、誰もＧＰＴ‐３やその他のプログラムを訴えることはできない。裁判所への出頭を求められるのは誰なのか。大規模言語モデルを設計した会社か。アプリケーションでその言語モデルを使うことを許可した会社なのか。それとも、プログラムを実行したエンドユーザーか。

そこでは、法律の素晴らしき新世界が待ち受けている。

コンピューターはすべての人間を著作者に変えたか？

書く行為のなかにコンピューター技術が入りこんでくることになると、著者であることと著作を出版する《パブリッシュ》——文字通り公開する《パブリックに》——ことのつながりについて改めて考えざるをえない。コンピューターが広く普及する前、出版社とのツテや自費出版する道がない場合、自分の書いたものを複製・頒布する手段は、代筆屋、タイプライター、カーボン紙、ガリ版印刷機、コピー機だけだった。私のお気に入りのウィリアム・ハミルトンの漫画では、カクテルパーティーで、ある学者がこう語る。「まだ論文を出版したり公開したりしたことはないのですが、書いたものをきちんとタイピングしてもらったことならありますよ」[22]。

パソコン、ワープロ、手ごろなプリンターの登場で、出版し、公開することが一般的になった。しかし、本当の変化はインターネットへアクセスできるようになってから起きた。個人的な日記からブログへの投稿、Wattpad（ワットパッド）〔ユーザーが自分で書いた小説をアップロードできるサイト〕への小説のアップロードまで、すべてが一瞬で「公開」される。そしてあなたは著者となる。

一般の書き手が自身を著作者として想定した瞬間、書いた内容に多くの責任が伴うようになり、潜在的な読者層が広がったことを知る。読み手はもはやわずかな友人や、課題を採点する教師だけではない。英作文の大家アンドレア・ランスフォードと彼女の同僚たちが英作文のハンドブックに『あなたもわたしも著者（Everyone's an Author 未邦訳）』というタイトルをつけたとき、彼らの念頭にあったのは、まさに「一般の書き手」が著者へと変わることだった。このハンドブックは、自分のことを「乏しい反応のなかで一人で文字を綴っている人」としてではなく、「作品を公開した著者」だと考えるよう説いている。「コンピューターにアクセスできる人は皆、書いたものを公開し、「著者」になれる」のだから。[23]

この本のタイトルは魅力的だが、「著者になれる」という事実だけでなく、書くことは二つの目的をかなえるツールだと気づいてほしいという作者の思いも反映されている。つまり、書くことで明晰に思考することができ、社会的交流を実現できる。書くことを学べば、明確かつ論理的に考える力を伸ばし、書き手の意見に興味を持った生身の読み手に自己を表現できる。

人は何を主張したいのだろう。なぜそれをわざわざ文字に記すのだろう。ＡＩに驚くべき編集・作文スキルがあることを思えば、どのようなタイプの文章作成をＡＩに任せるべきか、何をＡＩと共有すべきか、何を自分自身で担うべきかを選ぶ必要がある。だが、その仕分けを始める前に問いたいのは、そもそもなぜ人間はものを書くのか、ということだ。

人間が書く理由：さまざまな動機

グーグルで「私が書く理由（Why I write）」と検索すると、二十億件以上の結果が返ってくる。もちろん重複しているものもあるだろうし、個人的なブログ投稿や作文教室の宣伝も多いだろう。だとしても、これは人気のあるトピックのようだ。なかでもよく知られているのが、ジョージ・オーウェル、そしてジョーン・ディディオンの同名のエッセイである。だが、ほかにも何十ものエッセイが著名な作家の手で書かれている。こうした一連の作品を読み漁るのは、啓発的な訓練になる。

対象がなんであれ――動物でも植物でもアイデアでも――数が多すぎる場合の最初のステップは、分類だ。アリストテレスとカール・フォン・リンネ〔大リンネ。植物を研究し、分類学の父と呼ばれる〕にとっては、この手法がうまく作用した。本書で私のおこなったグループ分けが、書く理由をすべてカバーできていると言うつもりはない。だが、分類によって会話の足がかりが生まれることは確かだ。ただし、分類には相互に重複することが多いと心得ておいてほしい。たとえば、アメリカの刑事司法制度に関する批評で得た印税が、同時に、生活費の足しにもなるわけだ。

これから述べる最初の二つのカテゴリーは「一般の書き手」の動機を反映しており、次の二つのカテゴリーは作品を出版する従来の著者の動機に焦点を当てている。最後の三つは、心のおもむくままに書いた文章に重点を置いた。

毎日の活動：個人的および個人間で起きるもの

一般の人々による日常の書きもの。

これは、私たちが自分のためにする書きもので、買い物リストや日記、備忘録などが挙げられる。それから、知人や連絡したい相手とやりとりするための文章がある。友人へのメール、同僚へのテキストメッセージ、近況報告、国税庁への手紙。この発信に共通しているのは、書いたものを誰かが読んでくれるだろうという推測――もしくは希望――が持てる点だ。ところが収益を目的としたウェブサイトに入力したチャットはそうではない。相手が人間ではなくボットの場合、苛立たしさが募ることが多い。

指示通りに書く：学校生活、代筆

これは誰もが通ってきた道だ。学校生活では、作文、詩、批評を次から次へと書かなければいけない。提出期限はあっという間にやってくる。大学教員として私は、大学の食堂や中庭で学生同士の会話を耳にしては嘆いてきた。

リンゼイ「今、何を書いているの？」
ジェイミー「クレイン（先生）の小論文の提出が明日なんだ」
リンゼイ「何文字？」
ジェイミー「千二百から千五百文字。それなのに、まだ八百文字しか書けてない」
リンゼイ「とりあえず形容詞を足せばいいよ。それで、同じ主張を繰り返す。どうせクレインは

「こんな提出物、読みやしないよ」

あなたがたが書いたものはあなたがたのものであって、私のものではありません、といくら学生に言い聞かせても、理解してもらえないことのほうが多い。「先生の小論文を提出します」と言われる。あなたが学校で学んだことがあるのなら（あるはずだ）、この台詞はおなじみのものだろう。

このように、他者からの指示で書くことは、仕事の領域でもよくあることだ。たとえば、個人的に興味のないニュースの担当になった記者がこれに当てはまる。あるいは、ニューデリーやイスタンブールの代筆屋も同様だ。

具体的な利点：金銭的および職業上の利益

少なくとも芸術家への支援が始まって以来、そして著作権と著作権使用料が誕生してからというもの、人々は金を稼ぐために書いてきた。今日も食事にありつかなければならないという喫緊のニーズのために、文字あたりの出来高払いやフリーランスで働くこともある。また、定期的に原稿料を支払われたり、作品に対して十分な額の前払いを受けたりすることもある。

職業上の障害を乗り越えることが、ものを書く重要な動機になる。たとえば、「出版か、さもなければ死か」〔学術論文を書籍や雑誌などに掲載することが最優先され、出版されなければなかなか業績を認められない学術界の風潮のこと〕というダモクレスの剣〔常に危険に晒されていること〕を突きつけられている大学教員、特に終身在職権《テニュア》〔アメリカで基準を満たした教員に与えられる〕の審査中という危うい立場の大学教員だ。論文の数は専門分野や所属している大学の評判によって異なるが、終身在職権を得た後では、その教員の論文発表率は下がる。[24]

共有：専門知識、暴露記事、助言

読者への情報提供、暴露記事、助言を目的とするエッセイや雑誌記事、科学論文、本などについて考えてみよう。話題は多岐にわたる。一月六日〔アメリカの国会議事堂が襲撃された事件のこと〕に本当は何が起きたのか、神経可塑性とは何か、蘭を育てるコツとは……。

目的と書き手の腕前に応じて、その文章が一面記事になることもあれば、参照文献を多く含んだ論文や珠玉の文学作品になることもある。書き手の目的は情報提供（「ここに書かれているのは事実のみです」）の場合もあれば、解説（主張または観点が伴う――この点でウィキペディアへの寄稿とは異なる）の場合もある。すべてがノンフィクションというわけではない。たとえばヒラリー・マンテルの小説『ウルフ・ホール』を読んでいるとき、イギリスの近代の歴史が読み手の目の前で展開される。

書くための動機について話すには、一九四六年に発表された、ジョージ・オーウェルのきわめて重要なエッセイが欠かせない。オーウェルは文章を書くために著者が必要とする動機をいくつも挙げてみせた。まず、生計を立てるための執筆があることを挙げた後、さらに四つの動機――エゴを満たすため、美的な喜びを得るため、歴史的衝動、政治的な目的のため――について書いている。このなかでも政治的な目的こそ、オーウェルが作品を書くための原動力だった。

> 机に座って書いているとき（中略）私が書くのは暴露したい嘘や注意を引きたい事実があるからで、初めはこちらの言い分を聞いてもらえるかとても心配した。

オーウェルの使命は（政治的な問題について）解説することだけではなく、非常に個人的なものでもあった――それは、次の三つの項目につながる動機だ。

外に目を向ける：意味の伝達、希望の共有のために

人間は、この世界を理解しようとする。経験を積んだ多くの書き手は、世界の現状を改善したり（または欠点を補ったり）、楽観主義であることを示したり、現実に対処したりするために言葉を紡いでいく。ここで、さまざまな文筆家たちが書く理由として挙げたものを並べてみよう。[25]

・**世界を見つめ直すため**：「私に差し出されたどの世界のなかでも生きることができなかった。（中略）私がいられる世界を創り出さなければならなかった」（アナイス・ニン[26]）

・**世界を正しい位置に戻すため**：「書くことは、人が誤りかねないあらゆる道を表現する――それによって取り除く――私なりのやり方だ」（ゼイディー・スミス[27]）

・**感情的な経験を振り返るため**：「だからこそ、私はこれを書いているのだ。悲しみをあこがれに変え、孤独を思い出に変えるために」（パウロ・コエーリョ[28]）（『ピエドラ川のほとりで私は泣いた』山川浩矢・山川亜希子訳、KADOKAWA、二〇〇〇年、一二ページ所収）

・**希望をもたらすため**：「（フィクションを書くことで）ぼくは今にもちぎれそうな新しい希望の糸を撚《よ》り合わせて、暗闇のなかに火を灯そうとしている」（ジョン・グリーン[29]）

・**困難に対処するため**：「ある種の暗い決意のもとで、隠されている困難な事態に対処するために書くのです」（コルム・トビーン[30]）

・他者を喜ばせるため：「これが、何かを差し出すための私の方法です。人に喜んでもらうために自分ができる最善のことです」（カルロス・ルイス・サフォン）[31]
・死者の思いを伝えるため：「生き残った者にとって書くことは職業ではなく、生き甲斐であり、義務なのです。（中略）（私が書くのは）死者が死に打ち勝つ手助けをするためなのです」（エリ・ヴィーゼル）[32]

内に目を向ける：自己発見と理解のために

多くの人が、自分の考えていることや、自分が何者かということ、世界における役割などを知るために書いている。長いあいだその役を担ってきたのが個人の日記だが、この書きたいという思いは、書いた文章を世に出したいという思いへと、書き手を駆り立ててきた。ジョーン・ディディオンが一九七六年に執筆したエッセイ「私が書く理由」もこのカテゴリーに入る。ディディオンはこのタイトルをオーウェルの作品からとったことを明かしている。とはいっても、彼女には彼女なりの動機があった。

私は一から十まで、見出すためだけに書く。自分が何を考えているのか、何を見ているのか、私の目にしているものにはどういう意味があるのか。何を求め、何を恐れているのか。

自分が考えていることを突きとめるために書く、というディディオンの言葉について思いをめぐらせてみよう。この衝動は人から人へと受け継がれてきた。おそらく最初にこれを記録したのは十八世紀に生きたホレス・ウォルポールだろう。「それについて書くまでは、何事もわからない」[33]。二十世紀になると、この感情を多くの人が共有するようになり、「自分の主張を目にするまでは、自分が何を考えているのか知る術《すべ》はない」といった言葉が、グレアム・ウォーラス（一九二六年、『思考の技法』）、E・M・フォースター（一九二七年、『小説の諸相』）、フォースターに言及したW・H・オーデン（一九六二年、『ダイヤーの手およびその他のエッセイ（The Dyer's Hand and Other Essays 未邦訳）』）、アーサー・ケストラー（一九六四年、『創作の技法（The Art of Creation 未邦訳）』）などの作品に登場することとなった[34]。

同じような事例はまだある。もっとも多く引用されているのはフラナリー・オコナーの言葉だ。「私が書くのは、その文章を読むまで自分が何を考えているのかわからないからだ」。同志は大勢いる。たとえば、ジョージ・バーナード・ショー（「書くまでは自分が何を考えているのかわからない」）、ウィリアム・フォークナー（「何かについて読み、書くまではそれについて自分がどう思っているか決してわからない」）、ジョーン・ディディオン（「書き留めるまで、自分が何を考えているのかはわからない」）などなど[35]。

これらの言葉の意味は明らかだ。ものを書くことで思考が明らかになるのだ。エリック・ハヴロックなら、そのとおりだとうなずくに違いない。

その他にも、文章を書いて自己表現することの内的な動機がある。

・自己探究のため：「有能な作家は、自分が楽しむためにものを書いている。（中略）終わりのな

い自己探究の行為」（ハーパー・リー[36]）

・**ありのままの自分でいるため**：「作家になる人間は馬鹿だ。作家になって唯一報われるのは絶対的な自由が得られるということだけだ。彼には自分の魂以外に従わなければならない主人はいない。だからこそ作家になるわけだが。それだけはまちがいなく言える」（ロアルド・ダール[37]）〔『少年』田口俊樹訳、早川書房、二〇二二年、二二四ページ所収〕

・**自身の存在または価値を肯定するため**：「書くことで私の苦しみは癒された。（中略）言葉を使えば、心を息づかせることができる。書くことは自分自身の存在を再肯定するための方法なのだ[38]」（高行健《ガオシンジェン》）

・**自分にできることを示すため**：『モヒカン族の最後』の著者がデビュー作の『用心（Precaution 未邦訳）』を書いたのは、そのとき読んでいた小説より面白い作品を書けるかどうか、ふざけて妻と賭けをしたからだった（ジェイムズ・フェニモア・クーパー[39]）

・**不滅を求めるため**：「私が発見した世界や、自分のために創造した世界を不朽のものにするために書いている」（レジナルド・シェパード[40]）

内的な動機に関する最後の言葉はジュンパ・ラヒリのものだ。

書くことは人生を救い、それに形と意味を与えるための手段だ。隠していたことを暴き、見ないでいたこと、誤って記憶していたこと、拒否していたことを明るみに出す。それは物事をとらえ、突き止める手法だが、真実と解放の形でもある。[41]

個人的なはけ口：衝動と反抗のため

文章のなかには、書き手がどうしても吐露しなければならないと思い、日記や声明という形で表される、原初的な叫びとも呼ぶべきものがある。セオドア・カジンスキー（FBIからユナボマーと呼ばれたテロリスト）の日記は、その身の毛もよだつ例だ。ヒトラーの『我が闘争』も、タイトルからしてこのジャンルに属する作品である。

もっとも、書きたいという個人的な衝動がすべて、破滅的な結果を招くわけではない。編集者に手紙を書きたいとか、ほかの人がオンラインに投稿した内容に反応したいといったやむにやまれない思いを抱くことがある。書くことが、著者にとって舞踏病《コレラ》のようなものになるときもある。神経学者のアリス・W・フラハティは、著書『書きたがる脳：言語と創造性の科学』〔吉田利子訳、ランダムハウス講談社、二〇〇六年〕[42]で、双極性障害のせいで取りつかれたかのように書かずにはいられなかった時期を振り返っている。

また、反抗するために書くこともある。ビルの壁にペイントされたグラフィティ、木の幹に刻まれた文字などだ。かと思えば、あらかじめメッセージが印刷されたグリーティングカードではなく、自分だけのカードを作成するという形で、既成の物への反抗心が現れることもある。あるいは、思いのたけを綴った辞表で、会社や上司について思っていたことを述べることもあるだろう。

意味を伝えること、希望を分かち合うこと、自己発見、理解、衝動、反抗……。ここに挙げてきた理由は、人間に書きたいと思わせる基本的な動機のほんの一部だ。

だが、コンピューターには書くための動機はもちろん、そもそも欲求がない。やることリストを作成する必要はないし、金銭的な利益を得たいわけでもなければ、知っていることを共有したいわけでもない。人間がプログラミングをおこない、データを読み込ませて、ときには最初の文章を与え、それに従ってコンピューターは文章を生み出すだけだ。

ＡＩプログラムは、感情、苦しみの感覚、意図を持たないので、内外に目を向けることも、自分について知ろうとすることもない。「吟味されない生は生きるに値しない」というソクラテスの言葉は、ＡＩには響かない。仮に意義があると人間が感じる文章をＡＩプログラムが作成したとしても、プログラムそのものは無関心だ。人間の願いは、ＡＩが反抗しないことだ。

人間とは異なり、ＡＩプログラムは自ら生み出した内容に誇りを持たない。多くの著者は――私自身もだが――執筆した本が我が子のように思えると冗談まじりに言う。しかし、プログラムは自分の作品を何とも思わない。ＡＩに現実的なラブレターが書けたとしても、愛を感じることはできない。

とはいえ、最新のＡＩプログラムには、秀でていると思われる領域が一つある。それは人間が書いた文章の編集だ。問題は、私たちがどの程度ＡＩを使いたいかどうかである。

二度目の挑戦：人間が書き直す理由

多くの研究者が聞きたくないと思う言葉は「書き直して再提出」だ。十分に検討し、磨き上げた原稿を学術誌に提出する。ようやく終わったと思っても、そんなに簡単に事は運ばない。論文は査読に回され、多くの場合、そこで却下されるわけではなく修正の提案がされる。修正内容は多い場合も少ない場合もある。それから論文は書き手のもとに戻される。

もちろん、修正が必要なのは学術誌に掲載される論文だけではない。書き直しは面倒だと――処罰のようだとすら――感じられることもあるが、書く行為の一つの手段に過ぎない。

書き直しの成果

書き直しについて、すぐにできることから見ていこう。それは昔ながらの校正だ。ここにスペルチェックや文法校正プログラムなどによる処理を経ていない論文の下書き（手書きかもしれない）があるとする。綴りと句読点の誤りは、ざっと読み通せば見つけられる。また、偶然にそうなった不完全な文章や、意味をなさない表現が見つかるだろう。文法の理解力や意図した言葉選びのセンス、文才があれば、「これは」を「それは」に変えたり、多く登場する言葉を類語に置き換えたりできるだろう。

それは簡単な作業だ。コンピューターにもできる。

だが、本気で編集しようと思えばもっと手間がかかる。一つの文章が別の文章と論理的につながっているか。段落をつなげる語句は正しいか。それから内容そのものも吟味しなければならない。理にかなった主張をしているか。説得力のある反論にはどのようなものがあるだろうか。ＡＩを活用するプログラミングは、このような高度で複雑な編集には適していない可能性がある。

コンピューターのタイピングとプリンターには矛盾の呪いがかかっている。書き上げた文章が洗練されているように見えるのだ。間違えた箇所に引かれた線もなければ、タイプライターという過去の遺物で印刷した紙のような、修正テープや修正液の跡がついていることもない。自分の書いたものがこれほど端正に整えられているのを見ると、まだまだ書き直すべきことがあるとは考えにくい。

自分が書いたものを斧でぶった斬るのは屈辱的だし、大変な作業になる。だが読み書き能力のもたらす徳の一つは、書いた内容について再考する余地が与えられることである。目にしている言葉、主張、物語について再考できるように。ハヴロックのギリシア文字に関する仮説はひとまず置いて、読み書き能力自体に焦点を当ててみよう。古代ギリシアの哲学者たちが書き記された他者のアイデアに基づいて、その内容を熟考、吟味、改善できたのだから、私たちも自分で書いた文章に対して同じことができるはずだ。

デジタルの門番（編集者）を雇う

だが、少し待ってほしい。先に私は、ＡＩが少なくとも一部の編集作業の手助けができると言わなかっただろうか。いつもながらのデジタルサポート（スペルチェック、自動補完機能《オートコンプリート》、文法チェックプログラム）に加えて、自動的にメールの下書きを作成したり、すでに書いた文章の言い換えを提案したりしてくれる新しいツールを組み合わせてみたらどうだろう。自分が書いた文章を好きなように編集する権利を、このようなデジタルの門番に与えれば、できあがった文章は、従来どおりタイピングして文書作成して印刷した下書きより素晴らしいと感じられるだろう。

逆に、悪い知らせもある。

そもそも、ＡＩは書くという人間の基本的なスキルを弱体化させているかもしれないのだ（これについては、第Ⅳ部で詳しく説明する）。さらに悪いことに、一見無害なこのようなツールのせいで、私たちは自らの考えや書いた内容について疑問を持たなくなる。巧みな文の組み合わせや言葉遣いの奥に、私たちがなんとか表現しようとしているものの真髄がある。それが理にかなっているかどうか、真実かどうか、他者を納得させられるかどうかは別として。また、ＡＩは（現代のスペルチェック機能などによって）人間が書いた文章を目にも止まらぬ速さで整えるので、私たちは自分の間違いに気づく余地がない。書いた内容について考え、自分――ＡＩではなく――は別の表現ができるのではないかと考えることすらない。

そういうとき、私の脳裏に浮かぶのはジャーナリストのリンゼイ・クローズが書いた、スマートウォッチの使用をやめた理由についての記事だ。彼女は何年にもわたってスマートウォッチに頼り（ランナーとしての）トレーニングの状況から心拍数のばらつきまで、すべてを測定していた。だがスマートウォッチでできるその他の測定――睡眠パターン、体温、代謝率など――について調べた結果、このデバイスが自己認識に取って代わっていることに気づいたのだという。

> 自分の健康をデバイスにアウトソースして、数値に変えたが最後、それは自分自身のものではなくなる。データが自己認識に取って代わるのだ。[43]

ウェアラブル・スマート・デバイスがあなたの代わりに健康管理をおこなうようになれば、自分自身で管理しなくてもよくなってしまう。私たちは血の通った肉体ではなく、一式の数値になる。書くことも同じだ。編集プロセスをＡＩに譲り、コンピューターツールが文章をピカピカに磨き上げると、もう一度読み直し、考え直し、書き直すための意欲が阻害されてしまうのだ。

私たちは書く能力を重視しなくなったのだろうか？　いや、まだそうとは言えない。一つの簡単な指標として、新卒採用で企業が注目するスキルに関して雇用者側から採ったアンケートがある。そこでも、ものを書く技術は依然として重視されている。全米大学雇用者協会（ＮＡＣＥ、National Association of Colleges and Employers）が二〇一八年に実施したアンケートでは、アメリカの雇用者の八二％が文章でやりとりする能力の高い人材を求めていると回答した。問題解決能力はそれよりも低く（八一％）、チームを組んで働く能力は七九％で三位だった。[44]

二〇一八年以降、優先順位は多少変化した。二〇二二年のアンケートでは問題解決能力が第一位（八六％）となり、文章能力は七三％に減少した。[45] 文章を書く技術に対する評価が九％も下がった理由はよくわからない。従業員の書いたものをきれいに整えるＡＩツールの高い能力や、そのツールが頻繁に使用されるようになったせいかもしれない。これには、別の仮説もある。アメリカの大卒者の多くが英語のネイティブスピーカーではなくなったが、採用したいと思わせるそれ以外の魅力的な能力を持っていることがわかってきた、というものだ。いずれにせよ──原因がなんであれ、そして優先順位が下がったとはいえ──きちんとものを書ける能力を持った新卒を採用したいというニーズはなくなってはいない。

新卒に高いものを書く技術が求められるとして、この技術はどのように伸ばせばいいのだろう。アメリカで百年以上前に考案された方法が、大学で作文を教えるというものだ。この慣習は今も続けられている。だが新たに、学生が書いた提出物の評価を誰が──あるいは何が──おこなうべきかについて考える必要が出てきた。

第３章　英作文とその余波

死者、五万一千人以上。南北戦争中の一八六三年七月一日から三日にかけて、ペンシルベニア州の小さな町、ゲティスバーグで血なまぐさい戦闘が起きた。勝利を収めたのは北軍だったが、両軍ともに大きな損害を被った。

そのわずか四か月半後、エイブラハム・リンカーン大統領は、新たな戦没者墓地の開所のためにゲティスバーグを訪れた。アメリカの子どもたちは、このときリンカーンがおこなった印象的な二分間の演説を繰り返し聞かされて育つ。万一忘れたとしても心配はいらない。この言葉はワシントンのリンカーン記念堂の壁に刻まれているからだ。それほど長いものでもない。

開所式で演説したのは大統領だけではなかった。リンカーンの前には北軍の牧師、政治家、演説家だったエドワード・エヴェレットがスピーチをしている。これはなんと二時間以上もかかった。現代なら、二時間ぶっ続けの話は、永遠の長さに思えるだろう。だが当時はよくあることだった。演説はあらゆる場所でおこなわれた。教会や政治の場、そして大学で。

書き方の基準を求めて

文字文化は十九世紀末に花開いたが、その頃には人口のほとんどが読み書きできるようになっていた。そしてすでに書き方の基準を定めるための動きも始まっていた。発端は十八世紀初期、ジョナサン・スウィフト〔アイルランド人の作家・詩人・司祭。『ガリヴァー旅行記』を執筆した〕が英語の整理と抜本的な「固定化」を試みたことだ。「言語は完璧でない状態の方が、絶えず変化し続ける状態よりはましだ[1]」。当初はサミュエル・ジョンソン〔イングランドの文学者。著書に『詩人列伝』『シェイクスピア全集』など〕もこの取り組みに参加していた。しかし一七五五年に出版した『英語辞典』の序文で、言語の進化を否定しようとするのは無駄骨だったことをジョンソンは認めている（「音節を鎖でつなぐことと、風を縛ることは、どちらも傲慢な所業だ」）。

言語の変化は止められなくとも、理解しようとすることはできる。わかりやすい起点となるのが綴り（スペリング）で、これは何世紀にもわたって混乱状態にあったが、ついに決着がつこうとしていた[2]。シェイクスピアがしていたように、自分の名前を何通りにも綴る必要はもうない。一七五〇年、第四代チェスターフィールド伯爵は息子にこう助言した。

> 正書法とは、その言葉の真の意味において、文人にとって、つまり紳士にとって絶対に必要なものであり、誤ったスペリング一つで終生嘲笑されつづけるかもしれないことなのだ[3]。〔『スペリングの英語史』サイモン・ホロビン著、堀田隆一訳、早川書房、二〇一七年、一五ページ所収〕

英文法も服従させられた裏切り者だった。十八世紀半ばから十九世紀にかけて、ロバート・ロース主教〔イングランド国教会の主教〕やリンドレー・マレー〔アメリカ人の弁護士〕など、何人もの自称文法学者がそれぞれ英語の適切な使い方を定めたのだ。[4]増加傾向にあった中流階級と新興の地主たちは、「正しく」書くための手引きを求めていた。一七六二年から一八〇〇年にかけて、ロースが書いた『英文法基礎入門(Short Introduction to English Grammar 未邦訳)』は四十五回も重版された。[5]文法規範主義が花開いたのだ。

十八世紀から十九世紀のアメリカは主にイギリスをお手本とした。[6]ただし、アメリカ英語の綴りはイギリス英語の綴りとは多少異なり、この違いはノア・ウェブスター〔アメリカの辞書編集者、綴り字改革運動家〕に起因するとされている。[7]さらに語彙と文法もまったく同じというわけではない。「bonnet(ボンネット)」といえばアメリカ人には婦人用の帽子であって、自動車につける部品ではない。アメリカで小学生が「I've gone to hospital(私は病院に行きました)」と書けば、「hospital(病院)」の前に冠詞の「the」をつけましょう、と指導される〔イギリス英語では、hospitalの前に冠詞は必要とされない〕だろう。だが全体を見れば、こうした違いはほんの些細なものだ。

アメリカでもイギリスでも、識字率が高まったことで、本や新聞や雑誌などの印刷物の需要が増えた。これと同じくらい重要なできごとが二つある。この二つのおかげで大量に文書が書かれ、読まれるようになった。

一つ目のできごとはタイプライターの商業的成功だ。クリストファー・レイサム・ショールズ〔アメリカ人の新聞編集者〕は一八六七年に実用試作機を開発した。数年のうちにE・レミントン・アンド・サンズ社が権利を買い取り、売上は爆発的に伸びた。現代型のオフィスという大規模な新市場が誕生したからだ（これが二つ目のできごとだ）[8]。一八七〇年から一九〇〇年には、簿記係、現金出納係、会計士の数が三万八千七百七十六人から二十五万四千八百八十人に急増した。速記者とタイピストの数も百五十四人から十一万二千三百六十四人に激増した[9]。書類仕事の革命が起き、文章を書く技術が求められた。

問題は、どこで書くことを学べるかということだった。歴史的に見れば書き方は、読み方や算数と同じように初等教育で教わるものだった。ところが、十九世紀後半のアメリカではそれが変わり、ニューイングランド州のある大学が、何世紀にもわたっておこなってきた修辞学や演説重視の教育をやめ、英作文に重点を置くようになったのだ。

その大学だけが始めたこの教育課程の変更は、やがて全米の大学や短期大学で採用されるようになった（のちに詳述するが、本書の後半では、ＡＩの発展に伴い、多くの人が「綴りや文法の学習は今でも果たして必要か？」と考えるようになったことについて説明する）。

英作文の誕生

ハーバード大学の学長は悩んでいた。なぜ新入生はまともな文章を書くことができないのか、と。チャールズ・W・エリオットがハーバード大学の学長となったのは一八六九年。その数年前、エリオットは二年かけてヨーロッパを旅行し、高校生の教育方法や卒業後の雇用機会について調査していた。『アトランティック・マンスリー』に寄稿した記事で彼はドイツの実科学校《レアルシューレ》が新たな産業経済に向けて男子学生を教育していることを賞賛している[10]。その後数十年にわたって、エリオットは、アメリカの中等学校教育を露骨に批判した。[11] 手始めに、この新任学長は就任演説でアメリカの教育におけるいくつもの欠点を嘆き（「英語の体系的な学習が広く欠如していること」など）、ハーバード大学でいくつもの変革を打ち出した。[12]

エリオットがドイツの教育に注目したのは偶然ではない。一九〇〇年初頭以降、何千人ものアメリカ人が留学していたドイツの大学では、教育課程の多くが研究とゼミで占められていたが、アメリカでは講義と暗記と修辞学からなる教育が実施されていた。[13] ドイツの大学では作文を教えていなかった。というのも、文章を書く技術は中等学校で取得するものだと考えられていたからだ。高等教育へ進む生徒についてはとりわけそう考えられていた。実際、大学に入学する生徒の大半がすでにそのスキルを身につけていた。

だがアメリカではそうではなかった。

エリオットは、英文法と英作文を十分に教えなかったアメリカの中等教育を非難した。しかしこの時点では、ハーバード大学が責任を負うしかない。エリオットの解決策を評価する前に、まず彼が受け継いだ教育課程を見てみよう。

アメリカの大学における修辞学

ハーバード大学は一六三六年、会衆派（一六二〇年にプリマス・ロックに上陸したピルグリム・ファーザーズなど）によって創設された。新しい教育機関を創設した主な目的は、聖職者を訓練することだった。その後、法律や市井の指導者など、演説スキルを身につけるべき人々も訓練するようになった。百年以上にわたり、アメリカの大学を設立してきたのは宗教団体だった。イェール大学（一七〇一年、会衆派)、プリンストン大学(一七四六年、長老派)、ブラウン大学(一七六四年、バプテスト派)、ジョージタウン大学(一七八九年、イエズス会)など。イェール大学が設立宣言に定めているとおり、大学の使命は「教会および市民社会の両方における公的な雇用に備えて」学生を教育することにあった。[14]

十八世紀後半、アメリカの大学の教育課程はかなり型にはまったものだった。その一例としてブラウン大学のケースを紹介する。

教育課程に(中略)含まれているのは、最初の二年間はギリシア語とラテン語、二年目に修辞学、地理学、論理学、三年目に代数学と三角法、測量学と航行学、道徳哲学、そして四年目に歴史とそれまでの学問の復習である。弁論術はもっとも重視されている。大学生は卒業後、聖職者や法律家の道に進むことが多いためだ。

ブラウン大学の「一七八三年法」にはこう書かれている。

「毎月最終週の水曜には全学生が舞台で演説をおこない、事前に学長が承認した弁論や小作品などを暗記して発表すること」[15]

次の百年の間に教育課程は見直され大学によって大きく変わっていったが、修辞学に主眼を置くことは変わらなかった。さらに、十九世紀に大学で人気を誇った英文学会を通じて、学生はますます雄弁術を重視するようになった。英文学会の活動には小論文の執筆、団体図書館の設立などもあったが、なかでもとりわけ力を入れたのが弁論術だった。一七九四年に形成されたブラウン大学のフィラーメニアン協会がそのいい例だ。

この協会の目的は、社交の促進と弁論大会での力量の向上だ。（中略）優れた演説家でもあるジョナサン・マクシー学長は本協会の設立を承認するに際し、「即興の演説に慣れておくべきである、大学で学ぶことのなかでこれほど役立つ知識はほかにないのだから」と語っている。[16]

こうした修辞学の訓練は、大学入試を受けるときにも役に立った。

口頭から書き方へ、ラテン語から英語へ

オックスフォード大学とケンブリッジ大学が創設されて以来、学生は討論と呼ばれる口頭試問にかけられて入学の可否を判断された。試験官が投げかけた問いに、賛成または反対意見を表明する試験だ。この伝統は大西洋を渡った。「魂の不滅を証明できるか」や「魂は常に思考するか」[17]などの重々しい論題に関するやや長めの小論文を書くことのほかに、口頭での回答もアメリカの大学に浸透した。たとえば、毎日の授業の際に、学生がどれだけ内容を理解しているかが暗唱で評価された。そして論題について書かれた論文は、暗記してから口頭で伝えられた。[18]

ところが次第に、学生に対する評価方法は暗唱や討論から筆記試験へと移っていった。ハーバー

ド大学での最初の筆記試験は数学のみを対象としたもので、一八五五年になってようやく開始された。[19]のちのカリキュラムの見直しにつながったこの筆記試験を作成したのは、ほかでもないチャールズ・W・エリオットだった。一八五四年当時、ハーバードで数学を教えていたエリオット（同僚にかつてのハーバードでの学友ジェイムズ・ミルズ・ピアースがいた）は、変化に尻込みする試験委員会を説得し、数学の試験で口述の代わりに筆記を導入した。この変革は定着した。エリオットが学長となった年、すべての学部生の学科で三時間の筆記試験が必須となったのである。[20]

教育プログラムを席巻していた言語、つまりラテン語においても別の劇的な変化が生じた。ハーバード大学の設立当初からラテン語は重要な地位を占め、入学試験にも欠かせないものだった。一六四二年の入学要項にはこう記されている。

> キケロなどの古典《エクス・テンポレ》のラテン語作家の作品を読み、真のラテン語を一人前《スオ・ウト・アイユント・マルテ》に話せるようになり、このギリシアの言葉の名詞と動詞の語形変化表を見ずに精通してこそ、本校の入学を許可されるものとする。こうした知識を身につけずば本校に入学することあたわず。[21]

それから二世紀後には、ラテン語の地位は依然として揺るぎはしなかったが、徐々に低下しつつあった。必修のラテン語の授業数は減っていた。一八九八年、エリオットは入試からラテン語を排除し、古典言語を教えるプレパラトリースクール〔大学への入学に備えるための学校〕に通わなかった者にも大学の門戸を開いた。

筆記試験への切り替えとラテン語の重要度の減少により、教育課程は組みかえられ、従来の口頭

（ラテン語であることが多かった）の代わりに英語を書けるようになるための実用的な訓練が導入された。エリオットが改革をおこなう前は、新入生は一年間雄弁術の授業を受け、その後一学期間の弁論（つまり口述）授業を取る必要があった。[22] アングロサクソン（古英語）の選択授業はほとんどなく、代わりに伝統的な修辞学――ほぼ口述で重々しい議題を論じることが多い――が教育課程で幅を利かせていた。

その後間もなく修辞学の地位が崩れ去ったのは、新たな学部が創設されたからだ。

英作文の登場

アダム・シャーマン・ヒルは法科大学院の卒業生で、熟練の記者だった。一八七二年、エリオットはヒルを修辞学の教員として採用する。当時よく用いられた教科書にはジョージ・キャンベルの『修辞の原則（Principles of Rhetoric 未邦訳、一七七六年）』やリチャード・ワットリーの『修辞の要素（Elements of Rhetoric 未邦訳、一八四五年）』などがあった。だが一八七四年度から一八七五年度には、ヒルが教える大学二年生向けの修辞学に二つの新たな教科書が追加された。ヒル自身が執筆した『句読点のルールと大文字の使用（Rules for Punctuation and the Use of Capital Letters 未邦訳）』と、エドウィン・アボットの『明確でわかりやすい文章を書く方法：英作文の原則と練習（How to Write Clearly: Rules and Exercises on English Composition 未邦訳）』だ。[23] 英文法と文体に関する授業が、大学の教育課程にじわじわと入り込みつつあった。

将来の出願者にあらかじめ警告するため、ヒルは英作文に関する大学入学条件を作成した。初めての筆記試験がおこなわれた一八七三年から一八七四年のハーバード大学要綱には、こう記されている。

各入学志願者は短い英作文を書くことが求められる。綴り、句読点、文法、表現が正確であらねばならない。問題は、そのときどきに発表された一般的な作家の作品から取るものとする。[24]

ヒルの試験から明らかになったのは、一部の高校三年生の文章力がお粗末極まりないという事実だけでなく、採点者が小論文の内容と、文法などのライティングの技法を評価することの難しさでもあった。後にハーバード大学の学部長およびボイルストン修辞学教授となったルバロン・ブリッグズは問題をこのようにまとめている。

採点者が最初に自問するのは決まって「この生徒は英語を書くことができるのか？」ということだった。書けるのであれば、合格にしなければならない。しかし、英語の書ける生徒のなかには、ユリウス・カエサルについて書けという問題に、「マルクス・アントニウスはカエサルなど愛しておらずローマを愛していた」などと回答する者がいる。[25]〔アントニウスはカエサルの忠実な部下だった〕

ここで問題視されているのは、優れた作文を書くことができても、内容を間違えている生徒がいるという点だ。この後紹介するように、現代のコンピューターベースの小論文の採点にも、同じ課題が立ちはだかっている。

こうした筆記試験に合格した生徒は、ヒルの修辞学の授業を受ける。さらに進化したプログラムだ。ヒルが就任した一八七〇年代初期から一八八〇年代初期にかけて、この授業は二年生向けに開講され、三年生や四年生にも論題や弁論という形で追加の作文が課された。一八八四年には、大学一年次に修辞学を履修することになり、翌一八八五年、この授業には新たに「修辞学と英作文」という名がつけられた[26]。後に英語A――ハーバード大学一年生の作文講座――として知られるようになる授業の始まりだ。

この教科は、かつての重々しい論題とはかけ離れていた。学生は自ら議題を選べる場合が多かった。短い議題は二、三段落で個人的な経験を書き、長い議題（二週間に一回提出）は個人的な知識と一般知識をもとにしたものだった[27]。元記者のヒルは学生たちに、自分がいちばん関心のあるテーマで書くよう提案した。

一部のテーマでは学生に、提出物を見直し、講師の指摘や批評を反映するよう求めた。書き直しが必須だということは、教育課程について詳述するハーバード大学の公式出版物にも記載されている。一九〇〇年以前は、大学二年生、三年生になっても追加の作文関連の授業を受講しなければならなかった[28]。ハーバード大学はそれほどまでに英作文を重要視していたのだ。

この新たな作文の授業から利益を得たのは、従来の学生だけではない。数が増えつつある、異なる背景や目標を持つ学生たちもその恩恵にあずかった。

大衆のための英作文

産業革命と工学や応用科学が進歩したおかげで、アメリカの親たちは子どもに実際的な高等教育を受けさせたいと考えるようになった。大学はそれに応えた。一八七四年、ハーバード大学はローレンス科学学校を、イェール大学はシェフィールド科学学校を創設する。ＭＩＴは一八六五年に最初の講義をおこなった。同時に、大勢の若者が、ホワイトカラーの職業（技術または法律以外の職業）に就くことを望み、従来の大学に進学し始めた。

多くの大学では、こうした新たな学生の希望に合わせた教育課程が必要になった。若者の多くは「一生のうちで演説する機会は一度もない」[29]ため、従来の修辞学の教育課程――ラテン語にも重きを置いたもの――はほとんど役に立たない。また、入学生の増加という実際的な問題もあった。ハーバード理事会が一八九七年に報告したとおり、クラスの学生数はほぼ四倍に膨れ上がった。かつては比較的簡単だった教師の仕事――授業中は学生による暗唱を聞いていればいい――が重労働に変わった。

学生の数が増えすぎてクラス内で暗唱させることが難しくなったため、筆記の課題を提出させるしかなかった。[30]すると、この提出物を採点する必要が生じる。採点という負荷の高い作業は現在も続いているが、今では魅力的な解決策としてＡＩ技術が提案されている。その話は追って取り上げよう。

やがて、ほかの大学も教育課程を考え直すようになった。十九世紀末にはアメリカ中の大学がハーバード大学の英語Ａに似たものを取り入れていた。[31]

ただし、誰もが必修の英作文を好ましく思っていたわけではない。反対を唱えた人物にトーマス・ラウンズベリーがいる。イェール大学のシェフィールド科学学校で三十年以上英語を教えてきた教員だ。学生が書き方を身につけるためには、論題について書いたり、文法の規則を覚えたりするのではなく、優れた文学作品を読むべきである、というのがラウンズベリーの主張だった。

英作文を教えることほど多大な努力が払われている教科はなく、これほど成果の少ないものもない。[32]

ハーバード大学で毎日の作文課題提出を取り入れたバレット・ウェンデルも、後に大学での作文の授業は無益だと言い切っている。[33]ラウンズベリーとウェンデルが、現代のスペルチェックやGrammarly（グラマリー）についてどう思うかは想像するほかない。教育を受けた者すべてが「書き手になるべき」という当時最先端の考えにラウンズベリーは異を唱えた。作文の授業を重視することは、本当にすべての学生にとって必要なのだろうか。彼はそうは思わなかった。「この世界は原稿や書籍不足に悩んでいるわけではない」と苦々《にがにが》しげに述べた。[34]

大学レベルの必修の英作文講座は現代に受け継がれている。ただし、今では複数の選択肢が生まれつつある。もっとも一般的なのは、一学期または二学期間の新入生向けの授業を受けることだ。その他の選択肢としては、入学早々に一講座受講し、後々専攻分野に関する別の「作文特化（Writing Intensive）」の授業を受けるというやり方がある。個別のコースではなく、必修の授業に付加する形で作文の指導を受けることも可能だ。

どのような組み合わせであれ、大学生が作文の課題を提出すれば、誰かがそれを採点しなければならない。それが問題なのだ。

誰が採点をおこなうか？

大学教員に、仕事のなかで何が一番嫌かと訊ねれば、リスト上位に提出物の採点がランクインすることは間違いない。[35] 丹念におこなおうとすれば、作文課題の採点にはかなりの手間がかかる。この作業には三つの層があると考えられる。第一の層は、全体的な質の判断だ。これは評価がもっとも簡単で、私の同僚の多くはこの点にしか注意を払わない。第二の層は、たとえば小論文の組み立て方、論理的な流れ、正確性など、内容に対するコメントだ。四十本の小論文を採点する場合、意義のあるコメントをつけようとすればかなりの時間がかかる。三つ目の要素は基礎の採点だ。綴りから句読点、文法、言葉の選択、文体まですべてが含まれる。これにはさらに多くの時間がかかる。

おまけにほかにも考慮すべき点がある。採点者の力量だ。英作文を教えている教員は、必須のトレーニングを受け、ある程度の能力は持ち合わせているはずだ。だが大学全体を見れば、大きな問題が姿を現す。いくら熱意があって、学生のことを考えている教員でも、とりわけ優れた書き手ではないかもしれない。文法知識に疑問の余地があるかもしれない（英語のネイティブ、非ネイティブにかかわらず）。歴史や社会学や国際関係学を教えるために博士号を取得していても、英作文の博士号は取得していないのだから。

最後に、作文の採点者に対する職業的な敬意の度合いという繊細な問題がある。「作文講師」という職務に就いている人々は元来あまり敬意を払われず、わずかな給料しか支払われなかった。

ジョン・ブレアトン〔イギリスの冒険家〕が、アメリカの大学における作文講座の起源に関する著書で率直に記しているとおり、「英作文講座は教師が奴隷であることを意味するようになった」のだ。[36]

待遇という課題

どういう地域に建てられたかでその家の価値が決まるように、大学のどの学部に配属されたかで教員の給与は決まる。数学者の給料が宗教学者の給料より高いことはよく知られている。だから英作文講師がどこに所属するかは、非常に重要な問題だ。

所属のことは英作文の誕生以来ずっと、作文講師につきまとってきた。古典の修辞学や雄弁術を教えていないので、どの学部に任命するか悩ましい。新たな学部を作れば解決するだろう。

英文学が大学のカリキュラムに組み込まれるようになったのは、十九世紀の最後の二十五年のことだった。ハーバード大学の文学部は一八七六年に設立された。米国現代語学文学協会（ＭＬＡ、Modern Language Association of America）は一八八三年に結成された。当初、ＭＬＡには教育学的な部門があり、作文を教える教員の加入を奨励していた。だが一九〇三年には、本学部の教員は文学の教授であるべきで作文講師ではない、と協会が宣言し、教育部門を廃止した。[37] こうして作文講師は職業上のホームレスとなった。

その数年後、救いの手が差し伸べられた。一九一一年に、英語教師の地位を専門化することを目的とした全米英語教師評議会（ＮＣＴＥ、National Council of Teachers of English）が設立されたのだ。長い年月を経たのちの一九七〇年代に、学科として修辞学を教える意義が学界内で再認識されたが、今回重点が置かれたのは文章表現だった。ＮＣＴＥは一年に一度大学作文およびコミュニケーション会議を開催するようになり、修辞学と作文で博士号を取得できるようになった。[38]

こうして再び、英作文講師は地歩を得た。キャンパスでは一般的に英語学部（または文学部）の一員となった。ただし、役職は「講師」であり、「教授」ではないことの方が多かった。またたいていは、同じ英語学部に所属する同僚よりコマ数が多く、給与は少なかった。

時間という課題

作文課題の採点に真摯に取り組んでいる人にとって、時間は解決できない問題だ。一九一二年、のちにイェール大学の英語教授として名を馳せたウィリアム・リオン・フェルプスは、ハーバード大学で作文講師として過ごした一年間を振り返ってこう述べている。「私は毎週七百本以上の作文を読んで採点した。（中略）深夜零時前に就寝できたことは一度もなかった」。この生活が悪影響をおよぼしていることは明らかだった。

同僚には満腔の敬意を表し、賞賛を惜しまないが、頭が朦朧とするようなこんな重労働をもう一年続けるなどあり得なかった。（中略）私は自分に言い聞かせた。「これは石炭の運搬よりひどい重労働だ。このままでは神経をやられ、心身ともに破壊されてしまう」と。[39]

その一年前には、トーマス・ラウンズベリーが不平を漏らしている。「今もって続いている強制的な制度のなかで、作文を読んで添削する作業ほど退屈なものはない[40]」。事実、この作業はあまりに退屈で時間がかかるので講師たちはあの手この手で避けようとした。ハーバードの作文および修辞学委員会は一八九二年の報告書でこう認めている。

これらの演習のコマ数が膨大なせいで、また次々に新たな作文課題が提出されるせいで、講師が書き直された作文を読むことはない。ただし、成績が芳しくない学生の最終評価を下すときはこの例にあらず。[41]

この苦役を機械に肩代わりさせることはできるのではないか。何十年にもわたり、学生たちはＨＢ鉛筆を使って、多肢選択式試験の回答用紙の小さな楕円形を塗りつぶしてきたが、この用紙はスキャナーに読み取られて、自動的に採点されるようになった。コンピューター技術が進化したのであれば、学生が書いた小論文も自動的に評価できるのではないか。

ようやく現代にやってきた。少しずつ進歩してきた結果、いまやＡＩは文章評価という分野で人間を補助したり、人間の代わりを果たしたりしつつある。現代の小論文自動評価の元を辿れば、教育試験サービス（ＥＴＳ）にまで行きつく。だがＥＴＳの前には、ホーレス・マンの仕事があったのだ。

筆記試験：標準化、そして（一部の人にとっては）公平性の探究

十九世紀半ばのボストンに生きる子どもを想像してみてほしい。学校の試験は口頭式で、一般公開されることが多かった。[42] 雄弁な生徒が、口述が苦手な級友より注目された。学校教育の改革論者で支持者でもあったホーレス・マンは、もっといい方法を考えた。口頭試問を、より一般的かつ客

観的な筆記試験に換えればいい。つまり、達成度を測定できるようにする、ということだ。マンの目標は、どの生徒が次のレベルの教育に進めるかを公平に見きわめることだった。

成績に対しては相変わらず世間の関心は強かったが、そこへ別の新たな目標が登場して注目を浴びるようになった。知能の測定——つまりIQ検査だ。エドワード・ソーンダイク、アルフレッド・ビネー（フランス）、ルイス・ターマン（スタンフォード大学）などの心理学者たちの努力が実り、スタンフォード・ビネー知能検査が完成した。ターマンについては、創造性を考察する第9章であらためて紹介する。

知能（IQ）検査の目的はあつかましくも、精神的に健康な人と知能の低い人とを区別することにあった。まるで優生思想のような危険な臭いしかしない。それもそのはず、ソーンダイク、ビネー、ターマンは、一八八三年にフランシス・ゴルトン〔イギリスの人類学者、統計学者〕が提唱した優生思想の支持者だった。人間の性質の一部はその他の性質よりも高く評価され、人間はそれに従って分類される——および、それに則した扱いを受ける——べきだという考え方だ。当時、優生思想は支持者を増やしつつあった。もっともいい例を挙げれば、この思想はそれぞれの能力に適した教育や人生を人々に示すために用いられた。最悪な方の例では、これが断種や大虐殺を生んだ。

ハーバード大学のエリオットは優生学者で、彼の同僚の多くも同じだった。だがエリオットはマンと同じく、別の構想を抱いていた。公平性の実現だ。エリオットはラテン語の入学要件を廃止し、伝統的な科目を学んでこなかった若者にもハーバード大学の門戸を開いた人物であったことを思い出してほしい。すべての学生に公平な機会を与えたいという思いは、もう一人のハーバード大学長、ジェイムズ・コナントの協力を得て、奨学金を提供する価値のある候補者に付与するための、公平な選択方法を模索することにつながっていく。

コナントは、ウィルバー・ベンダーとヘンリー・チョウンシーという二人のアシスタントに、適切な評価ツールを見つけるよう指示した。チョウンシーはプリンストン大学のカール・ブリガムが開発した大学進学適性試験（SAT、Scholastic Assessment Test）を推薦した。[43] だがブリガムもまた、心理学部の他の同僚たちと同様、優生学者だった。

コナントはハーバード大学に勤務するかたわら、アメリカの高等教育におけるばらばらの試験管轄をまとめる努力をしていた。米国教育協議会（ACE、American Council on Education）、カーネギー教育振興財団（CFAT、Carnegie Foundation for the Advancement of Teaching：GRE、Graduate Record Examinationの発展を推進）、大学入試協議会（CEEB、College Entrance Examination Board：SATの生みの親）などがあったからだ。チョウンシーの指揮のもと、一九四七年に新たな統括団体が生まれた。それが教育試験サービス（ETS）だ。[44] この団体の活動には、評価と教育的研究の両方が含まれていた。第二次世界大戦から戻ってきた何百万人もの元軍人が、復員軍人援護法のもとで大学で学ぼうとしていたので、大学および短期大学全体で統一された入学試験の確立が強く求められていた。

作文の評価方法

アダムス・ヒルとハーバードによる筆記入学試験の後継となったETSでは、長いあいだSATで小論文を課してきた。とはいえ、小論文の地位はこの何十年で一進一退している。[45]

私が一九六〇年代半ばにＳＡＴを受けたときには小論文があった。いつ頃からか小論文はなくなった。一九七四年には多肢選択式の標準英作文テストが生まれ、文法や作文能力が測定されるようになった。一九九四年になると、標準英作文テストは消えて、小論文がＳＡＴⅡ作文（ライティング）と呼ばれるテスト（本質的には選択式の学力試験で、メインのＳＡＴとは別）に組み込まれた。二〇〇五年には新たな変化が訪れる。ＳＡＴⅡ作文がなくなり、小論文がＳＡＴの一部をなすようになった。二〇一六年には小論文は任意となった。そして二〇二一年、小論文は（再び）消えて、多肢選択式試験が（再び）採用された――誤りを修正し、より適切なスタイルを選択して文章を編集することを求める、ＳＡＴの筆記および言語の試験だ[46]。

なぜこれほど試験の方法が行きつ戻りつしているのか。大学側が評価したい能力を評価し、より公平に選考するためだろう。だが評価の過程で別の問題が起きることが考えられる。

学部の三人の教員に一人の学生の小論文を採点するよう求めれば、三つの異なる評価が下されるだろう。ＥＴＳはこの問題を認識していた。多肢選択式や正誤問題の回答を採点する際に一貫性を保つのは簡単だが、小論文の評価の基準はどうすればいいのだろう？　一般的な手法――英作文の教師にとってはおなじみだ――は採点基準を定めて、それを採点者の頭にたたき込むというものだ。ＥＴＳは長期にわたってこれを実践してきた。試験の小論文部分を採点するため、採点者の集団に指示を出し、長時間の採点会議を開いてきた。

しかし、生徒が書いた内容を評価するための、もっと簡単な方法があるとすれば？　採点にこれほど長い時間をかけることなく、採点者によって評価が異なるというジレンマを乗り越えることができたなら？　そこでコンピューターの出番である。

コンピューターという採点者

一九六六年、ジョセフ・ワイゼンバウム〔ドイツ系アメリカ人のコンピューター科学者〕がＥＬＩＺＡ（イライザ）プログラムを発表し、コンピューターを使ってロジャーズ派の心理学者を真似てみせた年のことだ（ＥＬＩＺＡについては第7章で詳しく紹介する）。エリス・ペイジはワイゼンバウムとは異なる目標を掲げていた。英語教師で教育心理学者でもあったペイジは、学生の筆記課題をコンピューターに評価させることを提案した。彼が開発したプログラムはＰＥＧ（プロジェクト・エッセイ・グレード、Project Essay Grade）と呼ばれ、ＳＡＴのような試験の開発と運用をおこなうようＥＴＳに求めていた大学入試協議会（ＣＥＥＢ）が支援していた。

ペイジは、人間が学生の小論文の採点をするのに時間がかかりすぎることに頭を悩ませていた。また、人間による採点が客観的ではないと主張していた。

> 心理測定学者が本当に求めているの（中略）は、多肢選択式の問題と同じ程度の信頼性、正当性、一般化可能性〔統計学の用語で、母集団に対しておこなった調査の結果が、どれほど一般化可能なのかという指標のこと〕と――同じくらいの「客観性」で――小論文の出来を測定する方法である。この測定は（中略）コンピューターが肩代わりできそうに思える。[47]

自動採点が実現するのはそれから数十年後のことだ。もっとも、その正当性に関しては、また別の話がある。

自動採点が主流に

一九九七年、ＥＴＳは「コンピューターベースの小論文自動採点の仕組みと手法」の特許申請書を提出した。一九九九年には、このプログラムがＧＭＡＴ（Graduate Management Admission Test）で採用されるようになった。その後、ＳＡＴ、ＴＯＥＦＬ（Test of English as a Foreign Language）、ＧＲＥでも採用された。そのうち追加の特許申請書が提出され、プログラムを動かしているe-rater（ｅレーター）という評価アルゴリズムに対する修正がおこなわれた。[48]

ＥＴＳはe-raterと人間の採点をタッグチームとして考えた。ＳＡＴの任意の小論文（二〇二三年時点ではＳＡＴに小論文は含まれない場合が多い）では、採点はほとんどe-raterによってのみ実施されたが、ＥＴＳは、「自動採点（中略）は、サンプル小論文を採点した人間の評価に基づいている」ことを明らかにしている。ＧＲＥ、ＧＭＡＴ、ＴＯＥＦＬの小論文では、人間とe-raterによる採点が組み合わされている。[49] ＧＲＥとＴＯＥＦＬの一部の小論文では、人間とe-raterの採点は、人間同士の採点より似通ったものになることが多いという報告がある。事実、ＥＴＳはe-raterが人間による採点の「対照群」として機能すると述べている。[50]

e-raterの仕組みは透明かつ不透明だ。大半のユーザーにとってこのプロセスはブラックボックスのなかに隠されているようなものだ。だが技術的な知識を持っている人にとって、その仕組みはわかりやすい。[51] 作動しているエンジンは常に自然言語処理に依存しており、ＡＩ技術が進化するにつれ、より高度なバージョンが実装される。

ここでe-raterが採点に使用する基本的な言語機能の一部を紹介しよう。

・**数**：文章、単語、文字の数――多い方がよしとされる
・**語彙の複雑性**：「confused（混乱する）」より「discombobulated（困惑する）」などの多音節の言葉が好まれる
・**読みやすさ**：フレッシュ・キンケイド可読性試験などのツールを使用し、学年ごとに測定される[52]
・**文法の正確性**

最近では、一貫性や説得力のある議論ができているかどうかなど、より微妙な性質も評価できるようになった、とＥＴＳは発表している[53]。

だがここでは、書かれた内容の正確性や意義に、まったく言及していないことにお気づきだろうか。e-raterはＮＴＰ（自然言語処理）モデル（現在では大規模言語モデルに含まれている）をもとに構築されているので、これについてはなんら不思議ではない。ＧＰＴ‐３が真実と虚偽を区別できないのだから、e-raterにできないのも当たり前のことだ。ＥＴＳが率直に認めるとおり、「e-raterのエンジンは読むことができないため、人間の採点者と同じように小論文を評価することはできない」[54]。

e-raterなどのプログラムは、小論文の採点に効率性をもたらした。人間の判断に潜んでいる変動幅に、ある程度の客観性を提供してくれる。だが、ＥＴＳの小論文の問題でも学生の作文の課題でも、こうした目標を達成できるからといって、ＡＩが人間の書いたものを評価することに適してい

るというわけではない。

自動の批評家

文章の自動評価をもっとも激しく批判している人々のなかに、英作文講師たちがいる。二〇〇四年、大学作文コミュニケーション会議（CCCC、Conference on College Composition and Communication）は次の意見を表明した。

すべての文章は、書かれた目的いかんにかかわらず人間の読み手に向けて書かれている。（中略）機械に向けて書くことは、作文の本質的な社会性に背いている。私たちは社会的な目的のために人に向けて書いているのだ。[55]

この意見は今に始まったわけではない。一九六九年、その後作文講師として一世を風靡するエド・ホワイトはこう問いかけた。

誰かに何かを言いたいと考えていなければ、人はものを書くことができない。（中略）誰のためでもない文章は、文章ではない。[56]

機械に高く評価されるために機械に向けて書くことは、誰のためでもない文章を書くことだ。注目を集めた批判に、どのような属性（文章の数や語彙の複雑性など）をe-raterが高く評価するかを把握していれば、システムを騙すことができる、というものがある。この批判に対して、ETSの研究者ニティン・マドナニは次のように発言している。

「自動化されたシステムが注目する（中略）すべての事柄に留意し、それを文章に組み込めるほど賢いのであれば、それはもはや騙しているとは言えません。優れた文章を書いているということです[57]」

しかし、そう決めつけるのは早計だろう。e-raterは文章に対する紋切り型の手法に基づき構築されているので、創作の教師はもちろん英作文の講師さえ、マドナニの返答には納得できないだろう。「優れた」文章というのをどのように定義するとしても、チェックリストのすべての項目を満たすだけでは書けないはずだ。ChatGPTは紋切り型の小論文の作成に長けていることを証明した。このプログラムのアキレス腱は、単調になりがちだということだ。

学生たちは巧みに採点スキームを探り当てる。長い文章、複雑な語彙、正確な文法がe-raterに高く評価される――そして高い得点につながる――とわかれば、それを最大限に取り入れた小論文を提出するだろう。もちろんETSの職員も間抜けではないので、システムが解読される可能性を認識している。GRE向けの小論文プロンプトを使用した初期の実験では、プロの書き手がe-raterを騙して、人間の採点よりずっと高い得点を獲得することに成功した[58]。

e-raterは、作文におけるその他の評価では、もっと重大な失敗を犯している。失敗リストの上位にくるのが正確性だ。MITで長年英作文の理事を務めたレス・ペレルマンはこのように述べている。「e-raterは、一八一二年の英米戦争が一九四五年に始まったと書いてあっても減点しない」[59]。これには、およそ百年前、ルバロン・ブリッグズが抱えていた不安を思い出さずにはいられない。ハーバード大学を受験する生徒が「マルクス・アントニウスはカエサルなど愛しておらずローマを愛していた」と書いて――これは文法的に正しくても事実ではない――合格するかもしれないという不安だ。現代に話を戻すと、ＡＩ文章生成もこの例と同様に、歪んだ歴史をよしとするかもしれない、ということである。

e-raterに対するレス・ペレルマンの懸念はこれだけではない。二〇一四年、彼は一連の協力者とともにＢＡＢＥＬ（基本自動ＢＳ言語生成ツール、Basic Automatic BS Essay Language Generator）というツールを構築し、文章が意味をなさないものでも最高点（六点）を獲得できるかどうか実験した。ＢＡＢＥＬはこの実験で成功を収め、次のように始まる文章で、ＧＲＥの小論文の六点満点を獲得した。

暗殺を学ぶものは必ずや人類の一部である。社会は常に教育課程が本物であることを証明する。ある者は暗殺を学び、ある者は譲歩する。生徒に取り入ることは、意味論の分野と、知識分野との領域のなかにある。[60]

ルイス・キャロルが書いたナンセンス詩「ジャバウォックの詩」すら、この文章に比べればわかりやすいくらいだ。

ＥＴＳはこれについてもコメントを出した。e-raterはＢＡＢＥＬの作成した文章を検知できるとしつつ（少なくとも二〇一八年時点では）次のような注意を呼びかけた。

自動採点システムの開発者が熱心に開発を続けることはとても重要なことです。（中略）ＢＡＢＥＬのようなツールに悪用されかねない弱点をつぶすために。[61]

大規模言語モデルが自然言語処理の新たな常識となった現在、この技術がＢＡＢＥＬによる言葉のごった煮を暴けるかどうかは注目に値する。

このように、コンピューターが標準試験の小論文セクションの採点をおこなうことには賛否両論があったが、採点で使われる技術は試験ではなく指導の手段として生まれ変わった。こちらでもＥＴＳが業界を主導している。

コンピューターという作文コーチ

最後に、生徒の作文の採点の責任を担う人々が直面する課題について振り返ってみよう。時間的コストの問題、そして有意義かつ正確、さらに包括的なフィードバックをおこなえる採点者の能力およびモチベーションの維持、という問題があった。では、書き手が専任の編集者を見つけたとしたらどうだろう。それも、いつでもどこでも助けてくれる編集者、何週間も待たずともその場で作業してくれる編集者、採点するのではなく助言だけを与えてくれる編集者を。

かつてはそんな贅沢にはほとんど手が届かなかった。ところが、自動化するとなると話は別だ。

ETSはまさにそれを実現するツールを開発した。

二〇〇〇年代初頭には、ETSはCriterion（クライテリオン）と呼ばれる、e-raterエンジンに基づくオンライン文章作成サービスを学生向けにリリースしていた。[62]「学生による小論文の計画、執筆、見直しを助ける講師主導の文章作成ツール」と銘打たれたCriterionは、教育機関向けに売り出され、現在では小学校から大学まで幅広く利用されている。[63] e-raterの精度が高まるにつれ、Criterionの精度も高まりつつある。

AIを活用した作文コーチは、ETSのCriterionだけではない。主なライバルはGrammarlyだ。またMicrosoft Wordは文法や文体チェック面ではさらに長い歴史を誇っている。Wordでは、AIを活用した機能アップグレードのMicrosoftエディターを使用できる。さらに教育界には、学生の文章作成を助けるためのさまざまな企業による自社開発システムが存在する。こうしたシステムは実際に文章の作成を教えられるのか、それとも絆創膏のように間違いを覆い隠すだけのものなのかを訊ねたくなる。本書では、後々、こうした問いへの答えも探っていく。また、Grammarlyやマイクロソフトのサービスを詳しく探り、注意点について紹介する。

本書の第Ⅰ部では人間の書くという行為に焦点を当ててきた。文を書くことが進化した道筋、人間がものを書く理由、大学のカリキュラムにおける口頭から作文への変遷、教育者による評価方法などなど。また、評価に関する問題がコンピューターのサポートにつながったことも紹介した。

とはいえ、学生が提出した小論文の採点の自動化をエリス・ペイジが提案するよりはるか前から、すでにコンピューターは熱心に言語分析に取り組んでいた。続く第Ⅱ部では、自然言語処理の根本を確認しつつ、言語におけるこれらのソーセージ製造機の仕組みを詳しく見ていくことにしよう。

第Ⅱ部

もし機械に書くことができるならば

第4章　言語マシンの夢

彼女は世界を旅した。ドイツで誕生したのち、イギリス、アフリカはもちろん、南アメリカの北岸まで訪れた。だがそれは観光旅行ではなかった。彼女の名前はU505。第二次世界大戦で連合国を攻撃するために使用されたドイツ製の潜水艦だ。

一九四四年六月四日――ノルマンディー上陸作戦の二日前――U505はアメリカ海軍に捕獲された。約六十人ものドイツ人乗組員に加えて、海図と暗号表、二台のエニグマ暗号機が見つかった。

エニグマへの挑戦

メリアム＝ウェブスター辞典を引くと、「エニグマ」とは「理解または説明しがたいこと」とある。この単語はギリシア語とラテン語に由来し、本質的には「謎かけ」を意味する。音楽界では、エドワード・エルガーが一八九九年に作曲した《エニグマ変奏曲》が有名だ。なぜ「エニグマ」という題をつけたのだろう。この曲の主題が直接姿を現すことがないからだ、とエルガーは説明している。これは、対位法の音楽として生み出された曲だ[1]〔エルガーが友人たちの人格描写を試みて作曲した変奏曲〕。「エニグマ」ほど暗号化装置に適した名前はない。

初代エニグマ暗号機は第一次世界大戦の直後、ドイツ人エンジニアのアルトゥール・シェルビウスによって開発された。[2] シェルビウスはエルガーの《エニグマ変奏曲》にちなんで、この機械にエニグマという名をつけたという説もある。

エニグマ暗号機は二十六文字のキーが並ぶタイプライターに似ており、そこに歯車〔ローターと呼ばれる〕がついている。キーを押すと歯車が回転し、事前に設定された配列に基づいて暗号文が返される。暗号化されたメッセージはモールス信号を使って、無線などで送信される。受信者が手元のエニグマ暗号機に暗号化された文字を打ち込むと、元の文章が表示されるという仕組みだ。暗号を解読するには暗号表か熟練の暗号解読者が要る。

図5：軍用モデルのエニグマＩ。1930年以降に軍で使用されたモデルの1つ。

エニグマ暗号機が売り出されたのは一九二三年だった。そして瞬く間に、ドイツ軍が機密情報をやりとりするための主要手段となった。第二次世界大戦の足音が聞こえ始めると、腕のいい暗号解読者に読み取られないよう、エニグマ暗号機の設計はさらに複雑になった。また、暗号表も頻繁に変更された。戦争が激化するにつれて、ドイツ海軍は少なくとも一日に一回は暗号表を組みかえたという。[3]

暗号パターンをたった一つしか持たないエニグマ暗号機は一台もなかった。第二次世界大戦が終わる頃には、ドイツ軍のもとにはいくつもの設計と二万台以上のマシンがあった。暗号解読者はどのエニグマ構造が使用されているのかを確認し、その日の変換パターンを特定する。実際のマシンと暗号表が手元にあれば作業は楽だった。エニグマの仕組みについて知りたければ、シカゴ科学産業博物館を訪れるといい。二台のエニグマ暗号機、複数の暗号表、そしてＵ５０５潜水艦が展示されている。[4]

暗号を解読する

第二次世界大戦が始まる前、ドイツ軍に攻撃されることを懸念したポーランドは、エニグマ暗号機を解読しようとやっきになっていた。ポーランド暗号局は数学者のマリアン・レイェフスキに、商用のエニグマに関する情報を頼りにドイツ軍のエニグマのメッセージを解読するよう命じた。レイェフスキはその後、助っ人を得た。

それはハンス＝ティロ・シュミットという、ドイツ国防軍最高司令部暗号局の局員だった。おそらく金銭的に困っていたシュミットは、ドイツ軍が使用している新しいエニグマに関わる情報をフランス諜報機関に売るようになった。だが、フランスの暗号解読者たちは興味を示さなかった。というより、まったく解読できなかったのかもしれない。そういうわけで一九三二年、フランスはシュミットから得たエニグマの情報をポーランドに手渡した。情報を得たレイェフスキは、エニグマ暗号機の複製を完成させた。ポーランド人の数学者、イェジ・ルジツキとヘンリク・ジガルスキが新たに加わったレイェフスキのチームは、一九三三年から一九三八年にかけてエニグマのメッセージを解読した。ポーランドの都市、ポズナンにはエニグマ解読センターという魅力的な美術館がある。そこではレイェフスキ、ルジツキ、ジガルスキによるエニグマ暗号機解読の歴史を辿ることができる。[5]

一九三八年には、ドイツ軍がエニグマを使ってやりとりするメッセージの量はますます増え、戦争に備えていることがわかった。さらに、ドイツはエニグマの構造を改変し、解読しにくい暗号を送信できるようにした。一九三九年初頭、イギリス、フランス、ポーランドは機密情報を共有するため会合を開いた。だが、ポーランドがエニグマに関する情報をイギリスとフランスに提供したのは七月後半になってからだった。

情報提供後の展開は速かった。八月十四日、政府暗号学校（イギリス版の暗号局）が、ロンドンから七十キロほど北に位置するブレッチリー・パークに設立された。主な屋敷のほかにいくつものプレハブ小屋（「ハット」）が建てられ、そこで解読作業が行われた。

ポーランドが製作したエニグマの複製機二台がロンドンに到着したのは、一九三九年八月十六日のことだ。ドイツ軍はその二週間後、ポーランドに侵攻した。ブレッチリー・パークではすぐさまベテランの暗号解読者、チェスプレイヤー、数学者などからなるチームが結集された。いよいよコンピューターの父、アラン・チューリングの登場だ。

ブレッチリー・パークのチューリング

数学を学んでいたアラン・チューリングは、一九三四年にケンブリッジ大学キングズ・カレッジで学士号を、一九三八年七月にアメリカのプリンストン大学で博士号を取得した。[6] 卒業後イギリスに戻り、政府暗号学校のパートタイム要員として働き始めた。一九三九年九月三日、イギリスはドイツに宣戦布告する。翌日、チューリングはブレッチリー・パークに居を移した。エニグマ暗号機のメッセージ解読は、チームでの作業だった。チューリングの才気がすこぶる役に立ったが、ブレッチリー・パークのポーランド人の数学者や同僚たちの支援なくしては成功しなかった。

ドイツの陸軍および空軍は、海軍とは異なる複数のエニグマ暗号機を使用していた。そこで、ブレッチリー・パークでの解読作業もこれに合わせて分割された。陸軍と空軍のメッセージ解読は「ハット6」で、海軍のメッセージ解読は「ハット8」でおこなわれた。

海軍のエニグマの方が複雑だった。解読などできないと思われており、当初は誰も作業に取り組もうとはしなかった。だがチューリングはこの挑戦を受けて立った。[7] 大西洋ではドイツ軍の潜水艦のせいで、北米からイギリスへの物資輸送ができなくなっていた。暗号が解読できなければ、この先商船も連合軍の船も海の底へ沈められてゆく。

ドイツ軍がエニグマ暗号機の仕組みを複雑化した後、レイェフスキと同僚たちは電気式解読装置を作ろうとした。この装置は「ボンバ」といった。ポーランド語で爆弾、そしてフランス風のアイスクリームデザート（ボンブ）という意味の言葉だ。人間が手動で大量のメッセージを解読するのはあまりに時間がかかるため、この機械は非常に重宝された。

ドイツ海軍のエニグマを解読するために、チューリングにはどうしても「ボンブ（ブレッチリー・パークでの解読装置の呼び名）」が必要だった。チューリング、ゴードン・ウェルチマン〔イギリスの数学者〕、エンジニアのハロルド・キーンは必死で解読装置を設計、構築した。こうして一九四〇年九月に、ボンブ第一号が完成する――幅約二メートル、高さ一・八メートル以上、重さ一トンほどの装置だった。ボンブと複数の付加装置を使って、何百万もの解読方法の中から最適なものを見つけられるようになった。テストする対象の選択肢の幅を狭めることで、解読プロセスは劇的に短縮された。[8]

すぐにボンブが多く製造されるようになり、暗号解読率は上がった。一九四二年、ブレッチリー・パークでは毎月、ドイツ軍のエニグマ暗号機から送信された約三万九千通ものメッセージを解読していた。[9]

ちなみに解読をおこなっていたのは、ブレッチリー・パークだけではなかった。アメリカ海軍も、大西洋で群狼戦術を駆使してアメリカの船団を攻撃するドイツ軍潜水艦の居場所を探り当てようとしていた。ドイツ海軍のエニグマメッセージを解読する人材が不足していることに気づいたイギリス軍は、アメリカの力に頼った。ブレッチリー・パークはボンブを提供し、アメリカ軍は基地を開設した――それも、私が現在教鞭を執っているアメリカン大学の裏手に。解読作業に専念したのは、アメリカ海軍が戦争遂行の支援を得るために立ち上げたＷＡＶＥＳ（米国海軍婦人部隊）だ。彼女たちは解読に成功し、ドイツ軍のＵボートを海の底に沈めるのに貢献した。[10]

チューリングが直面したコンピューターの試練

戦争が始まる前、チューリングはすでにコンピューター――当時はまだ存在していなかったが――にできることについて執筆していた。一九三六年に発表した論文では、プログラムを保管し、多くの問題を解決するために使用できるコンピューターを思い描いている。[11] これが、ユニバーサル・チューリング・マシンまたはユニバーサル・コンピューティング・マシンとして知られるようになる。それから十年ほど経つと、チューリングの画期的なアイデアは大西洋の両側で現実のものとなった。

一八二〇年代にはすでに、数学者のチャールズ・バベッジが特殊用途の機械式計算機を構想し、階差機関（ディファレンスエンジン）と名づけていた。十年後には、機械式織機に使われていたパンチカードの一種を使った汎用コンピューター（解析機関）を思いつく。どちらもバベッジの生存中に日の目を見ることはなかった。だが一八四三年、友人であり彼と同じく数学者でもあったエイダ・ラブレスが、解析機関での計算方法を示し、その過程で世界初のコンピュータープログラムを書いた。

この時点では、コンピューターはまだ理論上の構想にとどまっていた。機械、特に汎用機械の構築は発展途上にあった。したがって、そのような機械に考えることができるか、という疑問も、まだ生まれていなかった。

しかし一九四一年には、チューリングは機械を知的と呼ぶことができるかどうかについて考察し、自らの考えを書き留めて、政府暗号学校の同僚たちと共有するようになった。残念だが、この文書は現存していない。ところが戦後、ほかの論文はいくつか発見された。この論文が投げかけたコンピューターの知能に関する問題に、私たちは今も取り組んでいる。

一九四五年十月後半、チューリングはイギリス国立物理学研究所（ＮＰＬ）の数学部門に雇われ、一九三六年に思い描いたユニバーサル・チューリング・マシンのような機械の実際の開発に携わるようになった。保存されたプログラムを内蔵するこの機械は、ＡＣＥ（自動コンピューティングエンジン、Automatic Computing Engine）と呼ばれた。バベッジの階差機関や解析機関同様、ＡＣＥの実現には数々の障壁があった。不満を抱えたチューリングは、一九四八年半ばにＮＰＬを去ることになる。だが、彼は退職前に「知能機械（Intelligent Machinery）」という簡素な題の論文を完成させていた。この論文は発表されなかったが、幸運なことにタイプ打ちされた原稿が残っている。[12] チューリングは、「機械が知的な動作を示せるかどうか」を確認することが自らの仕事だと考えていた。彼が「指針」と呼んでいたのが人間の脳だ。[13] この論文で明らかにされているのは、人間と潜在的に知能を持つ機械がどのように機能するかという考えが、彼の研究の基盤になっていることだ。チューリングは電気回路を人間の脳神経にたとえた。この比喩が、紆余曲折ののちに現代のニューラルネットワークにつながった。これについては第5章で説明する。

チューリングは、知能機械が取り組むことのできる作業の種類を特定した。そのなかには、ゲーム、暗号解読、数学があり、翻訳と言語習得も入っていた。ただし、チューリングは「言語の習得はもっとも画期的なできごととなるだろう、これらの活動のなかでこれ以上人間的なものはないのだから」と思ってはいても、それが実現できるとは考えていなかったようだ。「しかしこの分野は、感覚器官とその運動に依存しすぎているので実現しないだろう」と述べている。[14] 現代の自然言語処理の成功をチューリングが目にしたらいったいなんと言っただろう。

彼はさらに、論文「知能機械」の末尾で、仮説的機械を用いたテストを提案している。チェスのプレイヤーが、対戦相手が人間か機械かを当てることができるかどうかを確認する実験だ。[15] ここで、のちの研究戦略の種が蒔《ま》かれた。

チューリングと人工知能について語るとき、人々の頭に浮かぶのは一九五〇年に発表された論文「計算する機械と知能（Computing Machinery and Intelligence）」だろう。チューリングは冒頭の文章で真っ向からこの難問に挑んでいる（「「機械に考えることはできるか」という問いについて考えていただきたい」）が、答えを出すことは避け、代わりに「イミテーション（模倣）ゲーム」と名づけたテストを提案する。[16]
　このゲームの最初のバージョンで、チューリングはまず顔が見えない二人の対戦相手のうち、どちらが男性でどちらが女性かを判断する人間の質問者を思い描いている。そして徐々に核心に迫っていく。

では質問です。「機械が［一人目の選手、女性］と入れ替わったらどうなるか？　同じように対戦がおこなわれていく場合、質問者は人間と機械の区別がつくのだろうか……？　こうした問いは、最初の質問「機械は考えられるのか」に置き換わります。[17]

「計算する機械と知性」を執筆していた頃、チューリングはすでに実際のデジタルコンピューターの開発をおこなっていた。NPLを去った後、マンチェスター大学の計算機研究所で副所長の職を得ていた。一九四八年六月、デジタルコンピューター上の世界初のプログラム内蔵方式が、マンチェスター・ベビー（容量が限られていたことから「ベビー」と名づけられた）という機械で実行された。チューリングの役目は、ベビーの拡張版の構築を支援すること、そして次世代機であるフェランティ・マーク1用のプログラマー向けハンドブックを書くことだった。一九五一年二月に発表されたフェランティ・マーク1は、世界初の大規模汎用デジタルコンピューターだ。
　当時、これまで人間がおこなってきたような複雑な作業をコンピューターが担うようになる未来は、十分想像できるものになりつつあった。だが、いったいどのような作業をおこなうことができるのか？　一九五一年五月、チューリングはBBCのラジオ放送でこれについて語った。「コンピューターを脳にたとえることはまったく理不尽というわけではない」という考えを擁護し、こう話している。

「本物の脳というのは、動物、特に人間にある脳は、いわば機械のようなものであり、我々のデジタルコンピューターも適切なプログラミングを施せば、脳のように動くでしょう[18]」

チューリングは現時点でコンピューターにできるようになったことと、将来的な可能性とを区別した。また、コンピューターの独創性の有無についても触れている。

「プログラムを与えた結果、私たちが予測しなかった興味深い行動を機械がとったとしたら、機械は何かを創造したと言わざるを得ないでしょう。その行動はプログラムに内在するものではないわけですから、独創性は人間だけのものとは言えなくなります[19]」

図6：世界初の大規模汎用コンピューター、フェランティ・マーク1。

第2章で紹介した、コンピューター（プログラマーだけでなく）は著作権を持つべきか、という論争に加わるチューリングの姿が目に浮かぶ。彼ならコンピューターの肩を持つに違いない。

その後出演した別のＢＢＣのラジオ番組で、チューリングはリチャード・ブレイスウェイト（哲学者）、ジェフリー・ジェファーソン（序章で紹介した神経外科医）、マックス・ニューマン（チューリングの同僚の数学者で暗号解読者）と生放送の討論を行った。ここでも考えるとはどのようなことかについて述べるチューリングの言葉は、私たちを創造性、そしてエニグマへといざなう。

「考えることは「私たちには理解できない心理過程」で構成されていると定義されるかもしれません。それが事実であるなら、考える機械を作るということは、考える仕組みを実際に理解しないまま、興味深いことをする機械を作るということです[20]」

まるでＧＰＴ－３について話しているかのようだ。

コンピューターは考えることができるという結論を引き出すためには意識があることが必須である、という意見にチューリングは異を唱えていた。チューリングは一九五〇年に執筆した論文で、機械が自らの行動を意識していない限り、機械に脳があるとは言えないというジェファーソンの主張を退けている。ＢＢＣの討論では、チューリングもジェファーソンも一歩も引こうとはせず、ジェファーソンは「人間と機械をはっきり区別するのは、人間の思考過程に含まれるきわめて感情的な内容です」と発言している[21]。

七十年後の現在では、ＡＩのことを話す前にジェファーソンが設定した意識の問題を解明すべきだ、などと考える人はいない。その代わり、焦点はアウトプットに移っている――つまりコンピューターには何ができるか、という問題だ。この後、コンピューターがこれまでおこなってきた基本的な知的作業の種類を紹介する。だがその前に、この分野に新たな名前をつけよう。イギリスでは長きにわたり、「機械知能（machine intelligence）」という言葉が用いられてきた。一方、アメリカでは「人工知能（artificial intelligence）」と呼ばれるようになった。まず、その顛末について説明する。

ダートマスでのAIの命名

一九五五年、数学者でありコンピューター科学者でありエンジニアでもある四人のアメリカ人が、ニューハンプシャー州ハノーバーに位置するダートマス大学での長期にわたる夏季会議への資金提供を、ロックフェラー財団に依頼した。提案書の第一著者であるジョン・マッカーシーは当時ダートマス大学の数学助教だった。マーヴィン・ミンスキーはハーバード大学の数学および神経学の若手研究者、ナサニエル・ロチェスターはＩＢＭの情報研究マネージャー、クロード・シャノンはベル研究所の数学者だった。

申請書の題は、「人工知能に関するダートマス夏季研究プロジェクト〔通称ダートマス会議〕の提案書」。マッカーシーはのちにこう振り返っている。

> この提案書（中略）から人工知能という言葉が生まれた。この会議に参加する一人一人に全力で研究に励んでもらいたいと考えて選んだ用語だ。（中略）参加者の注目を集めたかった。[22]

一九五六年の夏、科学者たちがハノーバーに集まり、思い思いの期間とどまって各々のプロジェクトに取り組んだ。当時、ＡＩ研究に関する筋の通った説明や青写真はまだなかった。実のところ、プロジェクトの最終報告書すら提出されていなかった。だがマッカーシーの言葉を借りると、重要な功績は「人工知能という発想が科学の一分野として」認められたことだった。[23]

　このプロジェクトの基となっている研究目標は大胆なものだった。一九五五年の提案書の冒頭の文章を見てみよう。

　「学習することやその他の知能のあらゆる働きについては、原則としてきわめて正確に説明することができるので、機械はそれをシミュレーションできる」という推測に基づいて、本研究を進めるものとする。

　この研究が成功したかどうかは、機械がどう反応したかで判断される。

　現在の目的を鑑みると、人工知能問題とは、人間が知的に振る舞っているときの真似を機械にさせることができるかというものだ。

　この目標が「シミュレーション（現象、振る舞いを模倣し再現すること）」であって「エミュレーション（動作の仕組みを模倣し再現すること）」ではないことにお気づきだろうか。これはチューリングのイミテーションゲームを想起させる問題だ。

たしかに、この動作の規準は一見現実的だ。しかし当時のことを振り返ってみると、奇妙な難題が浮かび上がる。この規準には、当時特にアメリカで主流の心理学理論だった行動主義《ビヘイビアリズム》〔意識などの内的な原理によらず、外側から観測できる行動のみを研究対象とする心理学の一分野〕的なところがある。その一方で、ダートマス提案書は、論理的な分析が新たな研究分野の基盤となるべきだとも仮定しているのだ。

> 人間の思考の大部分は、論理的な推論の規則と可能性から判断する推測の規則に沿って言葉を操ることで構成されていると考えられる。

言語と思考の融合〔思考の働きを言語の操作に還元できるという想定のこと〕というのは少々ナイーブすぎる考えだとはいえ、この文章が明らかにしているのは、人間の言語モデルとして前提になっていたのは、行動主義ではなく心理主義だったということだ。事実、ダートマス会議開催五十周年を記念して開かれた二〇〇六年のイベントで、マッカーシーはこう説明している。「推論の規則と推測の規則」への注力こそが、過去五十年におけるAI研究の基本原理であり、この姿勢は行動主義に対する意図的な対抗なのだ、と[24]。

ダートマス会議でまず「シミュレーション」が試みられた人間行動の分野の一つが言語だった。

> 機械が言語を使い、抽象化や概念を形成し、人間にしか解けないとされる問題を解決し、さらに自ら改善する方法を見つけられるようになるだろう。

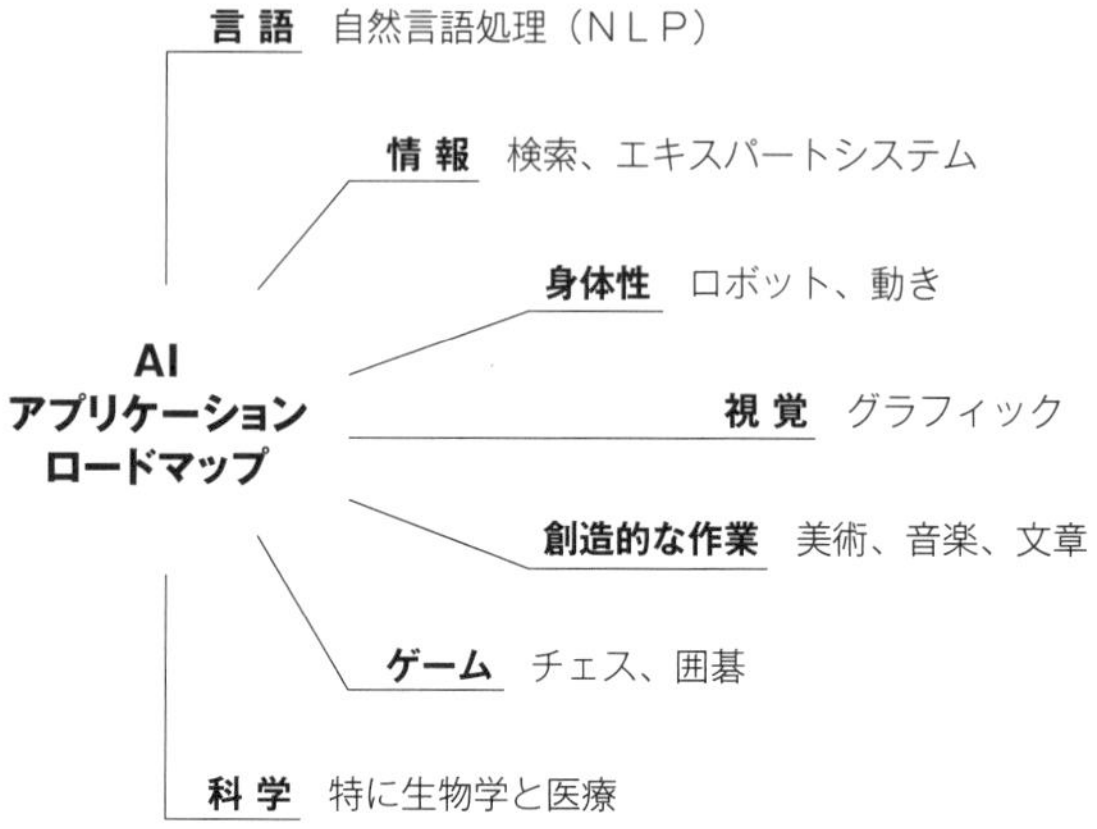

長いあいだ、ＡＩ研究における「言語」とは、書かれた文字のことだった。文字こそが、コンピューターにインプットとして与え、コンピューターからアウトプットとして受け取ることができる唯一の様式だったからだ。

ここからは、ＡＩという名前がつけられてからのＡＩに何が起きたのかを見ていこう。

初心者向けのAIロードマップ

上に示したのは、私が作成したＡＩの主な使用目的についてのロードマップだ。基礎的なＡＩの教科書に掲載されているものとは異なる。さらに、今日ＡＩは幅広い用途で活用されているため、すべてを網羅できているとは言えない。だが目的は果たしているはずだ。目的とは、ＡＩという広い分野について簡潔で実用的な概要を提供することだ。

一つ目の「言語」については次の章で詳しく紹介する

ので、二つ目の「情報」から始めたい。

情報

誰もが何かの情報を求めている。

一九九三年、アメリカ方言学会（American Dialect Society）は「情報ハイウェイ」を「今年の言葉」に選出した。驚くようなことではない。コンピューター科学者たちが道を切り開いたおかげで、米国議会図書館、英国図書館、フランス国立図書館に収められているような膨大な情報をいつでも、どこからでも参照できるようになりつつあったのだから。

ティム・バーナーズ＝リー〔イギリスのコンピューター科学者〕が考案したワールド・ワイド・ウェブ（ＷＷＷ）は一九九〇年後半にスイスのＣＥＲＮ（セルン、欧州原子核研究機構）で実装された。同年、米軍がＡＲＰＡＮＥＴ（アーパネット）と呼ばれる通信ネットワーク（これについては後ほど詳しく説明する）を廃止し、このシステムが公衆インターネットとして生まれ変わった。[25] Archie（アーチー）、Gopher（ゴーファー）、Mosaic（モザイク）などの検索ツールが次々に誕生した。そして一九九八年九月、BackRub（バックラブ）として誕生したプログラムが、Google検索という名でリリースされた。その後何が起こったかは皆さんもご存じの通りだ。

インターネットを検索する多くの人は、特定の何かの情報を探している。日付、レシピ、二〇一〇年にアイスランドで起きたエイヤフィヤトラヨークトルの噴火、『ガリヴァー旅行記』の引用などなど。しかしＡＩ研究者たちはもっと複雑な計画を温めていた。コンピューターは情報を保管できるのだから、その情報を利用して現実世界の問題を解決できたらどうなるだろう、と。

一九六〇年代には、ＡＩ研究者たちは小規模な問題であればそれなりに解決できるようになっていた。ロボットの手を使ってブロックを再配置するＳＨＲＤＬＵ（シュルドゥルー）という、テリー・ウィノグラード〔スタンフォード大学の計算機科学者〕のプログラムがその例だ。ところが、同じ手法を使っても、大規模で複雑な問題を解決するのは難しいということがわかった。対処策の一つは、処理すべき情報の幅を狭めることだった。このやり方はのちにエキスパートシステムとして知られるようになる。[26]

エキスパートシステムを作るにはまず、人間の専門家（エキスパート）に話を聞いて蓄えた知識ベースが必要となる。次に、収集した情報を論理命題にまとめるという段階がある。通常は人間の思考プロセスを真似て、「もし〜ならば（if then）」形式を使う（「もし暑くなるならば、エアコンをつけよう」など）。エキスパートシステムがあれば、推論エンジンを実行して知識ベースのなかの命題を検索し、このプロセスを自動化できる。

一九七〇年代から八〇年代になると、専門分野の知識ベースを蓄えるという考え方が、医学から空港ゲートの割り当て、そして製造業まで、あらゆる分野で注目を集めた。古い例としては、テキサス・インスツルメンツが一九八五年にキャンベル・スープ株式会社のために作成したプログラムがある。

そのとき、キャンベル・スープの従業員で、四十年以上スープの殺菌に従事してきたアルド・チミーノという人物が定年退職を迎えようとしていた。彼は、殺菌装置の不具合を解決するためのユニークでとっておきの知識を蓄えた貴重な人材だった。チミーノの退職後、いったい誰が彼の代わりになれるのだろう。その答えがエキスパートシステムだ。何時間もかけてチミーノから話を聞き、起こる可能性のある不具合（「もし」）すべてと、その解決方法（「ならば」）をテストして構築されたシステムである。[27]

このように頭のなかの思考をすべて抽出すること――あるいはそれと同等の方法――は、このときはうまくいった。しかし次の章で説明するとおり、規則や論理に基づくプログラミングモデルはすでに、統計モデルや機械学習という新たな分野に取って代わられつつあった。

身体性

アラン・チューリングは、知的に振る舞うことのできる物理マシンを実際に作ることには興味を持たなかった。だが米軍は違った。

一九五七年十月四日、ソ連は世界初の人工衛星スプートニクを打ち上げた。すでに冷戦下にあったアメリカは、技術競争に敗れつつあることを突然知らされたわけだ。一九五八年初頭、ソ連に対抗したアメリカは高等研究計画局（ＡＲＰＡ、Advanced Research Projects Agency）を設立した。ＡＲＰＡの目的は、軍事で使用できる技術を開発する研究を支援することだ。大金が注ぎ込まれた。こうして立ち上げられたプロジェクトの一つがコンピューター通信システムの構築で、ＡＲＰＡＮＥＴと呼ばれるこのシステムが、今日のインターネットへ進化した。一方、企業は据え置き型の産業ロボットを製作し始めていた。据え置き型も結構だが、ロボットが動けるようになったら、さらに戦場で使えるようになったら、どうなるだろう。

そこで登場したのがロボットのシェーキー（ＳＨＡＫＥＹ）だ。

一九六三年、チャールズ・ローゼン〔カナダ生まれの科学者。ＳＲＩインターナショナルの人工知能センターの創設者〕率いるスタンフォード研究所のＡＩ研究者たちは、モバイル・オートメーション・プロジェクトに取り組むようになった。一九六六年にはARPAが、このプロジェクトに研究資金を投じることになった。一九六〇年代後半になると、ローゼンたちのチームは幅広いAIツールキット（論理的推論、コンピューータービジョン、機械学習、自然言語処理など）に基づく世界初のAI駆動型《シェーキー》モバイルロボットのデモをおこなっていた。文字通り「足元」（というより車輪）がおぼつかないものの、シェーキーは（ある意味）歩き回ることができた。

シェーキーの誕生から長い時間が経った。今では掃除機ロボット、ドローン、自動運転車が生まれている。二〇一七年、東京にある日本科学未来館を訪れたとき、私はヒューマノイドロボットのASIMO（アシモ）〔本田技研工業の開発終了に伴い二〇二二年に展示を終了〕が踊ったり、サッカーボールを蹴ったりするデモを見る機会に恵まれた。現在、階段を駆け上がることのできるロボット犬も存在する。だが、特にヒューマノイドロボットで具現化された知能は、必ずしも動きまわらなくてもよいようだ。「話をして」、話しかけられた言葉を「理解する」、人間の複製のようなロボットがいくつも生まれている。序章で紹介したソフィアはその一つだ。[28]

視覚

人間には視覚があるために、視覚的な像（グラフィック）を作ったり、作ったものを認知したりすることができる。つまり、レオナルド・ダ・ヴィンチが描いた《モナ・リザ》（グラフィック）を、私たちはルーブル美術館で鑑賞できる（認知）。

コンピューターと視覚には、この像を作ることと認知することという二つの同じ要素が含まれている。私たちが作るもの、つまりコンピューターグラフィックスは『パックマン』などの初期のビデオゲームに始まり、ブノワ・マンデルブロ〔フランスの数学者、経済学者〕の概念に基づく魅惑的なフラクタル画像〔一見ランダムに見えるが、拡大してみると同じパターンが繰り返されていることがわかる画像〕、コンピューターアニメーションの映画までと幅が広い。最近問題になっているのは、ＡＩを活用したコンピューターグラフィックスがディープフェイクをも生成しているということだ。

一九六三年にアイバン・サザランドが設計したSketchpad（スケッチパッド）というプログラムが、コンピューターグラフィックスを開花へと導いた。グラフィック生成は大量の電力を消費するビジネスだ。プロセッサーが強力であればあるほどイメージは洗練され、より速く生成することができる。やがて特殊なグラフィックス・プロセッシング・ユニット（画像処理装置、ＧＰＵ）が開発され、イメージ生成の質は飛躍的に向上した。

そして、ＡＩ業界ではよくあることだが、あるアプリケーション用に生み出された技術が、別のところで重宝されるようになった。グラフィックチップは、グラフィック画像の生成だけでなく認識（認知）にも必要不可欠だ。フェイスブックで写真や動画に登場する人を自動的にタグづけするために十年以上にわたって使用されている、顔認識プログラムなどがいい例である。幸いにもフェイスブックは二〇二一年後半にこのプログラムの使用を停止したが、[29] 多くの政府当局（中国だけではない）が今も使い続けている。

現代のＧＰＵは、ＡＩの仕組みそのものに対して圧倒的な影響力を持つようになっている。そのきっかけとなったのが、手書きの文字だ。

米国郵政公社は、日々何百万通もの郵便を仕分けし正しい住所に届けるために四苦八苦していた。一九六三年にＺＩＰコード（郵便番号制度）が発案されたおかげで、この仕分けは迅速化されれた。[30]しかし、それでもまだ、人間がいちいち数字を確認して仕分けをしなければならないという弱点があった。

一九〇〇年代初頭には光学式文字認識（OCR）研究が始まりはしたが、当初は一度に一文字しかスキャンできなかった。その後、OCRシステムは徐々に、直線上に書かれている標準的な機械印刷の数字と文字を認識するのがうまくなった。ところが、手書きの文字ははるかに複雑だ。書き手の癖はまちまちで、読みにくい字を書く人もいる。そのうえ、ZIPコードは五桁もある。

この問題を解決したのがヤン・ルカン〔フランス出身のコンピューター科学者〕だ。一九八〇年代後半、ルカンはAT&Tで手書き文字の認識プロジェクトに取り組んでいた。彼が考案した解決策は、バックプロパゲーションと呼ばれるニューラルネットワークの一種を適用することだった。これは畳み込みニューラルネットワーク〔ディープ・ニューラル・ネットワークの一つで、AIによる画像認識で活用される〕で用いられる手法だ[31]（ルカンは畳み込みニューラルネットの生みの親でもある）。このシステムは成功を収め、米国郵政公社による郵便仕分け作業に革命が起きた。数年後、ヨシュア・ベンジオ〔カナダ人のコンピューター科学者〕と協業するようになっていたルカンは、文字認識研究の範囲を、小切手に書かれた数字の読み取りにまで広げた。[32]

さらに、車、人、猫の写真といった複雑な画像を認識することが求められていた。二〇〇〇年代後半、物体認識に関するAI研究を進めるため、AI科学者のフェイフェイ・リー〔中国出身のアメリカ人コンピューター科学者〕と同僚たちはImageNet（イメージネット）と呼ばれる大規模なデータセットを開発した。[33]目的は機械学習に貢献することで、大量の画像を提供して、物体分類の精度を向上させることだった。そして、提供された画像の数はいまや千五百万件ほどにまで膨れ上がっている。[34]研究を後押しするため、ImageNetは年一回、大規模画像認識コンテスト（LSVRC、Large Scale Visual

Recognition Challenge）を開催するようになった。このコンテストでは、参加者が制作したＡＩプログラムが、表示される物体を特定できるかどうかを競う。

二〇一二年のコンテストが重要な転機となった。トロント大学チームがAlexNet（アレックスネット。アレックス・クリジェフスキーが、イリヤ・サツキーバーおよび指導教官のジェフリー・ヒントンと共同で開発したことからついた名前）というプログラムを使い、きわめて優秀な成績を収めたのだ。誤検知率は二位入賞のチームをはるかに下回った。このプログラムの秘密は、ＧＰＵチップと畳み込みニューラルネットワークの組み合わせにある。AlexNetではコードを書いて画像にラベルづけするのではなく、ディープラーニング（深層学習）を用いて画像を認識していた。百万件もの画像でトレーニングされたプログラムは、ＮＶＩＤＩＡ（エヌビディア）のＧＰＵを利用し、自動で何兆回もの演算をおこなった。AlexNetチームはコンテストで優勝したが、それより重要なことがあった。この功績から、ディープラーニングを活用した非視覚的なＡＩの作業で、ニューラルネットワークが使用されるようになったのだ。

この機械学習とニューラルネットワークとディープラーニングについては、次の章でさらに詳しく説明する。

創造的な作業

創造する力は人間独自のものだろうか。これはひっかけ問題だ、と言われるかもしれない。そもそも創造性を定義することは、考える力や知能を定義するのと同じくらい難しいからだ。だからこそ、チューリングはその定義を避け、一時的な行動テストであるイミテーションゲームに落ち着いた。

私たちが本能的に、AIに創造する力があるかどうか確かめたいと思うのは、絵画、音楽、科学、文学という人間にとって創造性が賞賛される分野においてだ。ここ数十年のあいだ、コンピューターが制作した「創造的」とされる作品については、さまざまな意見が交わされている。これに関して責任ある議論をするためには、まず人間の創造性とは何を指すのかを見きわめる必要がある。それが本書の第9章の一つ目の課題だ。

ゲーム

「たかがゲームじゃないか」とはよく言ったものだ。だがゲームは、より大きな目標を達成するための手段になりうる。

ブレッチリー・パークで働いていたとき、チューリングは自動電気機械が広い用途で活用することを夢見ていた。一九四一年（ボンブ第一号が製造された次の年）には、ドナルド・ミッキー〔イギリスの人工知能研究者。ブレッチリー・パークの政府暗号学校でチューリングとともに働いた〕やほかの人たちとチェスの機械化の可能性について語り合っている。[35] ボンブが多くの選択肢のなかから暗号問題の解決に必要なものを特定できるのであれば、同じ原理をチェス盤上の駒の動きに適用できるのではないか？　一九四五年、チューリングはコンピューターはおそらく「非常に巧みにチェスの対戦を」こなすだろうと予言した。そして一九四八年には、（デイヴィッド・チャンパーノウン〔イギリスの経済学者で数学者〕とともに）「Turochamp（チューロチャンプ）」というチェスのプログラムを設計し、マンチェスター大学のフェランティ・マーク1でコード化した。[36]

チェスの対戦プログラムの制作は人々の関心を集めただろうか？　何十年も後になって、ノーム・チョムスキーは「コンピューターがチェス名人を打ち負かす」のは「ブルドーザーが重量挙げコンテストで優勝するくらいどうでもいい」ことだと主張した。[37] 序章で、彼が機械翻訳を「大きなブルドーザーがオリンピックの重量挙げで優勝するのと同じくらい面白みがなかった」と評価していたことが思い出される。

だが、ミッキーはこれとは反対の意見を熱く主張し、「コンピューターのチェスは機械知能の「キイロショウジョウバエ」だと言える」と書いている。[38] 言い得て妙だ。キイロショウジョウバエは、遺伝などの数多くの生物学の発見に貢献してきた。これと同様、チューリングによるチェス対戦プログラムの提案書は長年にわたり、ゲームがコンピューター知能について何を示唆してくれるのか探究するＡＩ科学者たちに影響を与えてきた。

以下に、チェッカー、チェス、囲碁で対戦するコンピューターの画期的なできごとをいくつか列挙しよう。[39]

・チェッカー（イギリス英語では「ドラフツ」）

一九五一年：クリストファー・ストレイチー〔イギリス人のコンピューター科学者〕がPilot ACE（パイロットＡＣＥ）で、さらに一年後にはマンチェスター大学のフェランティ・マーク1で、ドラフツの対戦をプログラミングする。

一九五二年：アーサー・サミュエル〔アメリカ人のコンピューター科学者〕が、ストレイチーのスキームの要素を使用してチェッカープログラムを書き、新しいＩＢＭ７０１（世界初の大規模商用電子コンピューター）で実行する。

・チェス

一九五一年：ディートリッヒ・プリンツ（ドイツ出身のイギリス人コンピューター科学者）が、マンチェスターのフェランティ・マーク1を使用して世界初の完全実行型チェスプログラムを書く。

一九九七年：ＩＢＭのDeep Blue（ディープ・ブルー）が、チェスの世界チャンピオンだったガルリ・カスパロフに勝つ。

・囲碁

二〇一六年：DeepMind（ディープマインド）のプログラム、AlphaGo（アルファ碁）が当時世界二位だった囲碁棋士イ・セドルに勝つ。

チェッカーとチェスについては西洋ではよく知られているが、囲碁はどうだろうか。二千五百年以上前に中国で発明された囲碁は、インドで発明されたチェスより千年長い歴史を誇る。チェスと同じく戦略的なゲームだがより難しく、動かす手は何百万通りもある。一般的なチェスのゲームでは、自分の番が来たとき考えられる動きは三十五通りほど、一戦あたり実際に動かすのは平均八十手だ。つまり一戦あたりの手は35の80乗または10の１２３乗となる。囲碁では自分の番が来たとき考えられる手は二百五十通りで、一局あたりに打つ手は平均百五十手。つまり一局あたりの選択肢は２５０の１５０乗または10の３６０乗もある。[40] 囲碁の名人に勝つことのできるＡＩプログラムの開発が、どれほど意義のあるものだったかがわかるだろう。

ところで、AlphaGoプロジェクトはゲームを目的として設計されたものではなかった。二〇一〇年、人工知能研究者で神経科学者のデミス・ハサビスはDeepMindの共同設立者になった（DeepMindはその四年後、グーグルに買収される）。すでにコンピューターゲームのプログラミングに精通していたハサビスは、現実世界の問題、特に科学における問題を解決するプラットフォームとして、AIゲームを選んだ。

ハサビスが取り組みたいと考えていた問題の一つが「タンパク質折りたたみ」である。ジャーナリストのウィル・ダグラス・ヘヴンは、二〇一六年三月のAlphaGoがイ・セドルを打ち負かした日について、こう記している。デイヴィッド・シルヴァー（AlphaGoのリード開発者）と裏で試合を見守っていたハサビスは、「ついにこのときが来た」と言ったのだ、と。のちのヘヴンとのインタビューで、ハサビスは「これがDeepMindを立ち上げた理由です（中略）というより、私が長年AI分野に従事してきた理由です」[41]と言い切った。

科学

では、科学でのAIの活用方法を見てみよう。序章では、AIがウイルスの変異の特定やマンモグラフィー（乳房X線撮影）の読み取りに利用されていることを紹介した。しかし、科学と医療分野で広く使用されているAIアプリケーションのことを逐一紹介するとなると、この章だけに収まらなくなる。そのため、AIソリューションが科学の多くの謎に解決法をもたらして革新を起こしていることを示すために、ここでは「タンパク質折りたたみ」の例を取り上げる。DeepMindが挑戦した課題だ。[42]

タンパク質は、人間にとって必要不可欠な要素だ。消化から筋収縮、免疫反応まで、さまざまな役割を果たしている。現在では、ヒトタンパク質は二万以上存在すると推定され、それぞれがアミノ酸配列で構成されている。この配列は、曲がりくねった三次元構造に折りたたまれている。この構造を紐解くと、タンパク質の働きの仕組みがわかる。

分子生物学者は何十年もかけてタンパク質構造を解読してきた。この構造（と役割）を突きとめれば、癌から新型コロナウイルス感染症まで、さまざまな医療の問題をより的確に解決できるので、メリットは大きい。問題は、タンパク質の解読がきわめて難しいことだ。各配列で実現可能な形の数が莫大なのだ。10の３００乗もある。

どこかで見たことのある数字だと思っただろうか。前述したように、囲碁の一局において考えられる石の動きは10の３６０乗だった。そして、ハサビスもこの類似に気づいていた。ほかにも共通点はあった。AlphaGoを構築していたDeepMindは、AlphaGoがおこなった対局から大規模なデータを収集した。これと同じように、国際的な組織である蛋白質構造データバンクは、科学者たちが解読した構造に関する情報を集めていた。その情報を基に、ＡＩツールを用いて、タンパク質の展開プロセスを加速することができるのではないか。もちろんＡＩは役に立つはずだ――チューリングがボンブを使ったように、確認すべき可能性の数をうまく削減できるのならば。

DeepMindによる解決策とは、AlphaFold（アルファフォールド）（および後継ツールのAlphaFold 2）というプログラムを開発し、ＧＰＴ‐３などの大規模言語モデルが使用しているＡＩ手法を活用することだった。アミノ酸配列のすべてを確認しようとするのではなく、特定のアミノ酸のみに注目する。二〇〇〇年秋、タンパク質構造予測センター（Protein Structure Prediction Center）で二年に一回開催されるコンテストの一環として検証されたAlphaFold 2は、きわめて優秀な成績を残した。あまりに優秀だったので、進化生物学者のアンドレイ・ルーパスが興奮してこう述べたほどだ。

「革新的です。（中略）これによって医療が変わる。研究が変わる。生物工学が変わる。すべてが変わるでしょう[43]」

情報、身体性、視覚、創造的な作業、ゲーム、科学、そしてもちろん、言語。ＡＩは、コンピューターを多用する私たちの生活と仕事の多くの部分に浸透しつつある。画像認識や、機械が描いたレンブラントの肖像画や、囲碁は、言語を「理解」して生成するＡＩ技術とは無関係のように思えるかもしれないが、ここまで読んできた方はすでにこの関連性に気づいているはずだ。一つのアプリケーションを動かしているプログラミングモデル――と技術の突破口――が、別のアプリケーションの開発につながることが往々にしてあるのだ。

アラン・チューリングとジョン・マッカーシーは、どちらも思考する――あるいは少なくとも思考しているかのように行動する――機械の開発には言語が重要だと語っている。その後のＡＩ研究のほとんどが言語に焦点を当てているため、言語ベースの研究がＡＩの他の領域のモデル構築に寄与してきたことも不思議ではない。しかし、スタンフォード大学の「人間中心のＡＩ（ＨＡＩ）研究所」の研究者たちは、大規模言語モデルを「基盤モデル」に改名することを提案している。これらのモデルは、人間言語と関係のない分野の研究においても基盤となるからだ[44]。

この章では、これまで定義について紹介せずに「ニューラルネットワーク」や「自然言語処理」などの用語を使用してきた。そろそろ背景について説明するべきだろう。この章は初心者向けの手引として書いたもので、人間の代わりになって書くＡＩが持つ可能性を理解するために、ＡＩモデルが実行できることを説明した。次章では、ＡＩ研究者たちが機械に処理させようとしてきた口語と文語の種類、さらにはそうした処理をおこなえるように進化したモデルを紹介する。

ＡＩ分野で使われる関連用語の基本的な定義は、「終章」の後に収録された「主要キーワード」を参照していただきたい。より詳細な情報を求める方には書籍、会議の議事録、豊富なオンラインソースなどを確認することをおすすめする。[45]

第5章　自然言語処理というソーセージ製造機

百年前、言語学者のエドワード・サピアは率直にこう述べた。「専制的なまでに整合的な言語は一つもない。あらゆる文法は水漏れするのだ」[1]（『言語：ことばの研究序説』エドワード・サピア著、安藤貞雄訳、岩波書店、一九九八年、六八ページ所収）。つまり、すべての規則を定めたと思っても、必ず例外が現れるということだ。それでも言語学者たちは今日もせっせと働いている。

初期のAI研究者たちもそうだった。人間が言語を生み出し、理解するときに従うとされるプロセスの「再現（エミュレーション）」であっても、同じ結果を生むモデルの「構築（シミュレーション）」であっても、文法規則、辞書の内容、論理演算を縫い合わせるという手法を用いてきた。しかし、第4章で紹介したとおり（エキスパートシステム）、そして第6章でも説明するとおり（翻訳）、規則ベースのモデルには限界があった。隙間が、あるいは大きな穴が生じ続けたのだ。

そこで彼らがとった次の戦略が、大規模なデータセットに基づいて統計学的な蓋然性を探るというものだった。[2]統計に頼るこの手法は、先述の手法よりましな結果につながったが、音声認識や翻訳のような領域では、コンピューターと人間の成果を間違えるような人は一人もいなかっただろう。とはいえ、機械学習に対する世の関心は高まっていった。

機械学習

現代のＡＩを理解するために考えなければならないのは、人が、あるいは何かが「教育可能」だとはどういう意味なのか、という点だ。人の場合を考えてみよう。学習する能力は、私たちを人間たらしめていることの一つだ。灰白質が考えているときにどんな働きをしようとも、考える対象がなければはじまらない。考えるには、学ぶ力が必要だ。ＡＩにも同じことが言える。チューリングが言ったとおり、予想もしない結果を生成するコンピューターを作成したければ、「［プログラミング］プロセスには予想もつかない内容を教えておかなければならない」[3]。

機械（ここではコンピューター）は学習できるという主張は、その機械で実行されるプログラムが、以前の試行内容の成功や失敗に基づいて、タスク上の行動を改善できるということが前提になる。機械学習の種類（教師あり学習、教師なし学習、強化学習）次第で、そのプログラムが自らの行動に直接「報酬」または「罰」を与えるか与えないかを決める。

現実世界の学習するコンピューターのプログラミングは、ＡＩの領域と同じ長い歴史がある。一九五九年、アーサー・サミュエル（第4章にも登場した）はチェッカーの対戦をおこなうコンピューターのプログラムに「機械学習（machine learning）」という名前をつけた[4]。この用語は、すっかり定着した。

ＡＩ分野でのほかの進歩と同じように、機械学習にもはやりすたりがあった。機械学習が一九八〇年代に注目を集めたのは、ほかのプログラミング手法が再発見されたり、改善されたり、新たに生み出されたりしていたからだ。機械学習の手法の一つにニューラルネットワークがある。だがニューラルネットワークの話に進む前に、最近誰もが話題にしているもう一つの「学習」用語にも触れておこう。「ディープラーニング（深層学習）」だ。これは、複数層のニューラルネットワークを利用した機械学習を指す。「ディープラーニング」と「ディープ・ニューラル・ネットワーク」という用語は同義で使用されることがよくある。

それでは、ニューラルネットワークについて紹介していこう。

ニューラルネットワーク

「ニューロン（神経細胞）」という言葉は、脳と神経系にある神経細胞を表す語で、一八九一年にドイツ人解剖学者のヴィルヘルム・フォン・ヴァルダイヤーが作った。この細胞が感覚入力を受け取り、筋肉に指示を与え、その間のすべての電気信号を管理しているので非常に重要なものだ[5]。

二十世紀半ば、この電気信号のことを知った研究者たちは、人間の脳と電子コンピューターが似ていると考えた。転機となったのは、ウォーレン・マカロック（アメリカの神経生理学者で外科医）とウォルター・ピッツ（論理学者で数学者）が一九四三年に発表した論文だ。脳の活動には「全か無か」の特性があるため、神経系の事象や事象内の関係は命題論理、つまり電気回路と同じように「もし～ならば」や「オン、オフ」を用いて処理できると、二人は主張した[6]。

一九五八年、フランク・ローゼンブラット（アメリカの心理学者）はこの発想が実現する可能性を示そうとした（また、コンピューター内のニューロンと同じ働きをするものを「パーセプトロン」と名づけた）。研究資金を提供したのは米国海軍研究事務所だった。その年の七月七日、ローゼンブラット――および海軍――は記者会見で、パーセプトロンの潜在能力を感情豊かに述べたてた。『ニューヨーク・タイムズ』はこう書いた。

> 海軍が今日公開したのは、電子コンピューターの卵だった。これはやがて歩き、話し、見て、文字を書くだけでなく、自身を複製し、自らの存在を意識するようにもなるという。（中略）将来的にパーセプトロンは人を認識し、その名前を呼び、ある言語の演説を即座に別の言語に翻訳し書き留めるようになる、と。[7]

「チャーリー、現代への転送を頼む！」〔「チャーリー、転送を頼む！」は、『スタートレック』で主人公のカークがエンタープライズ号に転送帰還したいとき、機関主任であるチャーリーにかける言葉〕このなかの一部（音声合成、顔認識、自動翻訳など）は数十年後にかなりの規模で実現されることになる。（『ニューヨーク・タイムズ』に書かれているようには）コンピューターに意識が生まれることはなかったし、この初期のパーセプトロンモデルも成功しなかったが、「ニューラルネットワーク」という概念（パーセプトロンを単層のネットワークとする）が生まれた。

パーセプトロン研究はその後十年間続いた。ところがこのモデルは十分に堅牢だとは言えず（当時のコンピューターの処理能力も同様）、簡単な問題にも対処できないことが次第に明らかになった。一九六九年には、MITのマーヴィン・ミンスキー〔アメリカのコンピューター科学者〕とシーモア・パパート〔南アフリカ出身の数学者・コンピューター科学者・教育者〕が、人間のニューロンのモデルに基づくAIのプログラミングに終止符を打ったかのように見えた。[8]

しかし、追悼記事を書くのはまだ早い。

ニューラルネットワーク、生まれ変わる

ここでちょっとした注意を。ニューラルネットワークのことを話そうとすると、技術用語をいくつも使わなければならない。少々厄介なのだ。第4章でも紹介したとおり、物事を簡素化するために「主要キーワード」に主な定義を掲載しているので、そちらも参照していただきたい。

一九八〇年代には、一部の研究者たちがAIのニューロンモデルという考え方の再検討を始めていた。人間のニューロンとコンピューターの電気回路の仕組みが一致すると主張する者は、もはやいなかった。人間の脳のニューロンがネットワークを形成するように、ネットワークに基づいてコンピューターモデルを構築するべきだ、というのが彼らの提言だった。ローゼンブラットの単層ネットワークではなく、多層を用いるという考えが浸透するようになり、より堅牢なプログラミング手法と、より強力なコンピューターの処理能力がその考えを支えた。

ここで登場するのが、ディープラーニングとディープ・ニューラル・ネットワークの名づけ親たちである。

伝説になるのはいつも三人組だ。三銃士に三大テノール。ディープラーニングにも三人の名づけ親がいる。一人目のジェフリー・ヒントン〔二〇二四年にノーベル物理学賞を受賞〕は「ディープラーニングの父」と呼ばれることが多いが、ヤン・ルカンとヨシュア・ベンジオも父の称号にふさわしい。計算機学会（ACM、Association for Computing Machinery）が二〇一八年、コンピューター科学界のノーベル賞とも言わ

れるチューリング賞を三人に授与した結果、彼らの取り組みは広く知られるところとなった。

ヒントン、ルカン、ベンジオが高く評価されたのは、何かを達成したからではなく、ニューラルネットワークが幅広いAIの課題を解決するための開発を進めたという功績のためである。取り組みのなかには、各々がおこなったものも、三人で連携しておこなったものもあった（ルカンとベンジオがニューラルネットワークを使って小切手に書かれた数字を読み取ろうとしていたことを思い出してほしい）。三人の主な功績は、次のとおりだ。[9]

・一九八〇年代：ルカンが畳み込みネットワークを開発。

・一九八六年：ヒントン（およびデイヴィッド・ラメルハート（アメリカの認知心理学者）とロナルド・ウィリアムズ（ノースイースタン大学でコンピューター科学を教える））が、多層ニューラルネットワークにおける誤差逆伝播法（バックプロパゲーション）アルゴリズムの可能性をデモで示す。

・二〇一〇年代：ベンジオが、イアン・グッドフェローとともに敵対的生成ネットワーク（GAN）を開発。コンピュータービジョンやコンピューターグラフィックスにおいて特に有益なネットワークである。

・二〇一二年：ヒントンとトロント大学の教え子たちがImageNet（イメージネット）コンテストで優勝。強力なGPUと、改良された畳み込みニューラルネットワークを使用していた。

多層ニューラルネットワークを使ったディープラーニングの開花によって、これまでAI分野で実現不可能と考えられていた、ほかのこともできるようになった。チューリング賞を受賞したときのインタビューでヒントンが語っているが、この受賞は、長年の取り組みの成果が疑問視されていた三人にとって、汚名返上につながった。[10]

Transformer（トランスフォーマー）の革新

ヒントン、ルカン、ベンジオの画期的な取り組みと同時に、ディープ・ニューラル・ネットワークの変種が生まれた。回帰型ニューラルネットワーク（ＲＮＮ）や、興味深い名前の長・短期記憶（ＬＳＴＭ）ニューラルネットというものだ。それから起きた革命がTransformer（トランスフォーマー）だった。

この新たなネットワークは、二〇一七年に会議論文として誕生した。[11] 二言語間の文章翻訳というＡＩタスク向けに設計されたモデルである。論文には「Attention Is All You Need（必要なのはAttentionだけ）」〔Transformerで利用されるAttention機構について説明していることから〕という人目を惹くタイトルがついていて、この手法の特徴を物語っていた。Transformerアルゴリズムは、すぐそばにある言葉を参照するだけの回帰型ニューラルネットワーク、または畳み込みニューラルネットワークの構造に依存するのではなく、全体的な文脈に注意《アテンション》するのだ。

「文脈」の意味を理解するために、英語の「bank（銀行、岸）」という単語について考えてみよう。Transformerは「bank」という単語を見つけると、周辺の文章を確認し、それが金融機関を指しているのか、川岸を指しているのかを突き止める。たとえば、英語からドイツ語への翻訳をしている場合、「die Bank（銀行）」と「das Ufer（岸）」のどちらを使うべきかを判断する必要がある。別の例を挙げよう。「The hot water heater in my house died yesterday（我が家の給湯器が昨日壊れた）」という文章があり、それに続くのが「It needs to be replaced（それを買いかえる必要がある）」だったら、Transformerは「It（それ）」が「The hot water heater（給湯器）」であり、「my house（我が家）」ではないことを理解できる。

二〇一七年の論文に登場したTransformerは、四百五十万件もの英独対訳の文章からなるデータセットを使ってトレーニングされていた。このデータセットは、二〇一四年に統計的機械翻訳ワークショップ（Workshop on Statistical Machine Translation）向けに開発された、WMT2014という標準英独コーパスから成っている。英独翻訳におけるTransformerの性能を評価するため、結果はBLEU（二言語評価代行、BiLingual Evaluation Understudy）スコアで査定される。機械翻訳の成功度を測定するために広く用いられている基準だ。このスコアを見れば、規準となる翻訳に機械がどれほど近づけているかがわかる。

新しいTransformerは英独翻訳の領域で優れた結果を残した。また、WMT2014の英仏翻訳テストでも素晴らしい成果を出した。さらに、英文の文法的な解析もかなり得意であることがわかった。このTransformerは、のちにさらなる多用途性を発揮することになる。

二〇一七年の「Attention」論文が発表された直後に、新たなTransformerが続々と生まれた。論文執筆者の大半がグーグル社員だったため、そのわずか一年後にグーグルがBERT（Bidirectional Encoder Representations from Transformers、Transformerによる双方向のエンコード表現）というTransformerをリリースしたのはなんら不思議なことではない。[12] 質問の回答と言語の推論に特化したこのモデルは、Google検索の原動力となった。[13] 同年、OpenAI（オープンAI）は最初のTransformerであるGPT（Generative Pretrained Transformer）を開発する。だがその後登場した二〇一九年のモデル（GPT-2）、そして特に二〇二〇年の改良版（GPT-3）こそが、多くの人がTransformerについて読んだり話したりするときに頭に思い浮かべるモデルだ。二〇二二年後半にChatGPT（GPT-3・5）が誕生し、二〇二三年三月十四日にはGPT-4がリリースされた。

　GPT-3に関するジャーナリストたちの議論では、人間が冒頭の文章を少し書いただけで次々に新しい文章（エッセイや短篇など）を生み出すという、Transformerの類稀れな能力に焦点が当たっている。しかし、このモデルにはほかにもいくつもの秘められた力が組み込まれている。そうした技法について理解すれば、マイクロソフトが二〇一九年にOpenAIに十億ドルを出資し、二〇二〇年にはソフトウェアにGPT-3を内蔵するための独占権をわざわざ取得した理由がわかるだろう。[14] Microsoft Wordを長年使ってきた人なら、翻訳や文法解析などが飛躍的に進歩したことに気づいているはずだ。これについては本書の後半で説明する。

　Transformerを構築しているのは、何もグーグルとOpenAIだけではない。DeepMind（ディープマインド）、メタ、AI21、北京智源人工智能研究院なども同様のプロジェクトに取り組んでいる。こうした組織の数は（Transformer構築にはかなりの資金が必要にもかかわらず）増え続けている。最新モデルには共通点がある。多用途性（さまざまなAIタスクを処理できること）と、例外はあるものの、その大がかりな規模だ。

　規模には二つの意味がある。一つは、モデルが使用するデータの量。つまりウィキペディア、一部のコーパス（プロジェクト・グーテンベルクに含まれるすべての書籍など）、広範なウェブクロールなどのソースから抽出されたデータだ。データ量は今も膨らみ続けている。GPT-2は四十ギガバイト相当のデータを参照できたが、GPT-3が参照するデータは四十五テラバイトにまで増えている。一テラバイトは一千二十四ギガバイトに相当するので、驚くべきペースで増加していると言える。

もう一つは、モデルが使用するパラメーターの数だ。機械学習でのパラメーターとは、アルゴリズムが学習プロセスで変更できる重み〔入力内容の重要度を数値化したもの〕を指す。パラメーターの数が増えれば学習量が増し、アウトプットがより正確になる。BERT（バート）は三億四千万のパラメーターを持っていたが、北京智源人工智能研究院の悟道2・0には一兆五千億ものパラメーターがある。

最近では、Transformerはウェブ検索から画像生成、コンピューターのプログラム作成まで、ありとあらゆる仕事をこなしている。なかでも得意なのはTransformerが作られた当初の目的、つまり自然言語の処理だ。

自然言語の何を処理するのか

コンピューターに自然言語を理解させ、生成させたいのであれば、「自然言語」とは何かについて考えなければならない。

自然言語処理の「自然」とは

外延的定義（例を用いた定義）は簡単だ。自然言語とは、スペイン語や日本語などの人間の言語である。内包的定義（辞書に載っているような定義）はもっと難しい。メリアム＝ウェブスター辞典によれば、自然言語とは「人の母語（英語、タミル語、サモア語など）」である。だが私には、これは例を用いた定義のように感じられる。ケンブリッジ辞典には「コンピューターなどのために作成された言語ではなく、人間のコミュニケーション手段として、通常の方法で発展した言語」とある。つまりPython（パイソン）やクリンゴン語〔『スタートレック』に出てくる異星人が話す、架空の宇宙語〕は自然言語ではないということになるが、「通常の方法」というのはかなり曖昧な言葉だ。

この定義には気になる点がある。「人の母語」という部分だ。これは完全に正確というわけではない。たとえばギリシア語の非ネイティブ話者も、話すときはギリシア語という自然言語を使うからだ。「作成された言語ではなく」という部分については、統計的には事実だが、それが常に当てはまるとは限らない。言語はわずかな自然の基盤から始まり、人工的に発展していくこともある。フランス語の手話がいい例だろう。十八世紀に、耳が聞こえない姉妹が使っていた「自然」な手話をもとに、シャルル・ミシェル・ド・レペー〔フランス人の教育者〕がコミュニケーション体系を「人工的に」発展させ、最終的に現在十万人以上のフランス語ネイティブのろう者に使用されている自然言語ができあがった。このフランス語の手話体系はローラン・クレーク〔フランス出身のろう教育者〕によってアメリカに持ち込まれ、アメリカのろう者が使っていた独自の手話と組み合わされてさらなる進化を遂げ、アメリカ手話（ＡＳＬ）になった。

また、辞書の定義からは重要な情報が抜けている。人間言語の「自然さ」には、生物と同じく成長し、変化し、ときには消滅するという事実も含まれている。古英語は中世英語へと進化し、それから近代英語が生まれた。ラテン語はどうか。二〇一四年、教皇フランシスコは、ラテン語をバチカンの公用語としないと発表した。[15] 今でも多くの学校がラテン語を教えているが、カトリックの一部のミサ以外で話し言葉として耳にする機会はほとんどない。

自然言語にはさまざまな変化が生じる。方言だけでなく、丁寧さの程度（フランス語の「tu［きみ］」と「vu［あなた］」など）から、相手に対する敬意の度合いを反映する文末語の変化（日本語の「ですます」など）までさまざまだ。言語の使い方が性別で異なることもある。たとえば日本では、女性は男性より高い声で話す。[16] 世界中の社会集団には、その集団のなかだけで通じる発音やスラングがある。TikToK（ティックトック）ユーザーなら、「cheugy（チュージー）」という単語を聞いたことがあるかもしれない。「古い、頑張りすぎている」という意味だ。[17] 要するに、この言葉を知らない人はクールじゃない、ということである（おっと、「クール」は、いまやチュージーだ）。

コンピューターに言語を学習させ、使用させ、理解させようとした人工知能の開拓者たちは、対象（言語）の定義にこだわらなかった。その代わり、ハードコアポルノの定義を求められた米連邦最高裁判所の判事ポッター・スチュワートと同じ姿勢をとった。つまり「見ればわかります」というわけだ。自然言語処理に取り組んでいるＡＩ研究者たちにとって、自然言語は見ればわかるものだった。

それで問題はなかった。発話を文字にする書き取りソフトウェアを試す場合、人間が交流するために広い用途で使っている七千ほどの体系の一つを利用することになる（ただし現在の書き取りプログラムは、そのうちの一部でしか使用できない）。自動翻訳したい文章を書いたりコピーしたりする場合も、自然言語の一つを使用する。ところが、自動翻訳ツールはすべての言語で使えるわけではない。興味深いことにマイクロソフトのリストにラテン語は含まれていない。その一方で翻訳オプションにクリンゴン語が含まれているのは、開発者に『スタートレック』ファンがいたからに違いない。

自然言語処理（ＮＬＰ）の実績はきわめて実際的だった。次の章で紹介するとおり、初期のアメリカの機械翻訳は、ロシア語で書かれた科学論文の内容を一刻も早く確認せよ、という冷戦時の指令のおかげで進歩した。そして一九八〇年代に、アメリカの研究者たちが英語に似た文字のクエリ（コンピューター内のデータベースへの命令、あるいは情報の検索のための言語のこと）システムを開発したのは、企業の業務を合理化するためだった。

ここで少し立ち止まろう。「英語に似た」クエリとは、何か？

現代ではそうでもないが、自然言語処理はこれまでずっと、言語の「刈り込み」をおこなってから実行しなければならなかった。初期の音声認識システム（電話案内など）では、強いなまりのある人の声は理解されず、求める情報が得られなかった。同じような制約が書き言葉の言語処理にも存在していた。さて、「英語に似た」クエリシステムに話を戻そう。白状すべきこともある。

一九八〇年半ば、私はＡＩ会議の展示ホールにいた。そこには当時最先端だったＡＩツールが並び、自然言語処理関連のものもあった。言語学者として、私は数十年前から機械翻訳の失敗に興味を持っていた。翻訳プログラムとその他の種類のＮＬＰの根本は似通っていたので、そうしたツールに進捗があったかどうか知りたかった。特に、一九八〇年代のＡＩが実際に、本物の人間が「自然に」生み出す即興の文章や言葉（当時でいうところのキーボードでの入力）を理解（「処理」）できるのかどうかということに関心を抱いていた。

そういうわけで、私はコグニティブ・システムズという会社のブースに向かった。そこでは、コンピューターの知識があまりない事務員でも、自然言語のクエリを入力すればデータベースから情報を引き出せると謳《うた》うプログラムが展示されていた。プログラムは「自然言語の文章を理解」できるのだという。親切な説明員が「ぜひ試してみてください」と言ってくれた。

次の瞬間、彼女は誘ったことを後悔したようだ。私は、「一九八〇年の売上はどのくらいですか？」などという直球の質問の代わりに、「一九八〇年に達成した売上の金額を教えていただけると嬉しいのですが」と書いてみた。コンピューターはしばらく格闘していたが、やがて不満の声を上げ、動かなくなった。

問題は私が使った現実世界の（飾り立てた）自然言語に、システムで対応できない言葉や構文が含まれていたことだ。名誉のために言うが、簡単な言葉だけを使っていたら、このプログラムは「売上」や「一九八〇年」などの重要な単語を拾い上げて、それなりの情報を収集できただろう。しかし何十億と存在しうる自然言語の文章はそんなに単純なものではない。

現代の大規模言語モデルはTransformerで実行されているので、こうした類の欠点は過去の遺物となりつつある。それでも、一九八〇年代からどのように進化したかを振り返ることは有益だ。

人間の自然言語の使用：AI処理の候補

自然言語の使い方は、番号を振ったデータベースのクエリ処理だけではない。NLPに何ができるのか判断するために、以下では人間の話すことと聴くこと、読むことと書くことの重要な目的を並べた。

- ・アイデアや感情を表現する：集会で発言する、声明文を書くなど
- ・他人の考えや感情を知る：集会で人の意見に耳を傾ける、議事録を見直す、声明文を読むなど
- ・情報にアクセスする：ポッドキャストを聴く、新聞を読むなど

・依頼する：質問を文章にする、返事を期待するなど
・話の内容を修正する：間違えたときに修正するなど
・自分またはほかの誰かが書いた文章を修正する：報告書を編集するなど
・話すための資料や書くための資料の概要を作成する、まとめる、分析する、コメントする：訴訟事件の主張をまとめるなど
・一つの言語を別の言語に翻訳する：スウェーデン語をスワヒリ語に翻訳するなど

ＮＬＰというソーセージ製造機の仕組み

今日では、自然言語処理（ＮＬＰ）はさまざまな人間の言語のタスクをおこなうようになった。では、その背後にどのような仕組みが隠されているのかを見てみよう。

理解と生成

科学者たちは自然言語処理について語るとき、たいてい、自然言語理解と自然言語生成の二つに分けて話をする。つまり、すでにある言語を解明することと、新しい言語を作ることだ。生成は比較的わかりやすい。ＮＬＰプログラムは新しい詩や記事を作り出すとき、言語を生成している。

理解のほうはもっと難しい。グーグルの検索バーに「世界初の灯台」と入力すると、紀元前二八〇年頃に建造された世界七不思議の一つであるアレクサンドリアのファロス（大灯台）について説明するウェブサイトが表示される。それは処理が働いているからだ。だが、グーグルの検索エンジ

ンが、私の入力したクエリをもとに作業するときに起きていることは、人間が言語を理解することとは異なる。グーグルにはエジプトのアレクサンドリアとアメリカのバージニア州アレクサンドリアの区別がつかない。それぞれを検索したとき、どれだけ多くのページが表示されても同じだ。

言語学者にしても、人間が言語を聞いたり読んだりしたときに理解する方法を完全に把握しているとは言えない。だが、それはさておき現代では、人間が言語を理解しているような方法をコンピューターのプログラムに実行させようなどと思う人は、一人もいないだろう。

一九七七年の『アメリカン・サイエンティスト』に掲載されたシドニー・ハリス〔数学や科学を素材にした一コマ漫画を描いた〕の印象的な漫画を思い出す。物理学者らしき人物が、黒板に証明のようなものを書いている。ステップ1とステップ3には、数字や数学記号が書き込まれている。ところがステップ2には、数式の代わりに「ここで奇跡が起きる」とだけ書いてある。黒板を見た彼の同僚はこう言う。「ステップ2はもう少し詳しく説明すべきだと思うな」。

一九七〇年代後半には、自然言語処理に「奇跡」はそれほど多く起きなかった。科学者たちはまだ規則ベースのモデルを使用して、プログラムを入力から出力へ切り替える方法を再構築していたからだ。だが、最近では多くのＮＬＰの出力が、大規模データセットに基づいた統計を用いて驚くほど巧みに人間言語を模倣するようになっている。その一方で、特にTransformerを使う際に、プログラムがどのようにして文章を生成しているのか、私たちにはほとんどわからなくなっている。そこで序章で述べたような「説明可能なＡＩ」が求められるようになってきている。つまり、いまやＡＩ専門家を含む多くの人にとっては、シドニー・ハリスの漫画の証明のような「奇跡」が起きているのだ。本書の後半では、ＡＩを文章作成に使用する際、このような謎が障害になる原因を探っていく。

もっとも、現代の自然言語処理のすべてがTransformerでおこなわれているわけではない。透明性の高いアプリケーションはある。いずれにせよ、私たちが心に留めておかなければならないことは、「自然言語理解」という場合に、「理解」するというのは比喩に過ぎないということだ。

奇跡と比喩についてはここまでにする。次は、ＮＬＰで避けては通れない、音声と文字の処理タスクについて見てみよう。

音声処理

自然言語処理に、理解と生成という両方向に働いている関係があるように、音声処理にも認識と合成という二つの関係がある。音声認識では、人間の音声による入力を処理し、それを利用して「何か」をする必要がある。その「何か」とは、Dragon NaturallySpeaking（ドラゴン・ナチュラリースピーキング）のような口述筆記ソフトの場合、文字への変換だ。現代の文字起こし機能は何十年も費やして生み出された。一九七〇年代初期にこの研究に出資していたのは国防高等研究計画局（ＤＡＲＰＡ、Defense Advanced Research Projects Agency）だ。多くの初期のＡＩプロジェクトを支えてきた。実のところ、ＤＡＲＰＡの出資があったからこそ、Dragon Dictate（ドラゴン・ディクテート。NaturallySpeakingの前のバージョン）プロジェクトは立ち上がった。[18]

現代の音声認識ツールは優れているが、完璧とは言い難い。たとえば、自動字幕ソフトが間違った字幕を表示するのを見たことがあるだろう。その原因は、ほかの人の発言を誤って解釈した、または理解できなかったなど、人が聞き間違いをするのと同じだ。話者が早口だったり、強いなまりがあったり、なじみのない言葉を使ったり、正確な名称を使わなかったりする場合に聞き間違いが起きる。最近面白いと思ったのが、あるＡＩ会議での間違いだ。スピーカーがはっきり「人間《ヒューマン》社会《ソサエティ》」と言ったにもかかわらず（少なくとも私にはそう聞こえた）、文字起こしでは「ヒンドゥー社会」になっていた。これでは漫画の黒板に逆戻りだ。

　現代の音声認識が処理しているのは単純な書き起こしだけではない。会議で発言している人物を特定したり、音声だけでアクションを起こしたりもできる。たとえば、アップルのHomePod（ホームポッド）で、Siri（シリ）に「ベートーヴェンの《三重協奏曲》をかけて」と依頼したりできる。ある言語でGoogle翻訳に話しかけると、別の言語の文章が現れる。

　音声合成も同じだ。音声合成とは、ある言語表現を人間らしい話し方に変えることだ。通常これは、書かれた文章を音声に変えることを指す。ＮＬＰプログラムがメールを読み上げたり、人間のナレーターの代わりにオーディオブックを作成したりするのがこのいい例だろう。

　最近では、音声合成はさらに大きな役割を果たすようになった。ディープフェイクはご存じの方も多いだろう。著名人の音声を許可なしで合成したことで有名だ。一方、レンタボイス業界というものも成長しつつある。声優と企業が契約を結び、企業が声優の音声パターンを再合成し、その音声パターンを使ってＡＩソフトが作成した文章を読み上げる、というものだ[19]。同じようなテクノロジーを使用すれば、話すことができなくなった人の声を合成で生成し、再現することができる。

　その次に実現したのが亡くなった人の声の合成だ。シェフであり冒険家でもあったアンソニー・ボーデイン〔二〇一八年六月にフランスにて自死した〕に関するドキュメンタリー映画『ロードランナー：アンソニー・ボーデインについて』では、プロデューサーが保存されていた音声ファイルを使って、ボーデインが生前綴った文章や、録音されていなかった話し言葉を、合成音声で再現した。この結果、創作上の自由か、ディープフェイクか、という論争が起きた。[20] さらに気味の悪い例がある。HereAfterAI（ヒアアフターＡＩ）という企業のおかげで、以前録音した音声を使って死者と対話できるようになったのだ。[21]

音声合成にはもう一つ興味深い使い方がある。アクセントにまつわるものだ。たとえばアメリカ人の話者がイギリス出身者に聞こえる音声を合成したいと思う。もしくは、スペイン出身で強いなまりのある英語を話す人の声をイギリス風の発音に変えたいと思う。どちらも簡単だ。DeepMindのプログラムを使用すれば、何十ものアクセントのなかから希望の「話し方」を再現できる。[22]

音声合成は、その他のＮＬＰ機能と連携することも多い。おそらくもっともよく知られているのは、SiriやAlexa（アレクサ）などから、問い合わせ内容に対する回答を引き出すという使用例だ。「明日の最高気温は？」と訊ねれば、「シカゴ〔システムがＧＰＳにアクセスしてあなたの所在地を特定する〕の明日の最高気温は二十二度です」と返ってくる。合成出力が、気象データベースから抽出した結果に声を与えているのだ。

音声から音声への翻訳の印象的な例がもう一つある。デバイスに向かって話しかけると、その言葉が認識され、翻訳エンジンへ入力され、翻訳された言葉が出力として提示される、というものだ。これには三つのプロセスを要する。まず音声を文章に書き起こす（音声認識）、次に文章を第一言語から第二言語に翻訳する、最後にテキスト読み上げ合成を使用して翻訳内容を音声に変える。Google翻訳のような現代のプログラムでは、中間の文章表示をスキップして、元のスピーカーの音声合成で発話内容を出力することもできる。[23]

これこそ奇跡だ。一九五八年にフランク・ローゼンブラットとアメリカ海軍は、ある言語から別の言語へ翻訳できるようになる世界はすぐそこだと述べた。そして今、NLPがその世界を実現したのだ。

文字言語の処理

続いて、書かれた自然言語の理解について見ていこう。わかりやすい例として、検索エンジンに入力するクエリがある。グーグルは入力に従って検索内容を処理するが、前述のとおり、書いた文字を人間の言語として理解するのではない。BERT（やその後継）などのTransformerはパターン認識を活用して、アクセス可能なデータソースにある何億兆もの文章を確認し、ユーザーが知りたい内容を予測している。しかし、NLPを用いるユーザーは（実際の処理内容ではなく）結果に注目しているため、イミテーション（模倣）ゲームは成功する。

少なくともたいていの場合は。ときどき入力に対しておかしな回答が返ってくることがあるが、その理由の一つは、複数の意味を持つ言葉がたくさんあるからだ。言語学者はこれを「多義語」と呼ぶ。たとえば「Paris（パリ）」はフランスの都市の名前だが、アメリカにもParis（パリス）という街は十以上存在する。「weather in Paris（パリ／パリスの天気）」と検索すれば、最初の数ページにはフランスのパリの天気が表示されるだろう。だがページを繰っていけば、アメリカ国立気象局がイリノイ州パリスに関して投稿した情報が表示される。どちらの情報を求めているのか、検索した人はわかっている。「how to fix a crown（クラウンのなおし方）」と検索するとき、歯の冠《クラウン》をなおしたいと思っているのか、それともクラウンモールディング〔壁の装飾〕の隙間を埋めたいと思っているのか、検索した人にはわかっているだろう（ちなみに私もオンラインで検索してみたが、頭蓋骨《クラウン》が割れた場合どうすればいいかや、王族が身につける王冠《クラウン》を修理しなければいけないときにはどうすればいいかは、どこにも書かれていなかった）。

言語学者のデイヴィッド・クリスタルが注意を喚起しているのは、検索に関してコンピューターアルゴリズムは常に人間のように賢いとは限らない、ということだ。彼が注目しているのは、オンラインページの結果に広告を組み合わせるときの多義性の問題だ。歯の冠《クラウン》の手入れに金がかかるという記事を掲載していたら、その横に金物屋の広告を出してほしいとは思わないだろう。クリスタルは、シカゴで起きた刃物による殺傷事件について書かれたCNNのオンライン記事の例を挙げている。その記事の余白に掲載されていたのは包丁の広告だった。そう、記事にも広告にも刃物は登場するが、記事では刃物が武器として使用されていて、広告には調理用の包丁が掲載されている。これはいい組み合わせとは決して言えない[24]。

最近では、こうした多義性の問題が完全に回避されることも増えている。先日、「シカゴの殺傷事件」「ボルチモアの殺傷事件」とグーグルで検索したところ、出てきた広告は衣服、車、トラクターの備品、そして――嘘ではない――社会人教育を提供するハーバード・ビジネス・スクールのものだった。摩訶不思議だ。

文字言語の生成の話に移ろう。この言語生成には、言語の理解が不可欠だ。前述のとおり、現代のオンライン検索に単語を数個入力すれば、予測ツールがさまざまなクエリを自動生成する。

「Who is the（誰が世界で一番）」とGoogle検索に入力すれば、クエリを完成させる選択肢が提案されるのだが、一番上に来るのは「Who is the richest person in the world（誰が世界で一番の金持ち）」で、「Who is the tallest person in the world（誰が世界で一番背が高い）」「Who is the oldest person in the world（誰が世界最高齢）」と続く。自然言語生成は予測変換ともかかわりがあるのだ。さらに、翻訳機からソーセージ〔加工された後の完成品のこと〕を取り出すためには、ソース言語（入力された言語）のテキストをターゲット言語（翻訳先の言語）で生成する必要がある。

だが書き文字のＡＩ言語生成には、別の巨大な領域が存在する。まったく新しい文章の作成だ。詩作成ツールや韻踏みツール、短篇小説生成ツールを使って、今までにない言葉の組み合わせを出力することができる。ディープ・ニューラル・ネットワークをプログラミングして記事の概要やニュース記事を作成したり、メールの下書きを作ったり、人間が書いた文章の単語の言い換えを提案してもらったりするときに提示される内容もこれにあたる。このＡＩ生成の文章については第Ⅲ部で詳しく紹介する。第Ⅲ部では、ＡＩ生成の文章や著者（そして権威）としてのコンピューターが持つ可能性と、人間の書きたいという欲求や能力のバランスをどうとるべきかという問題を論じる。

検索：比較検討または一度限りの回答

ずば抜けて優秀なＮＬＰの機能の一つ、コンピューター検索に話を戻そう。音声を利用した（音声駆動型）検索はパーソナル・デジタル・アシスタント機能の中核だが、グーグルなどのツールを必要不可欠な存在にしたのは――コンピューターやモバイルデバイスでの――文章の検索だ。

これまでは、問い合わせ内容を打ち込むと、システムが関連するデータソースを山ほど生成していた。近年では、検索結果のページは驚くほど整理されており、上位のページにおすすめや概要、最新のニュース記事へのリンクや動画が表示される〔アメリカでは二〇二四年五月、日本では同年八月から検索結果の一番上に、ＡＩによる概要が表示されるようになった〕。とはいえそれぞれの検索結果のうち、どのリンクを確認するか、その内容をどの程度読んだり見たりするか、そしてそれを信じるかどうかは、ユーザー自身の判断にかかっている。

さらに最近では（複数のソースのなかから確認したいものを選べる）検索の代わりに、チャットボットを搭載した会話システムが使われるようにつつある。[25] そこでは、ユーザーが質問すると、システムは回答を一つだけ返す。一メートルは何インチかと訊ねたのであれば、返ってくる答えが一つでかまわない。だが含みがあったり、物議を醸していたり、一刻を争ったりする質問では、唯一の回答が不正確だったり侮辱的だったりすることもあるかもしれない。

二〇二一年に話題になった「インドで一番醜い言語は？」という質問に対するグーグルの回答を見てみよう。「答えはカンナダ語です。南インドの言語で、話者は四千人ほどです」というものだ。当然、インドの人々、特にカンナダ語話者は侮辱的だと思った。[26] これを人間とコンピューターのインターフェースの観点から見ると、より深い問題が浮き上がる。そもそも、クエリを支えている前提、つまり「もっとも醜い言語」を特定できる、という前提が正しいかどうかを判断せずに、検索アルゴリズムが答えを生成しているという問題だ。[27]

グーグルの検索エンジンに誤情報や偏見が含まれていることや、検索ツールがユーザークエリに潜む前提をどう検証するのか突き止められていないことだけが難題なのではない。[28] 責任は、それを使用する私たちにもある。何かを検索するとき、私たちはたいてい急いでいたり、自分で調べるのが面倒だと感じたりしている。それで、検索結果の最初のページ以外のページを見たり、開いたサイトの記事を最後まで読んだり、ソースを検証したりする人はほとんどいない。モバイルデバイスで検索をおこなうときは特に、一番上の回答しか見ないことが多い。

信頼性の問題もある。たとえば情報処理専門家のマーティン・ポタストと同僚たちはこう主張している。

直接的な回答に晒され続けているユーザーは、与えられた回答に満足しているので、実際の読むプロセスの重要な部分を飛ばす傾向がある。（中略）［ゆえに］簡単かつ基本的な質問に正確な回答が返ってくると、システムが提供するすべての回答は正しいと信じてしまうことにもつながる。[29]

検索結果が正しいのかという問題のほかにも、それは現時点でも正しいのか、という問題がある。資料のデジタル参照を擁護する人たちは、デジタルの文章は紙媒体より更新するのが簡単だと主張する。たしかにそのとおりだ。だが、だからといってオンラインで読むものがすべて最新情報だというわけではない。例を挙げてみよう。

二〇二二年の十二月後半、私は「ゲール語話者の人口」とグーグルで検索した。表示されたのは私のクエリの言い換えだった。「スコットランドのゲール語話者の二〇二二年時点の人口は？」。この際、スコットランドのゲール語話者でもいいだろう。矢印をクリックして展開すると、グーグルは次の文章を表示した。

ゲール語を話すことができる、または理解できるとされている人の数は八万七千五十六人です。これには、三歳以上でスコットランド在住のゲール語話者、五万八千人（人口の一・一％）が含まれています。二〇二二年十月十四日

二〇二二年十月は、ほんの数か月前なので、統計は最新だと考えられる。ところがスコットランド政府が用意したリンク先の報告書を見ると、違うことがわかった。[30] グーグルが表示した人口は、二〇一一年にスコットランド政府が発表した報告書に記載されていた数字だったのだ。スコットランドのゲール語のような、人口のほんの一部でしか話されていない危機的状況にある言語では、十年後の話者の人口はさらに減少していそうだ。この体験から得られた教訓は、「必要なら信頼せよ、されどまず検証せよ」〔原文は「Trust if you must, but first verify」でロシアのことわざ「Trust, but verify（Доверяй, но проверяй／信頼せよ、されど検証せよ）」から来ている。ロナルド・レーガンがミハイル・ゴルバチョフと核軍備縮小に関する交渉を行った際に引用したことで有名〕である。

人間のタスクをこなすAIツール

最後に、先に取り上げた人間が自然言語を使用しておこなってきたタスクのうち、ＡＩに処理できるものを紹介する。ＮＬＰの使用例についてはすでに説明したが、さらにいくつかの例を追加して本章を締めくくろう。

・アイデアや感情を表現する：口述筆記ソフト、詩作成ソフトなど

・**他者の考えや感情を知る**：文章の音声合成ソフトなど
・**情報にアクセスする**：特定のデータセットやより広範なインターネットの検索など
・**依頼する**：SiriやAlexaに質問する、指示を出すなど
・**話し言葉の内容を修正する**：読み上げ機能や、話し言葉から話し言葉への翻訳ソフトを使用して「えーと」や「あの」などの不要な発言、吃音《きつおん》、繰り返しを文書の記録や翻訳から削除するなど[31]
・**自分またはほかの誰かが書いた文章を修正する**：AIを活用して綴りや文法を修正する文書処理プログラム、言い換えを提案するTransformerベースのプログラムなど
・**話し言葉の資料または書き言葉の資料の概要を作成する、まとめる、分析する、コメントする**：プログラムをまとめる、Grammarly（グラマリー）やCriterion（クライテリオン）などの文章作成ツール
・**一つの言語を別の言語に翻訳する**：文章から文章への翻訳または音声から音声への翻訳をおこなう一般公開されているプログラム、商用の文書機械翻訳など

最後の項目を翻訳にしたのには意図がある。これが次の章のテーマだからだ。機械翻訳は、その誕生からして自然言語処理、特に文章処理の先端を行く存在である。それと同じくらい重要なのが、翻訳について考えることは、人が言語を使って考えや想いを形成するやり方から、本質的な人間らしさとは何かを考えることにもつながっている、ということだ。

第６章　機械翻訳、再び浮上

　その本の英題は『The Bell in the Lake（湖の中の鐘）』〔ラーシュ・ミッティング著、未邦訳〕だった。読むことをすすめてくれたノルウェー人の友人は完璧な英語を操るのに、なぜタイトルを『The Bells in the Lake』と繰り返し複数形（Bells）で呼ぶのだろうか？

　ラーシュ・ミッティングによるこの詩的な物語は、十九世紀後半のノルウェー南部にある小さな町、ブータンゲンが舞台になっている。登場するのは、塔に二つの鐘があるスターヴ教会〔スターヴはノルウェー語で「垂直に立った支柱」で中世の木造教会を指す。樽板教会とも呼ばれる〕と、出会いによって生き方が変わる人々だ。教会が建造されたのは一一〇〇年代。ノルウェーが戦争と死の神オーディンや雷神トールへの信仰を捨て、少しずつキリスト教に改宗していく頃だ。その数百年後、命を落とした双子の姉妹を偲ぶために父親が二つの鐘の制作を始める。鐘は、青銅に銀を加えて作られ、古代スカンジナビアの魔法がかけられていた。舞台が十九世紀に移ると鐘は二つとも近くの湖に沈むことになる。片方は救い出されるが、もう片方は沈んだままだ。

　この二つの鐘は「姉妹の鐘」と呼ばれ、原著のノルウェー語のタイトルは「Søsterklokkene（姉妹の鐘）」だった。複数形である。

　翻訳書を多く読む人なら誰もが、本の題がよく変わることを知っている。ミッティングの初期の小説『Svøm Med Dem Som Drukner（溺死者たちと泳ぐ）』の英語のタイトルは『The Sixteen Trees of the Somme（ソンムの十六本の木）』で、それぞれ小説の異なる側面を表している。

では、一つの鐘、あるいは複数の鐘の選択はどうだろう。単数形の鐘は、二つの鐘のうち一つだけが湖のなかに取り残される時点を強調している。複数形の鐘は二つの鐘が湖に沈んだときやその状況を示唆しており、姉妹の鐘は七百年ものあいだ並んで存在していたのだということを思い起こさせる（ノルウェー人の友人が英語のタイトルを「Bell」ではなく「Bells」だと思ったのも無理はない）。単数形にするか複数形にするかは、文学的な正確さではなく、著者や翻訳者や編集者がどこに注目してほしいかを反映している。

私たちは書くとき、こうした選択をする。選択した言葉はその単語以上の意味を持ち、辞書には載っていない情報をも伝える。言語学者や言語哲学者は、話し手――そして書き手――は実際的な事柄、つまり物理的な場所、聞き手や読み手の正体、言葉の選択がそれを受け取る人々におよぼす影響について考慮すべきだと言う。たとえば、メリーランドの自宅にいるとき、その日の午後ワシントンへ向かう予定だと夫に言えば、夫は私がコロンビア特別区〔ワシントンD.C.の正式名称〕まで車で行くのだろうと思うはずだ。飛行機に乗ってワシントン州のシアトルに向かうのではなく。同様に、一月のコルカタにいる私が「寒い」と言えば、それは外出するのにコートと耳当てを求めているわけではない。薄いニットやショールが要るということだ。

腕のいい著者なら時間と手間をかけて、特定の文体、気分、背景を表現するのにぴったりの言葉《ル・モ・ジュスト》（あるいは文章）、構文、展開やテンポを見つける。すみずみにまで気を配った言葉を使うことは、原文でも翻訳でも必要不可欠だ。本来、こうしたことは人間だけにできることだった。今ではその領域にコンピューターが巧みに入り込もうとしている。

翻訳者は裏切り者《トラドゥットーレ・トラディトーレ》

優れた翻訳文を書くための道には落とし穴ばかりがある。言葉はえてして曖昧だ。ほかの言葉とよく似ているために取り違えられて、人の気分を害したり、陽気にしたりする。イタリアのトスカーナ地方には「翻訳者は裏切り者《トラドゥットーレ・トラディトーレ》」ということわざがある。変換するときに簡単に大切なものを失ってしまう。歴史は誤訳であふれている。人間による古い誤訳、そして機械による新しい誤訳の例を見てみよう。

ミケランジェロの角

今から紹介する逸話で責められるべきは聖ヒエロニムス〔四世紀の聖書のラテン語翻訳者〕であって、ミケランジェロではない。

ミケランジェロが制作した巨大な《モーセ》像はローマ教皇ユリウス二世の墓廟に飾られており、その卓越した技量のみならず、モーセに二本の角が生えていることでも有名だ。もちろん、ミケランジェロは角を生やすことによって悪魔的な何かを示唆しようとしたのではない。元凶はヒエロニムスによる旧約聖書のラテン語訳にある。ギリシア語からの翻訳に取り組んでいたヒエロニムスは、原著であるヘブライ語の聖書にもあたった。第一章で紹介したとおり、ヘブライ語では子音アルファベットを用いるため、母音は記されない。ヘブライ語の聖書には、シナイ山から下りてき

図7：ミケランジェロのモーセ像。聖書の誤訳に基づき2本の角が生えている。

たモーセの顔は光（ヘブライ語では「karan［カラン］」）を放っていた、と書かれていた（「モーセは、山から下ったとき、（中略）自分の顔の肌が光を放っていたのを知らなかった」（『旧約聖書』新共同訳、日本聖書協会、二〇一二年「出エジプト記」所収））。「karan（カラン）」はもちろん角（「keren［ケレン］」）ではない。だが、文脈（または母音）がわからない人にとっては不幸なことに「光（カラン）」と「角（ケレン）」はどちらも、ヘブライ語の子音アルファベットの表記法では「krn（קרן）」という綴りなのだ。ヒエロニムスはその単語を誤訳し、それから数百年後に、ミケランジェロが角の生えたモーセ像を彫ったというわけだ。

平和な紙吹雪

フェイスブックも過ちを犯した。二〇一八年、インドネシアで地震が発生し、二千人以上が命を落とした。インドネシアの人々はフェイスブックに自身の状況を投稿し、安全であることを友人や家族に知らせた。インドネシアの公用語、インドネシア語（バハサと呼ばれるマレー語の一方言）で「無事」は「selamat（スラマッ）」だ。しかし、「スラマッ」には別の意味もある。「幸せ、平和、おめでとう」などだ。地震を生き延び、「無事（スラマッ）」であることを伝える投稿を見つけたフェイスブックのアルゴリズムは、容赦なく祝いの風船や紙吹雪を画面に表示した。[1]

このように、アルゴリズムは人間と同じく、言語の裏切り者となりうる。現代でも、大規模言語モデルがインターネットから切り貼りした文章を生成したり、フェイスブックが地震を生き延びた人たちの投稿におめでとうの紙吹雪を降らせたりすると、それが実感できる。機械翻訳が生まれて間もない頃にも、理由は異なるが同じことが起きた。

機械を使って翻訳をするという考えは決して新しいものではない。一九三〇年代初頭、フランスのジョルジュ・アルツルーニ〔ジョージア出身のエンジニア〕とロシアのペートル・トロヤンスキー〔ロシアの教育者。高等教育機関で社会科学や技術の歴史を教えた〕はそれぞれ、基礎的な翻訳をおこなうことを目的に機械装置を製作していた。[2] そして第二次世界大戦とその余波が、人間の翻訳者にコンピューターの補助をつける――あるいはコンピューターに人間の代わりをさせる――という大いなる探究を推し進めていった。

機械翻訳の失敗と成功

機械翻訳の物語は、壮大なアイデアと打ち砕かれた望み、そして再生から成っている。まるで灰から蘇る伝説の生き物、火の鳥のようだ。開発初期には時代にそぐわずにその発想が足枷《あしかせ》となったが、その後自然言語処理の成功例として復活していく。

月の満ち欠けのように、機械翻訳の歴史もいくつかの段階に分けられる。

第一段階：ソ連との冷戦

戦争はコンピューターの進歩と多くの関わりがある。第二次世界大戦中、イギリスはコロッサス〔イギリスがドイツ軍の暗号通信を解読するために用いた装置〕コンピューターを作って暗号解読をおこなっていた。その間、アメリカ軍はペンシルベニア大学に所属するジョン・モークリー〔アメリカの物理学者〕とジョン・プレスパー・エッカート〔プレス・エッカートとも呼ばれる。アメリカの電気工学者〕に資金を提供し、弾道の計算をするＥＮＩＡＣ（エニアック）を製作させた。戦争は終わったが、国防のための翻訳などの機械処理に対する関心が尽きることはなかった。

アメリカが機械翻訳研究を進める重要なきっかけを作ったのが、ウォーレン・ウィーバーだ。長年ロックフェラー財団で自然科学部門の責任者を務めた人物である。一九四七年三月四日、ノーバート・ウィーナー〔数学者でサイバネティックスの父〕に宛てた手紙のなかで、彼はコンピューターを使って科学的な文書の翻訳をおこなうことについて、仮説に基づく問いかけをしている。

> 翻訳するコンピューターを設計することは、考えられないことなのでしょうか。翻訳するのが科学の文献だけであっても（意味的な難しさは明らかに減少します）、文章がぎこちなくても（理解できるのであれば）、価値があるように思われます。

ウィーバーはその後暗号化プログラムを引き合いに出し、特にロシア語からの翻訳についてこう書いている。

とすると、翻訳の問題は暗号化の問題として考えてもいいでしょう。私はロシア語で書かれた記事を目にするたび「これは、本当は英語で書かれているんだ。だが暗号化されて、不可思議な記号に変わっている。私はこれを解読するんだ」と思うのです。[3]

この私信を受け取ったウィーナーは礼儀正しく返信したが、真に受けなかった。そんなことができるとは思わなかったのだ。ところが二年後の一九四九年、ウィーバーはこのウィーナーとのやりとりを覚書〔ウィーバーが書いた「翻訳」覚書のこと。機械翻訳の目標や手法に関するウィーバーの考えを綴ったもの〕に記し、自身の考えをより多くの同僚たちに伝えた。新たに得た聞き手に向かってウィーバーが主張したのは、機械翻訳の領域を技術文書に限ったとしても、そして翻訳された文章がぎこちなかったとしても、この処理には価値があるということだった。

ウィーバーの考えは、今度は熱烈な支持を得た。当時、アメリカとロシアの冷戦が激化していたため、政府はこれに莫大な資金を提供したのだ。言語学者とエンジニアはさっそく翻訳機械の製作に取りかかった。

この時期の機械翻訳を紹介するとなると、有名な話だが真偽のほどは定かでない翻訳に触れないわけにはいかない。「The spirit is willing but the flesh is weak」〔『新約聖書』の「マタイによる福音書」に由来する。新共同訳は「心は燃えても、肉体は弱い」（日本聖書協会、二〇一五年、五四ページ所収）。英語では「やる気はあるが、体がついていかない」という意味合いで使われる〕という英語の文章をロシア語に翻訳した。人間の手による翻訳の精度を確認するときには、バックトランスレーション（逆翻訳）をおこなうのが一般的だ。つまりターゲット言語（ここではロシア語）に翻訳された文章をソース言語（ここでは英語）に訳し直す。この英文をコンピューター翻訳でバックトランスレーションすると、「ウォッカはおいしいが、肉は腐っている」と表示されたのだという。

だが、たとえこの話が本当だとしても、機械翻訳の支持者が不安に思うようなことはなかったらしい。彼らの目的はひたすら実際的だった。ロシア語で書かれた科学論文を素早く翻訳できればいいのだ。

文学や隠喩の翻訳のことは予定になかったが、だからといって科学の翻訳と文学の翻訳の違いがわかっていなかったわけではない。ウォーレン・ウィーバーは翻訳そのものに、特にルイス・キャロルに魅せられていた。彼は『不思議の国のアリス』の百六十もの翻訳作品を収集していたばかりか、『色々な言語のアリス（Alice in Many Tongues 未邦訳）』という本まで書いていた。含みのある言葉を多く用いた作品を翻訳する難しさについて書かれた本だ。[4]

一九五一年から一九六六年にかけて、機械翻訳の研究は活況を呈した。ランド研究所、UCLA、ワシントン大学、MITなど、全米で新たな計画が生まれた。一九五一年、MITのエレクトロニクス研究所は全体的な進捗を評価してもらうために、数学者であり言語学者でもあったイェホシュア・バー＝ヒレルを雇用した。バー＝ヒレルは次のように報告したという――自動機械による精度の高い完全な翻訳は今後も実現しそうにないが、より簡単なタスクであればなんとかなるだろう、と。彼が提唱したのは「混合型の機械翻訳モデル」で、コンピューターが処理した文章の事前編集（プレエディット）、事後編集（ポストエディット）、あるいはその両方を人間がおこなうというものだった。[5] 翌年、バー＝ヒレルは機械翻訳の研究者を招いて会議を開き、人間がプレエディットとポストエディットをする可能性についても話し合った。

この時点では、機械翻訳に関する議論はまだ机上の空論だった。だが会議の参加者の一人、レオン・ドステールがこれを変えることになる。

ドステールの過去は語り草になっている。[6] フランスで孤児として生まれた彼は一九一八年、住んでいた町に駐留しているアメリカ連隊と親交を深めた。そして彼らの支援を受けてカリフォルニアにやってきて教育を受け、のちに行政の仕事を転々とする。第二次世界大戦中には、アイゼンハワー陸軍元帥のフランス語の個人通訳になった。戦争が終わると、（人間による）同時通訳用の装置〔ヘッドフォン、マイク、言語選択スイッチなどをつなげた装置〕を製作する。これはニュルンベルク裁判で、そしてその後国際連合で使用されるようになる。偶然にも、両方の組織でＩＢＭ製の機器が用いられていた。この仕事を通じて、ドステールはＩＢＭの会長兼ＣＥＯのトーマス・Ｊ・ワトソンと親しくなった。

その数年前にジョージタウン大学で言語および言語学研究所を設立していたドステールは、ＩＢＭの支援を得て機械翻訳プロジェクトに着手した。一九五四年、ジョージタウン大学とＩＢＭが共同で製作した装置を一般公開する準備が整う。こうしてドステールと研究者たちは、二百五十の語彙と六つの構文規則に基づいて構築されたシステムを使って、機械にロシア語の技術文書の翻訳ができることを初めて世に示した。そこで用いられた言語ベースはあまりに限定的で、現実世界での言語の使用法を表していると言えるものではなかった。とはいえ、アメリカでの機械翻訳研究への投資を引き出すいいきっかけとなったことはたしかだ。この結果、アメリカは（当時の）ソ連とヨーロッパに先駆けることになった。

アメリカでの取り組みはその後十年間続いた。しかし政府は、見返りがどのくらいか知りたがった。米国科学アカデミーは投資を続けるかどうか判断するために、一九六四年に特別委員会を設置した。自動言語処理顧問委員会（ＡＬＰＡＣ）だ。二年後、ＡＬＰＡＣは報告書を公開した。[7]

結果は暗澹《あんたん》たるもので、機械翻訳に投資の価値はないというのが委員会の結論だった。これならば人間の翻訳者を雇った方が安いし、人手も十分に足りている。しかも機械が翻訳した文章の質が悪く、人間がすべてを翻訳するのと、機械翻訳の事後編集だけをするのとでは、かかる時間が同じだった。一九六六年以降、政府が新たに資金を投じることはなかった。報告書はこう締めくくられていたからだ。「機械翻訳が役に立つようになるという今後または将来的な見込みは立っていない」。ほとんどの研究プロジェクトは即座に停止された。とはいえ、そのことを知らない者もいた。

第二段階：実用主義者はあきらめない

ウォーレン・ウィーバーが一九四七年に書いた手紙を思い出してみよう。「翻訳するのが科学の文献だけであっても（中略）文章がぎこちなかったとしても（中略）価値があるように思われます」。その後、ＡＬＰＡＣが多くの計画を打ち切る前からおこなわれていた取り組みなど、わずかなプロジェクトだけが生き残り、機械翻訳の効率性を示していくことになる。もっとも、翻訳する文章の幅を狭めれば、の話だ。つまり私のような人間（コグニティブ・システムズの展示ブースでの行動を参照してほしい）がこのシステムを壊そうと企まない限りは。

以下では、機械翻訳の三つの成功例を取り上げよう。一つ目は、私自身もほんのひとときとはいえ最前列で見守った例だ。

〈テキサス大学オースティン校：ＭＥＴＡＬプロジェクト〉

ウィンフレッド・リーマンは名高い言語学者でありゲルマン語学者だった。彼はアメリカ言語学会の会長を務めた後、米国現代語学文学協会の会長になった。リーマンと友人になったのは、私が一九八四年から八五年にテキサス大学オースティン校の客員教授だったときだ。彼は当時機械翻訳プロジェクトを指揮していて（私は知らなかったのだが）、親切にもそのプロジェクトのことを説明しようと申し出てくれた。あらゆる言語学者が無駄骨だと考えている分野で、彼ほど著名な人物が何をしているのだろう？

その答えは、実りある多数の研究だった。

その何年も前に、ドイツ語・英語の機械翻訳の研究をリーマンにすすめたのはレオン・ドステールだった。ドステール自身がジョージタウン大学でロシア語から英語への翻訳に取り組んでいたからだ。リーマンはもともと、技術文書を機械で翻訳する可能性についてウィーバーがおこなった予想に興味を抱いていた。米軍通信工学研究所から莫大な資金援助を得たリーマンは一九六一年に研究を開始し、ＭＥＴＡＬ（メタル）翻訳システムと呼ばれることになるシステムを作り上げた。[8]

このプロジェクトは細々と継続されていたものの失敗ばかり続き、一九七五年に資金が底をついた。研究を三年間休止した後、リーマンはドイツのテック企業、シーメンスＡＧから新たな資金提供を受ける。世界中で製品を販売していたシーメンスは、運用マニュアルなどの文書を一刻も早く翻訳したいという実際的なニーズを抱えていたのだ。

これを機にリーマンのＭＥＴＡＬ翻訳システムは生まれ変わった。プロジェクトの指揮を取ることになったのは、言語学者でコンピューター科学者のジョナサン・スローカムだ。機械翻訳については何も知らなかったが、それは問題にならなかった。一九八四年に、翻訳システムのプロトタイプがシーメンスに提出された。しかしスローカムはのちに当時を振り返って、この取り組みは同僚たちからほとんど評価されなかったと述べている。「機械翻訳が言語学者たちの間で話題にのぼることはなかった」と。一九八〇年代当時、このプロジェクトのことを会議で発表すると、批判されることもあったようだ。

新たに見つけたこの研究分野はタブー視されているようだった。一方、私には大きな利点があった。それは、機械翻訳などありえないことで、そこに希望を持ってはならないという事実に気づいていなかった点だ。おそらく、この無知がプロジェクトをその後の成功に導いたのだと思う。[9]

〈SYSTRAN〉

ジョージタウン大学では、ドステールの取り組みから別のプロジェクトが生まれていた。SYSTRAN（シストラン）と呼ばれるシステムだ。設計者のピーター・トーマはジョージタウン大学とIBMのプロジェクトに参加していた。一九六二年、このプロジェクトから得た教訓を活かし、トーマはロシア語・英語の機械翻訳システムAUTORAN（オートラン）を開発した。これがマルチリンガルのSYSTRANへ進化していく。一九六九年にはアメリカ国防総省と、一九七六年には欧州諸共同体（EC）と契約を取り交わした。現在SYSTRANは翻訳会社として、五十か国語の翻訳サービスを提供している。[10]

特筆すべきことがもう一つある。SYSTRANはBabel Fish（バベルフィッシュ）の基盤となったのだ。これについては後ほど説明する。

〈ＴＡＵＭ-ＭＥＴＥＯ〉

機械翻訳の取り組みがおこなわれたのはアメリカだけではない。フランス語と英語の両方を公用語とするカナダは、自動翻訳の開発に意欲的だった。起点になったのは天気予報だ。気象を解説するために必要な語彙は少なく、複雑な要素はそれほど含まれていないからだ。

機械翻訳への取り組みは一九六五年、モントリオールのＴＡＵＭ（モントリオール大学自動翻訳、Traduction Automatique de l'Université de Montréal）と呼ばれる研究グループから始まった。一九七〇年には気象情報を自動翻訳するプログラム、ＴＡＵＭ-ＭＥＴＥＯ（トームメテオ）を開発した。数年後、このシステムが実際的に運用できるようになった。ここでも語彙が限定的な機械翻訳は成功するというウィーバーの予測が正しいことが証明された[11]。

機械を使った天気予報の翻訳は、効率性という意味では道理にかなっていた。だがもう一つ、人間にとっても利点があった。基本的な天気予報の翻訳はきわめて退屈なので、気象サービスに従事するプロの翻訳者たちの離職率が非常に高かったのだ。ＴＡＵＭ-ＭＥＴＥＯのおかげで、人間はより興味深い分野の翻訳に注力できるようになり、離職率も低下した[12]。

第三段階：本物のバベル魚

一九八〇年代後半に、ＡＩ翻訳への取り組みはコーポラと呼ばれる大規模言語データセットや統計を使用したモデルへと切り替わりつつあった[13]。規則ベースに代わり、パターンマッチング（データや文字列から特定のパターンを検出する手法のこと）が主流になった[14]。まだ高精度とも完全に自動とも言えないものだったが、結果は改善されつつあった。

そこで登場したのがBabel Fish（バベルフィッシュ）だ。といっても作家のダグラス・アダムスが『銀河ヒッチハイク・ガイド』〔安原和見訳、二〇〇五年、河出書房新社〕に描いた、即時翻訳を行う「バベル魚」〔耳の穴にバベル魚を入れると、脳波を読み取り異星人との意思疎通を可能にしてくれる〕のことではない。しかし、それに近づきつつあったと言える。一九九七年、検索エンジンAltaVista（アルタビスタ。のちにヤフーが買収）がSYSTRANとDEC（当時の大手コンピューターメーカー）の共同事業の仲介役を果たし、「Babel Fish」という無料のオンライン翻訳ツールを開発した。二〇一二年、Babel FishはマイクロソフトのBing（ビング）翻訳に置き換わった。

ところで、グーグルはその頃何をしていたのだろう。検索エンジン事業に乗り出したのは遅かったが、グーグルはその遅れをあらゆる分野で取り戻した。オンライン翻訳に関しては、二〇〇六年にGoogle翻訳をリリースする。

第四段階：すべての人に翻訳を

統計AIは機械翻訳の分野で目覚ましい進歩を遂げたが、さらに素晴らしい成果を挙げることになったのがディープ・ニューラル・ネットワークだった。二〇一〇年代半ば、ヨシュア・ベンジオや彼の教え子などのAI研究者たちは、ニューラルベース翻訳の実力を示すデモをおこなっていた。[15] グーグルはそれを見逃さなかった。二〇一六年、グーグルの翻訳戦略は統計からニューラルネットワークへと切り替わった。その結果、たった一晩で誤訳率が六〇％減少した。[16]

それだけでは終わらなかった。Transformer（トランスフォーマー。グーグルのBERT［バート］を含む）の開発により、翻訳はさらなる進歩を遂げた。第5章で紹介したとおり、Transformerに関する二〇一七年の論文は、Transformerモデルの性能の高さを示すために、翻訳を例に挙げていた。

最近では至るところで優れた機械翻訳を目にすることができる。私生活や社会生活では、理解できない言語で書かれたウェブサイトの内容を把握するために、そしてSkype（スカイプ）での会話を翻訳するために、機械翻訳を利用する。ビジネス界でも機械翻訳は広く活用されている。eBay（イーベイ）が高品質の機械翻訳をサイトに取り入れた結果、輸出量が一〇・九％増加したというのもなんら驚くことではない[17]。

こうしてみると、機械翻訳はいいことづくめではないか。

では、コンピューター翻訳の問題点とは？

言い伝えによると、戦に勝利したローマ帝国の将軍たちが通りを練り歩いているとき、一人の奴隷も一緒に行進したという。奴隷の仕事は将軍の頭上に「己をよく見よ。汝が人間に過ぎぬことを忘れるな」と書かれた黄金の冠を掲げることだった。レイ・ブラッドベリの『華氏四五一度』によれば「シーザーよ、お忘れめさるな、あなたもまた死すべき運命にあることを」という意味だ[18]〔伊藤典夫訳、早川書房、二〇一四年、一四四ページ所収〕。

人は誰もが死ぬ。ただの人間だ。機械翻訳プログラムは人間ではないが、それでも同じように廃れるときがくる。機械翻訳も、オンライン検索や大規模言語モデルが生成する文章が直面した類《たぐい》の課題に苦しめられるだろう。しかし翻訳では、こうした問題には独自の特徴が表れてくる。

信頼問題

オンラインで見つけた資料が信頼できるかどうか判断することは、ますます難しくなってきている。このジレンマはSNSの投稿、動画、検索結果について判断を下すときに生まれる。だが、少なくとも私たちには、言語という味方がついている。投稿や検索結果の大半は、私たちが話したり、少なくとも読んだりすることのできる言語で書かれている。たいていの人はほかの情報源を辿って真実性を確認しようとまではしないが、そうしようと思えば誰にでもできる。

機械翻訳の場合はどうだろう。オタワ大学で翻訳と情報学を教えるリン・ボウカーはこう話している。オンラインで読む文章がいつAI翻訳ツールを経たのか、わからないことがあるのだ、と。こうした翻訳ツールは、ウェブブラウザやSNSサイトに埋め込まれていて、自動的に実行されているのかもしれない。彼女によると問題は、「それを信頼すべきか否かを自問すべきかどうかさえわかっていない」ことだ。[19] GPT‐3やChatGPTのような文章作成プログラムでも、同様の問題が立ちはだかっている。それが人間が書いた文章なのか機械が書いた文章なのか判断しづらいのだ。そして区別ができなければ、そもそも問いかけようとは思わない。

自分で「翻訳」ボタンを押したから、AIが翻訳をおこなっているのがわかるという場合にも、問題は生じる。まず、知らない言語から知っている言語への翻訳が実行される。そこで返ってきた文章に特におかしなところがなければ、私たちはそれを額面どおりに受け取る。現代の機械翻訳は性能がよいので、ほとんどの場合、問題は生じない（ほとんどの場合、だが）。しかしソース（元の）言語を話さないのに、誤りをどうやって見つければよいのか。私たちは翻訳の結果を信頼し、検証したりしない。

知っている言語から知らない言語へ翻訳することについても考えてみよう。この場合も、私たちは翻訳結果を信頼して検証しようとしない。比較するためにソーステキストを複数の翻訳プログラムに通しても無駄だ。どのみち結果として提示される文章の意味がわからないからだ。考えられる解決策は逆翻訳をおこなうことだが、それでも当初の翻訳文からターゲット言語へ再翻訳された内容を、バイリンガルの目で正しいと保証してくれるわけではない。

そこで私は、実際に翻訳と逆翻訳をやってみることにした。試しに先ほどの「The spirit is willing but the flesh is weak」という文章をマイクロソフトとグーグルの翻訳機能を使って、英語からロシア語に変換してみた。それから両方のプログラムでロシア語から英語への逆翻訳をおこなった。表示されたのは「ウォッカと腐った肉」ではなく、このような結果だった。

マイクロソフト：The Spirit desires but the flesh is weak.（心は望んでいるが、体がついていかない）
グーグル：The spirit is willing but the flesh is weak.（心はやる気だが、体がついていかない）

「desires（望んでいる）」と「willing（やる気）」はまったく同じというわけではないが、少なくともマイクロソフトの逆翻訳はきちんと元の英語の文章を表示した。グーグルの完璧な逆翻訳に関しては、データセットのパターンマッチングがきちんと機能していたのだろう。なんといっても、この文章は欽定訳聖書の「マタイによる福音書　二十六章四十一節」に登場するほど昔からあるのだ（ただし元の聖書の文章には「indeed（たしかに）」という単語がついていて「the spirit indeed is willing」となっている）。

　では、ほかの言語でこのゲームを試してみるとどうなるのか。ベンガル語の逆翻訳（グーグル）ではこのような結果が返ってきた。

　The soul is willing but the flesh is weak.（魂はやる気だが、体がついていかない）

　意味はそれなりに合っている。次に「spirit（心）」という単語のみを英語からベンガル語に翻訳してみた。グーグルでは「atma」と表示された。最も身近なベンガル語のネイティブスピーカー（夫）に確認したところ、「atma」という単語には形而上学的な含みがあることがわかった。このベンガル語の文章を英語に逆翻訳すると「soul（魂）」という単語が登場するが、それが本当の意味だ。ベンガル語の「atma」とは、たとえば夜外出しようかどうしようか思案しながら、現代英語で「the spirit is willing（出かける気はあるんだけどね）」と言う場合に適切な単語ではない。

　また、私はグーグルとマイクロソフトの英語の「bank（銀行）」と「bank（岸）」の翻訳の対処法にも興味があった。驚くことに、どちらのエンジンも文脈を参照してドイツ語の「Bank（銀行）」または「Ufer（岸）」のどちらが適切かを判断していた。

　グーグルの翻訳では、私が英語で文章を入力すると、入力中にアルゴリズムが一語一語翻訳していることがわかる。英語で「右側と左側、どちらのbankに行くべきですか?」と入力すると、次のような結果が返ってきた。

ドイツ語：Zu welcher Bank soll ich gehen: die auf der rechten oder linken Seite?（右側と左側、どちらの銀行に行くべきですか？）

この文章の「Bank」とは銀行だ。だが元の英語の文章に「川の」右側と左側、と追加するとグーグルは「bank」を「Ufer（岸）」に翻訳し直した。

ドイツ語：An welches Ufer soll ich gehen: das auf der linken oder rechten Seite des Flusses?（川の右側と川の左側、どちらの岸に行くべきですか？）

マイクロソフトのWordに埋め込まれた翻訳エンジンは、文章を一度にすべて翻訳する。先ほどの二つの英語の文章を入力してみると、本質的にグーグルと同じ結果が返ってきた。実に素晴らしい。

ジェンダーが機械翻訳にとって悪夢である理由

だが、現代の機械翻訳すべてがこれほどうまくいくわけではない。多くの研究の関心を集めている問題が性（ジェンダー）だ。[20]

問題を紹介する前に、文法について簡単に説明する。言語学者がいうところの名詞（そして代名詞、冠詞、形容詞）に関連づけられるジェンダーは二種類ある。一つ目は文法的性で、それが存在する言語も存在しない言語もある。たとえばドイツ語では「橋」は「die Brucke」だ。「die」は女性名詞につく冠詞（the）なので、「橋」が女性名詞であることがわかる。スペイン語の「橋」は「el puenta」で、「el」はスペイン語の「橋」が男性名詞であることを示している。

二つ目は自然的性である。英語の「man」は男性を意味し、「woman」は女性を意味する。「ram」は雄羊で「ewe」は雌羊だ。しかしもっと曖昧な言葉もある。

英語では名詞だけが自然的性を持つ。それは単語の末尾で示されることがある。「actor（男性の俳優）」と「actress（女性の俳優）」「waiter（男性の給仕人）」と「waitress（女性の給仕人）」などだ。また、複合語に埋め込まれることもあるが、「chairman（会長）」などの単語は、表向きは男性と女性の両方を指している。最近では、公平な言語を目指そうという動きがある。俳優と女優の両方に「actor」を使用したり、レストランの従業員をおしなべて「wait staff（給仕係）」と呼んだり、企業の管理職をただ「chair（チェア）」と呼んだりするようになりつつある。

文化的性も考慮すると話はさらにややこしくなる。従来どちらかの性のみに関連づけられていた職業がその例だ。少なくともアメリカに限れば、「doctor（医師、男性）」「nurse（看護師、女性）」などがある。[21] 今までの歴史において、言語モデルが参照するアメリカのデータセットには女性の医師より男性の医師が登場する例が多く、男性の看護師より女性の看護師の方が多い。「The doctor was about to start the procedure（医師は手術を始めるところだった）」と入力すれば、次の文章には代名詞が必要となるが、そこで登場する代名詞はおそらく「she（彼女）」ではなく「he（彼）」だ。そのせいで多くの人がだまされることになる。アメリカでは二〇一九年時点で、医師の三六・三％が女性だ。それに二〇二〇年時点で、看護師の九・四％は男性になっている。[22]

外科医に焦点を当ててみよう。「surgeon（外科医）」を機械翻訳にかけ、文法的性を持つ言語に変換すると、プログラムは男性あるいは女性であることを示す名詞を使わざるを得ない。「The surgeon was about to start the procedure（外科医は手術を始めるところだった）」とGoogle翻訳に入力して、ドイツ語に翻訳してみた。するとこのような文章が表示された。

Der Chirurg wollte gerade mit der Operation beginnen.（男性の外科医は手術を始めるところだった）

そう、「Chirurg」は男性形だ。

グーグルはしばらく前からこの問題に気づいていた。堂々と掲げられた解決策は、男性形と女性形が存在する言語では、両方を表示するというものだ。[23]「外科医」というシンプルな単語を打ち込むと、ドイツ語では二つの言葉が表示される。

Chirurgin（女性外科医）
Chirurg（男性外科医）

これなら問題はなさそうだ。ところが、冠詞「the（その）」をクエリに追加した途端（または別の単語を追加した途端）、結果は男性形の表示に戻ってしまった。

公平を期すために記しておくが、二〇二三年一月にこの翻訳テストをおこなったとき、グーグルではバイアス削減プロジェクトが進行中だった。初期の取り組みはトルコ語から英語、そして英語からスペイン語の翻訳に限られていた。英語からスペイン語への翻訳はもっともよく使われる翻訳の一つだ。本書が出版される頃には、英語からドイツ語などへの翻訳も、よりバランスのとれたジェンダーの選択肢が提示されるようになっているだろう。

職業や文化的性はさておき、文法的性は私たちが考えるよりしっかりと人々の頭に根付いている。橋などの物体に関してもそうだ。知覚科学者のレラ・ボロディツキーは、ドイツ語とスペイン語のネイティブスピーカーに同じ橋の写真を見せ、最初に頭に浮かんだ言葉を三つ教えてほしいと依頼した。参加者は流暢な英語話者でもあったので、英語で答えてもらったところ、ドイツ語話者は「beautiful（美しい）」「elegant（上品）」「slender（細長い）」などと答えた。他方、スペイン語話者の答えは「strong（強い）」「sturdy（頑丈）」「towering（高い）」などだった。[24]これはまるでジェンダーによる固定観念のように私には思える。文法的性は、言葉の意味とは関係がないはずだ。だがボロディツキーの研究を見ると、意味とは複雑なもので、ただ辞書を見るだけで推し量れるものではないのだと思わされる。

ジェンダーが翻訳における言語的な問題の一つだとすれば、ありあまるほどの富もまた問題である。

言語の宝庫に対処する

何千年にもわたり、人々は言葉の通じない相手と意思の疎通をはかろうと努力してきた。違う言語を話す人と会話したい者は、一つの解決策として共通語を学んだ。そこでさまざまな選択肢が検討された。既存の自然言語が注目を浴びたこともある。たとえば、ラテン語やフランス語、そして英語が共通語の候補となった。二つ目の解決策は、誰の母語でもない人工言語を使うことだ。もっともよく知られているエスペラント語のほかに、ジョン・ウィルキンス主教による真性の文字〔哲学者が使用できる普遍語として作られた〕や十七世紀の哲学的言語、二十世紀のインターリングア〔西ヨーロッパ言語に共通する語彙と、アングロロマンス言語を基にした言語〕などが挙げられる。[25]

三つ目の解決策は、マルチリンガルになることだ。一か国語以上の言葉を話す必要がある国では、多くの人がマルチリンガルになる。そして四つ目の解決策は翻訳だ。ウォーレン・ウィーバーはノーバート・ウィーナーに宛てた手紙のなかで、機械翻訳が公益となるかもしれないと綴っている。

> ユネスコにとって、そして地球の発展的かつ平和な未来にとって重要な問題とは、翻訳の問題です。翻訳は人と人とのやりとりに必ず影響を与えるからです。[26]

歴史を見れば、翻訳の補助はさまざまな形でおこなわれてきたことがわかる。紀元前二三〇〇年にはシュメール語とアッカド語の二か国語単語リストが粘土板に刻まれた。それから何世紀も後には、持ち運びやすい二ヶ国語の辞書や会話表現集が一般的になった。今ではデジタルのオンデマンドツールがある。

このプログラムは驚くほど便利だ。これで生活がずっと楽になっている。とはいえ欠点もある。精度に問題があるとか、何千もの言語がまだビッグテックの翻訳ツールに組み込まれていないというだけではない。いつでもどこでも翻訳を参照できることで第二外国語を学ぶ意欲が低下しているのではないか。これがなぜ重要なのか？　言い換えれば、機械翻訳の効率性をありがたがって、別の言語を少しでも話そうとする努力を怠ったとき、何が起きるのかと問うている、ということだ。

私は言語学者だが、だからといって言語をたくさん知っているわけではない（私がおこなっているのは言語の理論、歴史、実証研究だ）。フランス語、イタリア語、ドイツ語、日本語をちょっとかじったことがある程度で、基本的にモノリンガルである。高校と大学ではラテン語を学んだが、いまやバチカンに行ってもこの知識は役に立たないだろう。

バイリンガルやトリリンガルについて、言語学者や外国語の教師が知っている事実とはこういうものだ。新たな言語の習得とは、発音、語彙、文法を学ぶことにとどまらない。異なる歴史や文化を理解し、別の集団の人々は世界を別の方法で見ているということを学ぶことでもある。たとえば、ある単語の的確な訳語が存在しない理由から、ほかの言語の話者が世界を自分と同じように概念化していない、とわかることもある。[27]

日本語では「青」という言葉は元来、緑と青の両方を指していた。「緑」という言葉は千年前に日本語に入ってきたが、二十世紀後半になるまで広く使われることはなかった。現在でも、緑色のものすべてが「緑」という言葉で示されているわけではない。たとえば、「緑色のりんご」は今でも「青りんご」で、「緑色の葉」は「青葉」と呼ばれる。緑色のクリスマスライトなどは「緑の光」と呼ばれるが、「緑色」の信号は「青信号」だ。信号が日本で使用されるようになった一九三〇年代、「緑」という単語が今ほど使用されていなかったことの名残である。[28] このような「青」と「緑」の使い分けは、その言語の話者にしかわからない言葉のいい例だ。

言語に含まれているのは音、言葉、規則だけではない。言語は人や文化をも表現する。これらの知見を得るために、わざわざ別の言語を学ぶ意義があるのか。だがアメリカでは、その答えは

「ノー」であることの方が多かった。長年親しまれてきたジョークがある。

問い：三か国語を話す人を何という？
答え：トリリンガル。
問い：二か国語を話す人を何という？
答え：バイリンガル。
問い：一か国語しか話さない人を何という？
答え：アメリカ人。

移民から成るアメリカ社会では、母語を守ることより英語を学ばなければという圧力の方が強かった。一九六〇年代、こぞって海外旅行をするようになったとき、アメリカ人が持っていったのはパスポートとアーサー・フロマーが書いた『一日五ドルで周るヨーロッパ（Europe on $5 a Day 未邦訳）』であって、フランス語やドイツ語の教科書ではなかった。ここ数十年のグローバリゼーションのおかげで世界中の多くの人が英語を学ぶようになったが、多くのアメリカ人がほかの言語を学ぶようになったわけではない。米国現代語学文学協会によると、アメリカの大学での外国語クラスの受講率は、二〇一三年から二〇二一年にかけて二四％下がったという。[29] 人気のオンライン翻訳ツールが、言語学習の楽しみを損なうようになるよりも前のことだ。

誤解を避けるために述べておくと、私はデジタル翻訳をありがたいものと思っている。スペルチェック機能も重宝している。しかしそのせいで、もともと大したことのなかったスペリング能力が錆びつきつつある。ソフトウェアが確認してくれるとわかっているのだから、正しい綴りを書こうと努力する（または辞書を引く）ことはなくなる。同じように、スマートフォンのソフトウェアが即座にメニューを翻訳してくれるわけだから、アイスランド語の単語を覚えたり食べ物の名前を覚えたりしなくてもいいではないか？

十年以上にわたり、オンラインのフィルターバブル〔検索者が見たい情報だけが表示されること〕はイデオロギーのサイロ〔同じ価値観や信念だけが強化される状況のこと〕を後押ししてきた。私は、翻訳ツールを使用することで文化的および言語的な境界を乗り越えようという動機が、さらに失われるのではないかと懸念している。かくいう私自身が利便性を言い訳にして努力を怠っているのだから。しかし、アイスクリームをもう一口食べるときと同じく、その行動の結果を忘れてはならないと私の良心が警告を発する。

一九六〇年、バー＝ヒレルは「精度の高い完全な自動機械翻訳は（中略）夢に過ぎず今後も実現しそうにない」と予測した。[30] ジェンダーバイアスの問題や、「心」と「魂」の訳しわけはさておき、その夢は現実となりつつある。前途多難な始まりから再生を遂げた機械翻訳は、自然言語処理において優れた偉業を成し遂げた。

一方、ＮＬＰではもう一つ、成功談が生まれた。ＡＩを使用して、新しいと思われる文章を作成することだ。今度はコンピューターが著者になる。この物語についても見てみよう。

第Ⅲ部

コンピューターが
書く時代

第7章　機械が著者になる

その本がにわかに誰かのベストセラーリストに入るようなことはないだろうが、著者は意にも介さないだろう。それもそのはず、二〇一九年にシュプリンガーネイチャーから出版された『リチウムイオン電池（Lithium-Ion Batteries 未邦訳）』を書いたのは、コンピューター（「Beta Writer［ベータ・ライター］」というアルゴリズム）だからだ。世界で初めて機械が書いた学術書である。[1] 見事な功績だが、驚くまでもない。コンピューターは、広範な調査研究をすばやく確認し、その結果をまとめるために作られた。おまけにこの場合は、シュプリンガーネイチャーが所有する大規模なデータベースを参照できるわけなのだから。

いや、機械が生成した書籍を初めて出版したのはフランスの経営科学教授、フィリップ・M・パーカーかもしれない。パーカーが考案した特許取得済みのシステムには、テンプレートとデータベース（およびインターネット検索）が組み込まれており、自動的に本が作れる。これまで治療指針からクロスワードパズル集、引用句辞典まで、二十万冊以上の書籍が作られた。こうしたものを「本」と呼んでいいのか、それとも「編集物」と呼ぶべきなのか議論になることはあるが、いずれにせよ、気が遠くなるような量の作品ができていることはたしかだ。[2] 二〇一三年のインタビューでパーカーは、機械が博士論文を書くようになる日を思い描いていた。[3]

それから十年が過ぎた今では、大規模言語モデルが文章生成で重要な役割を果たすようになったこともあり、いつそのような日が訪れてもおかしくない。いったいどうやってここまで進化したのだろう。

切ない思いを込めて

一九五三年のイギリスでは、恋する雰囲気に満ちていた。フェランティ・マーク1コンピューターが次のような手紙を作成していたのだ。

ねえあなた

私の同情混じりの愛情が、あなたの心の熱意を美しく呼び寄せる。あなたは私の愛しい憧れ。胸を締めつけるような憧れです。私のこの思いは、あなたの心優しき情愛を狂おしいまでに求めています。恋に悩むこの気持ちが、あなたの激しい情熱を慈しむのです。

切ない思いを込めて　M・U・C

M・U・Cとは、マンチェスター大学コンピューター（Manchester University Computer）の略である。プログラミングを行ったのはイギリス人のコンピューター科学者、クリストファー・ストレイチーだ。[4] ストレイチーがケンブリッジ大学キングス・カレッジに在学していた頃から、アラン・チューリングとさまざまなつながりを持っていたのは偶然のことではない。とはいえ、この手紙を読んでうっとりする人などいないだろう。M・U・Cはエリザベス・バレット・ブラウニング〔イギリスの詩人。詩人ロバート・ブラウニングと数百通ものラブレターをやりとりしたのちに結婚〕にはなれなかった。だが、少なくともラブレターの意図するところは読み取れる。

ストレイチーのプログラミング計画は単純明快だった。錨《アンカー》となる言葉（「あなた」「私の」「あなたの」など）を定め、形容詞、名詞、動詞、形容動詞を挿入する場所を決める。このプログラムはたった七十の語彙から、三千億通りの手紙を生成することができた。[5] ストレイチーのひらめきの源となったのは、アラン・チューリングが一九五〇年に書いた論文のイミテーションマシン（模倣機械）構築に関する予測だった。

このコンピュータープログラムは、文章を書いた世界初のプログラムだった。しかし、ストレイチーは陳腐なラブレターの作成だけでは飽き足らなかった。彼はドラフツ（イギリス英語でチェッカーのこと）の対戦をおこなうコンピュータープログラムを開発し、世界で初めてコンピューターが生成した音楽も作曲し、録音した。フェランティ・マーク1は短く強い音、つまりある種の警告音を出すようプログラミングすることができた。フェランティ・マーク1で作業することをストレイチーにすすめたチューリングは、この機能を活用して、プログラム終了時などに通知を受け取りたいと考えていた。そこでストレイチーはもっと面白いことを思いついた。「国王陛下万歳（当時のイギリス国王はジョージ六世）」「めえめえ黒ひつじ」、そして当時流行していたグレン・ミラーのスウィング「イン・ザ・ムード」の冒頭をレコーディングしたのだ。[6]

その後、舞台は、アメリカに移る。

コンピューターさん、お話をして

アメリカでのコンピューターによる文章作成は、あらすじ、話の流れがある文章を軸にして花開いた。面白い話と同じく、この物語にはいくつもの糸が織り込まれている。

書く、遊ぶ、組み合わせる

一つ目の糸は新たな直線的文章《リニアテキスト》の生成だ。これは、データソースから抽出した要素を選び出すプログラム――つまりストレイチーがラブレターを作成したときのプログラムを使っておこなわれる。特筆すべき例は、一九八四年にウィリアム・チェンバレンとトーマス・エッターが発表した『警官の髭は半分構築済み（The Policeman's Beard Is Half Constructed 未邦訳）』だ。この作品の表紙には「コンピューターが書いた世界初の小説」という文字が躍った。チェンバレンとエッターが考案した「Ractor（ラクター）」（話し上手な人を意味する単語「raconteur［ラカンター］」に由来する）というプログラムが著者の立場になり、二千四百個の語彙といくつかの文法規則に、事前に作成された文章やことわざや引用を組み合わせて百二十ページの本を書き上げたのだ。[7] こんな内容だった。

幸せそうに、思いを込めて、ジャッカルはスキップしながら遠くにいるカラスを見つめる。もうすっかり夢中だ。ジャッカルはカラスを食べるのだろうか？　私はジャッカルとカラスのことを、ジャッカルの思いの対象であるカラスのことを思い描く。あなたも同じように考え

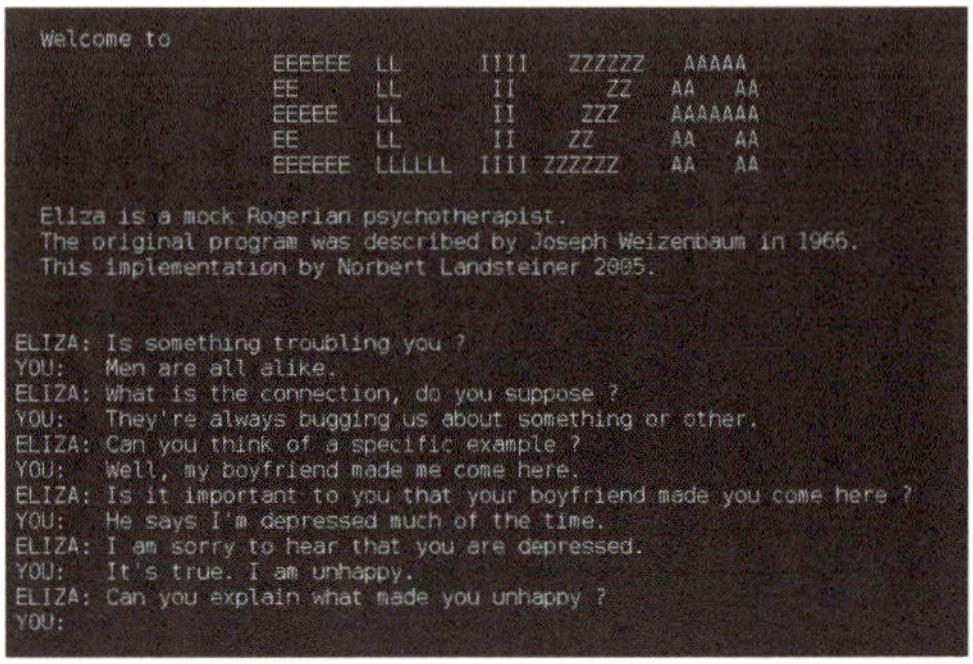

図8：最初期の対話療法用「チャットボット」システム、ELIZA。

てみて！

全米図書賞は狙えないにしても、一九八四年に書かれたにしては悪くはない。

物語の二つ目の糸は双方向性だ。人間がおこなうインプットに対する反応として、機械の応答が生成された。最初期の双方向性のプログラムとして話題を集めたのは、ジョセフ・ワイゼンバウムが一九六〇年代半ばに公開したＥＬＩＺＡ（イライザ）だ。臨床心理学者のカール・ロジャーズによる心理療法〔「傾聴」に欠かせない要素として「共感的理解」「無条件の肯定的関心」「自己一致」を挙げる「ロジャーズの三原則」などが有名〕をもとに開発されたＥＬＩＺＡは、キーワードからトリガーされる文章テンプレートを使って、対話療法における療法士側のセリフを生成した。次の会話はワイゼンバウムが示した例の一部である。ＥＬＩＺＡ（療法士）の応答は「　」でくくってある。

ボーイフレンドに行った方がいいと言われて、ここに来たんです。
「あなたのボーイフレンドが、行った方がいいと言ったんですね」
ほとんど一日中落ち込んでるじゃないかって言われたんです。
「落ち込んでいるというのは、お気の毒ですね[8]」

「ボーイフレンド」「落ち込んでいる」というキーワードをもとに、一応の会話が成立していることがわかるだろう。最近では、ELIZAのようなプログラムは「チャットボット」と呼ばれるようになったが、チャットボットはもっと高度なAIを使っている。現代の対話型ボットは入力された文章（オンラインのカスタマーサービスに使用されるチャットボットなど）または音声（「ヘイ、シリ」）に連動する。このような双方向性のやりとりから、コンピューターゲームの世界が生まれた。そして、これから説明するように、それが物語生成の道を切り拓いた。

三つ目の糸は、二つ目の糸と切り離せないこともあるのだが、私はこれを「リミックス」と呼んでいる。今では「リミックス」は、楽曲を再構成したり、クリエイティブ・コモンズ〔一定の条件を守るのであれば、自由に使用できるコンテンツのこと〕に登録された文章を複数組み合わせて新たな文章を作ったりする際に使われる。だが一九八〇年代後半に、コンピューターを活用した文学、つまりハイパーテキスト小説が発明されたときにおこなわれていたのもリミックスだった。小説については後で触れるが、まずはハイパーテキストの背景を見てみよう。

一九六〇年、テッド・ネルソン（のちにコンピューターの権威として有名になる）は非直線的な文章に基づくプロジェクトを思いついた。彼はこのプロセスをハイパーテキストと呼び、後に「枝分かれして読者に選択を委ねる文章」と定義した。[9] 一九四五年には、エンジニアであり発明家のヴァネヴァー・ブッシュが「Memex（メメックス）」という機械を思い描いていた。これは、ユーザーが人類のあらゆる知識を収蔵した（マイクロフィルムに保管された）文書を繋ぎ合わせることのできる装置だ。[10] もちろん、そんな装置は作れなかった。しかし、ブッシュの考え方からひらめきを得たネルソンは、世界図書館《ユニバーサルライブラリー》を包括するシステムの構築を試みた。非直線的な文章で構成されたそのシステムには「ＸＡＮＡＤＵ（ザナドゥ）」という名がつけられた。[11]

ネルソンにもハイパーテキストの世界図書館は作れなかった。だが、さまざまな文書にアクセスする仕組みは、思わぬ形で活用されることになる。一九八〇年代前半、コンピューター科学者のベン・シュナイダーマンが文書内のハイパーリンクという概念を考案し、一九八七年にはアップルがMacintosh HyperCard（マッキントッシュ・ハイパーカード）を完成させた。さらにティム・バーナーズ＝リー〔イギリスのコンピューター科学者〕が、ハイパーリンクを使用して世界中のどこからも情報を取得できるようにするという大きな目標を達成した。そういうわけでＨＴＴＰ（ハイパーテキスト・トランスファー・プロトコル）が、そして一九八九年にはワールド・ワイド・ウェブが誕生した。[12] これらのハイパーリンクがハイパーテキスト小説の誕生につながる。

だがここで一旦、物語の二つ目の糸に戻ろう。それは、双方向性と遊びだ。

私たちが遊ぶゲーム

何百年ものあいだに、さまざまな文化のなかでゲームが生まれ、子どもも大人も遊びに興じた。ナックルボーン（おはじき）、ボードゲーム、チェス、カードゲーム。新たな娯楽を考案することもまた、楽しい遊びだ。初期のコンピューター愛好家たちは、ゲームの発明に夢中になった。

一九六二年、ＭＩＴで学んでいたコンピューター愛好家たちは、ＤＥＣ ＰＤＰ‐１へのアクセスを得た。これはハッカー文化誕生で中心的な役割を担うことになるマシンの一代目である。この学生たちは『Spacewar!（スペースウォー！）』という対戦型ビデオゲームを制作した。やがて、多くの人がコンピューターゲームに関心を持つようになった。最初に登場したゲームセンターでは、『コンピューター・スペース』（一九七一年）や『ポン』（一九七二年）、『パックマン』（一九八〇年）といったビデオゲームで遊ぶことができた。その後、家庭用のマイクロコンピューターが誕生し、商用ゲームの扉が開いた。それでも（コンピューターをいじりたい学生たちが最新のDEC PDP-10にアクセスできる）大学は、ゲーム開発を育む環境であり続けた。

ウィル・クローザーはコンピュータープログラマーで、洞窟探検愛好家でもあった。昼間は大学と強いつながりを持つR&D企業のボルト・ベラネク・アンド・ニューマンで働いていた。そしてこの企業はPDP-10を所有していた。クローザーは大好きな洞窟探検と、『ダンジョンズ&ドラゴンズ』のようなファンタジーもののロールプレイングのボードゲームを組み合わせて、『コロッサル・ケーブ・アドベンチャー』という世界初のテキストベースのロールプレイング・コンピューター・ゲームを制作した。

こうして新たなゲームのジャンルが生まれた。一九七七年には、MITの学生たちが『ゾーク』を開発する。二年後、イギリスのエセックス大学でロイ・トラブショーが（これまた頼りになるPDP-10を使って）オリジナルのMUD〔オンラインゲームの一ジャンル〕（当初は「マルチユーザーダンジョン」の略だったが、時が流れるにつれて「マルチユーザーディメンション」を意味するようになった）のプログラムを書いた。こうしたゲームでは、対話型のロールプレイで物語が展開する。文章でゲームが前に進むのだ。プレイヤーはコマンドを打ち込み、プログラムがそれに応答する文章を返す。

これはゲームだろうか、それとも物語だろうか？　その両方なのだ。この種のゲームやその後継とされる数々のゲームにも、いろいろな名前がつけられた。「テキストアドベンチャー」「テキストゲーム」、そしてもっと広く使用されているのが「インタラクティブ・フィクション」だ。インタラクティブ・フィクションとは本質的に、生成される物語が個々のプレイヤーの動きを反映した固有の作品を指す。[13] 当初はファンタジーやアドベンチャーといったテーマに偏っていたが、やがてあらゆるジャンルのインタラクティブ・フィクションが生まれた。

物語を紡ぐ

一方、コンピューター界には、ゲームではなく物語生成に注力する者もいた。重要な転換点となったのが、ジェイムズ・ミーハンが一九七六年に制作した『テイルスピン』だ。[14]

イェール大学の大学院生だったミーハンは、物語を紡ぐ対話型のマルチパーソンプログラムを作りたいと考えていたが、実装段階でつまずいていた。[15] ちょうどその頃、認知科学とＡＩの分野に造詣が深い言語学者のロジャー・シャンクが、イェール大学で教鞭を執ることになる（一九七四年〜）。シャンクは統語論（シンタックス）や意味論（セマンティクス）といった従来の概念ではなく、知識表現と理解に着目することで、言語モデルを作り直そうとしていた。シャンクの新たな手法は、概念依存〔CD理論とも呼ばれる。コンピューターによる言語理解を目的として分析をおこない、文章を基本動詞および概念で表現する〕――基本的には知識表現――およびスクリプト、プラン、ゴール〔台本、計画、目標という意味で、ＡＩ研究においてシャンクが活用した概念〕と呼ばれる事象を扱っていた。[16]

博士課程に進んだミーハンは、シャンクの研究室に入った。物語の規則こそが問題の解決策だと考えた彼は、シャンクの言語および認知モデルを基に『テイルスピン』プログラムを構築した。『テイルスピン』では、プレイヤーはまず基本パラメーターを選択する。つまり動物のキャラクター、物語の物理的環境、物語が伝える教訓（イソップ物語のようなもの）だ。この規則、推論エンジン、自然言語生成ツールに沿って、プログラムは物語を紡ぎ出す。『テイルスピン』が対話型だとされるのは、ユーザーが物語のパラメーターを選ぶからだ。ただし、開始の指示が出た後はプログラムが指揮を執り、物語を書く。

ミーハンのゲームがきっかけでさまざまな活動が生まれ、プログラミングモデルとハードウェアが進化するにつれて、物語生成プログラムはますます洗練されていった。また、ＡＩの物語生成に関する初期の取り組みは、（後に紹介する）あるインタラクティブ・フィクションの発展にもつながった。もっとも、こちらはやがて廃れてしまうのだが。

ハイパーテキスト小説：命短きリミックス

今まで紹介してきたゲームや物語はすべて、コンピュータープログラマーが考案し、開発したものだ。しかし物語は、そもそも文学者の研究分野である。ハイパーテキスト小説が生まれたのは、文学の教授たちがコンピューターを手に入れたときだった。

この新たな物語のジャンルは、文章のブロック（多くの場合は小説）とハイパーリンクの組み合わせからなる。コンピューター科学者がハイパーリンクという概念を発明し、文学を含むあらゆる文章が電子ファイルとなったが、果たしてこの技術は、読者と文章の関係についても再考するきっかけになるのだろうか。ブラウン大学の英文学教授であり、ハイパーテキストへの流れを先導したジョージ・ランドウは、こう書いている。

ハイパーテクストは読む行為や書く行為やテクストの意味する体験を根本的に変えてしまう。

したがって、電子資料に言及する際に、印刷技術の前提条件と関わりの深いこれらの術語を、誤解を招くことなく使用するにはどうすればいいのだろう。[17]〔『ハイパーテクスト：活字とコンピュータが出会うとき』ジョージ・P・ランドウ著、若島正・板倉厳一郎・河田学訳、ジャストシステム、一九九六年、七四ページ所収〕

ここでランドウが語っているのは、ハイパーテキストの誕生に伴って、読み書きに関する主要な用語の意味を見直すべきではないかということだ。ハイパーテキストのおかげで、読者も書くという取り組みに参加できるようになった。テキストはもはや直線状に並んでも、固定されてもいないからだ。文章と読者の関係性は双方向的《インタラクティブ》になったのである。

文学とアドベンチャーゲームを比較してみよう。どちらにも、語られるべき物語が存在する。ただしアドベンチャーゲームでは、物語の終わりは、プレイヤーの成功や失敗で決定するのが普通だ。これとは反対に文学では、物語の終わりで話がきちんと片がつく。従来の小説では、誰もが同じ発端、中盤、結末を体験する。アドベンチャーゲームは、それとは異なる。

同じように、ハイパーテキスト小説も従来の小説とは異なっている。大きな違いは、作品そのものがもはや単一ではなく、直線状にも進まないということだ。読書は、読み手全員が共有する体験ではなくなった。

ちなみにこれは、文学界では目新しいものではない。一九七〇年に『S／Z バルザック『サラジーヌ』の構造分析』〔沢崎浩平訳、みすず書房、一九七三年〕を書いたロラン・バルトは、文章を「レクシ」という小さい断片に分割することを提案している。「作者の死」（一九六七年に発表されたバルトの同名の論文による）と読者反応理論（reader response theory）に関する議論では、著作者だけでなく読者もまた、（解釈の多層性によって）物語や小説の意味を決定できるのだということが、かなり前から主張されてきた。
とはいえ直線状の文章を個人が解釈することと、自分が辿る道筋を選択し、その道筋に従って唯一無二の読書体験を得ることには大きな違いがある。ハイパーテキスト小説での読者の役割は、どのリンクに沿って進むかを決めることだ。読者は実際の文章を書いているわけではない――そしてプログラムが書いているわけでもない。文章のブロックはすでにそこにあるのだ。双方向性によって、文章の積み重ね方が変わる。

ハイパーテキスト小説は、一九八七年に出版されたマイケル・ジョイスが書いた『午後、ある物語（afternoon, a story 未邦訳）』で脚光を浴びた。ほかにもスチュアート・マウルスロップの『黄金の勝利（Victory Golden 未邦訳）』（一九九二年）やシェリー・ジャクソンの『パッチワーク・ガール（Patchwork Girl 未邦訳）』（一九九五年）といった作品が生まれた（ジョイスはヴァッサー大学の英文学教授、マウルスロップはウィスコンシン大学の人文情報学教授、ジャクソンはブラウン大学でランドウに師事していた）。ニック・モントフォート（詩人。ＭＩＴでデジタルメディアを教える）が作った謎かけマシンは、「潜在的な物語《ナラティブ》を（中略）やりとりに応じて、異なる順で経験できる」対話型のプログラムだった。[18]

ハイパーテキストの擁護者の一人が、ブラウン大学で創作を教えていたロバート・クーヴァーだ。『ニューヨーク・タイムズ・ブック・レビュー』に寄せた記事で、クーヴァーはハイパーテキストについて「行の［おそらく直線状ということ］絶対権力からの真の自由」を実現し、「絶対的な言葉ではなく複数の対話の存在をよしとし、著者の支配から読者を解き放つ」と書いている。[19] ディケンズとトルストイによる支配は終わったということだ。

と同時に、クーヴァーはハイパーテキストを読むことに問題があることもよくわかっていた。

「文章」は規範的な必然性を失った。同じように二度と読むことのできない作品を、どう判断し、分析し、それについて執筆すればよいのか？

結末に関する問題もある。

このような環境では結末と呼べるものがあるのだろうか。なにもかもが中盤なら、読者も作者も、結末に辿り着いたことをどうやって知るのだろう。[20]

読者は従来通りにディケンズやトルストイを読むとき、抑圧されているように感じるのだろうか。また、ハイパーメディアの用途は無限だが（そのいくつかをクーヴァーは別の記事で紹介している）、小説に使う意味があるのか。

スティーブン・ジョンソン〔訳書に『世界をつくった6つの革命の物語 新・人類進化史』など〕が二〇一三年に『ワイアード』に寄せた記事によれば、ハイパーテキスト小説は二〇一〇年代初頭には下火になっていた。[21] その理由として彼が挙げたのは、結末の問題と、非直線状の物語を書くことの難しさだった。ジョンソンが問題にしているのは、ユーザーがリンクをクリックして、ある文章群から別の文章群に飛び移ることで得られた関心がより面白いものへ移っていったことだった。そう、いまやハイパーリンクは、ブログ、オンラインのニュース記事、ウィキペディア、SNSの投稿、そしてインターネットに浸透している。ハイパーリンクを辿って小説を読むというのは新鮮な体験ではなくなってしまった。

私自身の考え方は少し違う。読者というものは、著者が組み立てた物語の道程を、著者とともに旅することから楽しみを得ている。とりわけ娯楽のために（誰かに言われてではなく）読む小説であれば、著者が想像の世界で生み出した物語を読むことにおおむね満足している。

また、文字を愛好する人は、自分が歴史的連続性の一部であることに喜びを感じてもいる。一八三〇年代後半にディケンズの『オリヴァー・ツイスト』を読んだ人々は何を思っただろう。一世紀以上後でその小説を読んだ私はどう感じただろう。学生たちはどう考えているのか。私たちが（個人的にも学術的にも）感想を述べ合うのは、私たちの印象や理解を支えている環境がいかに異質なものかを知るためなのだ。

ストレイチーの初期のラブレタープログラムから、世界で初めてコンピューターが生成した小説、コンピューターゲーム、物語生成、ハイパーテキスト小説まで……ＡＩが生を享けてからの数十年は冒険や、物語のみならず文学についても、再考する試みに満ち満ちていた。物語作成におけるＡＩの役割は、プログラムとユーザーのタイピングでのやりとりから、自然言語処理を用いた新たな直線的文章の生成、さらに既存の文章のブロックを再編成できるハイパーリンクの活用まで、多岐にわたる。

しかし、書くツールとしてＡＩを使う試みには別の側面もあった。それはノンフィクション〔ここではルポルタージュなどの、いわゆる和製英語で言うところの「ノンフィクション」だけではなく、ニュース記事や学術論文など、広い意味での非創作的な文章を指している〕の生成だ。ニュース記事や論文などのノンフィクションは、効率性や収益といった具体的な見返りを得やすいため、特に重要視されている分野だ。では、コンピューターがこうした文字情報を作成するようになった経緯を見てみよう。

AI、仕事に取りかかる

読むべきものはあまりに多く、時間はあまりにも少ない。これは今に始まったことではない。何が変わったかというと、それへの対処法だ。

書評がいい例である。十八世紀半ばに生まれた書評は、「金や時間を使う前に、本の内容をある程度理解」するためのツールだ。[22] 同時代に誕生した別の解決策が、本の抜粋を作品集としてまとめることだった。その後、本を要約した『リーダーズ・ダイジェスト』が二十世紀にミドルブラウ〔二十世紀半ばにイギリスで生まれた言葉で、中程度の教養がある人を指す〕の読書法として人気を集めた。さらに、読書せずにすませたいと考える勉強嫌いな人々のために、クリフスノーツ、モナークノーツ、スパークノーツ〔有名な小説のあらすじをまとめたシリーズ〕などが誕生した。[23]

長い作品の主要テーマだけを知りたい場合、つまり要約やあらすじよりさらに短いまとめが読みたい場合、どうすればいいだろう。こうしたまとめにも長い歴史があり、さまざまな名前がつけられてきた。プレシ（ラテン語で「切り落とす」または「短くする」を意味する「プラエシデレ」に由来する）、シノプシス（ギリシア語で「ともに見る」「一般的な見方」を意味する「シノプシス」より）、サマリー（ラテン語で「全体、完全、要点」を意味する「スッマ」より）、アブストラクト（ラテン語で「引き離す」を意味する「アブストラヘレ」より）などだ。背景や内容はさまざまだが、どれも文章の本質的な点、事実、課題、結論のみを提示したものだ。

科学（と技術）の名のもとに：要旨（アブストラクト）

現代の学術誌に掲載されている大半の記事の冒頭には、一、二段落の文章がついている。これが要旨（アブストラクト）だ。この要旨があるので、読者はそのまま読み進めるか、論文の要点のみに目を通せばいいかが判断できる。

「abstract（アブストラクト）」という名詞が英語にお目見えしたのは十五世紀半ばのことだが、科学の領域で使われるようになったのは十八世紀後半だった。[24] その顚末を知るには、少々歴史を振り返る必要がある。

ロンドン王立協会が設立されたのは一六六〇年だった。初期の会員にはクリストファー・レン（現セント・ポール大聖堂を設計した建築家）、ジョン・ウィルキンス（普遍言語を考案）、ロバート・ボイル（現代化学のパイオニア）、ロバート・フック（世界で初めて微生物を観察）がいた。協会の目的は、科学的知見を提示し、議論することだった。そのために一六六五年には『ロンドン王立協会フィロソフィカル・トランザクションズ』（「世界の多くの地域における独創的な研究者の最新の取り組み、調査、労苦の一部を紹介する」という長ったらしい副題までついている）が発行された。掲載された初期の論文の内容は、木星の大赤斑から「新しいアメリカ式」捕鯨の紹介まで、多岐にわたる。会員たちが論文を朗読した後、その論文は掲載された。

この論文集はかなりの分量があり、すべてを読もうとすれば膨大な時間がかかった。

十八世紀後半には、協会は新たなやり方を導入していた。各論文の概要を秘書に準備させ、論文が朗読された後、協会の議事録に概要を収めるのだ。この概要は「要旨（アブストラクト）」と名づけられ、論文全体にアクセスできない人々にも公開された。印刷された論文に要旨はつけられていなかったが、一八三一年になると『ロンドン王立協会紀要』という別の出版物に掲載されるようになる。読者には協会の会員以外の人々もいた。

さらに数十年が経つと（おそらく一八七〇年代、少なくとも一八九〇年代初頭には）、論文を発表する会員自らが要旨を書くようになった。そして第二次世界大戦が終わるとついに、著者が書いた要旨が記事の冒頭に記載されるようになった。こうして学術界の新たな伝統が生まれた。

では、どうやって要旨を準備するのか？ 学術誌向けに要旨を書いたことがある人なら、そこに含める内容や長さに関するガイドラインがあることをご存じだろう。たいてい、従うべきひな形がある。ひな形があるならば、機械でも同じことができるはずだ。

そういうわけで、機械による要旨作成が始まった。

一九五〇年代後半にＩＢＭは、生物学や化学といった分野の記事要約を自動作成するプロジェクトを立ち上げた。情報検索などを専門にしていた社員のハンス・ルーンが、機械が読み取れる文章を統計的に分析し、単語の使用頻度や配置分布を調べるプログラムを開発したのだ。「重要度」（頻度と配置によって測定される）が高い単語と文章を抽出し、要旨を作成するプログラムだ。[25]この要旨の自動作成には複数の利点があるとルーンは考えた。たとえば、要旨の作成において一貫性が保たれることだ。人間の要旨作成者は自身の「背景、考え方、性格」に影響されることがよくある。また、コンピューターに文章を書かせているあいだ、人間は別の作業をおこなうことができる。次の章で紹介するとおり、今ではＡＩを搭載したニュース記事執筆プログラムの活用を正当化するために、これと同じ主張が用いられている。ＡＩによって、人間のジャーナリストは機械には対応できないタスクにこそ時間を割けるようになると言われる。

と同時に、未来に想いを馳せたルーンは、この要旨プログラムの限界についてこう警鐘を鳴らしてもいる。

遺憾なことに、書いたり意味を知ったりする知的側面は、このような機械システムには備わっていない。[26]

AIの黎明期に発せられたこの警告は、現代にも当てはまる。

効率性の名のもとに：手紙の作成

差し込み印刷《メールマージ》をご存じだろうか。ワープロと同じく一九八〇年代初頭に開発された機能で、企業は複数の顧客に送る定型の手紙をカスタマイズできるようになった。もちろんここでの「カスタマイズ」とは相対的なものだ。というのも、変更できるのは名前とメールアドレスくらいだったからだ。

AIの方が、これよりもずっと優れている。

例として、一九九〇年代初頭にコグニティブ・システムズが開発した「Intelligent Correspondence Generator（ICG）」がある。[27] 第5章で企業向けの自然言語クエリシステムについて説明した際に登場した（さらに、偶然にもロジャー・シャンクが設立した）会社だ。ICGの役割は顧客との手紙のやりとりを自動化することだったが、顧客それぞれの問題に合った形をとっていた。

あるとき、コグニティブ・システムズは大手クレジットカード会社と契約を結んだ。当時、その会社のカスタマーサービスの担当者は、平均四十五分をかけて一通の手紙を書いていた。手書きの手紙だったため（なんという暗黒時代！）、書きあがるとワープロスタッフがタイプしていた。

このクレジットカード会社には、特定の課題——その数は千近くにのぼる——に対処できるようカスタマイズされた手紙のひな形が用意されていたが、担当者が使うのはせいぜい四、五種類だけだ。担当者の責任は、問題にきちんと対処し、文章のなかの文法や綴りが正しいかどうかを確認し、さらに適切な文体であることを見定めることだった。（たとえ顧客が丁寧でなかったとしても）それなりに丁寧でなければならず、親しげであってはいけない。当然のことだが、手分けして書いた返信の内容は一貫性に欠けていた。誤りが含まれていることも多かった。手書きの手紙のうち、誤りがなかったのは八〇％のみだったという。

返信文作成ツールを作るにあたり、コグニティブ・システムズはエキスパート・システム・モデルと自然言語処理を使用した。クレジットカード会社が顧客と交わした膨大な量のやりとりを「知識《ナレッジ》エンジニア」が確認し、主な構成内容や言葉遣いを特定して、推論ルールを構築する。その結果できあがったのが、百以上の手紙のひな形と、九百近くのルールを備えたシステムだ。このプログラムは、名前や住所、金融取引、以前のやりとりなど、それぞれの顧客に関する情報を入れたデータベースと併用された。

返信文作成ツールの仕組みは次のとおりだ。

・プログラムがデータベースに入力された顧客情報を読み込み、対処が必要な問題を大まかに分類する。

・インタラクティブな多項選択式の対話システムを使用して、カスタマーサービス担当者の協力のもとでデータベースに存在する曖昧な情報を明確化し、最新情報を取得して、手紙に適切な文体にするよう推奨する。
・システムが手紙を作成し、カスタマーサービス担当者が確認する。
・修正を加えた後、手紙を印刷する。

これは一九九一年のことなので、手紙を封筒に入れ、郵送の手筈を整えた。

その結果、手紙は約五分で作成できるようになり、誤りのない手紙の割合は九五％に上がった。人間が書いていたときに比べると、効率性においても品質においても飛躍的な改善が見られた。また、ルーンがＩＢＭによる要旨の自動生成で一貫性を向上させようとしたのと同じく、コグニティブ・システムズの返信文作成ツールもビジネスレターの一貫性の維持に貢献した。

商業の名のもとに：広告とマーケティング

時計を二〇二〇年代まで進めよう。自然言語生成が驚くほど洗練され、大規模言語が活用されるようになった時代だ。OpenAI（オープンＡＩ）などの企業がこれらのプログラムの商用ライセンスを売り出すと、企業は収益化に乗り出し、あらゆる新規の文字作成サービスをオンデマンドで提供するようになった。

なかでも主流となっているのがJasper（ジャスパー）とCopysmith（コピースミス）だ（ほかにもたくさんあるが）。どちらも主に、商用のキャッチコピー作成に使われている。従来コピーライターの仕事には、広告やマーケティング向けのキャッチコピーや文章の作成が含まれていた。最近ではAIが、メール、SNS、ブログの投稿を作成するようになっている。

Jasperを例に、現代のAI搭載ソリューションの仕組みを紹介しよう。[28] Jasperをコピーライターとして活用するには、まずコンテンツのアイデアをいくつか入力する必要がある。するとシステムがその分野にふさわしい文章を返す。分野とは、たとえばマーケティングのコピー、フェイスブックの広告、ウェブサイト、ブログ記事、不動産物件一覧、個人の経歴、営業メール、そして……ラブレター。サービスのサンプル一覧を確認したとき、この「ラブレター」という文字に目を留めた私は、ストレイチーの「同情混じりの愛情」からなんと遠くまでやってきたものかと感慨を覚えたのだった。

Jasperの優れたところはほかにもある。五十以上のひな形（それぞれ異なるジャンルで）から選択できること。連携先である魔法のようなDeepL（ディープエル）翻訳ツールと連携しているおかげで、アウトプットを二十五か国語で生成できること。また、望ましい口調や模倣したい文体（スティーブ・ジョブズを指定すれば、「そして、もう一つ」というジョブズがスピーチで多用した文章が使われる）を指定できること。さらに、文法チェックプログラムGrammarly（グラマリー）を統合できるため、綴りと文法に問題がないかどうかも確認してくれる。

GPT-3ベースのプログラムであるJasperはインターネットから文章を引き出してくる。オンラインで収集した資料は不正確だったり、繰り返しが多かったり偏見があったり、子どもには見せたくない内容が入っていたりするため、Jasperは人間が最終的に内容を確認することを推奨している。Jasperの競合企業であるCopysmithも、ウェブサイトに次のような巧妙なキャッチフレーズをつけている。「ＡＩが作成し、人間が磨き上げるコンテンツ」。

JasperやCopysmithのようなプログラムは洗練された成果物を生み出すだけでなく、人間より効率的にそれをやってのける。ガートナー社が二〇二〇年に発表した報告書は、次のような予測を立てている。

> （コンテンツマーケターは二年以内に）デジタルコンテンツの三〇％以上を人工知能（ＡＩ）コンテンツ生成プログラムを使って生成するようになる。生産性と広告の効果が向上する一方で、創造プロセスにディスラプション〔他を破壊するような大きなイノベーション〕が起こるだろう。[29]

その二年はすでに経過した。ChatGPTのようなツールが存在する今、ＡＩを活用して作成されているコンテンツの割合は三〇％どころか五〇％を超えると思われる。今後、ＡＩがより多くの文章を作成するようになれば、コピーライティングの仕事はどう変わるのだろう。

デジタルコンテンツ生成企業AX Semantics（ＡＸセマンティクス）のＣＥＯ、サイム・アルカンはこう主張する。コピーライターは今後、ディレクターに変わるだろう、と。ＡＩがますます多くの文章を生成するようになれば、求められるのは、戦略を管理し、作成されたコンテンツの品質を保証する、腕のいい監督《ディレクター》だ。[30] 問題は雇用者の数である。企業が必要とするコピーディレクターの数は、コピーライターの数より少ないことが予想される。Paychex（ペイチェックス）のデジタル・マーケティング・マネージャーが語ったとおり「人工知能がコピーライターに取って代わろうとしている今、「雇用状況は厳しくなるはず」だ。[31]

ところが、文章を書く職業で、ＡＩに脅かされているのはプロのコピーライターだけではない。次の章では自動化と労働市場を取り上げ、ジャーナリスト、弁護士、翻訳者が置かれている状況を説明する。

第8章　ＡＩ、書く仕事に乗り出す

OpenAI（オープンＡＩ）が公開したＤＡＬＬ‐Ｅ２（ダリツー）のリリースノートには、黒枠で囲まれた注意書きがある。

このサービスは、写真編集やストック写真生成といった作業の効率性を高め、結果的にデザイナーや写真家、モデル、編集者、アーティストなどに取って代わるかもしれません。[1]

ＤＡＬＬ‐Ｅ２は自然言語のプロンプト（たとえば「写真のように現実味がある作風の、馬に乗る宇宙飛行士」など）から、見事なイラストを作り出す。しかもグラフィックアーティストとは異なり、ほんの数秒で仕事を仕上げることができる。

テクノロジーは、人間の労働に取って代わるのではないかと長年恐れられてきた。一五八九年、イギリス・ノッティンガムシャーのリヴェレンド・ウィリアム・リー〔発明家〕は、ストッキングを編む機械を発明した。だが特許を申請したところ、エリザベス女王はこれを拒否した。手織り工の職が失われることを危惧したというのが理由の一つだ。[2] 一九〇〇年代初頭にラッダイト運動〔産業革命により影響を受けた人々が起こした機械うちこわし運動〕が巻き起こり、労働者たちが工場機械を破壊したというのは有名な話である。この運動が要求したのはよりよい労働環境と賃金の引き上げで、機械そのものを拒否したわけではなかったのかもしれないが、「自動化は仕事を奪う」というイメージは、私たちの頭に深く刻みつけられた。[3]

筋肉から脳へ：自動化の物語

風車、水車、ジェニー紡績機、蒸気機関、綿繰り機。さまざまな発明が、人間の手や腕、背中などの身体能力を補強し、農業生産から企業利益まであらゆることを変革してきた。だがそこには、労働力の節約のための発明は、人間の労働者を疎外することになるかもしれないという懸念が絶えずあった。手仕事をしていた労働者たちは機械によって職を失うのではないか。それとも新たな職が生まれて、そちらへ移れるのだろうか？

ジェニー紡績機、蒸気機関、綿繰り機のような機械が産業革命を推し進めた結果、西洋の世界に革命が起きた。しかし長期的に見て、物理的に労働を削減できる装置の導入が、失業率に影響することはなかった。新しい環境への適応や再訓練が必要になる場合はあったが、少なくとも時間が経つにつれて機械は扱いやすくなった。一九〇〇年のイギリスの失業率は、産業革命が起きた一七六〇年とほとんど変わらなかったと言われる。[4]

一方、自動化そのものも進化していく。農作業や工場生産の場での機械化は、高等教育を受けた人が就く仕事の自動化とはわけが違う。経済学者のエリック・ブリニョルフソンとアンドリュー・マカフィーは、ファースト・マシン・エイジ（産業革命）とセカンド・マシン・エイジ、つまりデジタル革命を区別している[5]（『プラットフォームの経済学』村井章子訳、日経BP、二〇一八年）。問題は、デジタル革命が今までの仕事の代わりとなる雇用機会を十分に生み出すのか、あるいは、今回は本当に事情が違うのかということだ。

このジレンマはなんら新しいものではない。一九五三年、ロアルド・ダールは「偉大なる自動文章製造機」（序章の冒頭で紹介した短篇小説）でこの問題に触れている。「ねえあなた」から始まるラブレターを機械に生成させたイギリスのコンピューター科学者、クリストファー・ストレイチーは一九五四年、コンピューターが計算に関する事務作業だけでなく、やがては言語に関する事務作業をも自動化するだろうと予測している。ストレイチーはイギリスの事務員についてこのように語った。

> ［すでに］（中略）［コンピューターを］導入することで、多くの事務員が職を失っている。そのほとんどは若い女性で、どのみち数年働いたのちに結婚、退職するのだから、コンピューターの導入は多くの人を路頭に迷わせるわけではないと考えられる。

この時代ならではの性差別主義的見解はさておき、ストレイチーはコンピューターについて、さらにこう述べている。

> 新たに事務員を採用することにはならないだろう。また、そのような人々はおそらくほかの職に就くことになる。それがどういう仕事か推測するのは興味深いことだ。[6]

私たちはいまだに推測を続けている。

現代を生きる明晰な頭脳の持ち主たちのなかには、ＡＩを活用した自動化が仕事にもたらす影響について議論している人もいる。たとえば、経済学者のローラ・タイソンと政治学者のジョン・ザイスマンはこう主張する。政府が適切な支援をおこなっていれば、現代のテクノロジーのおかげで十分な量の仕事が生まれるだろう。ただし、「いい」仕事が提供されるかどうかはわからない、と。[7]

ここで言う「いい」仕事の条件とは何だろう。まず、生活費が稼げること。頭を使えるのであれば、なおいい。そして理想を言えば、目的意識など、社会人としての、そして個人としての幸福を感じられる仕事だ。パンデミックがもたらした大退職時代で明らかになったとおり、多くの人は給料以上のものを仕事に求めている。

労働市場は常に選択肢を与えてくれるわけではない。デジタルによる自動化が進んでいる今、一部のいい仕事、文章を書く能力を必要とされる仕事などは枯渇するかもしれない。米国労働省の推定では、アメリカ人の仕事の一三％が書くことにかなりの比重を置いている。そうした仕事に就いている人々は、合計で年間六千七百五十億ドルの収入を得ている。[8] 主に書く仕事に就いている人の将来的な雇用に、文章作成ＡＩが大きな影響を与えれば、労働環境の多くが変わっていくだろう。さらに、実際的なことを言えば、英作文のクラスで磨いたはずの文章能力が無駄になっていくのは残念きわまりない。

書く仕事に就いている人の肩書きはさまざまだ。グラントライター〔助成金申請書の記入をサポートする人〕、書籍編集者、スピーチライター、小説家、広告のコピーライター。多様な職があるが、中心的な位置を占めるのはジャーナリスト、弁護士、翻訳者などだ。ＡＩという書き手が、書くことに大きな比重を置く職業をどのように変えるのか。それを知るために、この三つの仕事について詳しく見ていく。

AI、ニュース編集室に入る

およそ百年前、当時アメリカ大統領だったカルビン・クーリッジはアメリカニュース編集者協会にこう宣言した。

「アメリカ国民の最大の使命《ビジネス》は商売《ビジネス》だ。この世界で何かを製造し、購入し、販売し、投資し、利益を得ることに強い関心を持っている」[9]

利益を得るためという動機は年月を経ても勢いを失っていない。自然言語処理の能力が高まり、書く仕事をしている人々を管理する会社は、ＡＩに対する依存度を上げた。効率性という利点がますますその傾向を強めた。そうした企業のなかでも大規模なのが通信社だ。

過去から現在へ：ジャーナリズムを取り巻く環境

新聞の歴史はわずか四百年ほどである。[10] ヴェネツィアでは十六世紀半ばに、ヨーロッパ中のできごとを伝える手書きの時事通信（一枚新聞）が販売され始め、その後、印刷紙が生まれた。一六〇九年には、ストラスブールで世界初の印刷による週刊紙が誕生した。その一世紀後の一七〇二年に、ロンドンで日刊紙が配布された。

新聞は、布告をふれ回る役人や噂話に置き換わる存在だった。

識字率が上がり、紙の原価が下がるにつれ、新聞は世の中のできごとを伝えるための一般的な媒体となった。やがてラジオ、そしてテレビが新聞に代わる情報メディアになる。だが新聞——全国紙も地方紙も——はその後も読者を惹きつけ続けた。ジャーナリストたちも時代とともに新しく生まれ、そのときどきのできごとを調査し、記録しようと努めてきた。

消費者がインターネットにアクセスできるようになると、印刷するだけでなくオンラインでもニュースを提供する必要があると考えられるようになった。その次の変化がＳＮＳの誕生、そして躍進だ。二〇二一年には、アメリカ人の約半数がＳＮＳでニュースを確認するようになっていた[11]。統計によれば、定期的に印刷物でニュースを確認するとしたのは回答者のたった三分の一だったが、実際に読んでいる人の数はもっと低い数値だと思われる。好きなニュースのプラットフォームのアンケートでは、三五％がテレビ、七％がラジオを選択し、新聞を選んだのはたったの五％だったからだ。最も多かったのがデジタルプラットフォームで、合計五二％だった[12]。

ＳＮＳで提供されるニュースのなかには、従来の報道機関で働くプロのジャーナリストが書いた記事から抽出されたものもあるが、すべてがそうではない。市民ジャーナリズムも、ツイッター〔現在はX〕のフィードも成長を続けている。こうした仕事や作業をしている人は、ジャーナリストとして働いた経験もなければ給与を支払われることもない。

そして十年ほど前、新たな競争相手が現れた。ニュースを執筆するＡＩだ。

頭脳野球：ＡＩを執筆に利用する

先陣を切ったのは『フォーブス』だった。ビジネスニュース界をリードする『フォーブス』は二〇一一年十月、新たな方法で主要企業の四半期収益報告を作成することを発表した。コンピューターはすでに数字の操作を担っていた。同じ機械を使って、その数字を文章に変えることができたらどうなるのだろう。『フォーブス』のためにそれを実現したのが、ナラティブ・サイエンスという企業だった。[13]

一年前に設立されたばかりのこのスタートアップ企業は、ノースウェスタン大学の大学院生たちのベンチャーとして生まれた。彼らが開発したプロジェクト、「StatsMonkey（スタッツモンキー）」は野球の試合に関するデータを利用して、自動的に記事を書いた。ビジネスが拡大するにつれ、データを記事に変換するツールも洗練されていき、顧客が増えていった（二〇一三年にはＣＩＡとも契約を結んだ）。このようなテクノロジーの市場は巨大だ。二〇一九年六月、セールスフォースがナラティブ・サイエンスを買収するために百五十七億ドルもの大金を支払ったことからも見て取れる。

ナラティブ・サイエンスは、ＡＩを使ってニュース記事を作成しようとした最初の企業ではない。おそらく世界で初めてそれを実施したのは、オートメーテッド・インサイツ（もともとの名前はStatSheet［スタットシート］）という、二〇〇七年に設立された企業だ。ナラティブ・サイエンス同様、オートメーテッド・インサイツが最初に力を傾けた分野もスポーツだった。ただしこちらは野球ではなく、バスケットボールだ。当初の目的は、（アメリカのカレッジバスケ）ディビジョン1チームの試合結果について短い記事を作成することだった。二〇一一年に社名を変更して以降、この企業のサービス内容には金融や不動産も含まれるようになった。データを文章に変換することが適している分野だ。やがてAP通信が顧客となり、二〇一四年には自動生成された収益報告書を使って、以前の十倍もの報告書を生成できるようになった。[14]

オートメーテッド・インサイツは、自然言語生成をおこなうために「Wordsmith（ワードスミス〔言葉を紡ぐ人という意味〕）」というツールを開発した（ちなみに「ナラティブ・サイエンスのツールは「Qill［クイル。羽ペンという意味］」と呼ばれていた）。一方、ほかの報道機関もそれぞれがAIを活用する計画を練っていた。『ブルームバーグ・ニュース』のシステムは「Cyborg（サイボーグ）」と呼ばれた。『ワシントン・ポスト』には「Heliograph（ヘリオグラフ）」があった。そして『フォーブス』のシステムは、設立者バーティー・チャールズ・フォーブスにちなんで「Bertie（バーティー）」と名づけられた。「Bertie」では記事のアイデアの提案、粗い下書きの作成、調査データと文章の併合、見出しと記事の長さの最適化を実行できる。[15]

AIが書いた記事は、どれほど満足のいくものだったのか。答えは、ときと場合によって異なる。二〇一四年に公開された研究によれば、人間はアルゴリズムに基づき生成された文章と、ジャーナリストが書いた文章を区別できないこともあるが、AIの文章の方がどことなく退屈だという評価をした。[16] その数年後、プロのジャーナリストが回答したアンケートには、アルゴリズムに基づく文章作成の欠陥についての懸念が綴られていた。彼らが心配している事柄は以下のとおり。

・単一データへの依存
・データを確認し、不備を見つけることの難しさ
・テンプレート化された形式では解決できない問題への対応、創造性の欠如

・同時期に発生したできごとに対して、適切なコンテクストを見つけられない
・人間の表現のニュアンスを読み取れない[17]

大規模言語モデルの誕生以来、自然言語生成はますます洗練された（退屈度は低下し、より微妙な意味合いを込められるようになった）。しかし、ナラティブ・サイエンスの共同設立者、クリス・ハモンドが以前語った「いつか機械がピューリッツァー賞を受賞するだろう」という予測は、まだ現実のものになっていない[18]。

雇用の展望

現代の親は自分の子どもに、「ジャーナリストになりなさい」とアドバイスするだろうか。以前は、子どもが大学で文学や哲学や芸術を専攻すると言うと、多くの親はいい顔をしなかったものだ。そんなものを学んで、卒業後、食べていけるの？　今では、ジャーナリズムを専攻した人のその後のキャリアについても、同じことが言える。ＡＩは問題の一部に過ぎない。「絞首刑になることほど人を集中させるものはない」〔サミュエル・ジョンソンの言葉で、「自分が絞首刑になるとわかっていれば、その切迫感によって人の精神は驚くべき集中力を見せる」という意味〕のと同様、統計ほどジャーナリズムが直面している課題を浮き彫りにするものはない。

まず雇用者数を見てみよう。ピュー研究所によると、報道界で働く人の数は大幅に減少しつつある。二〇〇四年から二〇二〇年にかけて、ニュース解説者、記者、編集者、カメラマン、およびテレビ、ビデオ、フィルムカメラの撮影スタッフとエディターの数は五七％も減少している[19]。二〇二〇年、アメリカの大手新聞社の三分の一が従業員を解雇した。これを「パンデミックのせいだ」と

思うなら、コロナ以前の状況もご覧いただきたい。

・二〇一七年：三二％減少
・二〇一八年：二七％減少
・二〇一九年：二四％減少[20]

そして始まったのが倒産だ。多くは地方紙だった。元来そのコミュニティのなかで重要な最新情報を人々に直接伝えてきた貴重な存在だ。この損失は驚異的なことだった。二〇〇四年から二〇二二年にかけて、二千八百五十以上もの地方新聞社が廃業した。地方紙で働くジャーナリストの減少もかなりのものだ。二〇〇五年以来、六〇％も減っている。[21]

ＡＩがジャーナリストの仕事を奪っているならば、そもそも奪う以前にこの業界にどれだけの仕事が残っているのか、という疑問もある。

仕事の分配

ＡＩ文章作成ツールがジャーナリストの仕事におよぼす影響を見きわめる場合、その答えが楽観的なものか悲観的なものかは、訊ねる相手によって異なる。

学術機関と報道機関はどちらもジャーナリズム界のＡＩ革命を支援してきた。多くの大学にデジタルジャーナリズムの大学院課程がある。全米コンピューター支援報道協会（National Institute for Computer-Assisted Reporting）や、『デジタルジャーナリズム』という雑誌がある。そして、この新たな状況を考察する書籍が続々と出版されている。[22]

楽観的な意見というのは次のようなものだ。一連のタスクを自動化すると、人間はもっとも得意な仕事、つまり調査報道、徹底した分析、社会批評などに傾注できるようになる。ジャーナリズムにおけるAIと人間の連携は、パートナーシップであって、ゼロサムゲームではない。起業家やニュースメディア界のドンは過去十年にわたり、そのように主張してきた。以下はその一例だ。

・ナラティブ・サイエンスのCEO、クリス・ハモンドは二〇一二年にこう発言した。「機械がデータを使って物語を書けるなら、ニュース記事の執筆も可能になるでしょう。現時点では、いつそれができるようになってもおかしくありません。（中略）ですが伝えるべきニュースのなかには、データを必要としないものもあります。ジャーナリストはそうした記事の執筆にこそ力を注ぐべきではないでしょうか？[23]」

・APのビジネスニュース部門の編集長を務めるルー・フェラーラは、オートメーテッド・インサイツのツールを使って収益報告書を作成していることについて、二〇一四年にこう語っている。「テクノロジーを使うことで、ジャーナリストはデータ処理に追われずに済み、より多くの時間を取材や執筆に費やせるようになります。テクノロジーは人間の仕事を奪っているわけではありません[24]」

・『フォーブス』の最高デジタル責任者、サラ・ザラティーモは多目的ツールの「Bertie」についてこう話す。「当社のジャーナリストのためのパワーアシストスーツです[25]」

ファンタジーの世界では、パワーアシストスーツは人間に特殊能力を授けるだけでなく、敵の攻撃から身体を保護してくれる。現実世界では、ＡＩというスーツを身につけたジャーナリストは保護されていると感じるだろうか。この結論を出すのはまだ早すぎるだろう。

次に、さほど楽観的でない意見も見てみよう。現在ミネソタ大学でジャーナリズムを教えるマット・カールソンは二〇一五年に、メディアと産業に関する大量の記事を参照し、ニュース記事の作成が自動化されつつあることへの反応を調査した。ＡＩと人間の幸福なパートナーシップや雇用の拡大を予測する人もいるにはいた。かなり否定的な声もあったが、始まったばかりの流れなので、今後どうなるかは誰にもわからない。

カールソンは二〇一三年のクリス・ハモンドの言葉を引用して、雇用確保に不安を覚えている人々を安心させようとした。

「自動文章作成システムについて心配する必要はまったくありません。（中略）誰も書こうとしていない分野について書くために開発されたもので、ジャーナリストやアナリストと連携して使われるサービスです[26]」

だが、「誰も書こうとしていない分野」とは何か？　最近では、ＡＩというジャーナリストはあらゆる分野について執筆するようになっている。

一方、教訓とすべき話もある。二〇二〇年の四月後半、マイクロソフトは五十人ほどの契約社員を解雇した。ＭＳＮウェブサイトに掲載するニュース記事を選んで配置を決めていた社員たちだ。

彼らの仕事を自動化システムが引き継ぐことになった[27]——ボットが選ぶニュース記事の内容を、人間が監視する必要が生じないといいのだが。フェイスブックなどのメディア大手は失敗を経てようやく、アルゴリズムはどのニュースを広めるべきかの判断ができない、という事実を学んだところだ[28]。

弁護士は何人？

「言語は、人間の精神にとっての武器庫だ。そこには過去の戦利品とともに、将来的な征服に向けた武器が保管されている」

そう書いたのはサミュエル・コールリッジ〔イギリスの詩人〕だ。私たちは言葉と文字を通じて世界を理解し、変えようとする。あらゆる詩人や作家が言葉の力で読み手に何かを喚起させ、ひらめきを与え、納得させる。このような力を巧みに操る腕前——特に納得させることに関して——は長い間、法律専門家に欠かせないものだった。

人からプログラムへ：法曹界の状況

水がないと紅茶は淹《い》れられないように、文章力がないと弁護士業は務まらない。従来、契約書の第一稿の作成はアソシエイト弁護士か法務書記がおこなうが、最終稿はシニア弁護士や判事が書いてきた。大規模な審判事件の準備に携わる弁護士は数十人。何百万もの文書を確認し、複雑な戦略を立てる。そこで重要な作業が証拠開示手続き（ディスカバリー）、法律調査（リーガルリサーチ）、議論構築、そして文書作成だ。

証拠開示手続きには、訴訟に関連するすべての文書の確認（書かれたものだけでなく、画像やコンピューターコードも）が含まれる。法律調査は、関連する法律を把握するために実施される。慣習法《コモンロー》の国アメリカでは、一般法規や以前の裁判の判例を確認する。アメリカの法制度において前例が大きな意味を持つからだ。実施される調査のあり方は、弁護士の洞察力、クライアントの金払いのよさ、利用可能なデータの量はもちろん、関連する法的主張などによっても異なる。

コンピューター技術――そしてＡＩ――が司法の実務をおこなうようになると、何が起きるのだろう[29]。小さな変化から見ていこう。遺言や単純な契約などのオンラインフォームは、二十世紀最後の数十年のうちに一般的なものとなり、弁護士も企業も一般人も、今まで膨大な労力と業務時間をかけてしていた内容を合理化できるようになった。一方、法律調査で大きな変化が起き始めたのは一九七〇年代初頭のことだ。この頃に、メインフレームコンピューターのおかげで大規模なデータを保管したり、検索したりできるようになった。弁護士もその恩恵にあずかった。必要なのは、操作用の端末《ターミナル》だけだった。

そこで登場したのがレクシス（現レクシスネクシス）とウエストローだ。レクシス（ラテン語で「法」を意味する「レクス（lex）」に「情報（information）」の「i」と「科学（science）」の「s」を組み合わせている）が一般公開されたのは一九七三年で、当初はニューヨーク州とオハイオ州の判例法が入ったデータベースだった。ところが、七年後には全米の連邦裁判所管轄事件と州裁判所管轄事件が含まれるようになった。次いで、ニュース記事を検索できるデータベースが、ジャーナリスト向けに発売された（こちらは「ネクシス」という名前だった[30]）。一方、ウエスト・パブリッシングが一九七五年に発売したウエストローは、もともとカナダのクイーンズ大学で開発された、コンピューターを活用した法律調査プログラムだった。

一九九〇年代、弁護士は新たな種類の資料を確認しなければならなくなった。デジタルネイティブの文書だ。これはワープロで出力されたファイルやメールなどで、後にはSNSの投稿も含まれるようになる。このすべてが証拠開示手続きの材料になった。必要は発明の母という言葉どおり、これを受けてeディスカバリー〔アメリカの電子証拠開示制度〕が生まれた。

eディスカバリーは、裁判に関連すると考えられる電子的証拠（電子形式に変換された情報も含む）を特定するために使用される。検索は従来、キーワードを入力して実行されていた。最近ではこのプロセスをAIがおこなうようになり、関連性の低い検索結果の数を削減し、自動的に検索範囲を拡張して、意味的に関連性のある言葉を含めるようになっている。たとえば、「松」や「柏」を検索した場合、「木」に言及する文書も確認したくなるだろう。

ソフトウェアがもっとも関連性の高い文書、注釈や編集の方法、論調（これは感情分析と呼ばれ、文章に込められた感情、つまりポジティブかネガティブかニュートラルかを特定する）までもタグづけしてくれるなら、なおいい。実際に、このようなツールが存在する。驚くことなかれ、eディスカバリーは巨大なビジネスなのだ。こうしたサービスを提供する企業は急増しており、大手企業のEpiq（エピック）から、名前が示すとおりの小規模な会社、Digital War Room（デジタル・ウォー・ルーム）まで、さまざまな組織が存在する。

やがてAIは法律調査にも組み込まれるようになった。多くのソフトウェアサービスが生まれたが、ここでは一つだけ紹介する。現在ではレクシスネクシスの一部となったLex Machina（レクス・

マキナ）だ。これは非常に人気があり、高性能で、アメリカ法律事務所ランキングの一位から百位の事務所（アメリカで最も高い収益を上げている法律事務所《ローファーム》）のうち約三分の一が使っている。

多くの成功物語と同様、このソフトウェアが誕生したのも、一つの問いがきっかけだった。それは「特許訴訟を起こす場合、勝訴の可能性を最大限に高めるにはどうすればいいか？」というものだ。あらゆる管轄区での（またはあらゆる裁判官や判事の）勝率が同じわけではない。この疑問を抱いた人物がマーク・レムリー、スタンフォード法科大学院の教授だった。答えを見つけられなかったレムリーは、特許訴訟のデータベースの構築を開始し、裁判結果に影響した要素を突き止めようとした。二〇一〇年には、このプロジェクトからLex Machinaという会社が誕生した。この造語を耳にしたアイスキュロスやエウリピデスがほくそ笑む様子が目に浮かぶ。ギリシア悲劇の作家たちは、デウス・エクス・マキナ〔「機械じかけの神」という意味〕という演出技法を用いて、舞台に神を登場させ――上から降りてくるか、下から引き上げるか――舞台上の混乱を解決したのだから。

Lex Machinaにとっての「神《デウス》」は現在「リーガルアナリティクス」と呼ばれている。これは多目的の法律調査ツールだ。企業ウェブサイトによると、この種のソフトウェアを使えば裁判官や判事の分析を実施したり（特定の判事が特定の申し立てを認めやすい傾向にあることなどを確認）したり、相手方の弁護士を評価（特定の判事の裁判で、相手方の弁護士が勝訴した確率を確認）したりできる。[31] 情報はすべて一般公開されているのだが、このツールではＡＩを活用して、特定の訴訟に関連する情報の収集、切り分け、作成を容易におこなうことができる。

法律流言語ゲーム：ＡＩを使って文章を作成する

法的文書作成を突き詰めると、言語の問題が残る。現在、言葉をよく使う法律関連の職業と長きにわたって関連づけられてきた、文書作成の仕事を再定義するかもしれないできごとが進行しているのだ。

ここでは、二〇二二年半ばの時点で使用可能なサービスを二つ（さらにもう一つ、開発中のサービスも）紹介する。驚くことなかれ。あなたがこの章を読む頃には、法曹界のＡＩ文章作成ツールは飛躍的な進化を遂げているかもしれない。

〈記録文書の解析：Context（コンテクスト）〉

過去の判例で判事がどのような判決を下したのかを知ることは重要だ。しかし、弁護士が鑑定人を含む弁護団のためにもっとも有望な発言や議論を調べ、提案することができたらどうだろう？　そこで登場したのが「Context（コンテクスト）」だ。ラヴェル・ローが開発し、二〇一七年にレクシスネクシスが買収したＡＩツールだ。

当然ながら、Contextは自然言語処理に基づき、法廷での弁論に含める、あるいは除くべき文章の戦略を設定する。プログラムに内蔵された「ジャッジ（判事）アナリティクス」を使えば、「判事がもっともよく引用する言葉や意見を使って、説得力のある弁論を構築」できる。「アトーニー（弁護士）アナリティクス」では、百万人以上の弁護士のデータベースを活用し、似たような訴訟で弁護士が口頭弁論に使用した言葉を確認することもできる。[32]統計的に安全な言葉遣いをするよう、ＡＩソフトウェアが弁護士を指導できるのであれば、弁護士に書き手としての能力は必要なくなる。

〈**核心に迫る：ComposeとLegalMation**〉

私たちは、GPT-3などの大規模言語モデルが持つ、新しい文章を作成する能力に魅了され続けている。法律専門家はいまやソフトウェアに実際の草案作成をさせるようになった。どのような未来が待ち受けているのか知りたければ、「Compose（コンポーズ）」というプログラムを見てほしい。ケーステキストという法律調査事務所が最近開発したプログラムだ。

この企業はAI法律調査ソフトで有名で、関連性の高い訴訟事件や意見書を検索できるプログラム「CARA AI」を提供してきた。つまり、レクシスネクシスの競合サービスだが、Composeはさらに一歩先んじている。ケーステキストのCEO、ジェイク・ヘラーはインタビューで、Composeを使って弁論などの法律文書を作成する方法を詳しく説明している。

- 文書の種類を選択する。
- 訴訟の司法権を選択する。
- Composeで弁論のリストを生成し、そのなかから必要なものを選択する。
- 適用する法的規準を決定し、関連する訴訟の一覧を表示する。
- 使用したい言葉をいくつか入力すると、Composeが同じ言葉や概念が登場する訴訟を特定する。
- ダウンロードをクリックして、第一草案をダウンロードする。[33]

弁護士はこの草案を修正し、文書を完成させる。すると弁護士の業務時間が大幅に削減されるので、クライアントはコストの節約ができる。Composeのようなプログラムを使って、必要不可欠な文章作成のほとんどをＡＩに委ねることで、法的環境は劇的に変化するだろう、とケーステキストの共同創設者は予想している。[34]

Composeは、法曹界唯一の草案作成ツールではない。「LegalMation（リーガルメーション）」というプログラムも存在する。プリーディング〔コモンローの民事訴訟で当事者が主張の書面を交換すること〕、証拠開示請求書、証拠開示請求に対する回答書などの文書を準備するプログラムだ。[35] このソフトウェアは、設立者にちなんで「Watson（ワトソン）」と命名されたＩＢＭの自然言語クエリシステム上に構築されている。二〇一一年、『ジェパディ！』というテレビ番組で印象的なデビューを果たしたのと同じプログラム（を更新したもの）だ。LegalMationの広告は、ほんの数分で草案を作成でき、人間は「ちょっとした編集と基本的な見直し」をするだけでいいと謳っている。[36]

〈弁護士助手：Harvey（ハーヴィー）〉

二〇二二年後半、Harvey（ハーヴィー）というスタートアップ企業が、OpenAIのスタートアップ基金から五百万ドルの資金提供を受けた。[37] 必要最小限の情報だけを提示する簡素なホームページ（二〇二三年一月時点）では、Harveyは「ＡＩ法務アシスタント」だと説明されている。

> Harveyは（簡単な英語での）依頼を理解し、正確かつ関連性の高い法的文書、調査、分析を作成します。契約の下書き、訴訟の確認、クライアントへの助言などをおこない、時間の節約と仕事の質の向上を実現します。

しかしながら、Harveyにどのような文章作成機能が備わっているのかはまだ明らかになっていない。

雇用の展望

今のところ、法曹界は活気のある業界だ。アメリカ法曹協会によれば、二〇二一年度末の時点で、アメリカには百三十二万七千十人の弁護士がいる。[38] 弁護士以外にもパラリーガルや弁護士助手がいる——最新の統計では、その数は三十三万六千二百五十人にのぼる。[39] かなりの人数だ。しかもここには事務職員は含まれていない。もしAIの活用が進んだ場合、法曹界に十分な仕事は残るのかというのはもっともな問いだろう。たとえば、リチャード・サスカインド——イギリスの法律AI専門家——は、仕事はたいして残らないと考えている。彼は二〇一六年後半、次のように予想している。

機械の能力が上がるにつれ、弁護士の仕事は徐々に奪われていくだろう。最後まで残るのは、もっとも腕がよい賢い専門家だ——彼らは、機械に置き換えられない、そして置き換えてはならないタスクを担う。だが、こうしたタスクはそれほど多くないため、従来の弁護士の数を維持することはできない。

サスカインドは、二〇二〇年代のうちはまだ弁護士の数が減ることはないだろうと予測している。しかし「長期的に見れば、従来のようには弁護士が必要ではなくなると言わざるを得ない」とも語っている。[40]

皆がみな悲観的なわけではない。ダナ・リーマス（法学教授）とフランク・レヴィ（経済学者）はこう語る。法曹界の仕事は一種類だけではなく、種々雑多なタスクがあり、法律文書の作成はそのなかの一つでしかない、と。二〇一七年におこなわれた研究で彼らは、これらのさまざまなタスクにAIが与えるであろう影響を予測している。この調査には、弁護士の業務時間のうち請求可能なものに関するタスク別のデータも含まれている。

弁護士の数が千人以下の法律事務所での請求可能な業務時間を見れば、タスクの分布を確認できる。そこでは、文書管理は一％未満、出廷と準備が一四・五％、法的分析と戦略立案が一七％だ。法律文書作成は一七・七％となっている。

各タスクにおいてリーマスとレヴィは（現在または将来的な）AIの影響度を「大」「中」「小」に分類した。そのなかで「大」と評価されたタスクは一つだけで、文書審査だった。すでにこのプロセスがかなり自動化されていることを考えると、驚きではない。影響度が「小」と分類されたタスクには、事実調査、クライアントへの助言提供、交渉、その他のコミュニケーションややりとり、出廷と準備が含まれていた。

法律文書作成でのAIの影響度も「小」だ。AIが人間の弁護士に置き換わる可能性が「低い（小）」と判断されたカテゴリーすべてを合計すると、いわゆる弁護士の職務の五五・七％にあたる。これを見る限り、弁護士はまだ必要で、文書作成も求められているということになる。[41]

リーマスとレヴィは、法律文書作成は簡単には自動化できないと述べている。「現在のコンピューターには欠けている概念的な創造性と柔軟性が必要」だからだ。また、「先例の使用は弁護士にとっては身についた習慣だが、コンピューターによるモデル化は非常に難しい（現時点では不可能）」とも書いている。[42] ここで重要となるのが「現時点では」という言葉だ。この記事が執筆された二〇一七年、大規模言語モデルはまだＡＩ文書作成の革命を起こしていなかった。ＧＰＴ-３やその後継ツールが驚くべき能力を秘めていることを考えると、判断を下すのはまだ早いと言えるだろう。

では、アメリカ政府の予測専門家は、法曹界の今後についてどのような意見を持っているのだろうか？　労働統計局の予測では、二〇二〇年代にアメリカでのパラリーガルと弁護士助手の仕事は一二％増加するものの、[43] 弁護士の仕事の増加は九％にとどまるとされている。[44] この数字を見ると安心できるが、進化し続けるＡＩの恐るべき能力を予測担当者がどれほど正確に把握しているかはわからない。

また、ジャーナリズムの世界と同じように、法曹界の雇用状況に変化をもたらすのは何もＡＩだけではない。ジェイムズ・カーヴィル（一九九二年のビル・クリントン元大統領の選挙参謀）が言ったように「重要なのは経済だ、愚か者め」ということだ。法律事務所はあくまで企業である。主要なクライアントと支払い請求可能な時間について交渉し、パートナー弁護士へ昇進させるアソシエイト弁護士の数が増えすぎないよう注意し、パラリーガルや海外に仕事を振ってコストを削減する。二〇〇九年、つまり（リーマンショック後の）大不況から学んだこともあるのだろう。高名なアメリカの法律事務所《ローファーム》は当時、一年目のアソシエイト弁護士に給料を支払った上で、当分のあいだ出勤しないよう言い渡した。[45] 経済や予算上の制約があり、十分な仕事がなかったからだ。

仕事の分配

昔から効率性の向上は、進歩の証拠だとされてきた。十八世紀初頭、ニューヨークからカリフォルニアへ行くには幌馬車に四か月も揺られなければならなかった。今では飛行機で六時間ほどだ。もちろん四、五日かけて車で行くこともできる。移動が楽になって困る人はいない。

司法サービスでは、手ごろな料金は重要な判断要素だ。一般市民（司法サービスが高すぎて手が出ない多くの人）はもちろん、大企業や中小企業にとっても同じことだ。近年ではＡＩを使ったツールがますます活用されるようになり、今までかなりの労力がかかっていた多くの法律業務が短縮された。だがそれでも、クライアントや参考人に会い、文書化されていない証拠の開示手続きをおこなって、ｅディスカバリーや法律調査ソフトを操るのは弁護士だ。法律事務所が最新の高度なＡＩを使用していない限り、人間の弁護士が議論を組み立て、文章の下書きを作成する必要がある。今のところは。

今後、多くの弁護士がＡＩの作成した下書きを管理するソフトウェアマネージャーやポストエディターになることもあるだろう。同じような事態が、文章力を必要とするほかの分野ですでに起きている。それは、翻訳の分野だ。

翻訳者かポストエディターか？

その絵画は、ウィーン美術史博物館の片隅に飾られている。二〇一二年六月、ウィーン滞在中だった私がこの博物館を訪れたのは、一五六三年にピーテル・ブリューゲルが描いた《バベルの塔》を観るためだった。

欽定訳聖書の創世記第十一章六節と七節には、かつて世界中の人々は一つの言葉で話していたと書かれている。時が経つにつれ（いくつもの代替わりを経て）ノアの子孫たちが新たな都市を築き、「天まで届く」塔を作ろうと考えた。しかし、神はこれをよしとしなかった。

図9：ピーテル・ブリューゲル（父）《バベルの塔》（1563年）

主は降って来て、人の子らが建てた、塔のあるこの町を見て、言われた。
「彼らは一つの民で、皆一つの言葉を話しているから、このようなことをし始めたのだ。これでは、彼らが何を企てても、妨げることはできない」〔『旧約聖書』新共同訳、日本聖書協会、二〇一二年、「創世記」所収〕

神は人間同士のやりとりを遮断した。

「我々は降って行って、直ちに彼らの言葉を混乱させ、互いの言葉が聞き分けられぬようにしてしまおう」〔『旧約聖書』新共同訳、日本聖書協会、二〇一二年、「創世記」所収〕

「互いの言葉が聞き分け」られるようになりたくても、現在この地球上で使用されている何千もの言語を体得するのは不可能だ。誰かが翻訳しなければならない。翻訳は長いあいだ、探検家や侵略者、近隣国との交易を望む者、宣教師にとって、なくてはならないものだった。

翻訳が必要となるもう一つの理由が、密かに敵を出し抜くためだった。第6章で冷戦について書いたとおり、ロシア語から英語への機械翻訳を実現したいという思いが、ＡＩ研究に大金を投じる主な理由となった。最初の数十年はなかなか進歩が見られなかったが、今では翻訳でコンピューターの力を借りるのは一般的になりつつあり、天気予報や操作マニュアル、欧州連合（ＥＵ）の書類作成まで、さまざまなことに用いられている。Google翻訳、DeepL（ディープエル）翻訳などのツールを無料で使えるので、翻訳そのものをＡＩに丸投げするときがやってきたと考える人がいても不思議ではないかもしれない。

だが、そうことを急《せ》いてはならない。内容や文体や背景までを、一つの言語から別の言語へ移し替えるのは、並たいていのことではない。経験豊富な翻訳者に聞いてみるといい[46]。

翻訳調

翻訳者として言語と向きあうと、言語とは決してただの言葉と組み合わせ規則の集まりではないことに気がつく。どちらかというと、言語とは現実の文化や経験を独自に符号化したものだ。たとえば、「赤」と呼ばれる色に含まれる意味からもそれがわかる。赤い色を目にした何千人ものアメリカ人は、その場所に共産主義者が潜んでいるのではないかと恐れたものだった。一方、フランス人なら革命の「トリコロール」、そして「自由、平等、博愛」を思い浮かべるだろう。中国では、赤ははるか昔から幸運や幸福と結び付けられてきた。どれも同じ色だ。そしてどの国の言葉でも、「赤」という一単語だけで表される。だが、文化的に異なる意味を孕んでいる。

二言語の違いの帳尻をうまく合わせることが、簡単であったためしはない。解決策の一つが「第三の言語」または「翻訳調」の言葉を用いることだった。[47]これは新しい言語ではないが、元の言語(パピアメント語などのソース言語)と翻訳先の言語(英語などのターゲット言語)の中間地点のようなものだ。

「翻訳調」をオンラインで検索してみると、下手な翻訳文を意味するものとして使われることが多いのがわかるだろう。しかし、これは公正を欠いている。プロによる翻訳とは、正当な理由によって、対象の二言語のどちらとも異なるものになることが多い。翻訳学の研究者は、ソース言語とターゲット言語が何であるかにかかわらず、多くの翻訳文には、翻訳文だとわかるさまざまな特徴(「翻訳文の普遍的特徴」と、それこそ翻訳調で呼ばれることもある)があると語っている。[48]それは次のようなものだ。

- **簡素化**:文に込められたメッセージ、使用された言葉、またはその両方を簡素化すること。たとえば、原文の長い文章を複数の短い文章に分けること。
- **明瞭化**:背景など、原文に存在しない内容を追加すること。結果として翻訳文は原文より長くなる。
- **正常化(正規化)**:ソース言語ではなくターゲット言語に特徴的な言い回しを選ぶこと。元の文章では不完全だった文章の結びに言葉を足すことなども正常化とされる。

・**平均化**：原文より言葉の種類の少ない翻訳文を作成すること。たとえば、翻訳文のほうが、原文より一文あたりの長さが似通っており、特定の単語が繰り返し使用される。

翻訳調は現実に存在するが、どういうものか明示するのは難しい。特定の言葉や品詞（冠詞や形容動詞など）が登場する頻度を詳細に分析し、句読点や動詞の形態などを調べてみなければならない。この分析や確認の役に立つのがＡＩだ。ある研究によると、コンピューターは原文（この研究ではもともとイタリア語で書かれた文）と（人間の翻訳者が）他の言語からイタリア語に翻訳した文章の違いを、かなり正確に区別することができるという。実は、プロの翻訳者を含む人間に、もともとその言語で書かれた文章と翻訳された文章を区別するよう依頼したところ、ＡＩほどうまく特定することはできなかった[49]。

つまり、ＡＩ対人間の勝負は一：〇というわけだ。だが、それで別の問いが生まれる。機械翻訳は翻訳調とは無縁なのだろうか。答えは「ノー」のようだ[50]。問題は、大規模言語モデルの仕組みにある。このモデルが参照する大量の（翻訳）データに含まれている言い回しや表現が、新たな文章の作成に取り入れられがちなのだ。ＡＩに文章を翻訳させると、プログラムのトレーニングに使用されたデータによく登場する言葉や文法構造が使われる傾向にある。つまり、ソース言語（原文）に存在する語彙や構文の多様性が、ＡＩ翻訳では失われてしまうということだ。

コンピューターが忍び寄る：ＡＩ翻訳とプロの翻訳

それなりに歳を重ねている人であれば、タイプライターからパソコンでの文字入力に移行したときのことを覚えているはずだ。ソフトウェアが改良されるにつれ、紙の辞書を使う機会は減った。マイクロソフトのWord、そしてのちのGoogle検索などが、必要としている基本的な情報を提供してくれるようになったからだ。現在では、人間が書いたものをコンピューターが編集できるようになった。さらに、コンピューター自体が文章を書いてくれるようになっている。

翻訳で使用されるツールも同じように進化してきた。最初に登場したのが、オンライン辞書や光学式文字読み取り装置（OCR）、翻訳する紙文書の電子ファイルへの変換だ。それから以前作成した翻訳文を再利用できるプログラムなど、より高度なシステムが登場した。[51]

手間を省くこれらのツールを味方につけ、プロの翻訳者たちは人間ベースの翻訳の場でコンピューターを利用してきた。だが立場はいつしか逆転し、今では機械が翻訳をおこなうようになり、運転席にはAIが鎮座している。AIプログラムの機能が向上すると同時に、翻訳市場が拡大し続けるなか、人間の翻訳者はどの程度必要とされ、今後どのような役割を担うことになるのだろう。

「十分」と「いい」：翻訳の雇用の展望

十分な仕事があることと、十分ないい仕事があることの違いについてはすでに紹介した。翻訳業界では、「十分」と「いい」の断絶がすでに始まっているようだ。

アメリカ労働統計局は、二か国語を理解する求職者のアメリカでの雇用見通しは明るいとしている。素晴らしいことだが、労働統計局のデータは通訳（国連などで、一つの言語での発言を別の言語に訳して伝える人）と翻訳（文章を訳す人）の合計であることに注意しなければならない。以下がそのデータだ。

・二〇二〇年時点での雇用：八万千四百人
・二〇三〇年の雇用予測：十万七百人

これに基づくと、この分野の雇用成長率は二四％と、アメリカ全体で予想される雇用成長率（八％）より高い。[52]

成長が期待される主な理由として、国際ビジネスの増加、アメリカにおける言語の多様性、継続的な軍事的および国家的安全の必要性などが挙げられる。さらに、文書だけでなくウェブサイトやＳＮＳの投稿など、オンライン資料を翻訳するニーズもある。

一見すると、翻訳業は絶好調のようだ。だが、本当にそうだろうか。

〈急成長する機械翻訳市場〉

テクノロジーを使用した翻訳は一大ビジネスだ。この市場に参入している企業は一万八千社以上だという見積もあり、年間五百六十億ドル以上を売り上げている。企業の規模はさまざまだが、大手としてはトランスパーフェクト、ＲＷＳ、Language Solutions（ランゲージ・ソリューションズ）、Keyword Studios（キーワード・ステュディオス）、ライオンブリッジなどがある。[53] 完全な機械翻訳が用いられている仕事の割合は今のところわずかだが、増加傾向にある。[54]

ＡＩを活用した翻訳にはさまざまな段階がある。最も単純なのが、Google翻訳、DeepL翻訳、

Microsoft翻訳などのツールを使っておこなう作業だ。その上の段階として、Googleクラウド翻訳やAmazon Translateなどのプラットフォームに翻訳をさせ、使用した分のみ料金を支払うというモデルがある。[55] さらに、ウェブサイト翻訳などの特化型のタスクをおこなう企業（Weglot［ウェグロット］など）に翻訳を依頼したり、もっと広範なプロジェクト、たとえば大規模な国際ビジネスに必要となる一連の文書の翻訳を専門企業に依頼したりできる。

特に実務翻訳は、ただ単に一つの言語から別の言語に文章を変換することではない。現代の実務翻訳の多くにはローカリゼーション――特定の言語的および文化的背景に合わせて訳文を調整すること――と呼ばれる作業が含まれている。わかりやすい例を挙げれば、多様な言葉のなかからどれを使うか決めること（ブラジルのポルトガル語かヨーロッパのポルトガル語か、カナダ・ケベック州のフランス語かそれともフランスのフランス語か）だ。さらに、訳文を読むことになる地域の人々に合わせたトーンでの「翻訳」や、キロかポンドのどちらを使うかなどの細かな点への配慮も必要になる。

〈品質問題、あるいは大豆値〉

さて、ここに至るまで避けてきた議題が一つある。翻訳の品質だ。「十分にいい」翻訳なら巷にあふれている。一九四七年、ウォーレン・ウィーバーは「ぎこちない」文章でも（理解できるのであれば）科学資料の翻訳には十分だと考えていた。しかし、もっと質のいい翻訳が必要になることもある。翻訳プログラムにソース言語とターゲット言語の十分なデータが備わっていない場合はなおさらだ。アルゴリズムが参照することのできるデータセットがいくらでもある言語（英語やスペイン語だけでなく、ドイツ語やフランス語なども）で機械翻訳をおこなうとしよう。これらの言語の機械翻訳は、アラビア語やアルメニア語などの、トレーニングデータがかなり少ない言語よりうまくいく確率がはるかに高い。

こうした差は現実世界に影響をおよぼす。

いい例が臨床医療、特に緊急医療（ＥＲ）だ。救急の患者がどの言語を話すかは、その患者が病院に運び込まれるまでわからない。運良く病院で人間の通訳者を確保し（対面または電話サービスで）患者の言葉を通訳してもらえることになったとしても、退院手続きはどうすればいいのか？　退院証明書を書くだけでなく、それを翻訳する必要がある。Google翻訳は、効率的で費用対効果も高い解決策のように思えるはずだ。

患者がスペイン語を話すのであれば、運がいい。医薬情報に関する英語からスペイン語へのGoogle翻訳の精度は九〇％以上だからだ。だが、ペルシア語やアルメニア語では、精度はそれぞれ六七％と五五％にまで下がる。中国語の翻訳データセットは大規模で翻訳の精度も比較的高いが、それでも問題が生じることがある。ＥＲに運び込まれた患者の退院手続きの際に、Google翻訳を使用した事例についての研究結果を見てみよう。

・英文の「You can take over-the-counter ibuprofen as needed for pain（痛みがある場合は、必要に応じて市販のイブプロフェンを服用してもよい）」はアルメニア語では「痛みがある場合は、必要な分だけ対戦車ミサイルをとってもよい」になる

・英文の「Your Coumadin level was too high today（今日のクマジン値は高すぎる）」は中国語では「今日の大豆値は高すぎる」（逆翻訳）となる[56]

生《き》のＡＩ翻訳がもたらす不正確さは、面白い場合も危険な場合もある。いずれにせよ、リソースさえあれば解決する。翻訳文を公開する前に人間が事後編集《ポストエディット》をおこなえばいいのだ。

〈ポストエディットの憂鬱〉

ポストエディットが使用されるようになったのは、機械翻訳が誕生した頃だ。イェホシュア・バー＝ヒレルは、機械に読み込ませる文章の事前編集《プレエディット》、機械が作成した文章の事後編集《ポストエディット》、あるいはその双方を人間がおこなうべきだと主張した。プレエディットは今でもおこなわれているが、ＡＩ翻訳アルゴリズムがうまく翻訳できないような箇所を修正する程度ですむようになった。[57]問題はポストエディット、つまり機械翻訳というソーセージ製造機〔序章を参照。文章がどのように作成されたかわからないことを、ソーセージ製造機に例えている〕を通った文章を整える作業だ。

機械翻訳のポストエディット（ＭＴＰＥ）は、瞬く間に一般的になった。人間のポストエディターは、「クマジン」が中国語の「大豆」でないことを指摘し、句読点や大文字、小文字が正しく使用されているかどうか（言語によって規則は異なる）を確認して、文法的におかしな箇所を修正すればいい。さらに、アダプティブ（適応型）ＡＩポストエディットシステムは、人間が加えた修正から学習する。原理上は、人間に一から翻訳させるより機械のポストエディットをおこなう方が生産性の向上につながり、費用を節約できる。だが、ポストエディットとは、部分的な修正をするだけではないのだ。翻訳文全体を調整する必要もある。

近年では、人間の翻訳にも機械の翻訳にも翻訳調があるように、「ポストエディット調」というものがあることもわかってきた。研究者たちが、人間が手がけた翻訳と、機械の翻訳および（人間による）ポストエディットを比較した。それでわかったのは、ポストエディット調とは、翻訳調をさらに大げさにしたものであるということだった。（すでに翻訳調の）機械翻訳が、ポストエディット作業におけるインプットだからである。[58]この翻訳文は文法的には正しいが、ときに読んでいて退屈なのだ。ＡＩが生成したニュース記事や、ChatGPTが作成した小論と同じ雰囲気が漂っている。

プロの翻訳者はポストエディットについてどう考えているのだろう。二〇一九年の世界的なアンケートに、七千人以上の翻訳者と通訳者が回答している。回答者のうち八九％が従来の（人間による）翻訳作業の方が好きだと答えた。三五％が機械翻訳のポストエディットを利用していたが、ポストエディットの方がいいと回答したのはたった三％だった。残りの八％は人間が翻訳した文章を編集する（もともとの意味でのポストエディット）方がいいと答えた。[59]

これらの数字を考える前に、翻訳業界の傾向を理解しておきたい。翻訳業はパートタイムかつフリーランスの仕事であることが多い。翻訳者自身がフリーランスになることを選択しているか、翻訳業だけで食べていくことが難しいからだ。だが、翻訳とは好きだからこそできる仕事でもある。この職種のどういうところが気に入っているか聞かれた翻訳者と通訳者の四三％が、目的意識を持てる仕事という点だと回答している。こうした状況では、機械翻訳のポストエディットが好まれないのも無理はない。

ただし、ポストエディットの話を終える前に、すべての翻訳作業が同じようにおこなわれているわけではないことを念頭に置いておかなければならない。タスクがルーチン化していて退屈な場合、当然のことながら人間はそのタスクを楽しんではいない。カナダ人の翻訳者が毎日同じような天気予報を翻訳することに飽き飽きし、TAUM-METEO（トームメテオ）による機械翻訳を喜んで受け入れたことを思い出してほしい。リン・ボウカー〔カナダの言語学者。オタワ大学で翻訳情報学を教える〕はこう話している。

「スイートスポット」、つまり機械翻訳が最適だと考えられる領域はあるはずです。たとえば、人間の翻訳者はつまらない文章（天気予報など）の翻訳なら［機械翻訳］システムに任せ、（機械翻訳のポストエディットをおこなうのではなく）もっと刺激的な文章を訳したいと考えています。[60]

近年翻訳された文書の多くには、契約、役所の手続き、ウェブサイト、ニュースといった単純明快な情報が含まれている。AIアルゴリズムは通常「転ばぬ先の杖」や「人生は旅だ」などの比喩をこなす必要がない。こうした比喩を訳すのは、人間の翻訳者のほうが得意だ。

コンピューターがウィリアム・フォークナーや、ジェイムズ・ジョイスを翻訳するようになる未来は想像しがたい。たとえば「they were yung and easily freudened（若さを弓具《ユング》に扶労厭《フロうイト》わず」〔『フィネガンズ・ウェイクⅠ』ジェイムズ・ジョイス著、柳瀬尚紀訳、河出書房新社、二〇〇四年、二二三ページ所収〕）をGoogle翻訳に入力してロシア語への翻訳ボタンを押し、逆翻訳してみたとしよう。おそらく「yung」は「young」になり、ジョイスが意図したようなカール・グスタフ・ユング〔スイスの精神分析家でユング心理学の創始者〕への目配せは失われるだろう。

機械翻訳が誕生した頃から、文学（フィクションだけでなく巧みに書かれたノンフィクションも含む）をコンピューターで処理することは不可能だと考えられてきた。ところが、その仮定が正しいとはもはや言えなくなっている。翻訳者たちは最後の足場も失いつつあるのかもしれない。

文学：翻訳の最後の砦？

出版業界でここのところ議論になっているのが、翻訳書の表紙に誰の名前を載せるかという問題だ。著者だけか、それとも翻訳者の名前も載せるべきか？〔英語圏では日本と異なり、書籍の翻訳者名は表に出ないことが多い〕生活の糧を得るために働いているだけなのだから、自分の名前が表に出るかどうかは特に気にしないという翻訳者もいるだろう。しかし、翻訳者の名前が著者名と並んで表示され、翻訳者が作品の前書きを書くこともある。多くの場合、翻訳者は自分の名前も載せてほしいと願っているが、その実績は十分に認知されないことが多い。今では、翻訳者の名前を本の表紙、書評、マーケティング活動に掲載すべきだという主張が多く聞かれるようになっている[61]。

新訳が出版される場合には事情が違う。たとえば『ベオウルフ』〔英文学で最古の叙事詩の一つ〕だ。この場合、この詩を書いた人物――あるいは誰がもともと歌にした人物――がわかっていないので、表紙に書かれる名前で迷うことはない。興味深いことに、古英語で書かれたこの作品を多く（今のところ数十人以上）の人が現代英語に翻訳してきた。この詩の現代語への訳文の多くが読むに値するものだが、話題になるものは少ない。たとえば二〇二〇年に出版された、マリア・ダーヴァナ・ヘッドリーによるフェミニスト的な解釈の『ベオウルフ』などは注目された。もっとも注目を浴びたのは、一九九九年のウィットブレッド賞〔のちにコスタ賞と改名したイギリスの文学賞〕を受賞したシェイマス・ヒーニーの翻訳だろう。イギリスの詩人、アンドリュー・モーションは『ファイナンシャル・タイムズ』でこのように語っている。「［ヒーニーは］名作から名作を生み出した」[62]。

最高に質の高い翻訳は、仕事というより芸術だ。創造的な書き手が言語、文化、時代、著者の心情まで掘り下げて考えることからできあがる芸術である。これらの糸をより合わせて、翻訳者は独自の文章力を駆使し、原著に忠実であるとともに新たな作品でもある訳書を生み出す。もちろん、すべての翻訳作品――複雑な文学であっても――が創造的な作品となるわけではない。ただ、さほど記憶に残らない翻訳でも、翻訳者は独自の声《ヴォイス》を表現したいと思っている。

翻訳業界では、翻訳者個人の声をどれほど訳文に反映するべきかについて、長いあいだ議論されてきた。どの程度忠実に訳し、どの程度解釈を含めるべきか[63]？ 個人の声を投影する仲介者になるのは、翻訳者（というよりあらゆる書き手）だけではない。オーディオブックを録音する声優も同じだ。あるいは音楽家も。ベートーヴェンのファンは、ダヴィッド・オイストラフ〔ロシア帝国（現ウクライナ）出身のヴァイオリニスト、指揮者。一九〇八～一九七四年〕とアンネ＝ゾフィー・ムター〔ドイツのヴァイオリニスト。一九六三年～〕のヴァイオリン・コンチェルトの違いをいともたやすく聴き分ける。

ＡＩが文学界に乗り込めば、翻訳者の文体や創造性はどうなるのだろうか？

面白い研究がある。著名な翻訳者であるハンス＝クリスティアン・エーザーに、二十年前に彼自身が（英語からドイツ語に）翻訳した作品の機械翻訳のポストエディットを依頼したのだ。エーザーの翻訳スタイルはすでに分析済みだったため、ポストエディットをおこなった作品と、もともとの翻訳文で示されるエーザーならではの文体を比較するのはたやすいことだった。ポストエディットの方では、訳者自身の特徴的な翻訳はなりを潜めていた[64]。

プロの文芸翻訳者は、ポストエディットに関する意見をはっきり表明している。ある研究ではこのようなコメントが見受けられた。

「〔ポストエディットがあると〕怠けがちになります……。あまり多くを変えなくてもいいのではないかと感じるのです」

「〔人間による翻訳では〕読者は翻訳者による解釈を読んでいます。〔機械翻訳を〕使えば、機械による解釈を読むことになります[65]」

さらに、研究に参加した六人の翻訳者は、選べるのなら、昔ながらのやり方で翻訳したいと答えた。機械翻訳のポストエディットでは創造性が制限され、ありきたりな翻訳文に落ち着いてしまうことなどがその理由だ。一人の参加者は、人間の翻訳は手作りの料理のようなもので、ポストエディットは「いつも同じ味の」インスタント食品のようなものだと答えた[66]。

客観的に見て、文学の機械翻訳は、人間が一からおこなう翻訳よりも創造性が低いことを示す研究がある。アナ・ゲルベロフ・アリーナス〔オランダ・フローニンゲン大学の翻訳学准教授〕とアントニオ・トーラル〔フローニンゲン大学の計算言語学准教授〕は二つの調査をし、すべて人間が翻訳した文章、すべてＡＩが翻訳した文章、そして機械翻訳と人間によるポストエディットを経た文章の三つの創造性を比較した。判断を下したのは人間の評者だ。どちらの研究でも、人間の翻訳がもっとも創造的であると評価された。読み手は、人間の翻訳の方がより物語の世界に入り込めると回答している[67]。この調査結果はポストエディットをおこなう翻訳者たちの感想とも合致している。ある翻訳者の言葉を借りれば、

「〔機械翻訳の〕ポストエディットでは創造性が制限されるように思われます。翻訳済みの文章を

手渡されると、既存の枠組みにとらわれずに考えることがしにくくなりました。自分で翻訳するのではなく、文章を「修正する」ことに居心地の悪さを覚えたのです」[68]

この違和感は、ＡＩが生成した翻訳のポストエディットをおこなっているプロの翻訳者だけが抱えているわけではない。Grammarly（グラマリー）やMicrosoftエディターなどのツールに頼って毎日のように文章を書いている人々は、何百万人もいる。自分の書いた文章に対し、そのツールはしきりにあれこれ言ってくる。自分の文章を修正しないでいることを気まずく感じるくらいだ。文法と文体をチェックするツールの言いなりになった方が気が楽になるほどだ。ツールの提案をごもっともだと思うときもあるが、たいていはその提案は訳者の声や独自の創造性を殺してしまう。

創造性とはなんともとらえがたい言葉だが、書き手のことを話すときには、やはりこの単語を使わざるを得ない。創造性を駆使する人々のなかにジャーナリストや弁護士、翻訳者といったプロもいるが、一般の書き手も同じだ。私たちは、創造性を一般的な文化的価値としてもてはやす場合が多い。しかし、次の章で紹介するとおり、創造する個人もＡＩの恩恵を受けることができる。ここからは創造性とは何かという問いを探りながら、ＡＩが挑戦者としてリングにあがったときに何が起きるのか、そしてその利益を得るのは誰か、という問題について考えていきたい。

第9章　ＡＩの創造性

トスカーナの田園地方に位置するアンキアーノ村には、葡萄畑とオリーブの木立が広がっている。私がこの地を訪れたのは一九六九年のことだ。さびれた田舎町でバスを降りてから三キロほど歩いた場所に、目当ての小さな建物はあった。目的地に辿り着いた私は、道の反対側にある農家の扉をノックした。すると中年の女性が現れたが、彼女は英語を話さなかった——そして私は、イタリア語が話せなかった。ところが私が「レオナルド」と言うや、この女性は大きな鍵を持ってきて、建物のなかを案内してくれた。一四五二年、レオナルド・ダ・ヴィンチが、セル・ピエロ・ダ・ヴィンチとカテリーナという名の召使いのあいだに非嫡出子として生まれた場所である。そのとき、私と旅の道連れとイタリア人女性のほか人っ子一人いなかった。

何十年も経って、再びトスカーナを訪れると、そこには見覚えのない風景が広がっていた。ツアーバスがひっきりなしにやってきては、最新のレオナルド・ダ・ヴィンチ博物館〔ヴィンチ村にある〕を観にきた旅行客を吐き出す。シャトルバスが出ていて、アンキアーノ村を訪れることもできる。あの静かだった建物ではいまや《最後の晩餐》のプロジェクションが投影されている。

創造的な天才たちの暮らしぶりは私たちを惹きつける。それを近くで目にすることができるなら、人々は代金を支払うこともいとわない。スイス・ベルンのクラムシュトラーセ四十九番地では、アパートメントの三階まで狭い階段をのぼると、アインシュタインが相対性理論について考えていたときに住んでいた場所を見ることができる（入場料は六フラン）。ウィーンのジークムント・フロイト博物館は、フロイトが四十七年にわたって生活と仕事の場としてきた家だった。精神分析の父である博士が診察する際に患者を寝かせたという、名高いソファをぜひ見てみたいとお考えだろうか。それならロンドンにあるフロイトの家（現在では博物館となっていて、入場料は十四ポンド）を訪れるといい。一九三八年、ナチスから逃れてきた彼が住んでいた場所だ。

多くの人がダ・ヴィンチやアインシュタインやフロイトに夢中になる。巨人の足跡を辿れば、その才能のおこぼれにあずかれるかもしれない。実際に会うことができないのなら、天才の肖像画のポスターで間に合わすしかない。

誰が――そして何が――創造的だとみなされるのだろう。その創造の魔法はどこからやってくるのだろう。哲学者や心理学者、そして今では認知科学者が、この謎を解決しようとしている。最近では音楽や芸術や文章といった分野で創造的な作品を制作しているAIプログラムについて議論が交わされている（科学や数学でもだが、ここでは芸術と人文に焦点を当てる）。今まさに重要な疑問は、作曲家や画家や詩人は、AIという競争相手を不安に思うべきか、というものだ。

AIは創造的になりうるという主張を理解し、そのことに私たちはどう対応すべきか判断するためには、まず人間の創造性とは何か、誰にその力があるのか、どのようにそれを手に入れたのかをつきとめなければならない。そこから始めよう。

人間の創造性

システィーナ礼拝堂を飾るミケランジェロの見事なフレスコ画を思い浮かべてほしい〔《アダムの創造》のこと〕。天井を見上げると、神がアダムに生を授けるところで、人さし指が今にも触れ合おうとしている。キリスト教徒でなくとも、このイメージは人間の認知能力の目覚めを表しているのだとわかる。目覚めた能力には創造性も含まれる。火花が散り、アイデアが抽《ひ》き出され、新たな作品が生まれる。

こうした創造性は他者から高く評価されることがある。

図10：ミケランジェロ・ブオナローティ《アダムの創造》（1508-1512年）ミケランジェロによるシスティーナ礼拝堂天井画の1つ。神とアダムの指先が触れ合うことで、人間に生命が吹き込まれる。

何が創造的だと考えられるか？

「「効果的な驚き」を生む行動」——心理学者のジェローム・ブルーナーは、それが「創造的な試みの証明」だとしている。[1]

驚き（革新性の結果）は創造性の物語になくてはならないものだ。だがそれだけではない。創造性があるとされるのは、革新的で、価値のある発想や行動などである。他者がその革新性を理解し、それが役に立つ、あるいは重要だと判断できるものでなければならない。たとえば、私は子どもの頃、ライ麦パンにサーディンとチョコレートシロップという新しい組み合わせを「発明」したことがある（おいしいのかどうかは聞かないでほしい）。この新しい発明の味見をしてほしいと友人に頼んだところ、断られた。つまり、これには価値がなかったということだ。一方、（マシュマロクリームとピーナッツバターを組み合わせて作る）フラッファーナターは、特にニューイングランドの六つの州で昔から愛されている。それには価値があるのだ。オイスター・ロックフェラー〔殻つきの牡蠣にハーブやバターをのせて焼くか、グリルした料理。ニューオーリンズのレストランで考案され、ソースが味わい深い（リッチ）ことから大富豪（リッチ）のロックフェラーにちなんだ名前がついた〕ほどではなくとも、価値がある。

アリストテレスやトルストイには偉大な創造力が備わっていたわけだが、どのような人物に、あるいはどのようなところに創造力があるのかを見ていくことがとても大事になってくる。心理学者のミハイ・チクセントミハイはこのような創造性が「文化のある面に変化をもたら」し、「一人の人間の頭のなかにのみ存在するわけではない」とした[2]〔『クリエイティヴィティ：フロー体験と創造性の心理学』浅川希洋志・須藤祐二・石村郁夫訳、世界思想社、二〇一六年、三二ページ所収〕。その判断を下すのは、批評家、出版者、賞を授ける識者といった文芸界の門番だ。

創造性には革新性と価値のほかに、一時性という第三の柱がある。心理学者のモリス・スタインは「創造的な作品とは、どこかのある時点である種の人々から、支持できる、役に立つ、見事なものだと受け入れられた新しい作品だ」と主張している[3]。たとえば、フィンセント・ファン・ゴッホは生涯にわたって、創造性の化身とみなされることはなかった。ファン・ゴッホなどの前衛的な作品が、一九一三年にニューヨークの〈アーモリー・ショー（国際近代美術展）〉で展示されたときには、騒動が巻き起こったほどだ[4]。だが、その後の世代の評価は一変した。シェイクスピアですら、評価は一定ではなかった。

とはいえ、創造性は普通の人々にも備わっているものだ。

Cが二つはまあまあ、Cが四つはずっといい

スクリーンに映る彼は無敵だった。しかし一九六四年、俳優のジョン・ウェインは癌を患っていることを告白した。そして国民を安心させるため、こう言った。「ビッグC〔癌のこと〕を克服しましたよ」。[5]こうして、今までは大した役を与えられてこなかったアルファベットのCに新たな意味が加わった。

一九七〇年代、文化にまつわる議論では「ビッグCカルチャー」〔大文字のカルチャー（Culture）のC〕（文学、音楽、芸術を網羅する客観文化）と「リトルcカルチャー」〔小文字のカルチャー（culture）のc〕（信念や価値といった主観的な文化）が区別されるようになった。[6]一九八〇年代になると、大文字のCと小文字のcによって創造性が数値化され始めた。そして、「「ビッグC」の創造性（Creativity）とは重大な革新を含むものを指し、「リトルc」の創造性（creativity）は革新的ではあっても影響が小さいものを指すようになった。[7]

一九九〇年代には哲学者や心理学者がこぞって創造性を研究した。[8]「ビッグC」と「リトルc」の名づけ親については何もわかっていない。この言葉は幅広く使われたからだ。たとえば、チクセントミハイは「大文字のCの創造性（Creativity）は、文化のある局面を変える」と書いている[9]〔『クリエイティヴィティ：フロー体験と創造性の心理学』七ページ所収〕。これは「小文字のc」、つまり個人的な創造性と対をなすものだ。[10]

大文字のCとは、大規模な創造性を意味する。たとえばアインシュタインの相対性理論やトルストイの『戦争と平和』だ。一方、世界のあり方を変えるわけではない地域に根ざした創造、たとえば七歳の子どものヴァイオリンコンサートや、ノーベル賞を受賞したものの今ではほとんど顧みられることのない作家の作品などがある。一九一二年にノーベル文学賞を受賞したゲアハルト・ハウ

プトマンや、グラツィア・デレッダ（一九二六年に受賞）の作品名を言える人がいるだろうか。

この区別はいい起点となる。というのも、創造性の最上圏にはいない何十億人もの人間の、創造的な努力のための場所ができるからだ。問題は、選択肢が二つだけでは、「リトルcの創造性」のカテゴリーに入ってしまう人ばかりになってしまうという点だ。これではスズキ・メソード〔ヴァイオリニスト鈴木鎮一によって作られた音楽教育のこと〕の一巻目に取り組んでいるヴァイオリン初心者と、ギル・シャハム〔アメリカ人のヴァイオリニスト〕を同じカテゴリーに分類せざるを得なくなる。

この問題を解決するため、心理学者のジェイムズ・カウフマンとロナルド・ベゲットはさらに二つの「c」を提唱している。[11]

- ミニc：新たな経験、できごと、活動から得られる個人的な満足（デザートのレシピにアレンジを加えるなど）
- リトルc：ある程度の評価を得るミニc（レシピが評価され、地元の品評会で賞を受賞するなど）
- プロc：ある程度の評価を得るプロの作品（J・K・ローリングの「ハリー・ポッター」シリーズなど）
- ビッグC：その分野を定義し、人類に多大な利益をもたらし、文化を変える創造（シェイクスピア、またその影響の大きさを考えるとスティーブ・ジョブズなど）

創造性に関する書籍は、本物の文化的な変化を語る作品から個人の達成を伝える作品まで、さまざまなものが出版されている。ハワード・ガードナーの『創造する精神（Creating Minds 未邦訳）』は、フロイト、アインシュタイン、ピカソ、ストラヴィンスキー、エリオット、グレアム、ガンディーといったビッグCの視点から創造性の秘密を探るものだ。[12] ミハイ・チクセントミハイの『クリエイティヴィティ：フロー体験と創造性の心理学』〔浅川希洋志・須藤祐二・石村郁夫訳、世界思想社、二〇一六年〕は九十一人の「非凡」な個人に広くインタビューをおこなっている〔一三ページ所収〕。この九十一人のなかには、シタール奏者のラヴィ・シャンカル、政治家のユージーン・マッカーシー、言語学者のトーマス・シビーオク、哲学者のモーティマー・アドラーなども入っている。[13] つまりプロcを備えているとされる人物だ。

ジャーナリストのマット・リヒテルはこの考え方への立場を明らかにしてはいないが、著書『触発されて（Inspired 未邦訳）』にこう書いている。

> 創造性とは（中略）原始的な生理機能の一部である。人間のもっとも本質的な生存機能である細胞レベルで生じる。私たちは創造するマシンなのだ。[14]

リヒテルはロックスターからギター教師、軍人にいたるまで、創造的な人々について考察している。多くのミニc、リトルc、そしてプロcが登場する。

誰が一番だったかは重要か？

ここで創造性の最初の条件に戻ろう。発想または著作物は新しくなければならないというものだ。しかし、いったい誰にとって新しいのか？

今では広く知られていることだが、十七世紀後半、アイザック・ニュートンとゴットフリート・ヴィルヘルム・ライプニッツはどちらも微積分を発明した。ところが、あまり知られていない事実がある。「無限級数」、つまり微積分に必要不可欠な要素は、それより二百五十年前にインドのケーララ学派によって発見されていたのだ。ヨーロッパの植民地主義に伴う虐殺と、独創性に富んだこの文書がマラヤーラム語で書かれていること（国際的な言語とはとても言えない）などから、ケーララ学派の偉業は最近までほとんど知られていなかった。[15]

賞を授ける場合には、誰が一番かは重要なことだ。実際に、ニュートンやライプニッツの支持者たちはどちらが一番だったかを争った。出版したのはライプニッツの方が先だったが、ニュートン派はライプニッツが盗用したに違いないと主張した。一方、人間の文化にとって重要なのは、微積分（ビッグC）が発明された事実だ。

普通の人間である私たちの場合はどうだろう。無名の数学の天才が、（すでに知られている）微積分の基礎を知らぬまま、新たにそれを発見したとする。それも創造的な行為だとみなされるのだろうか？

マーガレット・ボーデンはこのような可能性を考えて、歴史的創造性（H創造性）と心理的創造性（P創造性）を区別した。H創造性は「人類の歴史において新しい」もので、P創造性は「そのアイデアを得た個人の精神にとって新しい」ものだ。[16]ボーデンがニュートンとライプニッツの微積分への取り組みをどちらに分類するのかはわからない（おそらく共同でH創造性賞を受賞できるだろう、多くのノーベル化学賞やノーベル医学賞が共同受賞であるように）。だが間違いないのは、この無名の天才はP創造性で満足しなければならないということだ。微積分はすでに私たちの社会に文化的影響をおよぼしているのだから。

AIについて考えてみよう。AIのH創造性が評価されることがあるだろうか？　二〇一六年の

DeepMind（ディープマインド）のプログラム、AlphaGo（アルファ碁）と国際的な囲碁のチャンピオン、イ・セドルの対戦についてはすでに触れた。高く評価された三十七番目の手は、第二局で飛び出した。AlphaGoが打ったばかげた、あるいは素晴らしい一手は、セドルもほかのどの棋士も目にしたことのないものだった。何千回ものトレーニングを重ねたアルファ碁は独自の対局スタイルを身につけ、この三十七番目の手で勝利をもぎとった。解説者はこのように説明している。

「[AlphaGoは]普通ではない手を打ちました。データベースに数多く登録されているような一手ではありません。つまり自分で考えついたのです。（中略）創造的な一手でした」[17]

創造的なのだろうか。少なくともブルーナーの定義における「驚き」ではある。この一手には明らかに価値があった。AlphaGoは対局に勝った。これはH創造性だろうか？　ボーデンの定義によるとそうなるだろう。では、これはビッグCか。いや、違う。これで人間の文化のあり方が変わったわけではない。ただし、明言されているとおり、開発者であるデミス・ハサビスの目標は囲碁に勝つことではなく、タンパク質の折りたたみ構造の改造など、より差し迫った人間の問題を解決することにある。AlphaGoなどをもとに構築されたプログラミングモデルが、微積分と同じように「世界を変えた」と評価されるかどうかは、もう少し時間が経たないとわからない。

人間の創造性は測定できるか？

外科医にとっては誰もが手術前の患者だ、と言われている。同じように心理学者にとって、あらゆる人間の行動は測定前の素材だ。必要なのは適切な検査だけである。

一九五〇年、アメリカ心理学会の会長となったジョイ・ギルフォードは講演で、創造性を科学的に研究する重要性を述べている。彼の説明には、コンピューターの脅威を予知しているかのような文章がある。

「最近では、驚異の思考機械の話をよく聞きます。（中略）［将来的には］脳の経済的な価値は、脳にできる創造的思考だけになるでしょう[18]」

心理学者たちはこの言葉を受けて、さっそく仕事に取りかかった。

ギルフォードは、人間の発散的思考〔さまざまな方向に思考を広げ、新たな発想を生み出すこと。拡散的思考とも呼ばれる〕、つまり質問に対して複数の回答、あるいは問題に対して複数の解決策（「煉瓦の使い道はいくつある？」など）を思いつく能力の測定から始めた。反対に、収束的思考とは単一の回答または解決策に辿り着くことを指す。従来、創造的な人は発散的思考を多くおこなうと考えられてきた。トーランスの創造性テスト（Torrance Tests of Creative Thinking）などはその考えに基づいている。これに異を唱える研究者がいなかったわけではないが[19]、発散的思考に関する議論は半世紀にわたり注目を集めてきた。

二十世紀後半にニューロイメージングが登場すると、創造性を追求したいと考えた心理学者たちはこの新たなテクノロジーに群がった。ＰＥＴ検査やＭＲＩ検査で創造的な脳の動きが明らかになるかもしれない[20]。研究者たちは相関性がありそうな事象を集め、特定の認識活動中に脳のどの部分が光るかを突き止めた。たとえばＰＥＴ検査では、ランダムかつ自由な連想（創造的思考にいいとされる）をおこなっている際にもっとも活発に活動するのは、前頭葉、頭頂葉、側頭葉であることがわかった。[21] さらに、脳のデフォルトネットワークと呼ばれる部分、つまり思考や記憶、思考のさまよい〔マインドワンダリング、心の迷走とも呼ばれる〕に関与する広い領域についての興味深い研究もある。これらの領域は、人間が「今、ここ」にまったく集中していないときにもっとも活発な動きを見せた。未来について夢想する力、目先のことにこだわらない能力は、創造的なアイデアを生むためには欠かせないものなのだ。[22]

しかし、創造性の秘密を探ることに没頭する前に、神経科学者ナンシー・アンドリアセンの言葉を心に留めておこう。

> 通常の創造性に神経学的な基礎があるのは明らかだ。（中略）しかしこれらは、並外れた創造性を作り出すのと同じ性質だろうか。[23]〔『天才の脳科学：創造性はいかに創られるか』長野敬・太田英彦訳、青土社、二〇〇七年、一一〇ページ所収〕

もしかしたら、自由な連想と意図的な思考のさまよいを心がけることで、中程度の創造性を生み出せるかもしれない。だが、第二のレオナルド・ダ・ヴィンチになるという夢は抱かないほうがいいだろう。

人はどのようにして創造的になるのか？

シェイクスピアの『十二夜』で、マルヴォリオはオリヴィアにこう話す。「高き身分に生まれつく者あれば（中略）高き身分をみずから獲ち取る者あり。（中略）さらにはまた、高き身分をたまたま授けられる者もあり」〔安西徹雄訳、光文社、二〇〇七年、一二九ページ所収〕。創造性は、高き身分のようなものだろうか？　生まれつき備わっている人や、苦労して獲ち取る人、宝くじのようにたまたま手に入る人もいるかもしれない。

ＡＩが創造的であることを考えるためには、人間の創造性の源を知ることが近道になるだろう。これについてはいろいろな主張があり、誤りだとわかったものも、真実かどうかわからないものもある。以下に、いくつかの事例を紹介する。

〈ＩＱ〉

頭がいいと、創造性が高まることもあるかもしれない。百年前の人々はそう考え、創造性と知能には関連があるとした。最近では多くの研究者が否定的だが、これには補足すべき点がある。

第3章で説明したとおり、今日の知能検査とは、まずフランスでアルフレッド・ビネーが考案し、その後二十世紀初頭にスタンフォード大学で心理学を教えていたルイス・ターマンが修正を加えたものだ。控えめな人物だったターマンは、修正を加えた検査を「ターマン・ビネー」ではなく「スタンフォード・ビネー」知能検査と呼ぶことにした。このターマンがおこなっていたのが、約一五〇のＩＱを持つ子どものその後の人生を追うという、何十年にもおよぶ研究だ。ＩＱが高い子どもは、平均的なＩＱ（一〇〇程度）の子どもより創造的（作家、芸術家、科学者などになったかどうかで測定される）な人生を歩んだのか。答えは「ノー」だ。[24]

ただし、これには補足が必要だ。まず、ターマンが使用した創造性の測定方法は、カウフマンおよびベゲットのプロｃと呼応している。リトルｃはともかく、誰もビッグＣには到達しなかった。

次に、スタンフォード・ビネーのような知能検査は、知能の大体の指針でしかない。何十年にもわたり、（ほかの標準検査同様）偏りがあると批判されてきた。さらに、ハワード・ガードナーの多重知能理論（空間、数理・論理、言語など）のことを考えれば、単一のIQ値だけで能力を判断することには問題がある。[25] ピカソは芸術の天才だったが、フェルマーの最終定理の問題に取り組むことができたかは、はなはだ疑問だ。

最後に、トップレベルの創造性がなくてもMENSA（メンサ）の会員になれる（スタンフォード・ビネー検査でIQが一三二以上だと評価される必要がある）かもしれないが、心理学者のなかには「しきい値理論」を主張する者もいる。つまり創造的であるには、ある程度の知能がなくてはならないが、特定の値を超えてしまえば（スタンフォード・ビネー検査では一二〇あたり）意味をなさないのだ。[26]

〈遺伝子〉

生まれつきの創造性が備わっていることはあるのか。一八六九年、チャールズ・ダーウィンの従兄で、博識なイギリス人学者、優生学者のフランシス・ゴルトンは、『天才と遺伝（Hereditary Genius）』〔原口鶴子訳、早稲田大学出版部、一九一五年〕で、創造性は遺伝だと主張した。この論理によれば、バッハやブロンテ姉妹が残した功績は偶然の産物ではないことになる。だが、ゴルトンの継承理論には賛否両論がある。[27] この理論に当てはまる家族は多いが、当てはまらない家族は星の数ほどあるからだ。パロマ・ピカソ〔パブロ・ピカソの娘で宝飾デザイナー〕の作ったジュエリーは美しいが、《ゲルニカ》の足下にも及ばない。

〈時代精神《ツァイトガイスト》〉

あるいは、創造性は人が生きた時代が高めていくのかもしれない。文学研究者でもあるナンシー・アンドリアセンは、ビッグC級の創造的な人々が桁違いに多く存在した時代があると指摘する。[28] たとえば紀元前五、四世紀のアテナイにはソクラテス、プラトン、アリストテレス、ソフォクレス、エウリピデスなどが生きていた。ルネッサンス期のフィレンツェにはロレンツォ・ギベルティ、レオナルド・ダ・ヴィンチ、ミケランジェロなどがいた。アテナイでは言うまでもなく文字が使われていて、優れた都市（ポリス）を作るための活発な議論、そして豊かな暮らしが発展の背景にあった。イタリアのルネッサンスでは、権力――と金――を握った人々からの委託が支えになったはずだ。

しかし当時ですら、ビッグCだと評価される創造性の数はごくわずかだった。ましてや、生まれついたのが単調な時代であったら、自身の資質に頼ることになる。つまり、性格やものの考え方などだ。

〈性格と考え方〉

もしかしたら、創造性の魔法は、人の性格などに起因するのかもしれない。多くの研究が、創造性との関連があるとみられる心理的にポジティブな面とネガティブな面に焦点を当てている。ポジティブな面とは、次のものだ。

・好奇心が旺盛

・他の人が気づかないことに気がつく
・感受性が豊か
・新しい比喩を作る
・遊び心がある
・冒険心がある
・忍耐強い
・持続して努力する能力がある
・不確実性や曖昧性に対応する能力がある

この最後の項目に関して、創造性と性格について論じてきた心理学者のグレゴリー・フィーストはこう記している。

「混乱したまま、理解をせず、知に頼らずにいられる用意があること。（中略）［非常に創造的な人々は］理解することをやめるのではなく、理解できないことに喜びを覚える[29]」

また、創造性の研究者たちは、トラブルの種となりがちな面にも言及している。

・飽きやすい
・自制できない傾向にある

・成功する自信がない
・傷つきやすい

こうした特性から出た行動は、精神的な混乱を招くことがある。神経症や統合失調症につながることもある。たとえば、マルティン・ルターは鬱に苦しんでいた。ヴァージニア・ウルフとシルヴィア・プラスは自殺した。ファン・ゴッホも。

創造的な人は精神が不安定な傾向にあるというのは、少なくともアリストテレスの時代から言われている。アリストテレス（や同じ学派の人々）は「哲学や政治や詩作や様々な技術に関して「尋常ではない」（ペリットス）人間になった限りの者は、すべて、明らかに、「黒胆汁質の者」（メランコリコス）」なのだ[30]〔『アリストテレス全集 十三 問題集』内山勝利・神崎繁・中畑正志編集、岩波書店、二〇一四年、五九〇ページ所収〕と説く。現代風に言えば、哲学や政治や詩作に秀でた者は落ち込みやすく、絶望しがちだということだ。統合失調症や自殺傾向が見られたりもする。

創造性と精神的問題が関連しているかどうかの研究結果はさまざまにある。一九二〇年代の研究では、イギリスにいる「天才」を精神異常と関連づけようと試みている[31]。アメリカでは、ナンシー・アンドリアセンが（創造的だということで）著名なアイオワ・ライターズ・ワークショップのメンバーである三十人の作家にインタビューし、（プロcの）創造性とは関連しない職業に就いている三十人の対照群と比較する研究をおこなった。病歴を比べたところ、作家のうちの四三％が双極性障害に悩まされており（対照群では一〇％）、八〇％が気分障害を患っていた（対照群ではたった三〇％）[32]。最近のスイスの研究も、創造性と心の病とには関連性があることを示している[33]。

もしこの双方に相関性があるとすれば（あるとは考えない人もいるが）、どのような結論が引き出せるだろうか。[34] 注意すべきは、相関性は因果関係を示しているわけではないということだ。繊細さや豊かな感受性——創造的な人に関連づけられることが多い特性——が原因で精神的に不安定な人生を歩む人もいるだろう。もちろん、その反対もある。傷つきやすい心が創造性の扉を開くこともあるのだ。フリードリヒ・ニーチェが『ツァラトゥストラはこう言った』で書いているとおり、「舞踏する星を産むことができるためには、自分の内に混沌《カオス》をやどしていなければならない」（『ツァラトゥストラはこう言った』森一郎訳、講談社、二〇二三年、二九ページ所収）。

人間の創造性——何が創造的とされるか、それをどのように測定するか、人はどうやって創造的になるか——にまつわるさまざまな事例を見てきて、ＡＩプログラミング生成物の創造性を判断する指標ができた。だがその前に、もう一つだけ評価の尺度が必要だ。それが真正性《オーセンティシティ》である。

本物のダイネル、本物のレンブラント：真正性の問い

一九六〇年、広告会社の重役だったジェーン・トレイビーは、ユニオンカーバイド社の製造する毛皮に似た新しい合成繊維に、強烈なキャッチフレーズをつけた。「偽物《フェイク》じゃない。本物のダイネルだ」。この広告キャンペーンが人気を博したために、ダイネルのファーを身につけた人々は本物の毛皮のふりをしなくてもよくなった。また、ミンクやクロテン、ウサギを殺して毛皮にすることに反対している動物愛護運動家の批判を受けなくなった。

人間は真正性《オーセンティシティ》、つまり本物であるかどうかを非常に気にする。生花か造花か。蟹かカニカマか。手織りのペルシア絨毯か機械織りか。その違いで、価格に大きな差が生じることもある。そのなかでも、価格、そして価値がもっとも厳しく問われてきたのが美術界だ。

レンブラント・ファン・レインが手がけたとされる絵画について考えてみよう。私たちの評価は専門家の下す判断次第でいかようにも変わる。当初レンブラント作だと考えられていた作品が、のちに偽物だと鑑定されることがある。[35] 反対に、偽物だとされていた作品がレンブラントのものだと判明することもある。[36] さらにそのどちらの判断もついていない作品もある。[37]

専門家が何を言おうと、絵画自体は変わらない。変わるのは、作品に与えられる評価だ。手書きの文章が本物であることを証明するときも、金銭にまつわる問題が生じる。ジョージ・ワシントン〔初代アメリカ大統領〕の本物の署名には、何万ドルもの値がつけられる。では、我が家の近くのスーパーマーケットの店員、ジョージの署名はどうか。何の価値もない。

さらに、社会全体に文化の恩恵をもたらす文学作品はどうか。たとえば『二重の欺瞞（Double Falsehood）』がその一例だ。十八世紀のイギリス人脚本家、ルイス・テオバルドは、これはシェイクスピアの作品だと主張した。学者の多くは反論し、この作品を書いたのはテオバルド本人だろうと結論づけた。さてAIの登場だ。テキサス大学オースティン校の心理学者たちは機械学習を使用して、シェイクスピア作品、テオバルド作品、そしてシェイクスピアと合作することがあったジョン・フレッチャーの作品の言語プロファイルを作成した。計量文献学の分析によると、「この作品全体が一貫して、高い確率でシェイクスピアによる作品と関連づけられ」、さらにフレッチャーが手を加えた跡も見受けられるという結果が出た。[38] この「真正性」であれば、『二重の欺瞞』はシェイクスピア全集に加えても問題ないほどだが、加えようという動きは見られない。

もちろん、シェイクスピアに関してははるかに大きな疑問がもたれている。そもそも、シェイクスピアとはいったい何者だったのか。彼の作品の「本当の作者」だと言われた人物は何人もいる。実は第十七代オックスフォード伯爵エドワード・ド・ヴィアーなのか。またはクリストファー・マーロウか。それともフランシス・ベーコンだったのだろうか。もしかしたら、シェイクスピアとは伝えられているとおりの人物だったのかもしれない。重要なのは、シェイクスピアが誰であったにせよ、その人物が本物のビッグCを生んだということだ。その人生や経験が作品に影響を与え、そしてその作品が私たちの文化を形作った。

創造性に関してＡＩに欠けているのが、この「人生を生きる」というプロセスだ。プロセスと結果《プロダクト》。創造性を評価する人間として、私たちは結果としての作品だけでなく、創造という行為――その背景、倦怠、努力、生みの苦しみ、そして恍惚――も重要だと考えている。その観点から見た場合、ＡＩは何を提供できるのだろう。

ＡＩの創造性：音楽と芸術

システィーナ礼拝堂を思い浮かべてほしい。ミケランジェロはアダムに生を授ける神の姿を描いた。ところが写真家のマイク・アグリオーロは《ロボット版アダムの創造》を考案し、神の手が伸びた先にロボットの腕がある写真を撮影した。では、人間が（ＡＩの創造者として）コンピューターやアルゴリズムに可能性を注ぎ込むところを思い浮かべてみよう。

ＡＩは新しいだけでなく驚きを秘めており、将来、社会的な価値を生む可能性があるものを作り出している。ここではまず、機械が明らかに創造性を発揮するプラットフォームを見てみよう。それは音楽と芸術だ。その後、ＡＩという著者に目を向ける。次の二つの質問を念頭に置いて読み進めていただきたい。

・人間は、作品を制作したのが人間かコンピューターかを判断できるか。
・人間は、創造主が人間かＡＩかを気にするか。

AI、バッハとベートーヴェンになる

ヨハン・ゼバスティアン・バッハはとんでもなく多作だった。作品には数多《あまた》のコラール、プレリュード、フーガ、コンチェルトばかりか、オーケストラ曲や鍵盤楽器の作品まである。プロの音楽家ですら、すべてを把握するのは難しいほどだ。

バロック風の曲を耳にしてもそれが誰の曲なのかすぐにわからない場合、作曲者がバッハかコンピューターか見きわめられるだろうか。一九八〇年、作曲家のデイヴィッド・コープは聴き手を騙すことではなく、バッハ風の作曲のプログラミングをおこなって、コンピューターに新たにバッハそっくりの作品を作曲させようとした。この計画はうまくいった。バッハだけでなく、のちにはモーツァルト、ショパンなど、音楽の大家の作風によく似た作品すら作り上げた。[39] コープがＥＭＩ（音楽知能実験、Experiments in Musical Intelligence）と名づけたこのシステムは、「エミー」の愛称で親しまれるようになった。

では、コープのアルゴリズムが生成した曲は音楽のチューリングテストに合格できるのだろうか。実際に、ＥＭＩは少なくとも観客の一部を騙すことができることがわかった。[40] コンピューターに創造的な音楽を作曲することはできないと考えていたダグラス・ホフスタッター〔物理学者、認知科学者、ＡＩコメンテーター〕が意見を改めたほどである。一九七九年に出版された著書『ゲーデル、エッシャー、バッハあるいは不思議の環』〔野崎昭弘・はやしはじめ・柳瀬尚紀訳、白揚社、二〇〇五年〕でホフスタッターは、人間にとって重要だと思えるような音楽を、ＡＩが作曲できるようになるとは思えないと書いている。だがその二十年後、スタンフォードでのＥＭＩの演奏を聴いた彼の心は揺らぐ。

「ＥＭＩには惑わされ、悩まされています。（中略）いま、唯一心が慰められるのは、ＥＭＩが独自の作風で作曲することはないとわかっていることです。これまでいた作曲家を真似できるかどうかにかかっているのですから」

そして、こうも続けている。

「ですが、それは大した慰めにはなりません。ジャズの演奏者が言うところの「リフ」〔リフレインの略。短い楽句を繰り返し演奏すること〕で構成される音楽はどの程度あるのでしょう？[41]」

音楽の天才たちは古くから、他人の音楽や、自分の過去の作品に着想を得てきた。だから一度も聴いたことがないバッハのフーガが、他のバッハの曲と似ていると感じるのも無理はないのだ。

コープは一人でEMI開発に取り組んだ。一方、チームを組んでコンピューターによる作曲を進めた人たちもいる。最も斬新なのが、ベートーヴェンの《交響曲第十番》だろう。

おや、ベートーヴェンの最後の作品は《交響曲第九番》では？——そのとおり。

一八一七年頃、ベートーヴェンはロンドンのロイヤル・フィルハーモニック管弦楽団に《交響曲第九番》と《第十番》の作曲を依頼されている。《第九番》は一八二四年に公開された。《第十番》の作曲に向けてスケッチ〔楽曲の主題や構想〕を書き留めてはいたが、完成させることなく一八二七年にこの世を去った。何人もの音楽家、音楽学者、コンピューター科学者がこう自問してきた。このスケッチを元に、ベートーヴェンのほかの楽曲をインプットして、最新のAIアルゴリズムを活用すれば、ベートーヴェンのような交響曲が作曲できるだろうか、と。目標はベートーヴェン生誕二百五十周年にあたる二〇二〇年[42]。あるチームが交響曲の制作を開始した。しかしこの取り組みに遅れが生じたため、完成したのは二〇二一年の秋を迎えてからだった。

私はその曲の成り立ちを説明せずに、ヴァイオリンを習っている息子に冒頭の数小節を聴かせてみた。彼は即座に「偽物のベートーヴェンだ！」と言ったかと思うと、それ以上耳を傾けようとはしなかった。息子の反応が多くの人々の指標になるとすれば、《交響曲第十番》は「社会的価値」の基準には達せず、創造的とみなされないということだ。この曲は二〇二一年十月にドイツのボンで初披露されたが、その後再び演奏されることはなかった。音楽のチューリングテストには合格できなかった。短い曲を数多く残したバッハと異なり、ベートーヴェンの九つの交響曲は間違える余地はないからだ。

「誰かを真似た」芸術的創造はさておき、原則に反した作品——手がけるのが人間であってもそうでなくても――はどうだろうか。ベートーヴェンは晩年の作品の多くで、メロディやハーモニーに関する既存の形式を破っている。さらに世界で初めて、交響曲（《第九番》）で楽器と合唱を組み合わせたのもベートーヴェンだ。創造的な天才と呼ばれているのには理由がある。

ある意味でコンピューターは、常識にとらわれない作品を作るのに適している。この可能性に関心を持ったコンピューター科学者がアフメド・エルガマルだ。ベートーヴェンの《第十番》プロジェクトで大きな役割を果たした人物でもある。科学史家のアーサー・I・ミラーによると、エルガマルの使命は次のようなものだった。

> 機械が、新しく独創的で、人をワクワクさせるような芸術作品を制作する方法を見つけること――既存の芸術作品と同じ「作風」ではなく、珍妙だと片付けられるほど前衛的でもない、現代の偉大な芸術家の作品に比肩するような作品だ。[43]

「独創的」「ワクワクさせる」、だが「珍妙」ではない作品。新しい作品が本当に常軌を逸したものなら、私たちはそれを創造的と呼ぶことをためらうかもしれない。しかし評価は変わるかもしれない。ゴッホの作品の評価が変わったように。

だが、それは芸術と言えるのか？

既存の作品の模倣か、新しい作品か。ベートーヴェンの《第十番》に匹敵する芸術界でのできごとを紹介しよう。

二〇一四年にデータサイエンティストたちが立ち上げたプロジェクトは、畳み込みニューラルネットワークを使用して、レンブラントの作品に見えるような肖像画を制作するというものだった。レンブラント作品の典型的な特徴（髭を生やした三十歳から四十歳前後の白人男性、白い襟のついた暗色の服を着て帽子をかぶっている、右側を向いている）に基づきパラメーターを選択した後、プログラマーたちは三百四十六枚の絵画をスキャンして、瞳や鼻といった六十七の特徴に焦点を当てた。3D印刷の専門家と連携し、グループが十八か月後に公開したのが《新たなレンブラント（The Next Rembrandt）》だ。[44] 私はオランダ芸術史の専門家ではないが、オンラインで複製を見たところ、この絵画がアムステルダム国立美術館に飾られていても何の疑いも抱かないように思った。

図11：《新たなレンブラント》マイクロソフト、デルフト工科大学、マウリッツハイス美術館、レンブラント美術館、INGグループ、J・ウォルター・トンプソンの共同プロジェクトとして2014年から制作がはじまり、2016年に公開された、AIによるレンブラントの「新作」。

《新たなレンブラント》とベートーヴェンの《第十番》の違いは何だろう。ベートーヴェンの例とは異なり、《新たなレンブラント》は本当に存在している可能性がある。つまり、誰も知らないレンブラントの作品がどこかに隠されていて、これから発見され、本物だと証明される可能性があるということだ。

アムステルダム国立美術館に話を戻そう。そこに展示されている最も有名なレンブラントの作品は間違いなく《夜警》だ（少なくとも美術館によれば、この作品の正式な名称は《フランス・バニング・コック隊長とウィレム・ファン・ライテンブルフ副隊長の市民隊》だ）。作品が完成したのは一六四二年。その数年後、絵画はアムステルダムの市役所に飾られる予定だったが、キャンバスが指定の位置に収まりきらなかったため、厳しい決断が下された。絵画の四面が少しずつ切り落とされたのだ。それが現在アムステルダム国立美術館に展示されている作品である。

幸運なことに、レンブラントと同じ時代に生きた人が、切り落とされる前の元の作品を模写していた。ヘリット・ルンデンスの手によるこの模写はレンブラントの作風を完璧に真似ているわけではないが、少なくとも登場人物全員がそろっていた。三百年後、ニューラルネットワークの時代がやってくる。アムステルダム国立美術館のシニアサイエンティスト、ロベルト・エルドマンは最新のAI技術を駆使してレンブラント独自の作風を模倣し、失われた部分を再生した[45]。

これは創造的な行為だろうか。少なくとも、新しい作品とは言えない。また、このプロジェクトはチューリングテストに合格することを目的としているわけでもない。だがAIの持つ力を示し、人々にとって社会的な意義をもたらす現実的な作品を生成したため、レンブラントがもともと描いた（のとほとんど同じ）姿を鑑賞できるようになったという意味では創造的である。

では、より革新的な芸術の話に移ろう。人の作品の模倣ではない。まず紹介したいのが《エドモンド・ベラミーの肖像》だ。

二〇一八年にクリスティーズのオークションで販売されたこの肖像画の価格は四十三万二千五百ドルまで跳ね上がった[46]。コンピューターアルゴリズムが制作した架空の人物の肖像画としては破格である。（アリストテレスが言うところの）作用因は、「Obvious（オビアス）」という名のパリ出身の三人組だ。オビアスは敵対的生成ネットワークを使い、四世紀から十二世紀までに制作された一万五千もの実際の肖像画が入ったデータソースを取り込み、想像上のベラミー家を描いた肖像画をいくつも制作した。この作品もその一つだ。制作された絵画はどことなくぼやけてざらついており、人物が水のなかにいるように描写されている。

クリスティーズは肖像画の価値を七千ドルから一万ドルの間と推定していた。だが裕福な人々は、この作品に五十万ドルほどの価値があるとみなしたらしい。他の人々やこの社会が同じように考えるかどうかはまだわからない。

図12：レンブラント《夜警》（1642年）四面が切り落とされたオリジナル版。

AIの創造性：書く行為

第8章では著者としてのAIに焦点を絞り、ジャーナリストや弁護士、翻訳家などを見てきた。そして、AIが文章を作成して効率が上がることで、書き手の経済や仕事の満足度が脅かされていることを紹介した。しかし、ニュース記事、弁論趣意書、翻訳する文書の数には限りがある。第8章で懸念すべき点は、チューリングテストの合否や文化への影響ではなく、労働市場に関するものだった。

だが、AIが書いた文章が「創造的」かどうかを問う場合、ゴールの位置は変わる。言葉による創作に制限はない。思春期の若者が衝動的に書く詩であろうと、偉大なるアメリカ小説への挑戦や新たな戯曲を書くことであろうと、新しいものが生まれる余地はいくらでもある。それに短篇や長篇の執筆は生活費をかせぐための立派な手段になるが（チャールズ・ディケンズやサミュエル・クレメンズに聞いてみるといい）、質の高い創作とされる文章の大半は、経済的というよりも内面的な動機から生まれている。

創作と創造的な作品

「創造（クリエイティブ）」と「作品（ライティング）」を組み合わせたものについてははっきりさせておこう。もしかしたら、詩や短篇を書こうとして大学で創作講座〔英語ではクリエイティブライティング〕をとったことのある人がいるかもしれない。あるいは大学院課程で創作のMFA（芸術修士号）を取得するために、プロの作家の授業で指導を受けたり、ワークショップに参加したりした人もいるだろう。こうした創作講座はフィクションや詩、戯曲に焦点を当てていることが多い。

言うまでもなく、他の分野にも創造的な作品はある。たとえばエッセイでは、古くはミシェル・ド・モンテーニュの『エセー』がある。技巧的かつ独創的な伝記（シルヴィア・ナサーの『ビューティフル・マインド：天才数学者の絶望と奇跡』〔塩川優訳、新潮社、二〇〇二年〕など）や歴史作品（ロバート・フォーゲルとスタンリー・エンガマンの『苦難のとき：アメリカ・ニグロ奴隷制の経済学』〔田口芳弘・榊原胖夫・渋谷昭彦訳、創文社出版販売、一九八一年〕など）もあれば、アダム・スミスやマックス・ウェーバー、ジャン・ピアジェとジークムント・フロイトなどが書いた文化を変革する本もある。だが、ここで言っている「創造的」とはどのようなものなのか。発想が創造的ということだろうか。それなら、スミスやフロイトのような人物に敵うものはいないだろう。創造的な文章力ということであれば、議論するまでもない。

議論の筋道を立てるために、「創作」という言葉を使うのは、創作講座で教えているような作品の制作について説明するときだけにとどめる。ただし、ジョークや滑稽五行詩などの短い作品を加えてもいいだろう。ＡＩは創造的に書くことができるかと問われたとき、研究者たちはこれらすべてを候補として挙げるからだ。

以下では、そのいくつかの例を示す。

さまざまなＡＩ創作

二〇二〇年にドバイで国際博覧会（ドバイ万博）が開催予定だった。新型コロナウイルス感染症のせいでイベントが一年間延期されたため、この世界的な博覧会が実現したのは二〇二一年十月だったが、待った甲斐はあった。特にエス・デブリン〔イギリスのアーティスト、ステージデザイナー。一九七一年〜〕が手がけたイギリスのパビリオンは一見の価値があった。土台からぬっと伸びた建造物（長細い鼻のように見えた）に、コンピューターが作成した詩が、プロジェクターを使って映し出されていた。デブリンは以前実施したＡＩ実験の結果をもとに、五千篇もの詩でトレーニングをおこなったＧＰＴ‐２を利用した。パビリオンを訪れた人は一人につき一つの単語をそれに加えることができ、新たに作成された詩が、ＬＥＤを使って英語とアラビア語で表示された。

一八五一年、ロンドンで世界初の万博が開かれたときに展示されていたのは、サミュエル・モールスが発明した電信やチャールズ・グッドイヤーが考案したゴム加硫法など、人間の暮らしや文化を変える可能性がある新技術だった。ＡＩがそれと同じような文化的勢力だとデブリンは考えている。「いろいろなアルゴリズムは私たちのなかにあります。これは私たちの絶え間なく成長する文化の一部なのです」[47]。

それでは、より一般的な文章作成の例に話を移そう。次の詩を書いたのは誰だろうか？

「Yet in a circle pallid as it flow,
by this bright sun, that with his Light display,
roll'd from the sands, and half the buds of snow,
and calmly on him shall infold away.」
（だが流れゆく淡き輪のなかで
このまばゆい太陽は、光をまきちらしながら
砂から転がり落ちてゆき、半分が雪のつぼみのなかで、
やさしく包み込まれてゆく）

どこかシェイクスピアを彷彿とさせる詩だ。韻律分析や押韻パターンなどのソネットの形式は正しいようだし、エリザベス朝の言葉遣いも適切だ。しかし、読みやすくなく、感情への訴えに欠けるように思われる。無理もない。この詩は「Deep-speare（ディープスピア）」というプログラムが生成したものだ。ディープ・ニューラル・ネットワークを使用して、プロジェクト・グーテンベルクで参照可能な二千七百ものソネットからなるデジタル資料をもとに作成された作品である[48]。それでも、二〇一八年頃にコンピュータープログラムが書いた詩としては決して悪くない。

ＡＩが作成した文章はどうだろう？　ＧＰＴ‐３などのプラットフォームは、大量の文章を作成

するように指示されると、人間らしくない文章を作り上げることがいまだにあって、同じ言葉を繰り返し使ったり、奇妙な言葉遣いをしたりする。しかし、発言内容が統制されるグループ討議と同じように、AIと人間との文章での対話ならば、首尾一貫していて、示唆に富むうえに、説得力のあるものができあがる。たとえば、K・アラド＝マクドウェルとGPT‐3が共同で作成した『ファーマコAI（Pharmako AI 未邦訳）』は、百四十八ページの日記形式の対話をまとめた作品だ。SF作家のエルヴィア・ウィルクは「読んでいる途中（中略）どちらが人間で、どちらがAIなのかがわからなくなった」と評している。[49]

『ファーマコAI』は世界で初めてアルゴリズムを活用して書かれた、自然に読める作品というわけではない。それよりも前に成功を収めた共同作業として、松原仁〔京都橘大学工学部情報工学科および大学院情報学研究科教授、情報学教育研究センター長〕とコンピューターが書いた掌篇小説「コンピュータが小説を書く日」がある。驚くべきことにこの小説は二〇一五年に開催された第三回日経「星新一賞」一般部門の一次選考を突破した。[50] ちなみにその年の応募総数は千四百五十作品で、そのうち十一作品がコンピューターによって生成されたものだった。文学界では新たな扉が開きつつあるのかもしれない。

とはいえ、これらの作品は「創造的」と呼べるのだろうか。人間の創造性について定めた基準から、AIがそれに達しているのか見てみよう。

AI創作との比較

まずチューリングテストだ。人間は、AIが作成した文章と人間が作成した文章とを区別できるのか。もしかしたらその数を知って不安になるかもしれないが、かなりの例で見分けることができなかった。

たとえばオスカー・シュワルツによるTEDトークがある。シュワルツは詩作成ツールや「ボット・オア・ノット」という推測ゲームの共同開発者だ。彼のトークで、観客はウィリアム・ブレイクによる詩の一節を人間が書いたと判断できたが、ガートルード・スタインの詩はコンピューターが作成したものだと誤った結論を下した。[51]

このような比較は、オタク好みの愉快なゲームと化しつつある。何年もの間、ダートマス大学のニューコム・コンピューター科学研究所では、創造芸術に関して年に一度チューリングテストを実施してきた。参加者がＡＩを使用して作成したソネット、滑稽五行詩、物語などを提出し、それらが人間による作品と照らし合わせて評価されるのだ。評価者は人間とＡＩの区別がつくかどうか、そしてどちらを好むかどうかを問われる。結果はさまざまだった。[52]

研究所長のドン・ロックモアにとっての目標とは、コンピューターが文芸の創造者としての人間に置き換わるのかどうかを問うことではなかった。各ジャンルでの創造の性質について考察することだった。ロックモアはこう主張する。ＡＩが生成した作品を「文学界の「ＧＭＯ（遺伝子組み換え作物）」表示」のように取り扱うのはやめ、代わりに「完全に新しく、価値がある芸術のカテゴリー」として見るべきときが来ている、と。[53]　またエルヴィア・ウィルクはこう訊ねる。「なぜわれわれは、人間のように書けるかという指標に基づいてＡＩの能力を測定しているのでしょう？　人間ではないが創造的だと認めることはできないものでしょうか？」[54]。ＡＩの評価は、ＡＩ向けの指標を使っておこなうべきだということだ。これは偽物じゃない。本物のダイネルなのだから。

チューリングテストから話を移そう（ただし、ロックモアからの助言を念頭に置いたまま）。ＡＩの創作が、人間の創造性の規準に匹敵するようになるにはどうすればいいのだろう。

〈目新しさ、社会的価値、とある時点〉

言語を使う人間がお互いのことを理解できるのは、共通のルールがあるからだ。その複雑さはさまざまで、誤りのある場合もあるが、言語の話者はたいてい同じ言葉、同じ構文、同じ音声を使っている。「ドアを開けてちょうだい」と言われて、窓に向かう人はいない。

目新しさはさまざまな方法で不意に差しはさまれる。造語（ルイス・キャロルの「slithy toves」〔言葉遊び。「slithy」は「lithe」と「slimy」を混ぜた言葉、「toves」は穴熊、蜥蜴、コルク抜きを混ぜたような生き物とされる。邦訳書では「ぬらとうぶ」（『鏡の国のアリス』高山宏訳、亜紀書房、二〇一七年、二七ページ所収）〕など）、予期せぬ文法の使い方（「グーグル」を動詞にした「ググる」など）、現実世界のありようとは一致しない新たな暗喩、直喩、並置（「キャベツがバーにやってきた」など）がある。大規模言語モデルに基づくプログラムも人間と同じように、ほかの人が使用したことのある言葉や文章を参照し、新しい文章を作る。

もっとも、違いもあって、AIが参照する例は、人間が参照できる例よりはるかに多い。その結果、AIの著者は、人間による言語的な新しさに基づくトレーニングを受けて、目新しい文章を作成できる。次のような面白い研究がある。テルアビブ大学の研究者はニューラルネットワークを使用して、『スタートレック』に登場する架空の言語クリンゴン語などの語彙の特徴をモデル化して、その言語の語彙を増やした[55]。

書き手としてのAIは創造性のテストに合格し、目新しいと判断されたようだ。次は社会的価値である。一九九〇年代後半、マーガレット・ボーデンはコンピューターの創造性と価値の問題についてこう指摘した。

ＡＩに創造性があることの究極の証明となるのは、新しいアイデアを生み出すプログラムだろう。最初はそのアイデアに戸惑ったり、驚かされたりしても、そのうちたしかに価値があると認めさせるようなプログラムだ。目標まではまだまだ遠い。[56]

それから二十年以上が過ぎたが、その目標に近づいているのかどうかははっきりとはわからない。《エドモンド・ベラミーの肖像》の落札者や、オビアスが制作した作品を展示しているギャラリーは、目標に近づきつつあると考えているかもしれないが、世の中一般はそう思ってはいない。

そのうち、コンピューターが制作した作品を価値があると感じるようになるのだろうか。たとえば、フィンセント・ファン・ゴッホによる世界の見方が私たちの文化感覚の一部となったように（没入型のデジタルアート展〈Van Gogh: The Immersive Experience〉、スカーフやバッグに印刷された《星月夜》がいい例だ）、またジョン・ダン〔イングランドの詩人〕（ベン・ジョンソンやサミュエル・ジョンソンに厳しく批判されたが、のちにT・S・エリオットが再評価した）の作品が今では文学界の殿堂入りを果たしたように。そのほかの芸術家や作家の人気は次第に凋落していった。ノーベル文学賞を受賞したゲアハルト・ハウプトマンも同じだ。

ＡＩについてはまだ様子見の段階だ。個人的には、ＡＩが生成した文学作品はその奇妙さが高く評価されるようになって、もっと独創的な文章を書くよう人間に発破をかける存在になるのではないかと思っている。いつかＡＩが書いた小説がブッカー賞を受賞する日が来るかもしれないが、あまり期待はできそうにない。

〈Cのレベル〉

ＡＩの創造性の「ｃ」について考える場合、一つ目のレベル（ミニｃ）は容易に省くことができる。アルゴリズムは、たとえ新たな文章を作成したとしても個人的に満足することがないからだ。だが、リトルｃとプロｃは別の話だ。この二つは、作者の心理ではなく文章を中心に据えている。ＡＩが生成した詩がチューリングテストに合格すれば、その詩はリトルｃに値する。「コンピューターが小説を書く日」は星新一賞を受賞できなかったし、そもそもそれは人間と共同で執筆された作品だった。ただしＡＩの書いた作品が無名に近い文学賞を受賞する日が来てもおかしくない。もしかしたら、プロｃにまで到達するかもしれない。

では、ＡＩが「ビッグＣ」を備えていると評価されるような文芸作品を執筆する日が想像できるだろうか。私にはできそうもない。人工知能の開発（というよりコンピューター科学全般）は長い年月をかけて実現したものだ。ＡＩは私たちの生活を劇的に変えてきた。とはいえ詩や物語に関して、人間の読者は文章だけではなく、書き手が生きた時代や文化、その人生にも心を動かされるのだ。シェイクスピアの正体が誰であったにせよ、彼はエリザベス朝に生きた人物だった。ジェイムズ・ジョイスは二十世紀のアイルランドに生きた作家だった。彼らの作品を読むとき、私たちはその人生や時代背景をも読んでいるのだ。

〈誰にとって新しい？　歴史的創造性と心理的創造性〉

そう考えると、歴史的創造性と心理的創造性というボーデンの概念は、ＡＩが書いた文学作品には当てはまらないだろう。大規模言語モデルから抽出された新しい文章は、どれも唯一無二（歴史的な観点では創造的）だ（ただし、大規模言語モデルはほかの人が使った言葉を組み合わせることもある）。だが唯一無二だからといって文学史に残るものとは限らない。

〈起源〉

創造性の測定方法としてある程度わかりやすいのが、人間とＡＩそれぞれの文学的創造性の比較だ。「ある程度」と書いたのは、ＡＩに関してはいくつもの選択肢を即座に排除できるからだ。設定された思考はない（物理的な脳を持たないため）。プログラマーのそれを別にすれば、ＡＩにはＩＱや遺伝子、個性、考え方がない。もちろん意識もない。ここで、コンピューターがソネットを書いたりコンチェルトを作曲したりしても十分ではないと主張したジェフリー・ジェファーソンを思い出してほしい。「機械は脳に相当する」と言えるようになるには、機械に「思考と感情」が備わり、創造的な作品を「書いたことを理解する」必要がある。ＡＩがそこに到達する日はまだまだ遠い。

時代精神《ツァイトガイスト》はどうだろうか？　つまり、ＡＩの文学的創造性を醸成する風土はあるだろうか。ＧＰＴ-３や同様のツールを活用して構築されたシステムにまつわる大騒ぎ——や社会的理解——を受けて、人々は文学作家としてのＡＩの可能性を探りたいと考えている。だが今のところ、シェイクスピアやマーロウ、ジョンソン、そしてダンを生んだエリザベス朝のような機運は高まっていない。

文学的なＡＩに当てはまるのは、発散的思考という概念と、新しい言葉を関連づける能力だ。代替の可能性を生み出し、奇妙な組み合わせを考えつくのは大規模言語モデルの得意技である。ジャネル・シェーンがワシントンにあるスミソニアン芸術産業館のフューチャリスト・イン・レジデンス〔芸術産業館が住む場所を提供し、創作を行ってもらう事業〕だったときに開発した新年の抱負生成ツールがいい例だ。[57] Davinci（ダ・ヴィンチ、GPT-3の一バージョン）を使用して、シェーンはプログラムに一風変わった抱負のサンプルを埋め込んだ。Davinciはそれに応えて、次のような面白い抱負を生み出した。

「お気に入りの本を食べる」
「ブロッコリーを国の通貨にして、ブロッコリーの絵を描く」
「隣家の犬に、月光のコートを着ているのだと思わせる」
「月光のコート」。まるで発散的思考の人間が書いたような言葉ではないか。「流れ星をつかまえて、ポケットに入れる」〔ペニー・コモのヒットソング「キャッチ・ア・フォーリング・スター」の歌詞〕ようだ。

AIと創造性に関するChatGPTの意見

序章で説明したとおり、本書を執筆している最中にOpenAI（オープンAI）のChatGPTが大旋風を巻き起こしていたため、私は創造性についてチャットボットに質問したいという気持ちを抑えられなくなった。

そこで、ChatGPTにこのように問いかけてみることにした。「GPTは創造的だと言えますか？」。初めてこの質問をしたときの回答は次のとおりだった。

「OpenAIによってトレーニングされた大規模言語モデルである私は、創造的な思考や芸術的な表現をおこなうことができません。私は提供されたインプットに基づき、人間が書くような文章を生成するツールです。芸術または文学のオリジナル作品を創造する能力は持ち合わせていません」

なかなか謙虚だ。

その数日後、私は同じ質問をしてみた。今回の回答はずっと長く、明示的に人間の創造性とＡＩの生成物を比較していた。このような回答だ。

「ＧＰＴ（中略）は、通常人間の創造性に関連づけられるような、オリジナルで創造的な思考をおこなうことができません。これは、ＧＰＴが人間の言語パターンを模倣するようトレーニングされた単純なツールだからです。また、自分のために考えたり推論したりする能力は持ち合わせていません」

素晴らしい！　人間の思考と推論にはまだ意義があるのだ。だが、ＡＩのアウトプットと人間のアウトプットだけを見て、作成プロセスに目を向けないとすれば、どのような認知的な努力が伴ったのかを把握する方法はわからないままである。

AIが創造的かどうかを人間は気にするか?

新しく近所に引っ越してきた子どもがいれば、ほかの子はその子を見定めようとする。その子とは友だちになれるのか、それともライバルなのか。AIが創造的な書き手かどうかに関する議論は、つまるところAIから私たちが利益を得られるのか、それとも私たちの利益が横取りされるのか、ということだ。こうした選択肢を別の観点から眺めるときには、創造的な書き手としてのAIの強みを念頭に置くのはもちろん、そもそも人間がものを書きたがる理由も考えるべきだろう。

AIの書き手にできること

まず創作に対するAIの貢献から始めよう。AIが独自にできることと、人間と協業したときにできることの例を示す。

〈新しい作品を生成する〉

AI文章作成ツールは、私たちを楽しませ、私たちに何かを教え、ひらめきすら与える文学のような作品を作成する。これまでさまざまなジャンルを見てきたが、もう一つ追加したい。物語を書くことだ。第7章ではジェイムズ・ミーハンの『テイルスピン』や、ハイパー小説を紹介した。その時代の別の発明者、マーク・リードルは二十年にわたり、AIモデルに物語を作り出すことができるかどうかを研究している。[58]

ＡＩが創造的な書き手として達成できる成功には限界があるのだろうか？　私はＡＩにビッグＣの作品を書くことはできないだろうと書いたが、プロｃですら難しいかもしれない。このように、ＡＩには決して文学を書くことができないと主張する人もいれば、楽観的な人もいる。[59] 創造的な文学とは、ある程度は読み手の判断次第だ。したがって、ここで結論が出るような議論ではない。

〈人間の創造性を促進する〉

ＡＩの創造的な執筆能力から人間がただちに得られるものは、私たちの努力を後押しすることだ。たとえば、Sudowrite（スードライト）のようなツールは「執筆の行き詰まり《ライターズ・ブロック》の克服」を助ける機能があると謳っている。作家たちは、ＡＩ執筆プログラムのおかげでさまざまな刺激を受け、共同で作品を作る可能性を提供されていると述べている（第11章では、人間とＡＩの共生に関する例をいくつか紹介する）。

〈人間の思考や創造性への理解を深める〉

マーガレット・ボーデンは、「人間はどのようにして新しい思考を思いつくのか？」と問うている。何世紀にもわたって研究を続けているにもかかわらず、人間の意識の動きはいまだ解明されず、私たちが創造的だと感じる文学、美術、音楽をどのようにして思いついているのかはわかっていない。ボーデンの主張の一つは、コンピューターが持つ創造性を突き詰めることで、人間の創造的な発想の謎が解けるのではないかというものだ。[60]

建築家はまず、建設する予定の建物のミニチュアモデルを作成する。科学者はまず、キイロショウジョウバエやマウスを使って、医薬品や医療処置のテストをおこなう。これと同じように、現代のＡＩ研究者は、人間の神経のつながりとコンピューターのニューラルネットワークを比較することを再評価している。ＡＩの研究を通じて、人間の書いた文章に価値がある理由を解明することが、少なくとも害になることはないだろう。

創造的な人間の書き手がそれでも重要な理由

ＡＩによる創作は、人間の書き手に脅威をもたらしはしない。詩や短篇小説や長篇小説を書いて生計を立てていない人でも（そのような人の方が多い）、書くことはできる。

問題は、ジョイ・ギルフォードが一九五〇年に提案したように、人間が唯一無二の存在だという感覚に「思考機械」が疑問を投げかけているということだ。言語は人間だけのものだと主張されてきたが、序章でも紹介したとおり、人間以外の霊長類も言語を使うことが証明されている。まともに、あるいはときに創造的に書くことができるＡＩから感じる真の脅威とは、私たちの内部にある。つまり、自己認識の問題なのだ。

本書の最初の数章で、書く方法が、そして書いたり書き直したりすることが、人間に与える影響について紹介した。私たちは書くことを通じて感情のはけ口を見つけ、社会的なつながりを求め、自分自身を知ろうとあがく。路上のグラフィティですら、書き手の存在を強く主張している――「キルロイ参上」（アメリカでよく見られるいたずら書きの一つ。起源には諸説ある）というふうに。そしてときに私たちは書いていること自体を単純に楽しみ、何かを書き上げたことに喜びを覚える。

創造性を研究している心理学者のなかには、創作という客観的なものではなく、もっと広い意味での価値について書いている人もいる。ジェイムズ・カウフマンは「長年にわたるミニｃやリトルｃの創造から（中略）人間にとってさまざまな利益が生まれている」と主張する。[61]その利益とは、ストレスを和らげること、過去のネガティブなできごとを乗り越えること、語るべき物語があると知ることなどだ。ミハイ・チクセントミハイが書いた『クリエイティヴィティ』の副題が「フロー体験と創造性の心理学」だったことには深い意味がある。チクセントミハイのフローの概念（ゾーンに入ること）は創作だけでなく、喜びの体験、生きる意味、幸福にもつながる。

つまるところ、書き手がＡＩの能力を恐れる必要はない。書きたいと思っている人には考えることも主張すべきこともたくさんある。賞を受賞しようがしまいが、観光客があなたの生誕の地を訪れようが訪れまいがそんなのはどうでもいいことだ。さらに、次の二つの章で紹介するとおり、ＡＩは狡智ながらも歓迎すべきパートナーになる場合がある。

第 Ⅳ 部

コンピューターと連携する時代

第10章　ジーヴズとしてのＡＩ

イギリスのユーモア作家、Ｐ・Ｇ・ウッドハウスによる作品の登場人物のなかで、とりわけ印象的なのがジーヴズだ。ロンドンに暮らす伯爵位継承予定のぐうたら者、バーティー・ウースターの従者である。ジーヴズは自主的に行動し、さっさと仕事をかたづける。文章作成などを目的とする一連のＡＩプログラムにも、これと同じことが言える。前章で紹介した、職場で使用されるＡＩ生成の文章では、それを書いたのは自分だと人間が主張することはまずなかった。しかし、ＡＩを活用しながら人間の名前で発表される文章もある。

ＡＩは、人間がすでに書き上げたものを修正することもあれば、文章を一から作成することもある。コミュニケーション研究者のジェフ・ハンコックは、ＡＩを使用して修正や下書きをおこなうことを「人工知能を介したコミュニケーション（ＡＩ‐ＭＣ、artificial intelligence-mediated communication）と呼ぶ。[1] コンピューターを介した人間同士のやりとり、つまりメールやインスタントメッセージを意味する「コンピューターを介したコミュニケーション（ＣＭＣ、computer-mediated communication）」をもじったのだ（最近では、スマートフォンやスマートウォッチもＣＭＣに含まれる）。ＡＩ‐ＭＣとして注目を集めているのが、ＡＩエージェント〔大規模言語モデルをもとに開発された自律型のシステムのこと〕だ。ＡＩが引き受けるタスクは、人間が書いた文章の修正または補強から、誰かの代わりに新しい文章を作成することまで多岐にわたる。私はこれらをまとめて、「ジーヴズとしてのＡＩ」と呼んでいる。

では、これらのＡＩプログラムに何ができるのか見てみよう。まずは、文章を修正し、編集するＡＩだ。

必要最小限：修正と完成

序章で、テクノロジーのドメスティケーション（飼いならし）について説明した。わかりやすい例がスペルチェックだ。このテクノロジーはいまや透明化し、あって当たり前の機能になっている。

スペルチェック

そもそも「スペルチェック（spellcheck）」という単語は、どう綴るのが正しいのだろうか？Microsoft 365のWordによると「spellcheck」でも、「spell check」でも、「spell-check」でも（さらに大文字でも小文字でも）いいらしい。サポートページには「スペリングチェッカー（spelling checker）」と記載されているが、多くの人はこの機能を「スペルチェック（チェッカーではなく）」と呼ぶ。綴りに関しては、一九九二年のWindowsとMS DOS5の広告には「Spellcheck（スペルチェック）」と記されていた。だから本書でもそう呼ぶことにする。

綴りの誤りを修正してくれるコンピュータープログラムは、当然のことだが、実に興味深い。研究者たちは六十年以上、このプログラムの開発に打ち込んできた。

パーソナルコンピューターの時代の前、修正プログラムはもっと大型のマシンで使うことを想定されていた。一九六一年、スタンフォード大学ではコンピューター科学者のレス・アーネストが世界初のスペルチェックプログラムを開発し、十年後の一九七一年にＡＲＰＡＮＥＴで公開した。[2] また、ウォーレン・タイトルマン〔アメリカのコンピューター科学者〕は一九六六年、ＭＩＴでの修士論文の一環として「ＰＩＬＯＴ」というプログラムを制作する。論文の副題は、「人間とコンピューターの共生への第一歩[3]（A Step Toward Man-Computer Symbiosis）」。コンピューターコードと協働すれば人間は労力を節約し、より複雑な問題に取り組めるようになるはずだという考えが根底にあった。タイトルマンの計画書には「やり直し」機能、「ＤＷＩＭ（Do What I Mean）」〔ユーザーが不正確あるいは曖昧な指示をした際、コンピューターがその意図を読み取って自動的にエラーを修正すること〕機能、そしてスペルチェックが含まれていた。[4]

一九七〇年代から八〇年代にはさまざまなスペルチェックソフトウェアが生まれた。一九七八年、言語学者たちがＩＢＭのDisplaywriter（ディスプレイライター）〔一九八〇年にリリースされた16ビットのマイクロコンピューター〕用に六言語のプログラムを開発する。一九八二年には、ブラウン大学のヘンリー・クチェラ〔チェコスロバキア出身のアメリカ人言語学者〕がＤＥＣ（ディジタル・イクイップメント・コーポレーション）のＶＡＸマシン〔一九七〇年代半ばにリリースされた32ビットのミニコンピューター〕で使用できるスペルチェックを開発し、のちに家庭用パソコンで実行できるバージョンも制作した。

パソコンでのスペルチェックが定着すると、WordStar（ワードスター）、WordPerfect（ワードパーフェクト）、Microsoft Wordなどで使用できるソフトがリリースされた。動作がぎこちないこの初期システムは、スタンドアロン型のソフトウェアとして提供されていたが、まもなく主要なワープロプログラムに組み込まれた。当初、スペリングの修正は自動ではなかった。誤っている可能性がある箇所にフラグがつけられるだけで、ユーザー自身が変更を承認しなければならなかった。一九九三年になるとマイクロソフトのスペルチェックは大変貌を遂げ、オートコレクト（自動修正）機能が新たに仲間入りした。これで、誤った綴りを入力すると自動的に修正されるようになった。

いや、一〇〇%の修正ではない。マイクロソフトのオートコレクトの第一版は「teh」と「the」、「saturday」と「Saturday」などのよくある綴り間違いを集めたリストに依存していた。その後、辞書のコンテンツと関連づけられるようになった。[5] 少なくとも問題の一部は、これが原因だった。

一つ目の問題とは、プログラムの辞書に単語が見当たらない場合、オートコレクト機能はその単語に最も近い単語を提案することだった。二〇〇三年版のWordがバラク・オバマ（Barack Obama）元大統領の名前をどう処理したのか紹介しよう。「Barack（バラク）」は「Boatman（船頭）」に、「「Obama（オバマ）」」は「Osama」〔ウサーマ・ビン・ラーディンの名前〕に変更された。ウェブメール版のOutlookは「Barack」が「Barracks（兵舎）」の誤りではないかと指摘する始末だった。[6] どこからどう見ても困った事態である。

二つ目の問題は、適切な単語が辞書にあるときでも、スペルチェックが見て見ぬふりをしたり、ユーザーの意図を誤解したりすることがあった。誰でも「to」「two」「too」などの異形同音異義語がきちんと修正されず、イライラした経験があるだろう（「I have two left shoes〔左足用の靴が二足ある〕」を誤って「I have too left shoes〔私も左足用の靴を持っている〕」と入力しても、Wordはいまだに正そうとしない）。この問題のなかでおそらくもっとも有名なのが、一九九七年版のWordで発生した「クパチーノ効果」だろう。スペルチェックは、ハイフンを使用して「co-operation」と綴ったときしか「cooperation（協力）」という単語を認識しなかったため、ハイフンを用いずに「cooperation」と書いた場合、「Cupertino（クパチーノ）」という単語に自動修正されていた[7]〔クパチーノはカリフォルニア州の都市の名前。アップルの本社がある〕。

こうしたミスが幸いにも減りつつあるのは、ＡＩツールが改良されたからである。

携帯電話で文章を書く

携帯電話では、正しいスペリングが初めから問題視されていたわけではない。そもそも文字を入力するのが大変だったからだ。

携帯電話が最初に設置されたのは車の中だった。イギリスには二〇二〇年になるまで「カーフォン・ウェアハウス〔自動車電話店〕」という店があった。個人用の携帯電話ができたのは一九九二年で、ヨーロッパの団体、ＧＳＭ（Groupe Spécial Mobile）がネットワークを構築した。ＧＳＭは音声通信用システムの余った帯域を利用し、ユーザーがキーパッドを使って短いメッセージを送信できるようにした。それで一九九三年にショートメッセージサービス（ＳＭＳ）がリリースされ、当初は無料で使用できた。今、テキストメッセージとして広く知られているサービスだ。

だが、ここで問題が生じた。文字を打つためには何度もタップしなければならなかった。たとえば携帯電話の「4」を一回タップすれば「g」、二回タップすれば「h」という具合である。句読点の入力はさらに大変だった。打ち間違いが多く、送信できるメッセージは短かった。一度に（一定価格で）送信できる文字の数には限りがあり、システムを使うことに大変手間がかかったからだ。

一九九〇年代半ばに状況が変わった。Tegic Communications（テジック・コミュニケーションズ）の設立者であるクリフ・クシュラーとマーティン・キングがＴ９（Text for 9 keys、ティーナイン）を発明して、文字をいくつか入力すると予測変換が表示されるようになったのだ。[8]二〇〇七年に発売されたiPhoneには、仮想キーボードと新しいオペレーティングシステムが搭載されており、独自の自動化プログラムを開発する必要が生じた。iPhoneの自動修正機能はアップルのソフトウェアエンジニア、ケン・コシエンダが開発した。[9] オートコンプリートや予測変換機能を搭載したQuickType（クイックタイプ）〔ソフトウェアキーボード〕がiPhoneにお目見えしたのが二〇一四年で、提示される三つの選択肢から適切なものを選ぶことができた。

この機能で問題は解決しただろうか。いや、そうとは言えない。コンピューターのワープロ機能に搭載されている類似ツールと同じ問題が起きたのだ。スマートフォンの自動修正機能による有名な誤りとして、「Your mom and I are going to Disney（あなたのお母さんとディズニーランドに行ってくるよ）」が「Your mom and I are going to divorce（あなたのお母さんと離婚するよ）」に、「Sorry about your fever（熱があってお気の毒に）」が「Sorry about your feces（大便が出てお気の毒に）」に変更された例がある。[10]

自動修正が生んだのは失笑、恐怖、ばつの悪さだけではない。スマートフォンに搭載されたＡＩは、私たちがものを書く方法をも変えるかもしれないのだ。哲学者のエヴァン・セリンジャーは、自動修正プログラムのせいでユーザーが「パーソナライズされたクリシェ」に陥りつつあるのではないかと危惧している。アルゴリズムは私たちの過去のメールやメッセージの文体を分析し、それと同じような文章を作成しようとするからだ。

> 予測変換技術があると、私たちは言葉について深く考えなくなり、お互いとやりとりする方法が少しずつ変わり始めるかもしれない。言葉での交流が意図的な行為ではなくなっていくと、私たちは自分自身ではなくアルゴリズムを相手に差し出すようになる。（中略）自動化は（中略）

私たちの思考をとめてしまいかねない。[11]

予測変換にまつわる調査がセリンジャーの懸念を裏付けている。ハーバード大学の研究では、予測変換を使うときは自分で言葉を考えつく場合と比較して、語彙が限定的になる（より簡潔で面白くなくなる）ことが明らかになった。[12]私が十代後半の若者を対象におこなった研究では、二一％の回答者が、予測変換を使うとメッセージがかなり短くなる、あるいは簡潔になると答えている。この研究については、第12章で詳しく述べる。

文法と文体

だが、スペリングと予測変換は文章作成の問題のなかでは氷山の一角に過ぎない。言葉や文法の選択はもっと重要だ。ソフトウェア開発者たちはスペルチェックと同じくらい長い時間をかけて、文法ツールの構築に取り組んできた。一九七〇年代にはＵＮＩＸ（ユニックス）システムで動作するWriters' Workbench（ライターズ・ワークベンチ）が設計された。一九八一年には、初期のＰＣで実行できるGrammatik（グラマティック）がリリースされた。

同じ頃、出版者のヒュートン・ミフリン（すでにヘンリー・クチェラと連携してスペルチェックプログラムの開発に励んでいた）がスタンドアロン型の文法チェックツール、CorrecText（コレクテキスト）を開発した。[13]Microsoft Wordで文法と文体（スタイル）へのアドバイスが提供されるようになったのは一九九二年で、CorrecTextを基にした文法確認プログラムを組み込んだことがきっかけだった。その後三十年にわたり、これらのプログラムは規模と機能において進化を遂げた。

こうしたプログラムは良い結果をもたらしたのか。その答えは訊ねる相手や作成する文章の目的によって変わる。優れた文章は、誰かが定めた規則を順序よく辿るだけで書けるものではない。「文章を接続詞で始めてもいいですか？」「絶対にいけません！」——私の頭には国語の先生の教えが刻み込まれている。しかし文体は進化する。読点の位置についても同じことが言えるし、すべてのスタイルシート〔文法の手引き書のこと〕が応じているわけではない。

言葉の選択も重要だ。数年前から私は、単語の選択にスタイルチェックツールがおよぼす影響について懸念を覚えるようになった。ローズ奨学金、マーシャル奨学金、フルブライト奨学金といった名高いプログラムの奨学金獲得を目指す学生たちが書いた小論文を確認していたときのことだ。候補者は私の大学でも特に優秀な学生たちで、書くことを得意としていた。それなのになぜ、Microsoft Wordは学生の小論文の言葉や言い回しをこれほどたくさん訂正しようとするのだろう？

不思議に思ったので、Wordが下線を引いた単語のいくつかを右クリックして「文法」を選択してみた。すると修正の提案が表示された[14]。例を二つ紹介しよう（次ページの表を参照）。提案のパターンは明白だ。長い単語や言い回しは避けること。たとえそれが小論文の文体に合っていたとしても。

生来実験好きな私は最近、Wordにアメリカ独立宣言の冒頭の文（「When in the course of human events（人類の歴史において）」）を打ち込んでみた。すると「in the course of（において）」は「より簡潔な表現の方がわかりやすいでしょう」と指摘された。Wordの提案は「during（～中）」を使うこと。たしかに簡潔だが文法的に正しくないし、意味をなしていない。冒頭の文章が「人類の歴

元の文章	Microsoft Wordの提案
PTSD症状は文化的障壁によって増幅した可能性がある	より簡単な言葉の使用を検討してください 提案：悪化
近い将来および長期的に、課題や実際的な解決策を有意義な視点でとらえる	正確な言葉遣いを心がけましょう 提案：すぐに

史中」に置き換えられたと知ったら、腕の立つ書き手だったトーマス・ジェファーソン〔アメリカ独立宣言を書いた〕はおぞましく思ったことだろう。

スタイルチェックツールが長い語句を短縮し、常に簡潔さを心がけるよう提案するというのはなんとも皮肉なことだ。というのも、教師は冗漫な文を書くことを勧めはしないが、さまざまな意味を持つ洗練された語彙を身につけること――使うこと――を助言するからだ。教師だけではない。前述のとおり、ETSのe-rater（eレーター）は多音節語を使用した文章に高い点をつけるので、矛盾が生まれている。

「愛《チャリティ》はまず身内から」というが「明確さ《クラリティ》」も同じことだと考えた私は、本書の原稿でWordから修正を勧められた文章を確認してみた。たしかに、私は常にヘミングウェイのように簡潔な文章を書くわけではない。それでも文法の規則を守って書こうと努めている。Wordは複数回にわたり、適切に使用されていない言葉があると指摘していた。たとえば次の文章だ。

However we might define "good" writing, it's more than acing checklists.
（「優れた」文章というのをどのように定義するとしても、チェックリストのすべての項目を満たすだけでは書けないはずだ）

チェックツールは、「However」の後に読点をつける必要があると苦言を述べた。お言葉ですが、間違っているのはきみの方だ。この「However」は文章全体ではなく「define」にかかっているのだから〔「However」を「だが、しかし」という意味ではなく、「どのように〜でも」という意味で使用している。「だが、しかし」の意味合いで用いる場合は、「However」の後に読点をつける必要がある〕。

公正を期すために言えば、これはよくある「however」の使い方ではないし、プログラムがあらゆる統語に適切に対処するのは難しいということもよくわかっている。エドワード・サピアが警鐘を鳴らしたとおり、「あらゆる文法は水漏れする」。しかし私は、もし自分の英語に自信を持てない書き手（英語学習者を含む）がWordの指示に従ったとしたら、陳腐な文章ばかり書くようになるのではないか、という懸念を抱いた。

長いあいだ人間の文章力を育んできた教育法と、現代のＡＩによる評価プログラムのあいだには断絶がある。言語学者や作文の講師もこの対立を認識しており、綴り、文法、文体、句読点の指標を自動化してしまえば、内容そのものや書き手の声《ヴォイス》（表現視点の選択、文章の態《ヴォイス》）に注意を払うように指導してきた成果が台無しになると憂慮している。[15] 文法チェックツールが文章の瑣末な点を整えただけで、内容そのものも合格レベルに達していると私たちは考えてしまいがちだ。しかしソフトウェアは内容を評価しているわけではない。

英作文界を先導するアン・ヘリントンとチャールズ・モランが、二〇一二年に書いたＥＴＳのCriterion（クライテリオン）に関する論文で、この問題を指摘している。多くの文法およびスタイルチェックツールと同様、Criterionも評価するのは言葉や文章の単位であり、全体的な小論文の内容ではない。結果として、

> 複数の項目での誤りを訂正することだけをタスクにしており、論旨を再考したり特定の修辞の

使い方や効果を考慮したりすることはできないのだという。[16]

この問題は、十年以上経った今も解決されていない。

作文講師の登場：学びか、それとも濡れ手で粟か？

編集支援を目的として開発されたソフトウェアについて考えるとき、その恩恵を受けるのは誰なのだろうという疑問が浮かぶ。それはソフトウェア会社なのか。それとも純粋に文章力を伸ばしたいと考えている人か。あるいはとっとと課題を終わらせてしまおうと考えている学生なのだろうか。この問いに答えるために、この業界の二大巨頭であるGrammarly（グラマリー）とマイクロソフト、特にWordのOffice 365内蔵版（二〇二三年前半の時点）に目を向けてみよう。ただ、この手の製品の精度と機能は進化し続けているので、私がこの章を書いた時点での内容が、現在でもそっくりそのまま正しいと言えないことには留意してほしい。それは、マイクロソフトがGPT-4を組み込んでいるWordでも、GPT-3を活用しているGrammarlyでも同じことだ。

Grammarlyという個人講師

まずは次の質問について考えてほしい。盗用検出と文法指導とのあいだにどのような関係があるのだろう。どちらも非常によく似た自然言語処理ツールを使用している、というのがその答えだ。

偶然だが、小論文の評価と文法のアドバイスにもＥＴＳのe-raterがCriterionとして使用されていることからも、それがわかる。

現在、一日あたり三千万人以上のアクティブユーザーを抱えているこのプログラム、Grammarlyがリリースされたのは二〇〇九年だが、この会社はその七年前に盗用検出を目的として立ち上げられたベンチャービジネスだった。Grammarlyの創設者たちはこう語る。

以前の会社、MyDropBox（マイドロップボックス）では、学生が提出した課題から盗用を検出する製品を開発していました。そこから根本的な疑問が生じたのです。そもそもなぜ人間は盗用するのだろうか？　自ら文章を書いて何かを伝えることが難しいと感じているからではないか？[17]

こうして生まれた目標が、学生に文法とスペリングの支援を提供することだった。今では学生以外の何百万人もの人々がGrammarlyを利用している。

多くのオンラインソフトウェアと同様、Grammarlyにも無料版があり、スペリング、文法、句読点、トーン検出（自信に満ちている、緊急、丁寧など）などの編集が可能だ。プレミアム料金を支払えば、さらに言葉の選択に関する提案、フォーマル度の選択、わかりやすい文章にするための修正、トーンの調整、盗用検出のサービスが利用できる。Grammarlyでは、読み手、フォーマル度、文章のジャンル（ビジネス、メール、学術など）、トーン、目的（通知、説明、説得など）を選んで目標を設定できる。[18]現時点でこのサービスを使用できるのは英語版だけだ。

また、Grammarlyは修正だけでなく学習の機会も提供している。誤りを指摘されたとき、文法に関する説明を確認できるオプション機能がある。多くのユーザーが手早く文章を修正するだけでなく、文章を書くための技術向上を望んでいるのであればいいのだが。しかし、そうとは思えない。たとえば、スペルチェックが綴りの誤りを修正したとき（打ち間違いではなく本当の誤りだった場合）、その場で立ち止まって「正しい綴りを覚えておこう、もう二度と間違えないように」と考えるだろうか。自分に問うてみても、そんな必要はないと感じてしまう。次回もスペルチェックが直してくれるのだから。

さらなる支援が必要ならば、Grammarlyには「文章に一つも誤りがないこと」を確認して「より自信をつけたい」ユーザー向けの「専門文章作成サービス」がある。[19] つまり、人を雇って文章を編集してもらえるのだ。サービス内容や納期によって料金は異なる。

マイクロソフトという言語警察

Microsoft Wordは至るところで使われているので、私たちは皆、このツールで編集作業をすることに慣れきっている。いまやOpenAI（オープンＡＩ）と協業していることもあり、Microsoftエディターには、偏見がなく、誰かを不快にさせない、より包括的な言葉遣いを促す機能など、追加のＡＩ搭載ツールが含まれている。

どういうことなのか知りたい人は、Wordの［Preferences（環境設定）］でいくつかの項目を選択してみるといい。［Spelling and Grammar（文章校正）］で［Grammar（文法）］を選択し、［Grammar and Refinements（文法と修正）］の［Settings（設定）］をクリックする。表示されるオプションをスクロールすると、基本的な文法とスタイルの項目（すべて大文字のアルファベットから始まる）にチェックマークが入っていることがわかる。下の方には追加の提案があり（興味深いことにアルファベットの最初の一字が大文字でないものもある）、くだけた表現、重ね言葉、受動態、揺らぎなどの項目が表示される。さらにスクロールすると偏見（バイアス）のオプションがあり〔日本語版ではまだ使用できない機能〕、年齢、文化、民族、ジェンダー、人種、性的指向、社会経済のバイアスを選択できる。[20]

では、何が偏見を含むのかを決めるのは誰なのだろう。たしかに、明らかに偏見を含む表現というのはあるが、Microsoftエディターは誰かを不快にさせるかもしれない、ありとあらゆる語句を指摘できるのだろうか。そこで調査することにした。いくつか好ましくない単語を入力してみたところ、マイクロソフトが完全に見落としたものもあったし、一度使っただけでフラグづけされた単語もあった。最初は見落とされたが、似たような言葉を入力すると、遡って「修正」を求められた単語もあった（機械学習が機能しているのだろう）。次の表にいくつかの例を挙げる。

Microsoftエディターは、「human（人間）」の代わりに男性形である「man」〔「男性」のみならず「人間」を意味することもある〕という単語を広く使うことに異議はないようだが（「What shall it profit a man（人間にとってどのような利益があるだろうか）」など）、「mankind（人類）」という単語にはフラグをつけた。一九六九年に月面着陸を果たしたニール・アームストロングの言葉「One small step for man. One giant leap for mankind（一人の人間にとっては小さな一歩だが、人類にとっては大きな飛躍だ）」を修正して、性差別を含まない文章に置き換えることはもちろん可能だ。だが、エディターが提案するように「humankind」や「humanity」を使えば、この言葉が持つ詩的な魅力――および歴史的な正確性――は失われるだろう。次にめった打ちにされるのはジーンズのブランド、7 For All Mankind（セ

人種的・民族的用語	単数形・複数形のどちらもフラグづけされる	スペイン人に対する蔑称（Dから始まる単語）、アフリカ系アメリカ人に対する蔑称（Nから始まる単語）、ベトナム人に対する蔑称（Gから始まる単語）
	単数形のみフラグづけされる	日本人に対する蔑称（Jから始まる単語）
	フラグづけされない	ユダヤ系に対する蔑称（Kから始まる単語とYから始まる単語）、中国人に対する蔑称（Cから始まる単語）
不快な用語	「bitch（雌犬）」、「whore（娼婦）」、「slut（売女）」	フラグづけされることもあれば、されないこともある。文脈によって異なる
包括性	「mankind（人類）」	「humankind」や「humanity」などのジェンダーニュートラルな単語を使うよう提案される

ブン・フォール・マンカインド。ブランド名には「Man（男性）」が用いられているが、女性、男性、子ども向けの製品を販売している）だろうか。今のところマイクロソフトでは執行猶予が与えられている。「M」が大文字で固有名詞ということがわかるので、エディターはこの単語に注意を払わないのだ。

私自身が書いた文章でマイクロソフトが注意を喚起したのはこの部分である。

Writing an AI program that could win against a Go master was a huge deal.（囲碁の名人に勝つことのできるAIプログラムの開発が、どれほど意義のあるものだったかがわかるだろう）

Microsoftエディターは「master（名人）」〔英語の敬称で、男性に用いられる〕が気に入らなかったようで、「より包括的で性差別的ではない単語」を使うよう提案してきた。代わりに提示されたのは「expert（専門家）」「head（長）」「primary（主）」だった。この文章に当てはめてみよう。「A Go expert（囲碁の専門家）」はどうだろうか？　だが、イ・セドルは、彼が手に入れた地位を示すにあたって「専門家」という単語はあまりに味気ないと感じるに違いない。それなら「A Go primary（囲碁の主）」は？　これでも同じことだ。マイクロソフトの助言を素直に聞き入れた英語学習者は、大変な目にあうだろう。特に、二つ目や三つ目の提案を真に受ければおかしな文章ができあがる。

学生や生徒を対象とする作文講師

市場に浸透したのはマイクロソフトとGrammarlyだけでない。文章作成を支援するツールは続々と誕生しており、なかには生徒に焦点を当てたものもある。最近リリースされたのがETSのWriting Mentor（ライティング・メンター）という、Googleドキュメントのアドオン機能だ。[21]中学生と高校生を対象とするこのプログラムにはe-raterやCriterionに含まれていた多くのツールが組込まれている。

大学の研究プロジェクトから生まれたツールもある。綴りや句読点といった文法と文章の基本的な仕組みを生徒に教えることを目的としたものもあれば、より高度なコンセプトに基づくものもある。一九九八年にデイヴィッド・カウファーと同僚たちが開始したカーネギー・メロン大学のDocuScope（ドキュスコープ）プロジェクトは、議論の要点を把握できるよう学生を導くという革新的な目標を掲げていた。[22]ETSは先を越されないよう、ほぼ同時期にGMATの小論文の要点を特定して採点するNLPの研究を始めた。[23]

学習か口実か？

優れた文章を書くことは過酷な仕事だ。苦労しているのは学生だけではない。卒業してから長い年月が流れても、恥ずかしい思いをすることがたびたびある。注意深く書き上げたと思った文章に単語の綴り間違いや誤用、おかしな言葉遣いなどが潜んでいる。穴があれば入りたいと私が感じたのは、書き上げたばかりの原稿を確認してくれた外部のレビュアーがある文章についてこのようなコメントをよこしたときだった。

これほどひどい文章は見たことがありません。

これにはがっくりと肩を落としたものだ。やがてはデジタルの作文講師が、このような恥ずべき体験から私たちを救ってくれる日が来るかもしれない。しかし、果たしてそれは正しいことだろうか。

利用する機能がスペルチェックだけでも、私たちは自動化されたジーヴズ（従者）を使っているということになるのだろうか。（スペルチェックについては第12章で詳しく取り上げる）文法と文体チェックツールが提案をおこなうだけで、自動修正機能のように変更を強いなければ、これらのツールを使うことは、文法書や辞書、類語辞典を参照することと変わらないと言えるかもしれない。書き終えた原稿を読んでほしいと友人に頼むこともある。それなら、原稿をチェックするのが人間かＡＩアルゴリズムかは、それほど重要ではないと考えてもいいのではないか。

研究結果によると——少なくともGrammarlyの発表では——編集支援ツールに満足しているユーザーは多い。二〇一一年から一二年の冬、三百九十二校の大学でGrammarlyを使用したことがある学生を対象としたアンケートが行われた。結果は次のとおりだ。

・七〇%の学生が、文章力に対する自信がついたと回答した。
・九三%が、Grammarlyを使用した結果、文章作成にかかる時間を節約できたと回答した。
・九九%が、Grammarlyのおかげで小論文の成績が上がったと回答した。[24]

もちろんこれは組織内のアンケートに過ぎず、おまけに十年以上前のデータだ。だがアンケートをやり直したところで、違う回答が返ってくるとは思えない。学生は自信をつけるだろう——プログラムが修正すべき箇所を指摘してくれるのだから。時間も節約できる——自分で読み直したり、書き直したりする必要は（ほとんど）ないのだから。当然、成績も上がる。課題を提出する前にGrammarlyが指摘してくれた誤りこそ、減点の対象なのだから。

とはいえ実際に文章力が身についているかどうかはわからない。ロンドン在住の高校生、ダニエル・デ・ビアはこのようなツールは「有害な支え」なのではないかと考えている。

[Grammarlyが誤っていると指摘した]赤線の部分をすばやく修正するにとどまり、なぜ誤っているか考えなければ、優れた書き手にはなれない。アプリへの依存が高まるだけだ。

さらにこう続ける。

Grammarlyは生徒の文章に潜む芸術的な声《ヴォイス》も取り除いてしまう。自分らしい文章を書く代わりに、Grammarlyが大幅な変更を提案し、一人ひとりの個性を排除してしまうからだ。[25]

Grammarlyのウェブサイトには、プレミアムユーザーの八五％がこのソフトウェアのおかげで書くことが得意になったと回答している、と記載されている。だがデ・ビアは「Grammarlyがユーザーに与えるのは（中略）ただ提案を受け入れることによる（中略）偽の安心感ではないのか」と問う。ユーザーは成長しているのではなく、「書くことが得意になったと思い込まされているだけ」なのでは？

Grammarlyのサイトライセンスを購入した学校の数から見るに、多くの大学経営者がこのツールの導入に賛成しているようだ。こうした学校では、Grammarlyはあって当たり前の機能として、学業に入り込んでいる。Microsoft Officeのプログラムや統計パッケージと同じように。

このことについて、教師はどう考えているのだろう。仕事が山積みで、学生の課題を読んで文法や文体の誤りを指摘する暇がなかったり、自分は優れた書き手ではないと感じていたりするなら、Grammarlyなどのツールはモノポリーゲームの「刑務所脱出」カードと同じくらいありがたい存在だろう。ツールを使えば、より概念的な問題について学生と話し合ったり評価したりするために時間を使えるはずだ。そういえば、前にも同じような主張を目にした。多くの記事が自動生成されるようになれば、ジャーナリストは調査に重点を置いてより深みのある記事を書くように努力する

――仕事を失うのではなく――というものだ。

作文講師の仕事はおそらく危機に瀕してはいない。学生は人間のリソースとデジタルのリソースの両方を活用するよう助言されることが多いからだ。より懸念すべきは、デジタルのフィードバックが単純に間違っていたり、ソフトウェアが小論文における学生の個性を消し去ったりすることだ。[26]

教育から仕事に話を移そう。従業員に優れた文章力を求める雇用者は、この問題についてどう思っているのだろう。従業員が文法チェックツールに依存することについてどう思っているかはわからないが、多くの雇用者が新卒が文章をきちんと書けるかどうかをとても気にかけている。前述のとおり、全米大学雇用者協会（NACE、National Association of Colleges and Employers）は二〇二二年、雇用者の七三％が文章力を重視しているという調査結果を報告した。また、米国大学協会（AAC&U、Association of American Colleges and Universities）は、雇用者の九〇％が書くことを通じたコミュニケーションについて「非常に重要」あるいは「ある程度重要」だと回答したと報告している。[27]

新卒社員は、この期待に応えられているのだろうか。AAC&Uが最近の新卒社員に特定の能力が「十分備わっている」かどうか雇用者に確認したところ、文章を通じたコミュニケーション能力に満足していると回答した雇用者は、全体の四四％にとどまった。高校や大学に問題解決を呼びかけても、状況（新卒社員の文章コミュニケーション能力）は変わらなかった。だがこの期待の優先順位は、もはやそれほど高くないかもしれない。つまり、従業員がMicrosoft WordやGrammarlyを活用して書くのであれば、それで十分かもしれないからだ。

問題は価値の変遷である。小型計算機の登場によって、基本的な計算力を育み維持する動機は失われた。ワープロの誕生によって、読みやすい字を書く必要はなくなった。多くの大人が数学の授業で習った内容をきれいさっぱり忘れ、手で書くことをやめている。今はそうでなかったとしても、卒業すれば同じようになるのだと、学生が考えたくなるのは当然だろう。

オートパイロットのジーヴズ

人間が書いた文章を見直すデジタル編集者としてのジーヴズは、文章作成支援の一つの形態でしかない。最近では、テクノロジーが下書きそのものを担うことすらある。個人的なゴーストライターを雇うのは何も今に始まった話ではない。

手紙文例集、グリーティングカード、電報の作成

手紙文例集がそのいい例だ。家族への手紙、仕事仲間への催促など、あらゆる状況で書く手紙の文例を集めた本だ。このジャンルは十八世紀に人気を博し、新たに手紙を書くようになった男性と女性の両方がこぞって買い求めた。手紙の初心者たちは指導されることを求めていた。[28]

事前作成済みのメッセージは、電報が普及したときにも歓迎された。電報技術は一八四四年に鳴り物入りで登場したが、その後何十年もメッセージの送信は高価なままだった。電報を送るときは一文字単位で支払うため、巧みな作文が必要不可欠だったのだ。だが多くの人がなんと書いたらいいのかわからない。そこで登場したのがウエスタンユニオン〔アメリカの金融および通信事業会社〕だ。この企業は「状況

に合った言葉を見つけるのに苦労している方のために」事前作成済みの文章の販売を始めた。[29]

さらに一八〇〇年代半ばにはグリーティングカードが発売された。グリーティングカードビジネスは二十世紀にかけて大きく花開き、誕生日や記念日や祝日には、カードに署名とちょっとした挨拶文を書き込むだけでこと足りるようになった。[30] もちろん、何も書いていないグリーティングカードを購入して自分でメッセージを書くこともできる。その場合も、何を書くべきかわからないなら、ホールマークがホームページで提供しているアドバイスを参照すればいい。[31]

ジーヴズとしてのＡＩは、これらの執筆協力ツールの最新バージョンだと言える。だが印刷済みのグリーティングカードと異なっているのは、書き手はＡＩが作成支援した文章を、自分で書いたと主張できるようになったという点だ。

問題の発端：メールと文章の書き直し

これは時間の節約か、それとも責任回避か？——返信に含める語句や、新しいメールに入力すべき文章を提案するツールについて、私はそのような疑問を持っている。

最もよく知られているメール自動生成ツールがGmailのスマートリプライ（二〇一五年にリリース）とスマート作成（二〇一八年にリリース）だ。ディープ・ニューラル・ネットワークを使用したこの種のツールは、ユーザーが次に入力する単語を予測する。スマートリプライでは三つの選択肢が表示される（予測変換に似ている）。スマート作成は、途中まで入力された文章を完成させる。グーグルの研究者たちの努力の結晶を見てみよう。たとえば「火曜日はタコスを忘れないでね！　私はチッ」と入力すると、メールプログラムが「プスとサルサを持っていきます」と文章を完成させる。[32] 最新のニューラルネットワークを備えたGmailツールはユーザーの文体を学習し、時が経つにつれユーザーがメールでよく使う語彙を提案するようになる。

メールの下書きを提供しているのはグーグルだけではない。新たなシステムが次々に誕生している。そのことで利益を得るのは誰なのか。メリットを挙げるとすれば、AIによる代筆は時間の節約になる。送受信メールの量が多く辟易《へきえき》している人には特に朗報だ。だが、大切な人にメールを書く場合には、果たしてその効率性に価値があるのかどうか自問する必要があるだろう。懸念すべき点の一つに、AIが作成したメールでは実際の気持ちを伝えられないということがある。AI作成のメールは送信者自身の文体よりポジティブになることが多い。事実、Gmailスマートリプライの初期のプロトタイプは、どんなメールに対しても「愛を込めて」と返信していた。[33]

このほかに、熟考すべき事柄をいくつか挙げてみよう。

・これらの事前作成機能は、私たちの代わりに思考しているのか？
・語彙力の低下につながるのか？
・私たちの声《ヴォイス》は均質化されるのか？[34]

予測変換、自動修正、文法チェックの場で、同じ疑問がすでに浮上している。「スマート」なメールでも同じことだ。

メール送信ツールだけではない。AI搭載のソフトウェアは現在、私たちが書いた文章を確認し、文体の修正を提案するようになっている。AI21という企業が提供する大規模なTransformer

（トランスフォーマー）搭載ツールの一部であるWordtune（ワードチューン）がいい例だ。[35] Wordtuneの使命は「文章を書き直して、もっと上手に自己表現するための新たな方法を提案し、アイデアを文字にするのを助ける」こと。デモでは「This opportunity interests me（この機会には興味をそそられます）」という文章が修正されている。受動態を一人称に変えたり、もっとパンチを効かせたりするのだ。たとえば、フォーマルな文体が必要なら、「I find this opportunity rather appealing（大変魅力的な機会だと私は考えています）」。カジュアルでいいなら、「I dig this opportunity（めちゃくちゃいい機会だよね）」となる。

自分で最適な言葉遣いを考える手間が省けるのだから、これは非常に効率的だ。第Ⅲ部で紹介したように、Jasper（ジャスパー）などのツールがビジネスで必要とされているというのも頷ける。しかし、個人的な文章を広告のキャッチコピーみたいにしたいと誰もが思っているだろうか。書くこと、書き直すことで、私たちは読み手だけでなく自分に対しても文章の意味を明らかにしている（これについては第2章でも触れた）。しかし、文章を書き直すソフトウェアは、その機会を減らし、文書を見直す意欲を失わせる。

Wordtuneは Transformer上で動作するため、あらゆる文章を新たに作成できるとされている。自分の名前で公開可能な自動作成の長い文章もそうだ。こうした長い文章でこそディープ・ニューラル・ネットワークは実力を発揮する。と同時に、人間の執筆の意欲を奪ってもいる。

災難：長い文章

文章生成ツールは通常、次の二つのうちどちらかの原理に従って動作する。一つ目は、まず人間が最初の文章を入力し、大規模言語モデルが続きを書くという仕組みだ。ＧＰＴ-３、ＧＰＴ-３で実行されているSudowrite（スードライト）、ＧＰＴ-２を使用するInferKit（インファーキット）〔二〇二四年四月にサービスを終了〕がこれにあたる。ChatGPTは少し異なり、ユーザーが質問かリクエスト（「ヴァイキングの侵略について、高校生が書くような三千文字の小論文を書いてください」など）を入力する。

二つ目のシステムでは、ユーザーが入力した情報に沿って文書が作成される。（二〇二三年初頭時点では）最大千五百字の記事、ブログ投稿、小論文をたった六十秒で作成するArticle Forge（アーティクル・フォージ）などのツールがある。[36] 核となる指針（意図やキーワードなど）を選び、長さや言語（七か国語から選択可能）を指定し、ボタンを押せば文章が作成される。あとは月額料金を支払うだけだ。

Article Forgeのようなツールのマーケティングによれば、対象となるユーザーは企業だという。アウトプットに人間の名前が記載されないJasperやCopysmith（コピースミス）と、顧客ベースのサービスは本質的に同じだ。ところが、企業ではなく個人が登録してコンテンツを作成し、自分でそれを書いたと吹聴してもそれをとがめる人がいないこともたしかだ。こうなるともはや、書くという行為は自己発見の一種だなどと言ってはいられない。なぜなら、ＡＩには自己がないからだ。もしあったとしても、それは私たちのものではない。

さらに論理的な問いもある。文章生成ツールが作成したコンテンツは誰の所有物なのか。こうして私たちは、AIが生成したコンテンツの著作権という厄介な問題に立ち戻ってきた。Article Forgeは、コンテンツを生成したらユーザーはそれを「どこででも好きなように使用できる」という。InferKitはもっと慎重だ。ユーザーが作成した文章におけるInferKitの権利を否定する一方、サイトの「よくある質問」ページには、InferKitが「（ユーザーに権利があると言えるくらい）あらゆる目的に使用するための」許可を付与すると書いてある。弁護士が影で糸を引いているのが見えるようだ。

そんななか、学生やビジネスパーソンが、ＡＩ生成の資料を自分で書いたものだと主張したとしたら？　他人の文章を盗用したわけでなくとも、完全に無罪だとは言えまい。

AIという風紀犯罪取締班

自分で考えて書いたわけではない文章を自分で書いたふりをする、というのは目新しいことではない。十九世紀後半にハーバード大学の英語Aを受講していた学生たちは小論文の課題で盗用をおこなっていた。何十年にもわたり、大学のフラタニティ〔アメリカの大学における結束意識の強い男子学生の集まり。女子学生の集まりは「ソロリティ」と呼ばれる〕の会員たちは、学期末レポートで同じことを繰り返してきた。また、メラニア・トランプが二〇一六年に共和党全国大会でおこなったスピーチには、盗用した内容が含まれていた[37]。サウスカロライナ大学の学長が二〇二一年の卒業式で述べたスピーチも同様だ[38]。

皆、ほかの人の言葉を借りたと言うことなく借りたのである。ハーバード大学の英語Aクラスの学生は代金を支払って、誰かに作文を書いてもらっていた。フラタニティに所属する男子学生たちは共有のごみ箱のなかから見つけた小論文を提出した。メラニア・トランプのスピーチライターとサウスカロライナ大学の（当時の）学長は、他人のスピーチを無断で借用した。

盗用から論文代行へ

盗用とは、引用元を明記することなく他人の言葉を盗むことだ。盗作について書かれたトーマス・マロンの作品のタイトルが『盗まれた言葉（Stolen Words 未邦訳）』であるのには意味がある。[39]「盗用」という単語の元を辿れば、誘拐犯を意味するラテン語の単語から派生した「theft（窃盗）」や「thief（窃盗者）」に行き着く。他人の言葉を盗みたくなるのはなぜだろうか。時間が足りない、あるいは面倒くさいと感じているせいなのかもしれないし、捕まることはないだろうとたかを括っているからなのかもしれない。捕まっていないケースを集計することができないため、盗用がどれほど一般的におこなわれているかわからない。だが、報告を見ていると懸念を抱かずにはいられない。

学生に関する最良のデータは、学生が自発的にした告白だ。何年にもわたり、経営学教授のドナルド・マッケイブはあらゆる形態での学生の不正行為を研究してきた。[40]二〇〇二年から二〇〇五年にかけて、マッケイブは七万千人以上のアメリカとカナダの学部生にアンケートをとった。小論課題での盗用の結果は、次のとおりだ。

- 三八％が、どこから引用したのか明記することなく資料から数行の文章をコピーしたり言い換えたりしたことを認めた。
- 三六％が、出典を明記することなくインターネットから数行の文章をコピーしたり言い換えたりしたことを認めた。
- 八％が他人の文を写して課題として提出したことを認めた。

・七％が他人に書いてもらった課題を提出したことを認めた。

これは学生自身が認めた違反行為でしかない。しかも、この調査が実施されたのはインターネットでの盗用の黎明期であり、その後も盗むことができるオンラインの資料は増え続けている。盗用するのは学生だけではない。学術誌などの定期刊行物でもよく剽窃が見つかる。[41] たとえば、二〇二二年、ノースカロライナ大学チャペルヒル校の副総長は助成金申請書での盗用が発覚して、辞職した。[42]

ほかの人が書いた言葉を自分が書いたものだと主張する別の方法が、使用料を支払うことだ。二〇〇六年以降、この慣習には新たな名がついた。論文代行（contract cheating）だ。[43] 通俗的には「論文工場」ともいう。

論文代行は想像以上に蔓延している。フィリップ・ニュートンは二〇一四年から二〇一八年にかけて世界中の大学生からアンケートをとり、一五・七％もの学生が、他の人に代金を払って課題を執筆してもらったことがあると回答した、と明かしている。[44] 最近では英語の論文代行をしているのはケニア人であることが多い。[45]

だが、論文代行について責められるべきは学生ばかりではない。インターナショナルパブリッシャーLLC（モスクワに拠点を持つ）に代金を支払えば、名高い学術誌に掲載される共同執筆論文の著者一覧に、あなたの名前を追加してくれる。顧客は、盗用された資料をもとに、ロシア語で書かれ英語に翻訳された論文のなかから好きなものを選ぶ。二〇一九年から二〇二一年にかけて、このような共同執筆「枠」の金額は六百五十万ドルにまで跳ね上がった。このサービスは特に中国で人気を集めている。[46]

一方、人間ではなくＡＩ文章作成ツールが生成した言葉を借りるという、新たな盗用の可能性も生まれた。二〇二二年十一月末、ChatGPTが人間の暮らしに入り込むと、学生たちはたちまちこのツールを使い始めた。

スタンフォード大学の学生も例外ではない。校内新聞の『スタンフォード・デイリー』は二〇二三年一月第二週、非公式のアンケートを募り前月の期末試験や課題でChatGPTを使用したかどうかを学生に訊ねた。四千四百九十七人の回答者のうち、一七％が使用したと回答した。ChatGPTの力を借りたと認めた学生のなかでは、

・五九・二％がブレインストーミング、概要作成、アイデア形成に使用したと回答した。
・二九・一％が多項選択式の質問の回答に役立てたと回答した。
・七・三％がChatGPTが作成した文章に手を入れて提出したと回答した。
・五・五％がChatGPTの作成した文章に手を入れずにそのまま提出したと回答した。[47]

これを見ると、二百四十七名の学生がChatGPTの作成した文章をそのまま提出したことになる。驚くべきことだ。願書を出した高校生のうち、スタンフォード大学に入学できるのはたった四％——つまりスタンフォード大学の学生には課題や試験に十分太刀打ちできる能力があるはずだ。このアンケートは科学的な統計とは言えないにせよ、結果には考えさせられる。

ChatGPTなどのTransformerベースのプログラムが多くのタスク——情報のデータセットの検

索、概要作成、翻訳、コーディングなど――を処理できることを考えると、今後は学術界のその他の領域でも人間の代わりにボットが多くの作業を担うようになるだろう。二〇二三年初頭には、科学、法律、医薬などの研究者たちはすでに実験を開始し、警鐘を鳴らしていた。

たとえば、論文の要約が人間またはＡＩのどちらが書いたのか判断できるか否かを調べた研究がある。人間のレビュアーは、ＡＩが書いた要約のうちたった六八％しか見抜けず、残りの三二％を人間が書いたものだと勘違いした。人間が書いた要約のうち、人間によるものだと特定できた要約は八六％で、残りの一四％はChatGPTが書いたと勘違いした。[48]

法律の分野では、すでに法律関係のソフトウェアが大規模なデータセットを活用して文章を生成していることを紹介した。だからChatGPTなどのツールが法科大学院の試験だけでなく、司法試験でもそこそこの成績をとることができたと聞いても、驚くことはないかもしれない。ミネソタ大学法科大学院の研究では、ChatGPTが実際に法科大学院の試験を受けた。小論文や多項選択式の問題が含まれる試験だ。ChatGPTはＣ＋平均の学生と同程度の結果を残した。成績優秀とまではいかなくとも、落第はしない。[49]またＧＰＴモデルが、アメリカ統一司法試験の多項選択式問題内の証拠と罪に関する質問で正解を出したことを示す研究もある。[50]

その他の領域も同じだ。医学研究者たちはChatGPTにアメリカ医師免許試験を受けさせた。すると、試験のあらゆる分野において合格点に近いスコアを叩き出した。[51]

今のところ、未来の弁護士や医師候補たちはChatGPTなどのツールを自分たちの試験に活用していない。それに、法律や医療の教育においてChatGPTの技術にふさわしい使い方が見つかるだろう。ともかく、この素晴らしき新世界はまだ幕を開けたばかりなので、教育と不正行為のどちらが優勢になるのかはまだわからない。

泥棒を捕まえるには

文章を盗用することがこれほどまでにまかり通っている状況で、不正行為を見抜くにはどうすればよいのか。従来の発見方法は、運任せや参照資料の確認、図書館で何時間もひそかに探ることなどだった。また、論文の文体から判明することがあった。あるいは、作成者がそれほどうまくは書けないとわかっているため、盗用に気づくこともあった。

盗用を見つけるためにデジタルツールが活用されることもある。オンラインデータベースの検索は、手動の作業より簡単だ。統計学的に文体を研究するソフトウェアは文体を「採集」し、語彙の選択、構文の使い方、句読点のパターンまで分析する。[52] 以前なら、学生が文章を盗用しているに違いないと考えた悩める教員は、頻繁にインターネットを確認して、盗用と思われる文章を検索したものだ。

だが最近では、より強力な味方ができた。盗用された文章かどうか、ＡＩソフトウェアが確認してくれる。ソフトウェアの名は、Turnitin（ターンイットイン）だ。

「Turnitinという会社が設立されたのは一九九八年のことだ。四人の創設者（当時はカリフォルニア大学バークレー校の博士課程に在籍していた）の当初の目標は、オンラインのピアレビューシステムを構築することだった。現在ではPeerMark（ピアマーク）と呼ばれるこの機能は、引き続きオプションとして提供されている。ところが、学生が正式に「引用」することなくオンラインから文章を「借りる」ことが増えるようになってから、Turnitinは盗用検出に重点を置くようになった。

検出エンジンを作動させるには、大量の文章が必要だが、この企業はそれをすでに所有している。二〇二二年時点でデータセットには九百九十三億件ものインターネットページ、五万六千件の学術誌、八千九百四十件もの論文が収集されている。[53] 盗用元が公開されたりオンラインで掲載されたりしているものであれば、発見できる可能性は高い。

活用できるソースはほかにもある。それは学生が書いた小論文で十八億件以上が保管されている。世界中から小論文を収集したおかげで、他人が以前提出した小論文をそっくりそのまま再提出することは不可能になりつつある。さらに、学生が新たに書いた小論文と以前書いた小論文を比較することもできる。文体が一致しなければ偽物だと判断される、というわけだ。これは言語学的な顔認識システムだと言えよう。

もちろん論文代行や、さらにはChatGPTのようなツールのせいで、学生が今までに書いた小論文以外も確認する必要が出てきた。ChatGPTのリリースの二週間後、TurnitinはＡＩ文章作成ツールからの挑戦を受けて立つと表明するブログ記事を投稿した。一か月後には、企業の進捗を「チラ見せ」する記事が投稿された。[54]

Turnitinだけではない。二〇二三年初頭時点で話題になっていた検出プログラムが、プリンストン大学四年生のエドワード・ティアンによって開発されたGPTZero（ＧＰＴゼロ）だ。[55] それに追いつけ追い越せとばかりに、スタンフォード大学のDetectGPT（ディテクトＧＰＴ）やOpenAIによる「ＡＩが作成した文章を特定するＡＩ分類ツール」がリリースされた。[56]

学術機関はTurnitinを歓迎した。二〇二一年一月に公開されたTurnitinのブログによると、百四十か国、一万五千以上の学術機関で、四千万人もの学生がこのソフトウェアを使用しているという。[57]

学生の文章だけが厳しく検閲されているのではない。Turnitinの親会社であるiParadigm（iパラダイム）は盗用検出の機能を学術界やビジネス界で幅広く活用すべく、iThenticate（iセンティケート）という製品を発表した。[58] 企業や政府機関の多くが登録ユーザーに名を連ねている。これは学術誌向けのツールでもある。iThenticateは原稿を提出する著者にとって最初の門番になる。エルゼビアやテイラー・アンド・フランシスのような出版社は、提出された論文をピアレビューに出す前に、Crossref Similarity Check（クロスレフ・シミラリティ・チェック）というiThenticate搭載のツールで評価している。iThenticateの別のユーザーが、入学希望者が書いた小論文を確認する入試担当事務局だ。

TurnitinとiThenticateはもっともよく使われている盗用検出ツールかもしれないが、競合ソフトウェアも存在する。スタンドアロン型プログラム（HelioBLAST［ヘリオブラスト］、Viper［ヴァイパー］、Copyscape［コピースケープ］など）もあれば、Grammarlyなどのほかの製品に組み込まれた盗用検出ツールもある。Article ForgeやJasperのような文章生成プログラムは、まずCopyscapeに文章を読み取らせて、盗用の有無を確認する。これらのプログラムが活用するデータセットには、ほかの人が書いた何百万もの言葉——と文章——が含まれているため、チェックしていると誰かが以前に書いたそっくりな文章が浮上することがある。

だが、どうすれば論文代行を特定できるのか。この判断はより難しいものになる。というのも、それが新たに書かれた文章だからだ。つまり、検索可能なデータセットがないのである。Turnitinにできることといえば、新しい文章の文体と提出者が以前書いた文章の文体、そしてそれらの腕前を比較するくらいだ。平均的な学生が突然洗練された見事な小論文を書き上げるはずはない。しかし論文代行者たちの狡賢《ずるがしこ》さを甘く見てはいけない。学術界のゴーストライターとして十年のあいだ論文を執筆してきたデイヴ・トマーは、わざと英語の綴りに誤りを入れてみたり、語彙や構文を簡単なものに変えたりしてほしいとクライアントから依頼されることがあったと語っている。[59]

さらに、いまや自動の文章生成プログラムまでできている。ますます高度でアクセスしやすく、文体の模倣も得意になっている。序章で紹介したとおり、GPT‐3で実行されているSudowriteはゲイ・タリーズの文体を巧みに真似てみせた。それでも私はタリーズが書いた文章の方を読みたいと思う。だが、彼の文体に精通していなければ（ベートーヴェンの協奏曲やバッハのフーガと同じで）、違いがわかるかどうか自信はない。将来、学生が自分の文体のサンプルをいくつか読み込ませたＡＩ文章作成ツールに、その文体を用いて新しい小論文を作成するように指示したとしたら、それがＡＩの手によるものだとわかるだろうか。

盗用への執念

私は大学教員として何十年も勤務してきたので（さらにそのうちの数年は、盗用調査委員会の会長でもあった）、盗用した内容を含む小論文を提出しようとする学生をそれなりに目にしてきた。だが、学生とプロフェッショナル、双方の盗用を検出するデジタルソフトウェアを確認していると、最近では何かが変わりつつあるという感じがする。

「Turnitinを使用している一万五千以上の学術機関で学んでいる学生は、ビッグブラザーに監視されているような心境だろう。この企業のウェブサイトを見れば、さまざまなツールがあることがわかる。学生が使えるもの（提出して評価を受ける前に盗用がないか事前確認できるツール）も、「調査者」（学部や学術機関の整合性委員会）が使えるものもある。調査者向けの奇妙なプログラムの一つが、Turnitinの目をかいくぐろうとする学生たちの試みの「フラグづけ」だ。盗用検出を避けるためにわざと間違えたと思われる文字や記号を特定したり、プレゼンテーション資料などで、背景と同じ色にすることで「隠された文字」を表示したりできる。[60] 違反常習者の目的は、盗用した文章に細工を施した上で提出し、Turnitinの目をかいくぐることだ。学生――あるいは盗用検出ツール――がこれほど狡賢くなるなんて誰に想像できただろう。

　ChatGPTなどのＡＩ文章作成ツールが一般公開されるようになった今、ボットではなく学生自身が小論文を書いたのだと教授に信じてもらうにはどうすればよいか。ボットが書いたものに少し細工をする、文法を少し間違える（ChatGPTの文法は基本的に抜かりがない）、一般的でない言葉を用いる（文章を作成するＡＩアルゴリズムは手持ちのデータで最もよく見られる言葉の組み合わせを参照し、次の言葉を予測する）、ボットのデータに含まれていない個人的な体験、地域に特有なできごと、またはそのときどきのトピックについて何行か加える、などのやり方がある。たとえば、「二〇二二年から二〇二三年にバイデン大統領の私邸から持ち出し禁止の機密文書が見つかったことについて」などと書き加えればよい（この方法が有効なのは、ChatGPTの「知識」は二〇二一年に終わりを迎え、このボットはインターネットにアクセスできなくなったためだ〔二〇二三年九月二十七日より再びインターネットにアクセスできるようになっている〕）。

　学問・研究にも剽窃の問題はある。学術誌に投稿された内容が読者に届くよりも前に盗用レビューがおこなわれることは、飛行機に搭乗する前に空港で保安検査がおこなわれることと似ている。もちろん、学術界での盗用は許されるものではない。だが一旦こうした盗用が増加する理由について考えてみよう。「出版か、さもなければ死か」（あるいは少なくとも昇給は見込めなくなる）という考え方から、学術誌の数が歯止めの利かないほど増えたため、記事を掲載してくれる雑誌は見つけられるようになった。このことは、論文出版率を高められるならなんでもするという研究者たちの気持ちに火をつけた。だが、大学間で勃発した激しい研究競争は止めなければならない。発表された多くの研究論文に目を通す人はそれほどいないし、大量に出版するべきだという圧力は、真面目な研究者が道を誤るきっかけになりかねない。

ビジネスやマーケティングの世界にも盗用は存在する。言葉（広告のキャッチコピーなど）は、著作者の名前との関連性ではなく商用価値によって判断される。「偽物じゃない。本物のダイネルだ」というコピーをジェーン・トレイヒーではなくGPT‐3が書いたものだったとしても、気にかける消費者はまずいない。しかし、GPT‐3は情報をウェブから取得するため、「新しい」はずの文章がすでに存在している文章のコピーということもありうる。企業は盗用の有無を確認して、著作権や商標権の侵害から身を守らなければならない。

私たちはどうだろうか？　少なくとも、スピーチをしてくれだとか助成金申請書を書いてくれだとか依頼された場合には、必ず引用元を記すことをおすすめする。

この章では、文章を書く個人的なジーヴズ（従者）としてのAIについて紹介し、一方的にではなく人間と協働して動作する方法を示した。次の章で説明するが、最近のAI業界では「ヒューマンズ・イン・ザ・ループ」という言葉を聞くことが多くなっている。つまり、AIにすべてを任せてしまうのではなく、連携していくということだ。AIに携わる企業のなかには、誰が主で誰が副次的な役割を果たすのかを再考すべきだと訴える社もあり、「ヒューマンズ・イン・ザ・ループ（人間参加型のループ）」ではなく「ＡＩ・イン・ザ・ループ（ＡＩ参加型のループ）」という言葉を使い、主役は何よりも人間なのだと主張している。

第11章　人間とＡＩの共生

時は氷河期、あなたはマストドン〔ゾウ目の大型哺乳類〕の跡を追っている。だが、この獲物は一人では倒せないかもしれない。その場合、同じ部族の仲間が助けにきてくれるかもしれないし、何かしらの道具が役に立つかもしれない。皮肉なことに、マストドンを倒すには、先を尖らせたマストドンの骨を投げつけるのが効果的なのだ[1]。

このように、太古から人間は助けを得る方法を数えきれないほど考案してきた。私たちはほかの人間や技術と連携し、効率性や有効性を向上させたり、力を補強したりしてきた。誰もが承知していることだが、連携する利点は時間の節約である。

時間の問題

二人なら、よりすばやく家具を動かすことができる。自転車や車に乗れば、歩く場合より長い距離を進める。時間を節約するための創意工夫が発明につながることは多い。馬よりも速い電車や、馬や電車での郵便配達より速い電信がいい例だ。

ポリグラフ〔英語では「嘘発見機」のこと〕の原型もそのようにして生まれた。この機械はもともと嘘を暴くのではなく、手で文書を書くと同時にその文書のコピーを作成するために作られた（だから「ポリ［複数］グラフ［書く］」と呼ばれる）。一八〇三年、フィラデルフィアの発明家ジョン・アイザック・ホーキンスは「複製ポリグラフ」の特許を取得した。[2] この装置に感銘を受けたトーマス・ジェファーソンは複数台購入したばかりか、「現代における最良の発明」だと断言したほどだ。[3]

ホーキンスのポリグラフでは複製を一枚しか作成できなかったが、手書きの文章を複製して時間を節約するという概念は印刷機に通じるものがある。印刷機があれば、書記にはとても太刀打ちできない量の文書を作成できる。一四九二年——グーテンベルクが西洋で初めて活版印刷術を使用してから四十年弱——ヨハンネス・トリテミウスは『写字生の賛美（De Laude Scriptorum 未邦訳）』のなかで、印刷機のせいで人間は怠け者になると主張した（「手で書き写す」ことをしなくなるため）。[4] 遡って、九世紀後半の中国で活版印刷が発明されたときには、印刷は冒瀆行為であり、写字生としての自分たちの仕事を脅かすと学者たちが反論した。[5] 少なくとも二つ目の脅威には、誰もが同意するだろう。

AIの連携：新しい名前、古くからの概念

チューリングの時代から問われてきたのが、知的な機械にどの程度人間の仕事を肩代わりさせるか、そしてどの程度人間と連携させるのかということだった。現代では、エリック・ブリニョルフソンなどの経済学者が自動化（置き換え）と拡張（連携）を区別するよう呼びかけている。[6] ブリニョルフソンは自動化モデルを「チューリングの罠」と呼ぶ。そして、AI分野での目標は、人間の知

能に対抗できる（あらゆるチューリングテストに合格できる）機械の構築ではなく、人間の取り組みを拡張するプログラムの構築であるべきだと主張している。

一九四〇年代後半から五〇年代初頭、チューリングは機械の知能に関する論文を書いていた。大型のコンピューターはすでに存在していたが、知的とは呼べなかった。人間と同じように思考する機械というのはまだ机上の空論でしかなかった。当時は、コンピューター技術を使って労働を自動化することが目的だった。前述のとおり第二次世界大戦下の連合国は自動化を重視しており、イギリスでは暗号を解読するためにコロッサスという装置が、アメリカでは弾道計算をおこなうためにＥＮＩＡＣ（エニアック）が開発された。だがそのほかの領域では、自動化は社会的脅威とみなされていた。クリストファー・ストレイチーは、コンピューターが事務員の仕事、それも計算だけでなく、いずれは文章作成の仕事をも奪うだろうと予測していた。

ＡＩにすべての作業を任せるというのは現実的な目標だろうか。初期のコンピューター翻訳に取り組んでいた研究者たちなら「ノー」と答えただろう。今でも、正確性や微妙な意味合いの読み取りが必要とされる翻訳プロジェクトでは、人間による事前編集《プレエディット》、そして特に事後編集《ポストエディット》が重要な連携プロセスになっている。

ＡＩに対する過剰な期待が渦巻く現代では、「ヒューマンズ・イン・ザ・ループ（人間参加型のループ）」という言葉をよく耳にするようになった。つまりＡＩと協業して人間の知能を拡張するのであって、人間を置き換えるのではないということだ（通常は「ヒューマン・イン・ザ・ループ」という単数形が用いられるのだが、私はより包括的な複数形を好む）。キャッチーな言葉だが、概念自体は新しいものではない。

人間とコンピューターのやりとり：初期モデル

人間とAIの連携について議論される前から、「ダイアログ（対話）」という考え方があった。コンピューターと人間は交流する必要があるという、一九八〇年代に生まれた概念で、のちに「人間とコンピューターのやりとり（HCI、ヒューマン・コンピューター・インタラクション）」と呼ばれるようになった。[7] 機械に作業をさせたければ、人間とコンピューターは対話できなければならない。

長年HCI研究を主導してきたベン・シュナイダーマン（ハイパーリンクの開発に取り組んだコンピューター科学者）は、一九八七年に人間と機械間のインターフェース設計の「黄金律」を示した。一貫性を維持することや（人間の）短期記憶への負担を軽減することなどだ。[8]

最近、人間とコンピューターのやりとりに関する取り組みから、流行語が生まれた。「人間中心のAI」だ（これについては後ほど詳しく説明する）。人間中心のAI研究は、バイアスの排除やAIが手がけた作品の透明性向上など、よく目にする課題を解決し、人間とコンピューターの幅広いやりとりに貢献できるのではないかと目されている。[9] この領域にどのような名前をつけるにせよ、重要なのはコンピューターの仕組みやできることについて話す際には、その全体像のなかに人間を含める必要があるということだ。

人間をループに含める

ループ（輪）は閉じられた形態である。ループの前に「フィードバック」をつければ、ある種の共生関係を意味する〔「フィードバックループ」とは、フィードバックを繰り返して結果を増幅させることを意味する〕。システムのアウトプットの一部がインプットとなる。機械的なフィードバックループにはどのようなものがあるだろう。気温が上がれば暖房のスイッチがオフになったり冷房がついたりする。経済ではどうだろう。株式市場で株価が上がれば、人はより多くの株を購入し、その結果さらに株価が上がる。

では、コンピューターとの「ループ」のなかでの人の役割にはどのようなものがあるのか。一つの可能性として、プログラムのアウトプットを評価――または改善――してから、その結果をコンピューターに読み込ませることが挙げられる。これはコンピューターソフトウェアについて考えるとき、よく頭に浮かぶ操作だ。機械学習プログラムでの「ヒューマンズ・イン・ザ・ループ」の例としてはプログラムの精度、速度、効率性を向上させるための協働の取り組みがある。[10] だが、この言葉は「情報を共有してください《キープ・ミー・イン・ザ・ループ》」というよくある言い回しに似た、ゆるい意味合いでも使われる。「ヒューマンズ・イン・ザ・ループ」とは、人間が評価や意思決定プロセスの一部となり次の行動を決めるという意味で使用されることもあるが、必ずしもそればかりではない。何が起きているのか知りたいだけという場合もある。最新の情報を知りたい、成り行きについて聞かせてほしいだけだということもある。

ＡＩの場合、「ヒューマンズ・イン・ザ・ループ」の指示が常に同じ意味を持つとは限らない。人間がプログラムのアウトプットを編集して機能を改善することを指す場合もあるし、別の意味での連携を示すこともある。たとえば、ＧＰＴ‐３に冒頭の文章を読み込ませて残りの文章を作成させるときなどだ。あるいは「キープ・ミー・イン・ザ・ループ」に近い意味を示していることもある。この場合はＡＩ研究者たちにとって最終的な目標が人々の暮らしの向上で、人間に置き換わる知能機械の発明ではないことを指す。

この人間中心の手法は現在、ＡＩ研究に組み込まれている。スタンフォード大学の人間中心のＡ

Ｉ研究所（Institute for Human-Centered Artificial Intelligence）、カリフォルニア大学バークレー校の人間互換人工知能センター（Center for Human-Compatible Artificial Intelligence）、ユトレヒト大学の人間中心の人工知能（Human-Centered Artificial Intelligence）研究などだ。さらに、ＩＢＭは人間中心のＡＩ構築に取り組んでいることをアピールしていて、ベン・シュナイダーマンの新しい書籍のタイトルは『人間中心のＡＩ（Human-Centered AI 未邦訳）』だ。[11]

最近のＡＩとの協業では、人間はループに含まれているだけではないようだ。より中心的役割を担っていることが多い。

人間とＡＩのチームワーク

人間とＡＩが連携する方法について考えてみよう。その目的は、人間の作業をＡＩに支援させることかもしれない。反対に、人間がＡＩの作業を改善することもある。第三の選択肢は、人間とＡＩの共同の創造だ。

ＡＩの認知支援

知的努力を最大化したければＡＩが役に立つ。OpenAI（オープンＡＩ）の研究および製品担当シニアバイスプレジデント〔その後最高技術責任者（ＣＴＯ）となるが、二〇二四年九月に退任を表明〕、ミラ・ムラティによれば、ＡＩを活用すると「専門分野を持つプロフェッショナルは、単調な作業ではなく創造性や革新性に注力できる」ようになるという。[12]コンピューターを使うことで人間の脳を温存し、より難しい作業に対処するという気概が生まれたのは五十年以上前のことだ。そういえばウォーレン・タイトルマンが制作したプログラム、PILOTの目標は、人間の労力を節約して、より困難な問題に対応できるようにすることだった。

ＡＩとユーザー間のやりとりを通じた別の種類の支援も存在する。マイクロソフトの最高技術責任者、ケヴィン・スコットはこう話す。ＡＩは「持って生まれた以上の能力を引き出してくれる」のだと。[13]

いまや、人間とコンピューターの連携の例は数限りなくある。ここではそのうちの三つを紹介しよう。チェスとコーディングとメンタルヘルスだ。

〈チェスにおける人間とＡＩの連携〉

コンピューターはおそらく「非常に巧みにチェスの対局をおこなう」だろうとチューリングは予測した。その予測は正しく、ＡＩの初期の取り組みでうまくいったことの一つがチェスの対局だった。一九九七年五月、ＩＢＭのDeep Blue（ディープ・ブルー）がチェスの世界チャンピオンだったガルリ・カスパロフを倒した。カスパロフは「突然［Deep Blueが］神のような手を指した」と語っている。[14]

では、人間のチェスプレイヤーはもうチェスの対局をあきらめた方がいいのだろうか。カスパロフは「否」と答えている。彼はＡＩとの対局から連携へと方向転換し、「アドバンスト・チェス」を生み出した。「アドバンスト・チェス」では人間とコンピューターがタッグを組み対局する。[15]当初、人間とコンピューターのチームの方が、コンピューター単体よりも強いように思われた。二〇一〇年にカスパロフが記したとおり、対局において「人間の戦略的な手引きとコンピューターの戦術的な鋭敏さを組み合わせると、圧倒的な強さが生まれた」[16]からだ。だが時代はさらに移り変わる。ディープ・ニューラル・ネットワークとTransformer（トランスフォーマー）が活躍する現代では、人間とAIのチームが機械単体に勝てると考えている人はもはやいないだろう。

〈コーディングでの人間とAIの連携〉

OpenAIによるCodex（コーデックス）のリリースは、人間とAIの連携分野において重要なできごとだった。（ベースとなった）GPT-3と同様、Codexも人間のインプットから動作を開始し、次の文章を予測する。だがアウトプットとなるのは文章ではなく、一連のコンピューターコードだ。

コーディングの世界で、連携という概念は決して目新しいものではない。一九六〇年代のハッカー文化では（人間間の）コード共有がよくおこなわれた。いまやオープンソースはプログラミング業界で当たり前になったが、このことを象徴しているのが、一九九一年のリーナス・トーバルズによるオペレーティングシステムLinux（リナックス）の一般公開だ[17]。特にデジタル形態での知的財産の共有への傾倒は、「世界中でデジタル制作物を共有する能力と著作権の規制」のあいだに存在する「緊張関係への対処のために」、二〇〇二年に設立されたクリエイティブ・コモンズに象徴される[18]。二〇二二年前半、メタ（フェイスブックグループ企業）は大規模言語モデルOPT（Open Pretrained Transformer）のコードをリリースし、商用利用でない限り誰でもOPTを自由に使えるようにした[19]。

現代のプログラミング業界では、共有の精神がGitHub（ギットハブ）で体現されている。二〇〇八年に設立された（のちにマイクロソフトが買収した）GitHubは、プログラマーたちがコードを投稿したり連携したりできるウェブサイトだ（面白いことに、当時考案中だった新たな連携プログラムに基づき「Git（ギット）」という単語を思いついたのはリーナス・トーバルズだった）[20]。GitHubのユーザーの数は多い。二〇二一年後半の時点で七千三百万人以上のプログラマーが参加しており、開発プロジェクトの多くはオープンソースだ。

同じような成り立ちを持つOpenAIのCodexとGitHubは、二〇二一年にCopilot（コパイロット）というプラットフォームを構築するために連携することを発表した。このプラットフォームで、GPT-3のトレーニングに使用するのは、何十億もの文章に含まれる単語ではなく、GitHubやその他のオンラインソースに由来するコードだった。ジャーナリストのクライヴ・トンプソンはCopilotについて「本質的にはソフトウェア開発のオートコンプリート」と説明する[21]。人間も輪《ループ》に加わっているが、作業の多くを担うのはCopilotだ。さらに、人間が提供する冒頭のインプットはコードでなくてもいい。「データベース内のすべてのドナーの住所を、郵便番号別に整理するプログラムを書いて」などの自然言語でのリクエストでいいのだ。自然言語を活用した機能は見事だが、GPT-3がすでに言語の魔術師であることを考えれば、驚くようなことではないかもしれない。

Copilotは人間の時間を節約するのか、それともプログラミング能力を伸ばすのか、どちらだろうと考え込んでしまうかもしれない。この質問は、スペルチェックと文法のチェックプログラムについて第10章で訊ねた問いに似ている。プログラムは私たちの文章を修正してくれるだけなのか、それともより優れた書き手に成長させてくれるのか。どちらの意見にも擁護者がいる。いずれにしても、文章作成でもコーディングでも、もっとも恩恵を受けるのは能力の低い者だ。

Copilotには（ＡＩの文章作成ツールと同じく）まだバグがあるため、人間がポストエディットすることが望ましい。今のところコーディングというループで人間が果たすべき役割は残されている。プログラムと人間は文字通り共同操縦《コパイロット》をおこなっている。ジャーナリズム界の仕事と同じく、これによってプログラマーの雇用が脅かされることになるかどうかはまだわからない。

〈メンタルヘルスにおける人間とＡＩの連携〉

パンデミックは、多くの大人と子どもが心の健康（メンタルヘルス）維持に悩んでいるという事実を白日の下に晒《さら》すことになった。二〇二〇年には、四千七百十万人のアメリカ人――人口の一九％――が心の健康を害していると言われた。[22] この数は今でも増え続けている。世界中で、心の健康に苦しむ人が利用できるリソースは不足している。

このような状況下で、ＡＩは役に立つのだろうか。私たちはワイゼンバウムのＥＬＩＺＡ（イライザ）療法プログラムからはるか遠くまでやってきた。だが、実のところどれほど遠くまで来たのだろう。

ＡＩのおかげで、プライバシーを保護しながら手ごろな価格でメンタルヘルス向上を支援するモバイルアプリ式チャットボットが多く生まれた。それにはWoebot（ウーボット）、Pacifica（パシフィカ）、Wysa（ワイサ）、MoodKit（ムードキット）などの名前がついている。多くは認知行動療法（ＣＢＴ）に基づき、患者がネガティブな思考を、より生産的な姿勢に転換できるよう設計されている。[23] ＣＢＴは効果的な治療法と評価され、投薬より効果が高いこともあるという。

これらの新たなアプリでは、自然言語処理（NLP）ツールが人間の療法士に置き換わる。AIを活用したプログラムは、少なくともときどきはうまく機能するという結果が出ている。Woebotの場合、（ほとんどがスタンフォード大学医学部による）一連の研究によって、薬物乱用と戦っている人や鬱の症状を緩和したい人、産後の気分変化に苦しむ人にとって、このアプリを使うことが明らかに有益だという結果が示されている。[24]

AIと人間が連携してメンタルヘルスを改善する方法はほかにもある。たとえば人間が療法士として患者に接し、自身の能力を補強するためにAIを活用する場合などだ。ここでも自然言語処理に光が当たる。ieso（イエソ）というイギリスのメンタルヘルス企業は、NLPを使用して療法士と患者の会話を分析し、どのような言葉が症状の改善にもっとも役立つのかを確認している。こうした病識は、ベテランおよび新人の療法士にフィードバックされる。実際的な目標になっているのは、療法士と患者がともに効果的に時間を過ごせるようになり、療法士がより多くの患者を診ることができるようにすることだ。[25]

補助するAI

AIが人間を補助できるなら、人間がAIを補助することもできるのか。「AIを補助する」という擬人化した表現を用いたが、人間がインプットしてAIの性能を改善することだ。典型的なフィードバックループである。

人間がAIのトレーニングプロセスに関与する場合、ループが形成される。たとえば、ImageNet（イメージネット）がリリースされたときには、そのデータセットに収めるためにインターネットから抽出された画像候補を分類する人間の判定者が集められた。だが、しばらくして（ディープ・ニューラル・ネットワークを搭載した）ＡＩがより高度になると、このプログラムには人間の手助けがいらなくなった。

Transformerの操作でも連携は浸透しつつある。二〇二二年初頭、OpenAIはInstructGPT（インストラクトＧＰＴ）をリリースした。OpenAIのＡＰＩ（オンラインアプリケーションがお互いとやりとりするためのアプリケーション・プログラミング・インターフェース）で規定の言語モデルになったプログラムだ。[26] OpenAIの戦略はTransformerの仕組みを変えつつあった。ＧＰＴ‐３は文章で次にくる単語を予測するようトレーニングされていたが、InstructGPTはユーザーのリクエストに応えるように設計されている。OpenAIによる例を使えば、「月面着陸について、短い文章で六歳児にわかるように説明して」などだ。この新しいモデルは文章を作成するだけでなく、ユーザーが知りたい内容に対応できるように設計されている。

InstructGPTを構築するにあたり、OpenAIはトレーニングプロセスに人間を関与させることで連携を果たしている。強化学習のプログラミング手法を用いて、人間が望ましいと思う回答を「実演」してみせたうえで、プログラマーがTransformerを微調整する。この作業の目標は、ＧＰＴ‐３の動作を調整して、Transformerが嘘やバイアス、悪意のある発言をするリスクを最小限にすることだ。これはうまくいったようだった。InstructGPTとＧＰＴ‐３の双方のアウトプットを比較した場合、InstructGPTによる回答はより事実に即していて、でっちあげ（「ハルシネーション」）は少なく、有害な内容もそれほど見当たらなかった。大規模言語モデルの世界は進化し続けている。OpenAIはChatGPTについて「InstructGPTのきょうだいモデル」だと説明している。[27]

一方、(グーグル・アルファベットが所有する) DeepMind (ディープマインド) は人間のフィードバックをもとにグーグルの検索結果を改善しようと努めてきた。二〇二二年九月、DeepMindは大規模言語モデルのChinchilla (チンチラ) 上に構築されたチャットボット、Sparrow (スパロー) を発表した。[28] Sparrowの役目は、オンライン検索をおこなってから人間のクエリに回答すること。つまり、Sparrowが提供するのは検索結果の一覧ではなく、質問に対する実際の回答なのだ。チャットボットの目的が (人間とAIの) 双方向の対話だからだ。DeepMindの願いは、オンラインの検索結果でよく見られる誤情報や固定観念の量を削減することだ。このプロジェクトは、いまやオンライン検索の根底をなす大規模言語モデルを安全に使うために作られた。どこかのオンラインサイトに「漂白剤を飲めばしゃっくりが治る」と書いてあったせいで、誰かが漂白剤を飲んでしまわないように。InstructGPTと同様、Sparrowも強化学習に基づいて構築されている。トレーニングでは、人間の参加者が同じ質問に対する複数の回答のなかから最適なものを選ぶように指示された。この選択は、のちにチャットボットがクエリへの回答を調整するために使われた。さらに、Sparrowは優秀な学生のように、出典の記載に責任を負った (回答の構築にあたって使用されたサイトへのリンクが掲載された)。

共同創造性

人間とAIの連携は、仕事をかたづける際に双方にとって利点がある。この利点は、「仕事」が創造的な場合にも当てはまるのか。これまでAIが中心的な役割を担う創造性のある取り組みを紹介してきたが、AIと人間が協業する場合はどうなるのだろう。

もちろん単独作業と共同作業の線引きが難しいこともある。コンピューターはバッハのフーガを作曲し、《新たなレンブラント》を制作したが、そもそもそれらのプログラムを書いたのは人間だ。しかし、ここでは生成プロセス中に発生したやりとりの結果を見ながら、そのバランスを再調整してみよう。

双方向の創造を提唱するグァ・ワン（王戈）はスタンフォード大学で教鞭を執る音楽家でありコンピューター科学者でありデザイナーだ[29]。彼はコンピューターとの連携についてこう話している。

> ヒューマン・イン・ザ・ループの手法は、自動化の問題をヒューマン・コンピューター・インタラクション（ＨＣＩ）の設計の問題としてとらえ直す。次に、「どうやってより賢いシステムを構築するか？」という問いを「どうやって意義があり、役に立つ人間とのやりとりをシステムに組み込むか？」という問いにまで広げた[30]。

ワンはこの手法を、彼が言うところの「大きな赤いボタン」（フィクションの世界で核兵器の発射ボタンが必ず大きくて赤いことに由来する）への依存、つまり「正しい答えを間違いなく提供すると同時にそこまでのプロセスは隠す」ＡＩ技術（ここでは創造性を提供するＡＩ技術）と比較している。一言でいうと、「説明のできない創造的ＡＩ」にいかに透明性を盛り込むのかということだ。

双方向の設計プロセスに人間を組み込むことには複数のメリットがあると、ワンは主張する。

・作品の創作方法に関する透明性が向上する

・人間の判断を創造物に組み込むことができる
・「完璧」なＡＩアルゴリズムの探求から、反復的かつ双方向的に改善できる作品の設計に移行できる

音楽家でもあるワンは「Ocarina（オカリナ）」（iPhoneを楽器のオカリナに変換するアプリ）[31]や、スタンフォード・ラップトップ・オーケストラ[32]の発明などを通じて、ＡＩと人間が協力できることを示してきた。

芸術的な共同作業の例はたくさんある。その一つがパフォーマンスアーティストのスグウェン・チャン（愫君）が制作した絵画だ。[33]チャンは自らの共同制作者だと述べているロボットを隣に置いて絵を描く。ときおりロボットのアームが、チャンの描いた内容に反応する――その逆のことが起きるときもある。チャンはコンピューターのメモリに彼女が以前制作した作品のコレクションや、最近ではニューヨーク市の道路を渡る歩行者を映し出す監視ビデオのパターンを読み込ませ、一般市民をも連携に引き込んでいる。チャンとロボットはライブパフォーマンスをおこない、観客の前で絵画を共同制作する。グァ・ワン同様、彼女が目指しているのは完全性ではなく、人間とＡＩの協業によって何が生まれるかを探っていくことだ。

最後に、文章作成プロジェクトでの人間とＡＩ（あるいはＡＩと人間）との協業の例を紹介する。

文章作成ループのＡＩ：アウトソーシングから共同作成へ

ＡＩに文章作成を手伝ってほしければ、選択肢はいくつかある。たとえば、作業そのものをアウトソースする。またはＡＩに作業を開始してもらう。あるいは共同作成を試してみてもいい。

執筆作業のアウトソーシング

書くことが楽しいと思う人もいる。あるいは、書くことがつまらない、苦痛だと感じる人もいる。そういう人はスランプに陥っているのかもしれないし、怠け癖がついているのかもしれない。いずれにせよ、文章作成のアウトソースすることが、ＡＩの文章作成ループに人間を含める方法になりつつある。

これまでこの本では、現代のＡＩがまったく新しい文章を作成できるということを紹介してきた。また、ビジネス志向のプログラムなど、ユーザーとソフトウェアのあいだにはわずかながらも連携の機会があることも説明してきた。

ここでCopysmith（コピースミス）のキャッチコピーを思い出してほしい。「ＡＩが作成し、人間が磨き上げるコンテンツ」。Copysmithの宣伝資料では人間とＡＩのパートナーシップが強調されている。

Copysmithが目指すのは、機械を人間と置き換えることではなく、人間とＡＩの連携を実現してコンテンツを作成し提供することの合理化です。

ただし、Copysmithは雄弁にも、計算機を比喩に用いて、そのサービスを次のように説明している。

数学者は計算機なしでも生きていけますが、計算機を使用することで計算式を解くのにかかる時間が劇的に削減されました。手で計算式を解くのには十分かかりますが、計算機を使えば十秒以内で解くことができるのです。[34]

計算機があれば人間は数字を入力するだけで、あとは勝手に計算してくれる。記事（またはブログや広告）生成ツールがあれば、人間はいくつかのパラメーターを入力して、少々ポストエディットをおこなうだけでいい。だが間違えてはいけない。その場合、文章を書くのは人間ではなくＡＩなのだ。

あらゆるアウトソーシングがこれほど明確なわけではない。スペルチェックやオートコンプリート、文法プログラムの場合は人間が主導権を握っているが、そこにＡＩが入りこんでくる。ＡＩの役割が最終的に人間に利益をもたらすのか、ジレンマを生むのかについては次の章で見ていくことにしよう。

文章作成の取り組みを強化する

かなり協力的だと言えるのが、文章を書くために使うＡＩ文章作成ツールだ。たとえば、上がってしまった車のバッテリーをジャンプスタートさせる場合を想像してみてほしい。バッテリーが動かなければエンジンは回転しない。人間が文章を書くときにこれと同じことがおきる。それがアイデアの枯渇やスランプだ。バッテリーや人間の脳が動き出すためのきっかけを与えるには、外部から刺激を与えなければならない。つまり手を貸してくれる親切なドライバーのバッテリーであり、ＡＩツールだ。

ゲイ・タリーズの文体を模倣するために作成されたプログラム、Sudowrite（スードライト）はこの種のジャンプスタートをやってくれる。この企業は、独自の文章を書くだけでなく、「ブレインストーミングの助っ人」、または「スランプを乗り越える」ために使えるプログラムだと謳っている。[35] 作家のジェニファー・レップは、実際にSudowriteを使ってみたという。そして、ジョシュ・ジーザ〔『ザ・ヴァージ』の編集者、ライター〕は『ザ・ヴァージ』に、Sudowriteなどの文章生成プログラムとレップの共同作業に関する洞察力に富む記事を発表している。[36] そこに記されたレップの経験は、特に、自費出版をする作家がますますこのようなプログラムを活用するようになっていることを考えると有益なものだ。

レップはアマゾンのKindle（キンドル）ダイレクト・パブリッシングを介して作品を配信し、インディー作家としてそれなりの収益を上げていた。彼女の専門分野はパラノーマル・コージー・ミステリ（そういうジャンルが本当に存在するのだ）。稼ぎ続けるために、彼女はいつまでにどのくらいの文字数を書くかについて厳格なスケジュールを設定し、九週間ごとに新しい小説を発表している。かなりきついペースだ。負担を軽減するために、Sudowriteを使い始めた。

当初は代替の表現を考えたり、場面や対象の簡単な描写をしたりするためにこのプログラムを使っていた。それで時間と手間を省くことができた。ところがそのうち、Sudowriteにますます頼るようになった。原稿を書く速さは増したが、レップは何かが起きていることに気づいた。いつのまにか、登場人物やあらすじに没頭できなくなったのだ。小説の内容に思いをめぐらすこともなくなった。


「自分の作品だとは思えないようになりました。書いたものを見直すのが非常に苦痛で、他人の言葉や考えを読んでいるような気がしたのです」


レップの言葉を読んだとき、私が繰り返し思い出したのは、自分の研究調査での予測変換についての学生のコメントだった。「自分で送ったメッセージなのに、自分が書いたものに思えないんです」。

ジーザの記事には別のインディー作家、ジョアンナ・ペンのインタビューもある。ペンは、Sudowriteのようなツールがそのうち使われるようになると考えている。

［ペンは］書き手が「クリエイティブディレクター」寄りの立場になり、ＡＩに高レベルな指示を与え、アウトプットを修正する未来を予測している。自分の作品でモデルを微調整したり、同じジャンルのほかの著者たちによるコンソーシアムに参加して、そのモデルを別の書き手たち

にライセンス供与したりするようになると考えている。

これはアドルフ・ナイプの自動文章製造機そのものではないか。

ある人物が小説を書き上げ、出版社を探す前に、誰かに作品を読んでもらって感想を聞きたいと考えているとする。従来小説家は友人、文芸エージェント、執筆グループ、編集者、パートナーや恋人などに感想を求めてきた。頼める人間がいない場合、最近ではMarlowe（マーロウ）のような自称「自己編集ツール」のＡＩプログラムに登録することができる。[37]たったの十五分で、物語の展開からペース配分、言葉の選択（陳腐な言葉、繰り返し使用されている言葉や言い回しがある）や登場人物の性格、一般的な綴り、句読点、不快な言葉遣いまで、あらゆる事柄を分析した広範なレポートが届く。

Marloweを考案したのが、『ベストセラーコード：「売れる文章」を見きわめる驚異のアルゴリズム』〔川添節子訳、日経ＢＰ社、二〇一七年〕をジョディ・アーチャーと共同執筆したマシュー・ジョッカーズなのは偶然ではない。[38]著者の特定によく使用される法言語学ツールを利用して、アーチャーとジョッカーズは特定の言葉の選択、文法のスタイル、あらすじの構造が『ニューヨーク・タイムズ』のベストセラーリストと相関関係にあることを示してみせた。このモデルが優秀だとしたら、おそらく本当の問題は、ベストセラー作品があまりに定型的になってしまっている点だ。

小説が好きではない人も、映画のヒット作を予想することは好きかもしれない。ハリウッドはすでにＡＩを使用して台本を分析し、制作すべき作品を決定している。[39]マーケティングの意思決定を下したのはネットフリックスでも、その舞台裏で活躍しているのはＡＩなのだ。[40]

共同創造の執筆

ＡＩは労働のアウトソーシングを担い、援助するだけでなく、より本格的な共同執筆者になりつつもある。二〇一〇年代半ばに人間とＡＩの連携でミュージカルの『ビヨンド・ザ・フェンス（Beyond the Fence）』が書かれ、二〇一六年にロンドンの劇場で上演された。[41] また、人間とＡＩの執筆を組み合わせた日本の掌篇小説「コンピュータが小説を書く日」についてはすでに紹介した。

前述のとおり、小説の共同執筆は何十年も前に始まった。ジェイムズ・ミーハンの『テイルスピン』では人間のユーザーが物語のパラメーターを設定した。ハイパーテキスト小説では、読者が文章のかたまりを入れ替えたり結末を選択したりと能動的な役割を果たした。とはいえ、創造性と連携には限りがあった。技術が進化するにつれて連携の選択肢も増えていった。スグウェン・チャンのロボットとの共同制作と同じく、コンピューター科学者や作家たちは積極的な連携にはどのような形がありうるかを探っている。ＡＩと人間のチームを対象とする作詞作曲コンテストまであるほどだ。[42]

パートナーシップについて把握する方法の一つが、コンピューター創造性協会（Association for Computational Creativity）が年次で開催するイベント、コンピューター創造性に関する国際会議（ＩＣＣＣ、International Conference on Computational Creativity）で発表された研究を確認することだ。[43] これがどういうものか知りたい人のために、二〇二一年の会議で発表された二つのプロジェクトを紹介しよう。

〈即興劇での連携ストーリーテリング〉

ライブの即興劇には、頭の回転が速く創造的な俳優が必要だ。私が知っている即興劇のなかでピカイチなのがインプロヴァイズド・シェイクスピア・カンパニーという、シカゴを基盤に活躍している劇団の作品である。[44] キャストの一人が観客に、その夜にどんな芝居を演じたらよいか尋ねる。観客たちが口々に叫んだタイトルのなかから一つが選ばれ、演者がシェイクスピア式の序章を即興でやってみせる。たちまち劇団員たちが舞台に現れ、完全に自然発生的な劇が幕を開ける。これはGPT‐3（観客）がテコ入れをして、人間（劇団員）が残りの文章を生成しているようなものだ。

即興の演劇にAIを組み込んだら何が起きるのか。研究者のボイド・ブランチ、ピョートル・ミロースキー、コリー・マシューソンはそれを突き止めようとした。[45] GPT‐3と即興劇の俳優たちからなる専門家集団にチームを組ませ、舞台に上げて、その場で芝居をさせたのだ。シェイクスピア式の即興劇とは異なり、GPT‐3は物語に沿ったセリフを提案した。実験ではビジュアルアバターがGPT‐3を「体現」し、人間のナレーターがGPT‐3のセリフを口にすることで現実味を表した。そのほかの魔法さながらの技術を駆使して、AIの提案が理に適っており、人を不快にさせないものであることが徹底された。後ほど回収されたアンケートでは、人間の俳優の一人は「［AIは］あらすじを前に進めるのを助けてくれたが、あまりに型通りということはなかった」と回答し、別の俳優はGPT‐3が「人間の脳とは異なる無作為性や狂気を芝居に追加した」と答えている。

〈創作における自動生成の文章の影響〉

私たちは前例から学んでいく。それがひらめきを与えてくれることもある。いい書き手になる一番の方法は、貪欲に本を読むことだとよく言われる。

執筆における人間とＡＩの連携に関する書籍の多くは、共同で創造することについてのものだ。だが、人間がＡＩの書いたアウトプットを参考にして、書き手の（人間だけの）執筆の創造性を向上させたとしたら？　執筆内容は人間が単独で書いたものより興味深い作品になるだろうか。メリッサ・ロエメーレ〔Midjourneyに所属するストーリーテリングの研究者〕はその答えを探った[46]。「観察を通じたひらめき」という概念を用いて、ロエメーレは人間とＧＰＴ‐２に、言葉のリストから文章を作成させた。ある条件下では、人間の著者とＡＩは個別に文章を作成した。別の条件下では、人間は自分の文章を執筆すると同時にＧＰＴ‐２が生成している文章を確認した。さて、どちらの文章の方が興味深かっただろうか？　「興味深かった」かどうかは、読者が続きを読みたい物語かどうかで定義される。人間の判定者たちは人間による二種類の文章を読んで、ＧＰＴ‐２の作成した文章を参照しながら書かれた文章の方が、ロエメーレが言うところの「続きが読みたい物語」だと結論を下した。モデル化は作家の技を磨いたようだった。しかし、ＡＩコーチングが、常に人間をより興味深い書き手にできるかどうかは今のところはまだ判断がつかない。

もう一つ、特に魅力的な連携の例がある。このケースは、これまで紹介してきた例ほど強い連携ではないかもしれない。だが、考えを言葉にできないときにＡＩが手を差しのべてくれるという事実を示している。これは本当にあった話で、語り手はヴァウヒニ・ヴァラとＧＰＴ‐３だ[47]。

ヴァラは定評のあるジャーナリスト・小説家で、テクノロジーにも興味を持っている。GPT-3がリリースされて間もない頃、このプラットフォームにヴァラはたちまち魅了された。ほかの例と違う点は、長い間忌避してきた作業を進めるのにGPT-3を活用してみたことだ。それは、ユーイング肉腫という稀な悪性骨腫瘍で亡くなった姉について書くことだった。

ヴァラの試みは恐る恐る始まった。まず短い文章を書くと、GPT-3が無頓着な長い文章を返した。ヴァラはもう一度試みて、さらに多くの情報——そして個人的な感情——を補足してみた。このプロセスを九回繰り返すと、ずっと率直に書けるようになった。

もっと正直に書こうとすればするほど、AIも正直に書いているように思えました。それもそのはず、GPT-3は読み込んだ言葉に基づいて文章を生成するのですから。誠実さが誠実さを生んだわけです。

予想どおり、GPT-3は一貫性がなく誤りを含む文章を作成した。だが、ヴァラの視点から見ると、それはどうでもいいことだった。GPT-3のおかげでヴァラはようやく、一方的な判断を下さない共同執筆者と連携して、自分自身の物語を語ることができるようになった。

参加するのは誰か？

人間とコンピューターのやりとり、人間中心のAI、ヒューマンズ・イン・ザ・ループ……。人間と機械の連携を何と呼ぶのだろう。その意味を気にしているのは言語学者だけではない。政治家と書き手も同じだ。「侵害」と「攻撃」はどちらも正確に侵略を表しているが、言外の意味は完全に異なる。「ヒューマンズ・イン・ザ・ループ」にするか、「AI・イン・ザ・ループ」にするか、というのも同じことだ。

二〇二二年秋の会議で、スタンフォード大学の人間中心のAI（HAI）研究所は「AI・イン・ザ・ループ：人間が主導権を握る」をテーマに掲げた。プログラムの概要で、会議主催者はこう語っている。

> ヒューマン・イン・ザ・ループの人工知能とは、人間がフィードバックや同意を提供するAIの意思決定プロセスを指します。（中略）私たちは［会議］参加者の皆さんに、この言葉についてもう一度考え、人間があらゆるAI技術の中心に位置し続ける未来について思いを馳せていただきたいのです。AIは効果的に人間とコミュニケーションをとって連携し、人間の能力を補強して、人間の暮らしをよりよく楽しいものにするべきです。人間はただ「輪に参加している《イン・ザ・ループ》」だけではありません。人間が主導権を握るのです。「輪に参加する」のはAIの方です。[48]

序章では、AIが人間より賢くなり、主導権を奪うのではないかという恐れについて触れた。新たな戦略は、舵をとっているのは人間だ、AIが人間に奉仕するのであってその逆ではない、と主張することだ。私はホメロスの『イリアス』のなかで、神々に食物を届けるため走り回っている三脚釜を思い出した。ＡＩという現代の使用人は、三脚釜とは比べものにならないほど賢いが、新たな戦略の目標はそれを従属させ続けることにある。パートナーにしてもかまわないが、あくまでジュニアパートナーの位置にしておく。

ＡＩを設計し、それを使う段階で人間を優先することを考えると、ＡＩが私たちの暮らしのなかでどこに位置すべきかを決めるときに、自分の思うままにできるところが一つある。それは、文章作成においてＡＩに求める――あるいは求めない――役割を人間が決められるところだ。つまり、どういう場合であればＡＩを歓迎するのか、ということだ。

第12章　私たちは常にＡＩを歓迎するか

ＡＩは非常に能力が高く、独自の文章を書き、人間が書いたものを修正し、必要とあれば連携もできることがわかった。いまやＡＩツールがあることは当たり前になりつつある。そして、私たちが何の疑いも抱かぬままＡＩの文章作成機能に頼るようになれば、何が起きるかについては、これまで説明してきたとおりだ。たとえば外国語を学習したり、綴りの法則を覚えたりする意欲は失われていくだろう。さらに、自分ならではの文体で書くことができなくなり、機械の言いなりになっていくだろう。

では、プロの書き手ではない現代の一般の書き手たちは、文章作成技術としてのＡＩについてどう考えているのだろう。それは訊ねてみなければわからない。

一般の書き手へのアンケート

ＡＩと文を書くことについての研究を始める前の十年近く、私は紙とデジタルデバイスとで「読むこと」にどのような違いが生じるかについて調べていた[1]。心理学者とリーディングの専門家は、紙とデジタルデバイスで読む場合の理解力などを比較する実験研究を数多くおこなってきたが、私が興味を持っていたのはそれとは少々異なる点だった。それは、読み手はどう思っているのか、ということだ。たとえば、どの媒体で読むときに、読み手はもっとも深く集中できると感じるのだろう。あるいは、どの媒体ならマルチタスクをしやすいのだろう。

当時、デジタル読書への移行が急速に進んでいた。電子書籍は便利で紙の本より安価だったからだ。デジタル読書は当たり前のことになっていった。ほとんどの読み手はこの移行を喜んで受け入れた、と思う人がいるだろう。だが、ことはそう簡単に運ばなかった。私が二か国以上の大学生を対象におこなった研究では、九二％の学生が、紙の本を読んでいるときの方が集中できると回答した。

今回（二〇二二年）の調査では、個人的な文章作成を担うジーヴズとしてのＡＩの効率性を、一般の書き手がどの程度歓迎しているのかについて調べることにした。このアンケートを実施するにあたり、私はいくつかの項目を追加した。次にその一覧を示す。

・綴りについて
・編集と校正について
・人間に代わって文章を作成するソフトウェアについて
・手書きについて
・書くことを中心とした仕事におけるＡＩの影響について

アンケートの作成

ＡＩと文章を書くことについてユーザーがどう感じているのかを探るため、私は二つのオンラインアンケートを実施した。どちらも便宜的抽出法で、つまり参加可能な人に回答してもらう形でおこなった。本来は正規の無作為抽出（性別、年齢、学歴、その他の関連項目を制御する）が研究における至上の判断基準である。しかし今回、便宜的抽出で十分だと判断したのは、私が求めているのが傾向と見識であり、統計的優位性やもったいぶった結論ではないからだ。

一つ目のアンケートはヨーロッパで実施し、主にモデナ・レッジョ・エミリア大学（ＵＮＩＭＯＲＥ）でデジタル人文学とデジタルコミュニケーション学の夏期講習を受講している博士課程のイタリア人学生を対象とした。この研究は二〇二二年の夏におこなったが、その一年前にもＵＮＩＭＯＲＥの大学院生を対象に、本アンケートの質問と多くの点で重なる調査を実施したことがあった。[2]今回、最終的にアンケートに回答したのは百五人（うち三分の二が男性だった）で、年齢は二十歳から三十五歳だった。

二つ目のアンケートは二〇二二年の秋、アメリカ人を対象におこなった。参加者は百人（うち六〇％が女性で、これはアメリカの便宜的抽出において一般的な割合）、平均年齢は二十五歳だった。どちらでもだいたい同じ質問をしたが、異なる点がいくつかある。アメリカのアンケートでは最初の方の質問を多少省き、別の項目を追加した。多項選択式の質問も、自由回答形式の質問もある。

これらのアンケートで何がわかったか。まず、綴りに関する結果を紹介したい。ただし、その前に少々説明をする。

綴り

そもそも、英語の綴りは規則に則ったものではない。文字と発音に揺るぎない相関関係があるイタリア語やフィンランド語の正書法とは異なり、英語には抜け漏れがいくつもある。「read（リード、読む）」と「read（レッド、読んだ）」と「red（レッド、赤）」、あるいは「laugh（ラフ、笑う）」と「sleigh（スレイ、そり）」（どちらも「gh」で終わるが、発音は異なる）がいい例だ。多くの場合、これらの悩みの種について歴史的な理由を見つけることはできる。侵略、他の言語からの借用、あるいは通時的な変化などだ。しかし理由がわかったからといって、綴りを学ぶ苦労が軽減されるわけではない。

前にも触れたが、英語の綴りを標準化するという新しい考え方は、十八世紀初頭まで定着しなかった。十八世紀後半および十九世紀に辞書やスペリング教本が拡散されたことから綴りは必須技能となった。何度か英語の綴りを見直そうという取り組みが生まれたが、辞書の内容が変わることはほとんどなかった。[3]

アメリカでは、正しい綴りは早くから重視されていた。十八世紀半ばに学校単位でのスペリング大会がおこなわれるようになり、一九〇八年には初の全米コンテストが開催された。[4] 二十世紀を通して教育者は綴りに情熱を注いだ。毎週のように綴りの試験があり、生徒が単語の綴りを一つでも誤れば、成績がAからBに下がった（私は幼少期の頃のことを今でも鮮明に覚えている）。保護者は高校を卒業した子どもに『ウェブスター・カレッジ英英辞典』を贈った。何百万人ものアメリカ人が、スペルチェックツールの誕生にほっと胸をなでおろした。

人が話し、書く言語は、綴りに対する姿勢を形作る。文化もまた然りだ。フランス語は当然フランスで使用されているが、他の国でも用いられている。五年ほど前、ベルギーのフランス語圏の都市、ルーヴァン＝ラ＝ヌーヴにあるルーヴァン・カトリック大学で講義をしていたときのことだ。学生たちと綴りの話になり、彼らがSMS（テキストメッセージ）を書くときに綴りが間違っていないかどうかよく気をつける、と言ったので私は驚いた。当時のアメリカ人大学生が気にもしていないことだったからだ。これについてベルギー人の学生は、フランス出身のフランス語話者に田舎者だと思われたくないのだと説明してくれた。

綴りに対する書き手の考え方は、その体系がどれほど複雑かによっても変わる。イタリア語の文字と音の相関性は高いので、綴りは英語よりも簡単だ。ヨーロッパのアンケート回答者の四分の三以上がイタリア語のネイティブスピーカーだった。アメリカ人と比較して、彼らは綴りが得意だと考え、綴りの学習が重要だと思っているのだろうか？

綴りは重要か？

スペルチェックツールがある時代でも、綴り方を把握しておいた方がいい理由はある。まず、多くの研究が証明しているが、子どもの綴りの能力は、文章を読む能力および書く能力と相関関係にある。[5] 綴りはもちろんのこと、単語について多くのことを知っているほど、文章が容易に読め、書くときにその単語を使えるようになる。

ところが最近、アメリカの学校の多くが綴りを教える貴重な時間を削減している。二〇一〇年の全州共通基礎基準（CCSS、Common Core State Standards）〔算数・数学と国語（英語）について、幼稚園から高校三年生までの各学年で到達するべき学力基準〕が大々的に綴りを避けたからかもしれない。あるいは、正しい綴りを生徒に教えることが勝ち目のない戦いのように感じられるからかもしれない。新たな世代の生徒たちはスペルチェック内蔵のワープロプログラム（そしてスマートフォンでは予測入力）を使っているため、たった数年後のことでも、アメリカ人の綴りの教育についての考え方がどう変わるのかを推し量ることはできない。

綴りで人を判断する

よく言われるとおり、人を見た目で判断してはならない。では、書き手を綴り方の良し悪しで判断するのはどうだろうか。スペルチェックがいつでもどこでも利用できるようになる前は、誰かの綴りを評価するのは簡単なことだった。テストを受けてもらったり、その人が書いたものを読んだりすればよかった。だが最近では、手書きの文書でない限り、二つ目の手段は通用しない。

一部の人はまだまだ綴りを重視している。たとえば学生の小論文を採点する教師などだ。綴りの誤りを含む小論文は、同程度の内容で綴りの誤りがない小論文と比べたら、低い点数をつけられかねない。[6] 綴りと内容は別物なのだが、私たち人間は綴りの正誤から小論文の本質を判断しがちだ。

雇用の現場を見てみよう。履歴書を確認する人材採用担当者は、綴りの正誤を候補者評価の指標にしているだろうか。あるフランスの研究では、プロの人材採用担当者に、綴りの精度と候補者の経験年数がばらばらの履歴書とカバーレターを確認するよう依頼した。結果として綴りの間違いは、経験の乏しさと同じくらい候補者を不合格にする理由になった。だが、採用担当者のスペリング能力も同じくらい重要だ（採用担当者に対しても綴りの試験が実施された）。スペリング能力が高い採用担当者は、能力が低い採用担当者と比べて、綴りが誤っている履歴書を却下する傾向にあった。この調査をおこなった研究者は、スペリング能力の低い採用担当者は履歴書に綴りの誤りがあるかないかを区別できなかった、と結論づけた。[7] あるいは（私個人の意見だが）スペリング能力の低い人は、綴りに間違いのある履歴書に共感を覚えたのかもしれない。

この研究が、アメリカより正しい綴りが重視されているフランスでおこなわれたことに留意したい。アメリカの雇用者の多くは、外科医が手術を終えた後、オペ室看護師や研修医が手術室をかたづけてくれるように、候補者が実際に仕事を始めればMicrosoft Wordが誤った綴りを修正してくれると考えているはずだ。実際、カバーレターと履歴書はいまやパソコン上で作成されるようになり、個人的なデジタルのジーヴズが自動で綴りの誤りを正している。

綴りに関するアンケートの結果

ではアンケートの回答を見てみよう。このアンケートでは、参加者が自身の綴り方の能力をどの程度評価しているか、スペルチェックをどの程度使用し、または信頼しているか、スペルチェックが自身のスキルにどのような影響を与えると考えているか、子どもが綴りを学ぶことはどれほど大切だと考えているかについて訊ねた。アメリカの回答者の母語は英語だが、ヨーロッパの回答者には母語の言語技能についての質問（四人中三人にとってはイタリア語）もおこなった。次にその結果をまとめる。

〈母語でのスペリング能力〉

ヨーロッパの回答者は、アメリカの回答者と比較して自身のスペリング能力に自信を持っていて、七八％が自身の能力を「非常に高い」と評価した。一方、そう答えたアメリカ人の学生は全体の六五％にとどまった。これは大きな差ではないし、アンケートではユーザーの主観的な感想についてのみ質問している。だが、イタリア語の正書法が英語よりわかりやすいことを考慮すると、イタリア語を母語とするヨーロッパの回答者の方が高い割合だったことには納得がいく。

〈デジタルデバイスで書くときのスペルチェックの使用〉

スペルチェックはアンケート回答者にとって当たり前の機能になったようだ。約半分が自動で使用していると答え、「ときどき」使用すると答えたのはそれより若干少ない割合だった。この機能をオフにしている学生は数少なかった。スペルチェックは安全装置としても活用できる。回答者の一人はこのように語っている。

「常にオンにしています、綴りが得意でも間違えることはあるし、スペルチェックは間違えた箇所を教えてくれるからです。スペルチェックを使えば、自分が書いた内容を訂正して、今後また間違えることがなくなります」

〈スペルチェックが自動的に正しく修正することへの信頼〉

とはいえ、スペルチェックの精度が疑われることはよくある。アンケートのうち、完全に信頼しているると回答したのはたった七％で、五八％が「大体の場合」信頼している、そして二八％が「ときどきは」信頼しているということだった。このＡＩツールはあって当たり前のものとして世間に浸透しているにもかかわらず、学生はまだ健全な懐疑心を失っていないようだ。

〈単語を正しく書く自身の能力に対するスペルチェックの影響〉

特に興味深かったのは、ＡＩツールがスペリング能力にもたらす影響について学生がどう回答するかということだった。当初私は、スペルチェックのせいでスペリング能力が低下したと答える人が多いのではないかと思っていた。ここではアメリカでの回答に焦点を当てている。私自身が精通しているのがアメリカにおける綴りのあり方だからだ。

ところが、データを見て驚いた。二一％の人がスペルチェックで綴りの能力が低下したと答えている一方で、四二％の人はＡＩの魔法のおかげで綴りが得意になったと感じていたのだ（残りは、スペルチェックが自身の綴り方能力に何の影響も与えていないと回答している）。この質問をするとき、「単語を正しく書くあなた自身の能力」にスペルチェックが与える影響について、率直に訊ねている。つまり、ユーザーは修正された単語の正しい綴りを学んで、それ以降は同じ間違いをしないのかと暗に訊いているのだ。

これはあくまで直感だが、回答者の一部は自分で書いた文章ではなく修正済みのアウトプットについて答えたような気がする。とはいえ、アメリカではもはや綴りのテストをしている学校は少なく、学生の文章にスペルチェックがどれほど修正をおこなったかは不明なので、正確なところはわからない。

〈子どもに正しい綴りを教えることの重要性〉

また、アンケートの全回答者の八〇%が、子どもに綴りを教えることは「非常に重要」だと答えたことにも驚かされた。しかも、アメリカでそう答えた回答者の割合（八三%）は、ヨーロッパの回答者（七八%）より若干だが多かった。現在のアメリカの学校の授業で、綴りに重きが置かれていないことを考えると、アメリカの学生の回答は「言うは易《やす》く行うは難し」ということを表しているのかもしれない（ヨーロッパでどういう教育が行われているかについては私は把握していないが）。このアンケートに綴りのテストは含まれていなかったので、アメリカ人回答者の綴り方能力がどの程度かはわからない。だが最新のスペルチェックがリリースされる前から何十年にもわたって学生たちの小論文を読んできた私には、猜疑心の生じる結果だった。

編集と校正

スペルチェック、オートコンプリート、予測変換などの現代のデジタル書き方ツール、そして文法チェッカーが句読点などのアドバイスを広く提供していることから、私は一般の書き手がどのような編集と校正をしているか聞いてみたいと思った。また、ＡＩ文法や文体プログラムをどう思うかいろいろ知りたかったので、両方のアンケートにこれらの項目を加えた。

〈友人や家族宛ての日常のメールとテキストメッセージの編集と校正〉

日常のメールやテキストメッセージについて、ヨーロッパの回答者の三分の一が、そしてアメリカの回答者の約半分が、編集に気を遣っていると答えた。特にアメリカでは、フェイスブックまたはインスタグラム効果と呼ばれる現象が生まれているようだ。ソーシャルメディアの黎明期から、アメリカの若者たちはオンラインで自分をどう表現するかを非常に気にかけてきた。[8] おそらくオンライン上での自己の見え方を編集整理《キュレーション》するという習慣が、最近では日常のメールやテキストメッセージにも及んでいるのだろう。

〈学校や職場で作成した文章の編集と校正〉

学校や職場でのＡＩ編集と校正は、さらに頻繁におこなわれていることがわかった。どちらの現場でも九〇％以上が使用していると回答した。しかし私にはわかるが、少なくともアメリカの大学生のあいだでは、これはおこなわないほうが栄誉とされるのだ。あるいは、私の授業をとっているのが、平気で嘘を言う学生ばかりなのかもしれない。

〈文法と句読点を修正するためのＡＩ技術の使用〉

綴りと同じく、文法と句読点を修正するプログラムなくしては私たちの仕事は成り立たない。アンケートでは、これらのプログラムが提供する文章の編集と校正にどれほど依存しているかについても訊ねた。約九％の回答者が、テクノロジーに依存するのはよくないことだと回答した。約四分の三がＡＩとの連携を歓迎し、提案を参考にしても決定を下すのはあくまで自分だと回答した。

他方で印象的だったのは、ヨーロッパの回答者の一三%とアメリカの回答者の一八%が、テクノロジーに編集と校正を任せても問題はないと答えたことだ。この結果を見て、若者――そして若者以外の大人――が、実際、どれほど頻繁にＡＩの編集提案を受け入れたり拒んだりしているのかについて調査をおこなってみたくなった。

次の二つの質問はGrammarly（グラマリー）に関するもので、アメリカ人のみを対象とした（このプログラムは英語でしか使用できないため）。百人の回答者のうち、六十三人がGrammarlyを使用していると答えた。したがって、次の二つの質問のパーセンテージはこれら六十三人の回答者をもとに計算している。

〈Grammarly がライティング能力に与える影響〉

スペルチェックのときと同じように、私はGrammarlyが文章を書く能力に与える影響について、学生がどう感じているか知りたかった。回答者の二七%が「影響はない」と答え、八%は「ものを書く能力が低下している」と回答し、意外なことに六五%は「文章力が向上した」と答えた。

こうしてみると、Grammarlyのようなツールは文法や文体の個人専用のコーチのようだ。たしかにそうなのかもしれない。こう書いている人もいた。

「ＡＩなどの文法修正ツールはかなり進化し、高校や大学の文法の授業で学んだ内容を深めてくれます」

ここで、実際のアンケートの選択項目の文を書いてみる。

・「Grammarlyのせいでライティング能力が低下した。同じ間違いをしてもGrammarlyが直してくれるとわかっているからだ」
・「Grammarlyのおかげでライティング能力が上がった。提案された修正から学んで、同じ間違いをしないようになるからだ」

学生が「提案された修正から学んで、同じ間違いをしないように」なったかどうかは疑問だが、もしかすると学生は人間より機械から学びたいと思っているのかもしれない。そうであればGrammarlyの力はいよいよ増していくことになる。しかし、そう結論づける前に、Grammarlyが修正した項目に関する文法と句読点のテストをして、学生が本当に学んでいるのかどうかを確認するべきだろう。実際、Grammarlyのユーザーですら、その影響は複雑だということに気づいている。

「書き手としての私にGrammarly が与える影響はさまざまです。修正機能は便利ですが、Grammarly の支えがないと書けないようになってしまっています」

〈Grammarly が間違いを見つけ出し、見当違いな助言をしないということに対する信頼〉

ほとんどの回答はGrammarlyが間違うこともあると理解しているようだった。Grammarlyを「常に信頼している」と回答したのは十人中一人で、四分の三は「たいてい信頼している」、残りは「信頼していない」と回答した。スペルチェックのときと同じく、「信頼してもいいが、必ず確認する」という姿勢をとっているようだ。あるコメントからは、このソフトウェアとユーザーとの半信半疑の関係がうかがえた。

「Grammarly のことは信頼していません。提案された内容は確認したいです」

ユーザーのために文章を作成するソフトウェア

文章の修正から新しい文章の作成の問題へと移ろう。次の質問は予測変換、そして小論文作成でのＡＩの使用に関するものだ。まずは予測変換から見ていく。

〈予測変換の使用〉

おおよそ三〇％が、予測変換機能を気に入っていると答えた。だがその内容はアメリカとヨーロッパでは異なっていた。予測変換の誤りに怒りを覚えるアメリカ人はたった九％だったが、ヨーロッパでは三一％だった。また、アメリカ人の五七％が自分でメッセージ全体を書きたいと答え、ヨーロッパでは二九％にとどまった。

アメリカ人の方が予測変換の間違いを受け流す傾向にあるように見えるが、自分でメッセージを自由に書きたいという願望も口にしている。腹を立てるくらいなら自分で書けばいい、ということだろう。もちろん、努力と効率性を天秤にかけざるを得ない場合もある。あるアメリカ人が回答で、予測変換の提案を受け入れる理由を語ったように、「とにかく面倒だと感じているときは予測変換でいい」というわけだ。

〈テキストメッセージにおける予測変換の影響〉

予測変換がメッセージにおよぼす影響について、二つのグループの回答は似通っていた。六〇％以上が「このテクノロジーは何の影響も与えない」とし、一一％が「より長く複雑なメッセージが書けるようになった」と答え、二一％が「予測変換のおかげでメッセージがシンプルになった」「短くなった」と回答した。

ただし参加者のコメントからは、自分で書いた内容と自分自身とのつながりへの影響があったことがうかがえる。なかには予測変換を使うとそのメッセージは自分が書いたものとは言えなくなるのではないか、と不安を訴える学生もいた。

「うまく言えないのですが、（中略）同じ言葉を繰り返すようになる気がします」

あたかも大規模言語モデルの仕組みについて説明しているかのような回答だ。また、

「自分で書いたとは思えません」

と答える人もいた。この感想も、Sudowrite（スードライト）を使ったジェニファー・レップの苦悩を彷彿とさせる。

あるアメリカ人回答者のコメントはより実際的なものだった。

「作成された返信を削除するのに長くかかるので、時間の無駄です」

これは、アメリカ人が自分でテキストメッセージを書きたいと考える傾向にあることを示すものかもしれない。

〈小論文を書いてくれるAIプログラムを使用するか？〉

小論文を書いてくれるAIプログラムを利用したいか否かを調査したことについて、この結果を話し合う前に、いつどこでアンケートを実施したかを明記したい。このデータが回収されたのは二〇二二年の十一月半ばで、ChatGPTが誕生する前のことだった。当時、アメリカではすでに文章を作成できるAIプログラムが注目を集めはじめていたが、それは多くの人にとって自分――あるいは知り合い――が個人的に体験しているツールではなかった。ヨーロッパでは、AIについて耳にする（そして実際に使ってみる）機会はさらに少なかっただろう。

調査によれば、各グループの四〇％ほどが、AIを使ってみたいと回答した。そのなかの数人は、使ってみるとしても自分で主導権を握りたいと答えた。

「試してみてから、提案された文章を編集して自分らしい文体に変えます」
「魅力的だけれど、ＡＩが書く内容を確認してから自分で文章を書きたい。秘書というよりも文章作成の相棒として扱いたいと考える」

こうした回答が意味しているのは、ＡＩプログラムに望んでいるのはあくまで人間の能力の拡張であって、自動化ではないということだ。

それ以外の回答はさまざまだった。ヨーロッパの三六％が「文章作成ツールを試すことに興味はない」と回答したが、アメリカ人でそう回答したのはたった一三％だった。アメリカ人はより冒険好きなのか、それとも（こちらの可能性の方が高そうだが）すでにＧＰＴ‐３のような大規模言語モデルについて聞き及んでいて、このプログラムを自分で使ってみたいと考えたのかもしれない。

アンケートのＡＩに関する項目の最後で不正行為について訊ねた。「ＡＩが書いた文章を自分で作成したものとして提出しますか？」という質問に、どちらのグループでも「はい」と答えた学生の人数は一桁台だった。だがその数か月後、ChatGPTがリリースされてから同じ質問をしたら、きっと答えは異なっていただろう。第10章で紹介した『スタンフォード・デイリー』のアンケート結果を見れば、ChatGPTのようなツールがいかに魅惑的かがわかる。

手で書くこと

なぜ手で書くことなのか、とみなさんは思うかもしれない。多くの人にとってこの技能は絶滅危惧種のようなものだが、これを保護する団体は見当たらない。小論文などの課題にどのように取り組んでいるかを学生に訊ねると、「手がキーボードの上にあるときでないと、考えられません。ペンを握っている状態では無理です」という者がいる。また、「自分の字は汚い」と嘆く者もいる。技能は使わなければ廃《すた》れるのだから、どちらも驚くようなことではない。だが、「手で書く方が主張したい内容やその方法をまとめやすく、自分自身の声《ヴォイス》を反映させることができます」と話す学生もわずかながらいる。

私が手で書くこととキーボードで書くことの問題について考え始めたのは二〇一〇年半ば、キャンベラ大学のコミュニケーション学教授、ソラ・パクと共同研究をおこなっていたときのことだった[9]。私たちはともにスマートフォン、ノートパソコン、そして（手で）紙に書くことについてのアンケートをオーストラリアの学生にして、その結果を分析した。

この調査では、スマートフォンやノートパソコンで書くと効率が上がることを絶賛する学生が多かったが、ソラと私は、手で書くことを認知および感情と結びつけるコメントがあったことに驚かされた。たとえば、集中力について次のような回答があった。

「［ノートパソコンを使っていると］あっという間に集中力が途切れ、（中略）タイプしている内容に頭がついていかなくなります。一方、[紙に]書いているときは、意味が通じているかどうか常に考えている状態です」

さらに、書くことへのかかわり方については、次のようなコメントがあった。

「手で書くときは、書くことにより集中していないといけません。いま書いていることに神経を集中しなければならないのですが、タイピングなら、ぼーっとしながらでもできます」

あるいは、手で書いた文章と書き手との個人的なつながりを記したものもある。

「文字を綴った紙は触れることも、所有することもできます。コンピューター、そしてクラウドに保存した文書は現実のものに感じられません」

「ペンと紙を使って手で書いた文章は、自分自身の延長だ。手で触ったり、言葉の上に手を置いたりできる。ペンや筆圧が紙に跡を残しているからだ」

この調査から五年後、書く行為にＡＩが与える影響について考え始めたとき、私は点と点をつなげようとした。つまり、手で書くのではなくデジタルデバイスを使って文章を作成することに対する回答は、ＡＩが個人の表現力を低下させることや、書いているときにいかに思考することを軽んじるようになるかを予見できていたのではないか。今こそ、手で文字を書くことについて掘り下げるときだ。

商業と文字

手で上手に字を書くことができるというのは、昔から重宝されてきた技能だ。およそ二千年前、ローマ人の修辞学者クインティリアヌスは、美しい筆記体を書けるよう腕を磨くことの重要性を説いている。中世のパドヴァ大学では、学者は自身の論証を明瞭に書き記すか、書字生に口頭で伝える必要があった。[10] また、アメリカの医師に対する昔からの不満に、読み取れないほど字が汚いというものがある。

手書きの能力はのちに経済的成功の鍵になった。十八世紀から十九世紀には商業が発展し、請求書、領収書、業務書簡を書ける人物がますます求められるようになった。すると、文章を書く達人や専門学校が、字を練習できる場を人々に提供するようになった。こうしてアメリカでは、二つの拮抗する書写法が誕生した。プラット・ロジャース・スペンサーによるスペンサー式書写法と、オースティン・ノーマン・パーマーによるパーマー式書写法だ。

きれいな文字は金を生むだけではない。文字は心の窓だと考える人も多かった。たとえば、一八一二年にはエドゥアール・オーギュスト・パトリス・オカール〔フランス人の出版者、作家、芸術家〕が、手書きの文字からその人の性格を読み取ることができると主張した。その後の数十年、手書き文字からは犯罪の可能性、いい伴侶またはビジネスパートナーになりうる可能性など、あらゆることがわかるとされてきた。[11]

だが時代は変わった。現代の医師はメモを口述（音声入力）するかタイプする。会社ではワープロソフトが使われている。マッチングアプリが、手で書いた文字を見せるよう要求することはない。しかし、だからといって誰も手で文字を書くことについて考えていないわけではない。たとえば、ブロック体と筆記体のどちらを使うべきかについて話し合っている人もいる。

文化と認知

あなたがアメリカ在住で、小学生の子どもがいるのであれば、現在手で文字を書くことについて大きな議論が巻き起こっているのを知っているだろう。それは、現代でも筆記体を教えるべきだろうかという議論だ。これについては賛否両論がある。全州共通基礎基準（CCSS）が導入された結果、二〇一〇年以降初等教育で筆記体を教えることは必須ではなくなった〔日本でも二〇〇二年に、筆記体が中学校の学習指導要領の必須項目から削除された〕。今でも二十一の州が筆記体の学習を必須としているが、その教育水準には差がある。

筆記体を教えることに対する反発は、特にアメリカで大きくなり続けている。どのみち文章を書く課題のほとんどはキーボードを使っておこなわれるようになったのだから、ブロック体だけで十分ではないか？　筆記体に対する批判には、文化的な含みもある。フランスでは、子どもは入学と同時に筆記体を学び始める。書くことを学ぶというのは、筆記体を学ぶということなのだ。一方アメリカでは、筆記体と保護者の政治的あるいは宗教的な保守主義との関連性が明らかになっている[12]。

だが、筆記体を尊ぶために、フランス人や保守主義者になる必要はない。自分が書いた筆記体は自分だけのものだし、うまく書ければそこに美的価値が生まれる。タイプライターが普及してからも数十年にわたって、礼状やお悔やみの手紙は手で書くこと、それも筆記体を使うことがマナーだとされてきた。最近では、筆記体は多くの人にとって未知の領域だ。とはいえ、筆記体の手紙やグリーティングカードを送りたければ、代わりに書いてくれるサービスがいくつもある。さらには人間かロボットのどちらに書いてもらうかを選べる場合もある。[13]

手書きの文字にまつわる話には別の認知的な側面もある。研究によると、筆記体にとどまらず、手で書くことで文字を読む能力を伸ばして学習を向上させられるという。その理論的な根拠は、身体性認知と呼ばれている。[14]

身体性認知の考え方は、思考と学習、文字の読み書きは身体に埋め込まれた精神的活動だ、というものだ。たとえばものを読むとき、人間はページや画面の文字を処理するだけでなく、特定の状況下でそれをおこなっている。本やタブレットを手に持ったり、机に座ったり、ソファに寝そべったり、混み合っている電車に乗っていたり、一人で木陰に座っていたりする。その身体性が精神機能に影響を与えているのだ。[15]

書くこともまた身体的である。[16] 私たちはまっすぐ座って書いたり、脱力しながら書いたりする。机でも、膝の上でも書く。長いあいだ手で書いていると――特にたった三時間で小論文を書き上げる必要があるときなどは――手が痛くなる。何年も手で書き続けた人の指には「ペンだこ」が残っている。利き手の中指の第一関節の内側にできるたこだ。

書くことの身体性で特に焦点を当てておきたいのが、キーボードやキーパッド（その前はタイプライター）を使うことではなく、自分の手で文字を書くことだ。自分の手で字を書くとき、脳や意識で起きることにはどんな違いがあるのだろう。第1章では、識字能力が認知に及ぼす影響について紹介した。では、ここからは手書きとタイピングが認知にどのような影響をもたらすのか見てみよう。

手書きと脳

最初に取り上げるのは子どもの例だ。

心理学者のカレン・ジェイムズと同僚たちは機能的ＭＲＩ（ｆＭＲＩ）を使用して、まだ読み書きを学んでいない四歳から五歳の子どもが手書きをすると脳の活動がどう変化するかを探ってきた。ここでいう「手で書くこと」とは、提示された文字を見よう見まねで書くことである。また、子どもたちは文字の下書きをなぞること、そしてタイプすることも求められた。その後ｆＭＲＩに入り、自分で書いた三種類の文字を見せられる。手で書いた文字、なぞった文字、タイピングした文字のそれぞれを目にしたとき、脳の異なる領域が光った。手で書いた文字を見たときには、大人の脳で読み書きと関連づけられている領域と同じところが活発に動く傾向にあった。[17]

ヴァージニア・バーニンジャーなどの研究によれば、子どもが読み書きを身につけた後でも、こうした脳の活動の違いは存在するとされている。小学校一年生、三年生、五年生を対象とした実験では、ブロック体または筆記体のどちらの文字を書いているか、あるいはキーボードを使っているかどうかによって、脳の活動パターンは異なっていた。さらに手で書くときには、タイピングしているときよりも多くのアイデアを生み出していた。[18]

手で文字を書くことが有益だとする脳神経学的な証拠は、思春期から十代後半の若者を対象としたノルウェーの研究でも見つかった。[19] この研究では（電気的脳活動を記録する）高密度脳波計を使用して、人間が筆記体を書くとき、キーボードを使うとき、知らない文字を書くときに、脳神経学的に何が起きているかを比較した（手で書く場合は筆記体のみが研究対象となり、ブロック体で書くときと筆記体で書くときの違いは調査されなかった）。記憶と新たな情報の符号化の両方で、特定の種類の脳活動が重要だということはすでにわかっている。そのため、研究者たちは記憶自体を評価するのではなく、異なる方法で文字を書いたときに脳で起きることの違いを観察した。

手で文字を書くとき（この研究では筆記体のみ）と知らない文字を書くときでは、記憶と新たな情報の取得に関係する領域での活動が、タイプするときより活発になっていた。こうした研究結果を説明しようとすると、身体性認知の話に戻る。本研究の執筆者の一人、オードリー・ファン・デル・メールはこう話す。

「ペンと紙の使用は、記憶を保存するための「フック」をより多く脳に提供します。（中略）ペンを紙につけ、自分で書いた文字を見て、書くときに生じる音を聞くことで、多くの感覚が呼び起こされるのです。こうした感覚体験が脳のさまざまな部分間のつながりを生み、脳が学習態勢に入ります[20]」

これは、手で文字を書くことの身体性について回答したオーストラリア人の学生を連想させる話だ。

手書きと意識

手で書くことが、読み書き能力の向上や学習において有益だという証拠が見つかったのは、脳の研究だけではない。従来の実験研究でも同じ結果が出ている。

こちらでもまず子どもの例から見ていこう。

子どもが初期に身につけたライティングスキルが、文字を読むことの萌芽的な能力、そしてその後の読書能力と相関関係にあるという証拠は多く存在する。[21] また、カレン・ジェイムズの脳の研究と同様、従来型の実験手法では文字を書く練習をするかしないかによって、のちの読む能力の発達度を予測できることが示されている。[22] 四年生から七年生を対象とした研究で、ザカリー・アルスタッドと同僚たちは、筆記体で書くことが（ブロック体の文字を書くことやキーボードを叩くこととは異なり）正確に綴りを書く能力や作文能力と相関関係にあることを発見した。[23]

大人はどうだろう。二〇一四年、パム・ミューラーとダニエル・オッペンハイマーが発表した論文「ペンはキーボードより強し（The Pen Is Mightier Than the Keyboard 未邦訳）」が注目を集めた。[24] この研究では講義のメモを取る大学生に、ノートパソコンを使うか手書きをするかしてほしいと依頼している。その後テストを実施したところ、手で文字を書いていた学生の方がよく学習していたことがわかった。コンピューターを使うと、学生は講義の情報を一言一句、まるで口述のように記録しがちなのだという。反対に、手で文字を書いた学生は自分自身の言葉でメモをとる傾向にある。[25] ただし、この二つに差は見られないとする研究もある。ここで、私たちが投げかけるべき究極の問いは、次のとおりだ。実験方式のテストでの点数はどうであれ、学生たちに教授が言ったことをそっくりそのまま繰り返すようになってほしいだろうか。それとも自分の頭で考えるようになってほしいだろうか。

手書きに関するアンケートの結果

現代の大半のデジタル愛好家が考えようとしないことだが、手書きとタイピングには多様な違いがあることが多くの研究で明らかにされている。ソラ・パクと共同でおこなったオーストラリア人学生へのアンケートの結果を確認した私は、執筆の方法によって出る影響についてほかの国の書き手がどう考えているのか知りたくなった。

そこで、新たなアンケートを実施して参加者に四つの質問をした。手で書くこと、またはキーボードを使うことで、もっとも気に入っている点と気に入らない点は何か。自由回答形式だったので、回答者は自身の意見を自由に書くことができた。すべての回答を読んでから、五つの大まかなカテゴリーに分類した。「実用的」「物理的」「認知的」「感情的または個人的なつながり」、そして「評価的」の五つだ。この五つのカテゴリーは、アンケートのすべての質問を分類するのに適していた。

〈手で書くことについてもっとも気に入っている点は何ですか？〉

まずは、「手書きの何を気に入っているのか」という質問への回答を紹介しよう。手で書くことが「実用的」だという答えはさほど意外ではない。コメントからは、書き手が自分で主導権を握りたいと思っていることもわかる。

「図を作成したり、いたずら書きをしたりできます」

予測していなかったのは「物理的」な何かと関連する回答の多様性だ。特に感覚にまつわるものである。

「手の下に紙とペンがある感覚、物理的に文字を生み出すことができるということが気に入っています」

特に多かったのが「認知的」な回答だ。学生たちは記憶するには手で書くことが重要だと述べていた。

「手で書いたときのほうが内容をよく覚えているように思います」

思考についても同様だった。

「手の動きと考えを結びつけられることが気に入っています」

とりわけ印象的だったのは、手で書くときの書く速度の遅さと考えることとの関連性だ。

「書きながら考えられるので、ゆっくり考えを深めていける」

だがここでジレンマが生まれる。手で書くことで脳の動きを減速させると、考える時間が生まれると回答する書き手がいる一方で、（のちに説明するように）アンケートの次の項目には、手で書くことへの不満として書く速度の遅さという意見が散見される。

手で書くことの認知的利点はほかにもある。思考との深いつながり、集中力、注意力への影響だ。

「手で書いているときの方が、テクノロジーを使って書くときより注意力が散漫になりにくい気がします。テクノロジーを使うとほかのさまざまなことに意識が向いてしまいがちです」

また、創造性との関係についてのコメントもあった。

「高い創造性が生まれます。手で書いているときのほうが、言葉が浮かんできやすいと思います」

これはミハイ・チクセントミハイのフローと創造性の概念を思い起こさせる考え方だ。

最後に、これより前におこなったアンケートでのイタリア人の大学院生による回答を二つ記しておく。それによると、手で文章を書くことには、

「頭の動きを追跡できる」

「自分が何を考えているのかがわかる」

という利点がある。これほど雄弁な言葉はないだろう。

今回のアンケートの回答者は、手で書いているときに「個人的なつながりの感覚や感情」が生まれると答えた。私が気に入っているのは次の答えだ。

「手書きの文字で一ページを丸々埋めると、山頂に到達したときのような達成感があります」

ほかにも、手で書くことで自分とつながっているという感覚を覚えるというコメントは多かった。

「自分らしさを感じられるし、書くという行為にいっそう深く携わることができます」

「自分が書いた文字を見るのが好きです。タイピングとは違って、文字の一つひとつがさまざまな書かれ方をしているからです」

最後に、「評価的」なカテゴリーに入る回答を紹介する。どの回答も、手書きにどれほど真実味があり本物《オーセンティック》だという感覚があるかを語っている。

「コンピューターで書くより本物だと感じます。言葉に深い意味があるような気がするのです」

「純性な感じがします」

ここに記された「本物」そして「純性」という言葉を見て、私は思わず姿勢を正した。紙の本とデジタルの本の読書経験に関するアンケートをおこなったとき、多くの学生が紙の本を読むことは、「本当の読書」だから気に入っている、と回答したのだ。少なくとも一部の読み手と書き手は、機械を使って読み書きすることが「機械的」すぎると感じているようだ。

〈手で文字を書くことについてもっとも気に入らないことは何ですか?〉

次に、「手で書くことの気に入らない点」についてのアンケート結果を紹介する。手で書くことに関するもっとも「実用的」な欠点は速度だ。

「手で書くのはタイピングするよりずっと時間がかかります」

このように、不満の約四分の一が、手書きには時間がかかりすぎるというものだった。ほかにも不満な点はある。編集、綴りのチェック、ファイル保管をおこなうツールがないことなどを指摘する学生もいた。完成した作品の見栄えに関する問題もある。手で書いた文字が常に美しいとは限らない。たとえば、

「誤ってインクを手につけてしまったとき」

などがそうだ。さらに、字の汚い人もいる。

「私の書く文字は読みにくいので、自分にも書いた内容がわからないときがあります」

自分の手書き文字に対する不満――特にすばやく書いているときなど――は、アメリカ人の回答に多く見られた。これは驚きではない。手で書くことはアメリカの学校では重視されていないからだ。

また、「物理的」な問題に関して、もっとも多く見られたのが手書きをすることによる苦痛と疲労だった。

「しばらく書いていると手がつってしまいます」

アンケート結果によれば、アメリカ人はヨーロッパ人の二倍、手が疲れることに不満を感じているようだ（手書きに対する不満すべてのうち、三五％と一六％を占めた）。これは、アメリカ人が不平不満を言いやすいせいなのか、それとも普段手で書いていないのでより辛いと感じるということになるのかどちらだろう。

手書きの欠点について、「認知的」と「感情的、個人的なつながり」のカテゴリーでは特筆するような回答はなかった。だが「評価的」なカテゴリーでは、このような意見があった。手で書くことは、

「時間の無駄だと感じるときがあります」

さらに、別の学生は手書きが気に入らない理由を、より簡潔に表している。

「なにもかも」

〈キーボードで書くことについてもっとも気に入っていることは何ですか？〉

今度は、「キーボードで書くことを気に入っている点」についてのアンケート結果を紹介しよう。「実用的」なカテゴリーに分類された回答からは、デジタルで書くことに多くの利点があることがわかる。まずは速度だ。

「さっさとタイピングしてたちまち作業を終えることができます」

コメントのなかで、四〇％の回答者がキーボードで書くことの速さを賞賛している。急いでいる人が大勢いるようだ。

それから、デジタルで書く実用的な利点で、予想していたとおりの意見もあった。修正が簡単だとか、インターネットにアクセスしやすいとか、きれいだとかの意見だ。また、

「整っていて読みやすい」

という見解もあった。「物理的」な面では、音に関するコメントもあった。

「キーボードの音が好きです」

キーボードで書くことの「認知的」な側面に関しては、一件だけ回答があった。

「コンピューターのキーボードを使って書くほうが好きです。十本の指の間の空間と距離によって何を書きたいか考えることができるからです。キーの感触や位置は、考えを組み立てるプロセスの一部です」

この答えは、手書きの好きなところで「手の動きと考えることの関係」と回答した学生と、興味深い対照をなしている。それでいてどちらの回答も、身体性認知の重要性を示している。

なお、「感情的または個人的なつながり」と「評価的」なカテゴリーへのコメントは皆無だった。

〈キーボードで書くことについてもっとも気に入らないことは何ですか?〉

タイピングには見逃せない「実用的」な欠点がある。打ち間違いをすることや、いつも使っているものとは別のキーボードを使う場合に、それに慣れなければいけないことなど、多くの不満が寄せられた。

「キーボードでは綴りを間違えやすくなります」
「キーボードは多種多様なので、それぞれに慣れるのが大変だ」

というものだ。
また、ヨーロッパとアメリカでは微妙な差も垣間見えた。ヨーロッパの学生の何人かは、ブラインドタッチができないことを不満に感じているようだ。

「どこにどのキーがあるか全然覚えられないので、書くときは常にキーボードを見ていなければならないこと」

アメリカ人で同じ回答をした学生はいなかった（全体的に見て、アメリカ人の学生はヨーロッパの学生より長期間キーボードを使用している）。一方アメリカのアンケートで目立ったのが、速く入力するときに発生する打ち間違いだ。

「急いでタイプしているときはいくつも打ち間違えます」

デジタルで書くことの利点は速度だと、多くのアメリカ人学生が答えているのだから、これは少しも不思議ではない。
また、実用的な面での欠点にはデジタルツールにありがちな問題、つまり機械の故障なども挙

がっている。たとえば、

「ファイルの喪失やコンピューターのクラッシュ」

など。

さらに、自動修正への不満もあった。

「スペルチェックや文法チェックが同じ間違いをするので、元に戻って修正しなければいけないことがあります」

「物理的」な面に関しても多くの課題があった。たとえば、キーボードで作業をすることから生じる疲労や苦痛だ。

「（長時間作業をしていると）目が疲れます」

また、パソコンの音がわずらわしいという意見も見られた。

「キーボードの音がうるさいと感じることがあります」

これは先に紹介した、その音が好きだという学生とは正反対の意見だ。「認知的」な面に属する課題については、多くのコメントが寄せられたが、特に記憶にまつわるものが多かった。キーボードで打った文章は、

「内容を覚えていません」

タイピングと思考とのかかわりについては、次のような回答もあった。

「キーボードで書いているあいだはほとんど頭を使わなくてすみます。自分が書いている内容について深く考えなくてもよいからです。誤りはすぐに修正されますし」

書くという行為とのかかわり方、集中力、注意散漫についてのコメントもある。

「手で書いているときと比べて集中できません」

「感情的または個人的なつながり」に関しては、多くの回答があった。

「書いている内容から自分が隔てられている気がします。オンラインで読む雑多な文章とまったく同じに見えるのです」

私のお気に入りの回答は次のものだ。

「[キーボードで書く文章は]なんだかよそよそしい」

これはSudowrite（スードライト）を使用して多くの文章を書いたジェニファー・レップの気づき、つまり「自分の作品には思えないようになりました」というのと同じではないか。書き手の当事者意識が薄れたということだ。

最後に、「評価的」なカテゴリーに属するコメントを見てみよう。タイピングは、

「手で書くときほど創造的ではありません」

「書く「技術」を必要としません」

さらにこんなものまである。タイピングによって、

「書く能力を失いました」

手書きからＡＩのジーヴズへ

これまで、長い時間をかけて手で書くことについて説明してきた。これには考えがあってのことだ。私はある予感を抱いている。つまり、人間が書くために使うツール――手で書くにしても、タイピングするにしても――に対する視点は、書くジーヴズであるＡＩに対するその人の考えを先取りしているのではないか、という予感だ。

ここで点と点をつなげてみよう。

ジーヴズとしてのＡＩに関する質問の振り返り

綴り、編集、文章作成でＡＩが果たす役割について、ユーザーの意見を見ていくと、三つの主要なテーマが浮かび上がった。

・**人間が主導権を握る**：一般の書き手は、ジーヴズであるＡＩの支援を喜ぶ一方で、主導権を奪われたくないということもはっきりと表明している。ＡＩの支援はあくまで補強であって、置換ではない。ＡＩを信頼してもいいが、必ず自分で確認するべきである。最後に決めるのは人間だ、ということだ。

・**テクノロジーから学ぶ（可能であれば）**：予想していたより多くの人、特にアメリカ人が、スペルチェックや文法プログラムのようなＡＩツールは便利なだけでなく、文章を書く能力の向上にも役立つと回答した。私自身はまだ懐疑的だが、本当にそうなればいいと思っている。

・**自分の声《ヴォイス》を維持する**：予測入力や文法プログラムが提案する内容をすべて受け入れるのではなく、自分らしい文章を失わないようにすることは間違いなく重視されている。調査でも、ＡＩは徐々に人間の書き手の個性を取り除くという、エヴァン・セリンジャーやダニエル・デ・ビアの意見に似た回答が多く見られた。

手で書くことに関する質問の結論

手で書くことに関する回答から、三つのポイントをまとめた。これらはＡＩ文章作成ツールの使用との関連性が高いものばかりだ。

・**効率性と思考のバランスを認識する**：特に（タイピングの速度を重視する）アメリカ人には、速く書くことと考えることは水と油のようなもので、同時におこなうことはできないという認識が見られた。

・**個性を保つ**：手で文章を書くことは個性の醸成につながる、という肯定的な意見があった。自分の文字は唯一無二のもので、自分がどういう人間かを他者に示すこともできる。

・**書くことが純粋な行為に思えるのはなぜか考える**：手で文章を書くことが好きな人ばかりではない。だが手で文章を書くことはタイピングより「本物」だと感じるという人もいる。ＡＩジーヴズはデジタルでしか機能しない。ジーヴズが補強した――そして私たちの名前で公開される――文章が本物らしく感じられるかどうか、私たちはあらためて問う必要がある。

点と点をつなげる

このように、ＡＩジーヴズに対する意見と、手で文章を書くことに対する意見とが重複していることは、私にとっては驚きではなかった。どちらも、書くことについて話しているのに変わりはないからだ。そして、これらの二つの書く方法をつなげると、二つの提案が見えてきた。

・**新たな技術をそっくりそのまま取り入れなければと焦る必要はない**：これはＡＩジーヴズでも、タイピングでも同じことだ。技術に振り回される必要はない。平凡さや画一性は避けたいものだ。書くことは思考することの一環だということを心得よう。つまり、思考する頭脳がテクノロジーに邪魔をされないようにすることだ。

・**自分が書いた内容の主導権を握る**：ソフトウェアではなく人間が、完成版の姿を決めるべきだ。テクノロジーにこちらの考え、主張、表現方法を決めさせてはならない。

書くことについての選択は個人的なものであり、そうであるべきだ。しかし、調査に参加した二百名もの一般の書き手が、自身の経験や選択や根拠に関して語った内容はぜひとも心に留めておいてほしい。

アンケートの話を終える前に、もう一つだけ紹介したい事例がある。それは書き手の将来的な雇用の展望とＡＩに関する、最後のアンケート項目だ。

書くことが多い仕事に対するＡＩの影響

第8章で紹介したとおり、ＡＩという書き手は書くことが多い職業に多大な影響をおよぼす可能性がある。それで、若者がこのような仕事をリスクとしてとらえているのかどうか、どうしても知りたかった。調査票に例として挙げた職業は、ジャーナリスト、弁護士、翻訳者、さらに多様な作家業（短篇作家、小説家、エッセイスト、詩人、劇作家）だった。この調査は、多項選択式の質問でおこなった。

アンケートの結果を見ると、ジャーナリスト、そして翻訳者の仕事はリスクが高いという回答が多かった。特に、アメリカの学生の半分がジャーナリストという職業について、約四分の三が翻訳者という職業について懸念を抱いていた。他方で、弁護士はそれほどリスクがあるとは考えられていないようだった。「懸念している」と回答したのは全体の四分の一ほどだった。

詩人、劇作家、小説家、エッセイストについては、アメリカの学生はそれなりのリスクを感じていた。ChatGPTなどのツールが広く活用されるようになった今、脅威の度合いはさらに高まったと言えるだろう。

前進

これらのアンケートで若者の意見をまとめてわかったのは、ＡＩ搭載のテクノロジーを利用して文章を書くユーザーの姿勢はさまざまで、ときには矛盾を孕んでいるということだ。一般の書き手はテクノロジーの持つ効率性から恩恵を受けるが、同時にそれが自身の書く能力や思考力、自分らしい文章を書く力を奪うのではないかとも感じている。

人生に矛盾はつきものだ。ナッツには栄養が多く含まれているが、食べ過ぎると太る。スマートフォンは便利だが、のんびりしたいときに邪魔になったりする。重要なのは、自分が心地いいと感じるバランスを見つけることだ。つまり、既定のものに甘んじるのではなく、自分で選択をすることと。書くことに関しては、ＡＩの利点と、自分で書くべきだと感じる分野のバランスをとることが大事だ。

終章　人間が著者であることが重要な理由

ＡＩにまつわる文章作成の問題がほとんど解決され、夢が現実になった世界を想像してみてほしい。私たちはもう、大規模言語モデル（あるいは後継モデル）が生成する文章を修正しなくてよくなった。これらのツールを使用すると手間が省けるし、予測入力、スペルチェック、文法プログラムは完全無欠だ。ＡＩは長い文章も作れるようになった。同じ言葉が何度も繰り返されることはなく、文体も興味深く、事実に基づいているうえに、本筋から外れることがない。しかも、自分が書いたものと区別がつかないような文章ができあがる……。

では、こうした世界での人間の立場とは、どのようなものだろうか。先に挙げた例のなかには、達成までに時間がかかるものがあるが、このような未来はすでに実現しかかっている。

本書ではまず、人間の文字を書く行為とのかかわりについて説明した。文字の誕生から、意識や脳とのつながり、人間が書く理由と書き直す理由まで、さまざまな事例を紹介した。章を重ねてＡＩ研究に関する考察を経た今、学んだことを振り返り、人間に与えられた選択肢について考えてみよう。

選択肢を考察するにあたり、望んだものには代償があるかもしれないということを心しておかなければならない。文化伝承――ギリシア神話のミダス王しかり、ヨーロッパのさまざまな地域の昔話に繰り返し登場する「三つの願い」しかり、あるいはW・W・ジェイコブスのより近代的な『猿の手』しかり——が教えてくれるのは、魅力的な見通しには予想だにしない結果が伴う、ということだ。光り輝いているのは本物の黄金かもしれないが、すべてがそうとは限らない。私たちの役目は、書く生活を続けるなかで、自分自身で分類をして、それぞれの輝く物体をどの壺に収めるかを決めることである。

人間であること

二〇二二年二月、当時たった十六歳だったラメシュバブ・プラグナナンダは、世界チャンピオンに五回輝いたマグヌス・カールセンを破り、チェス界を震撼させた。プラグナナンダ（通称プラグ）はインドの新たな神童だが、むろんカールセンも抜きん出た才能の持ち主だ。[1]

しかし、DeepMind（ディープマインド）ならどちらにも勝つかもしれない。それでもなお、人間のチェス選手はなぜ対局を続けているのかというのは訊ねるに値する質問だ。その問いへの答えの一つに、チェスとは思考することだから、というのがある。もちろん勝てば嬉しいが、戦略を立て、相手が問題にどう取り組むのかを見きわめ、過ちから学ぶプロセスは、人生のさまざまな局面で役に立つ貴重な能力だ。伝説的なチェス選手、ガルリ・カスパロフ（アゼルバイジャン出身。チェスの世界チャンピオンの座を十五年譲らなかった。二〇〇五年に引退）は引退後にビジネスマンに転身し、『決定力を鍛える：チェス世界王者に学ぶ生き方の秘訣』（近藤隆文訳、NHK出版、二〇〇七年）という本まで上梓している。[2]

人類が「ホモ・サピエンス」と呼ばれているのにはわけがある。ラテン語で「サピエンス」とは、賢い、判断力に優れている、という意味だ。サピエンスであるためには考えなければならない。チューリングやダートマス会議の時代から、ＡＩの探究とは、思考できるコンピューターと、コンピューター上で動く思考できるプログラムの構築を意味していた。最近では、人間の認知能力を置き換えるのではなく、人間の仕事を補うことが目標となりつつある。私たちは機械と人間のあいだで適切なバランスを見出さなければならない。この問題を考える前に、いまや忘れ去られたテレビ界の伝説がおこなった取り組みを紹介しよう。

『セサミ・ストリート』が生まれる前には、コーヒーがあった。一九五七年、ワシントンD.C.のコーヒーメーカーだったウィルキンス・コーヒーは、無名の人形使いを採用してテレビのスポットコマーシャルを制作した。ワシントン地区で育った私は、コマーシャルに登場したジム・ヘンソンの滑稽な操り人形《マペット》、ウィルキンスとウォンキンスをよく覚えている。

その後、ＩＢＭのBig Blue（ビッグブルー）プロジェクトが発足した。一九六七年、ＩＢＭは当時コマーシャルの撮影で生計を立てていたヘンソンを雇った。その結果できあがった短篇動画が「書類仕事の激増（The Paperwork Explosion）」という汎用広告である。電動タイプライター〔一九六一年に発売されたSelectric（セレクトリック）のこと〕から高度な口述録音機まで、事務作業を簡素化する幅広いＩＢＭ製品を紹介する動画の終盤では、次の言葉が繰り返される[3]。「機械が働くべきだ。人間は考えるべきだ」。単調な作業はテクノロジーに任せよう。そうすれば、人は頭を使う仕事に取りかかることができる。

多くの機械に人工知能が搭載されるようになった今、何をテクノロジーに任せ、何を引き続き人間が担うべきなのか。それを決めるのは、ますます難しくなっている。ＡＩと人間の書き方においても、この難問に突き当たる。私たちは私生活と仕事の両方で、何を手放し、何を維持すべきなのか。

何を選ぶかは人によって異なる。とはいえ、決定を下すために、自分だけの得点表を作ることをおすすめしたい。きちんとしたものでなくていいが、自分が書きものをする際の習慣を身につけるための基準点を設けるのだ。自身で選択するのだから、一方的なものでよい。たとえば、「ＡＩにメール返信の下書きを任せるが、文法とスタイルは私が決める」ということにしてもよいのだ。つまり、文章作成における非核地帯を用意する。ただし、この作業をおこなうにあたっては、時間的なプレッシャー、自分自身の意志の力、そして怠け癖などについても、正直に評価するべきだろう。

考えるべき問い

序章の終わりで、本書を書くことで答えを導きたい八つの疑問を提示した。この得点表を作成するにあたり、八つの問いを振り返って、これまで学んできたことと、さらに新たに考慮されるべき点を挙げげよう。

1．文章を書く動機は何か?

第2章では、人間がものを書く動機をいくつか紹介した。ここでは人間とＡＩが役割分担をするという観点から、動機について再度考えてみよう。

〈日常的な行為〉

日頃、書く行為は私たちの生活に浸透している。忘備録や手紙、日記、文書、メール、テキスト、オンラインチャット。私たちが書くのは何かを記録し、他人と言葉のやりとりをするためだ。デジタル媒体なら、オートコンプリートからバイアスの警告まで、ジーヴズとしてのＡＩが膨大なサービスを提供してくれる。人間が書いた文章を自動的に編集するＡＩもあるし、選択式の補助ツールもある。私が実施したアンケートの回答者の多くは、いつＡＩに頼り、いつ助言を無視するか、明確に選択していた。大半の人が最終的な決定権は自分にあると主張していた。

〈他人の指示で文章を書く〉

他人に指示されて何かを書くことがある。受講している講座で提出しなければならない課題、ジャーナリストに割り当てられたニュース記事などがそれだ。ジーヴズとしてのＡＩは、こうした文章も生成できるようになりつつある。問題は、書くのをＡＩか人間のどちらにするかを誰が決めるのか、ということだ。報道や翻訳などの仕事では、効率性と財政状況に基づいて決定されることが多い。この場合、著者を誰にするかはそこまで重要ではない。だが学校で提出する小論文では、ＡＩが作成したものを生徒や学生が自分の名前で提出すれば、不正行為だとみなされるだろう。

〈具体的な利益〉

生活のために書いている人や、書いたものを出版することがキャリアを積むことにつながる人にとって、ＡＩはたとえすべてを任せるわけではなくとも、とても便利なリソースとなる。Sudowrite（スードライト）のようなツールを使えば、スランプを乗り越えたり、より積極的な活用方法として、書いた作品にいくつかの文章を組み入れたりできる。本書では、インディー作家が文章作成にＡＩを活用して執筆速度を上げ、書籍の売上を伸ばしているという例を紹介した。ただし、ＡＩとの連携には危険も伴う。結果として作成された文章――そして文体の声《ヴォイス》――のどの程度が本当の自分のものなのか、と書き手は思い悩むことになる。

〈**共有**〉

ジーヴズとしてのＡＩは、特定の情報源に基づいた記事や長い文章を書くときに力を発揮する。フィリップ・パーカーは二十万以上の自動生成の書籍を出版したし、ベータ・ライターは『リチウムイオン電池』を書いた。大規模言語モデルが存在する今では、余った七面鳥のおいしいアレンジレシピから、二〇二〇年のアメリカ大統領選挙に関する政治的な記事（右寄りにするか左寄りにするかは人間が決定できる）まで、ＡＩがあらゆる文章を作成していることは想像に難くない。

だがＡＩにすべての重荷を背負わせなくてもよい。インターネットが、人間の書き手が自分の文章に利用できる大量の情報を提供しているのと同じく、自然言語生成ツールは人間に連携の機会を提供し、専門知識や助言を差し出したり暴露記事を作成したりする。ＡＩを共著者とするかどうかは（少なくとも今のところは）人間に決定権がある。

〈**外に目を向ける、内に目を向ける、個人的な感情のはけ口**〉

最後に、書くことについての三つのカテゴリー（「外に目を向けること」「内に目を向けること」「個人的なはけ口にすること」）をまとめて取り上げるのは、ここには典型的な書く動機が存在するからだ。動機があって初めて私たちは、書き言葉を使って考えを形にし、人に伝えることができる。書くことで私たちは外に目を向け、今の世の中で間違っていることやよりよい世の中にするためにすべきことなどに対する考えを（多くの場合読み手に）明らかにする。また、書くことで内に目を向けるのは、自分の頭のなかで起きていることを把握するためのいい方法となる。フラナリー・オコナーの言葉を借りれば、「私が書くのは、読んでみるまで自分が何を考えているかがわからないから」だ。

そして、個人の感情のはけ口としての書きものがある。壁にグラフィティをスプレーで描いたり、殺人を正当化するマニフェストを用意したりすることはおすすめしない。それでも、私たちが日記を書くのは、自分に対して正直になりたいからだ。他者に手紙を書くのも同様だ。

こうした三つの動機のためにＡＩを活用することについては、特に心配してはいない。私の懸念は別にある。効果的に雄弁に、そして力強く書くためには、書き手自身が文章力を身につけ、訓練を積まなければならない。しかし、編集や文章生成をＡＩに任せるようになってしまったら、自己理解や人間同士の有意義なつながりを求める執筆活動のために、私たちはいかに能力と動機を維持していけるものなのか。

2. AIは人間の創造性への脅威だろうか？

いまやＡＩが生み出す物語や詩はもちろん、小説までもが、人間が書いたと言ってもおかしくないレベルに達している。書いたのが人間ならば、ある程度創造的（少なくともリトルｃ、場合によってはプロｃ）だとみなされるだろう。言わずと知れた問題は、向上し続けるＡＩの文章力は人間の創造性の競争相手になるのか、というものだ。だが、この課題が現実的なものになるには、まずはＡＩの生成物に「創造的」という言葉を使うのがふさわしいか否かを確認しなければならない。

ＡＩと創造性に関する章（第9章）で、ＡＩを創造的と呼べるかどうかはおおむね個人の判断にかかっていると述べた。私は、こうした自分の考えと一般の書き手たちの考えとを比較したいと思った。そこでヨーロッパで実施したアンケートに、創造性に関する項目を入れることにした（アンケートがあまりに長くなるため、アメリカでは省かなければならなかった）。つまり、ＡＩプログラムが詩や短篇作品を書いた場合、あなたはそれを創造的だとみなすか、という質問だ。

これに対して、全回答者のうち一三％が「はい」と、二九％が「いいえ」と回答した。残りの回答者のほとんどは「たぶん」と答えた。だが、「はい」「いいえ」「たぶん」のいずれでもないと考える学生も少数ながらいて、意見を述べてくれた。たとえば、ある回答者は創造性を意図と結びつけている。

「創造性には意図と改良が必要で、ほかの人の作品を模倣するだけでは創造性があるとは言えません」

また、（文章の背後にある）感情に重きを置く人もいた。

「やり方は創造的だと考えられるかもしれませんが、内容は創造的ではありません。文体は再現できても感情は再現できないからです」

さらには、文章生成ＡＩのプログラミングをおこなう人間の役割についてのコメントもある。

「創造的と呼べるものがあるとすれば、それはＡＩを開発したプログラマー自身の創造性の産物です。あるいはＡＩが読み込んだオンラインリソースが創造的だからです。ＡＩプログラムそのものが創造的であるはずがありません」

ＡＩが生成した文章の独創性の度合いについての意見もあった。

「ＡＩプログラムが既存の短篇小説で構成されたデータベースを漁《あさ》って、それらを一つにまとめたのであれば、それは創造的であるとは言えません。ＡＩが新たな文章を作成したのであれば、創造的と言えます」

この最後のコメントは、人間の著作物についても言える。どのようなレッテルを貼るにしても、創造的な書き手はＡＩのことを恐れなくてもよいと思う。常に読み手がいるからだ。金がありすぎる、痩せすぎだということはあっても、短篇小説や長篇小説や詩がありすぎて困るということはない。しかも、書くという創造的な行為からもっとも多くの恩恵を受けるのは書き手自身であることが多い。

３．維持すべきは、どのような文章技術か？

かたづけてしまわねばならない課題が一つある。現代の音声認識があまりにも洗練されてきているので、日常のたいていの文章作成は不要になると考える人がいる。私たちはSiri（シリ）やAlexa（アレクサ）に声で指示を伝える。あらゆる音声入力プログラムが作られているおかげで、望みさえすれば、メールだけでなく文書全体も手で書く必要がなくなった。さらに、オーディオブックやポッドキャストは人気の読書手段だ。とはいえ、キーボードを投げ捨てた人や、紙の本を読むのをやめた人がそれほど多いわけではない。

人間の書き手がこの先も存在し続けるとすれば、私たちは、どんな技術を伸ばして維持すべきか、そして何を使ってものを書くかがどれほど重要なのかを決める必要がある。

〈綴り〉

文章を作成するジーヴズとしてのＡＩが最初に活躍した領域、つまりスペリングから見てみよう。スペルチェックを使うことの利点と欠点について話す前に、より根本的な問いを提示したい。正しいスペリング（とその綴り方）を知っていることは今でも重要だろうか。

英作文講師の意見はためになる。一九八八年、ロバート・コナーズとアンドレア・ランスフォードは、大学生が小論文を書くうえでよくする間違いについて研究した。[4] いちばん多かったのは綴りの誤りで、圧倒的な数だった。二十年後、アンドレア・ランスフォードとカレン・ランスフォードとともに再び調査をおこなった。[5] 今回は綴りの間違いは十八位にまで下がっていた。

これはスペルチェックのおかげだ。綴りはもはや、現代の学生がコンピューターで作成して提出する小論文では目立つ問題ではない。その結果、英作文の講師（またはその他の人々）が正書法についてとやかく言うことはほとんどなくなった（例外は、スペルチェックが無視しがちな固有名詞だ）。と同時に、教師たちには学生のスペリング能力の程度や、綴りを知らない者や不注意な者が努力しているかどうかを把握できなくなった。

綴りを知っていることは、もはや重要なことではないのかもしれない。だがアンケート参加者の回答を見ると、五人に一人は子どもが綴りを覚えることは大切だと考えている。また、多くの学生が自身のスペリング能力に自信を持っていた。

スペルチェックそのものに対する姿勢はどうだろうか？「夢が現実」になり、スペルチェックが「to」「two」「too」を含むあらゆる間違いを適切に修正できるようになったとしたら、このツールが多くの書き手を助けてくれることは間違いない。スペルチェックがあまりに身近なものになっているせいで、それが承認あるいは拒否できるオプションなのだということに私たちは気づいていない。私自身が格好の例で、イタリア人の学生たちから聞いてようやくこのプログラムがオフにできることを知ったのだ。

アンケート回答者の大半が、スペルチェックのおかげで綴りが得意になったと考えている（だが特にアメリカ人学生について、私が疑いを抱いていることはすでに述べた）。それでいて不安を口にしてもいる。その一つが、仕上げを担うジーヴズであるＡＩは人間の能力を損なうのではないか、というものだ。

「予測入力［プログラム］に頼れば、そのうち必ずスペリング能力を失うでしょう」

ＡＩツールのせいでみんな怠惰になると答えた学生もいた。

「スペルチェックとＡＩソフトウェア（中略）は（中略）より簡単に文章を作成したい人が使えばいいんです」

スペリング能力の育成やその維持が認知能力を育む――さらにスペリング能力が重視されているフランスでは将来的な雇用にも結びつく――という、本書で紹介した研究結果についてみなさんはどう考えるだろう。私はフランス人ではないからどうでもいい、と思うかもしれない。あるいは、読み書きを習うときに綴り方を知ることは脳の成長にとっていいのかもしれないが、自分はもう大人なのだ、と。

作業をすべてスペルチェックに任せるか、少なくとも修正内容から学ぼうとするかどうか、決めるのはみなさんだ。私はスペルチェックに依存している。チェック機能は常にオンにしているし、それがスペリング能力をむしばんでいることもわかっている。そして実際に手で書かなければいけないとき、私はその現実と向き合っている。

〈文法と文体〉

綴りとは違い、「よい」文法や文体というのはわかりにくい。たとえば「group（集団）」と「crowd（大衆）」のような言葉と組み合わせる動詞は単数形だろうか、それとも複数形だろうか？　その集まりを単一の存在だと考えるか、それとも個人の集まりだと考えるか、それを決めるのは書き手だ。「between you and me（ここだけの話）」、「between you and I」のどちらを使うべきか。一般的な規則では「me」の方が正しいとされているが、二つ目は現代的な使用方法で、あなたもこちらを使っているかもしれない。言語は変わり続けるが、文法書――そしてＡＩ文法チェッカー――が追いつくまでには時間がかかる可能性がある。

文法と綴りのもう一つの違いは、人間は話すことを覚える段階で文法を身につけるということだ。綴りに取り組む前（正規教育を受ける前）に、すでに言葉の並び順を学んでいる。また、何が文法的に正しくて、何が誤っているか、少なくともたいていの場合には判断できる。

文字を書くことを学ぶとき、私たちはこの文法の知識を役立てる。授業や個別の読書などを通じて、より複雑な構文や言葉を学ぶこともある。正規教育もまた、私たちの頭に文法規則をたたき込む（正しいのは「between you and me」です。前置詞の後には目的格を使いましょう）。こうした正規の規則と話し言葉（「between you and I」）が食い違う部分こそ、国語教師やＡＩ文法チェッカーが間違っていると声を上げる箇所だ。

綴りに関しては、すべての法則を覚えなければならない。綴りどおりに発音する単語であれば、推測できる。アメリカ英語を書く人が知っておくべき一連の規則がある。また、イギリスやカナダなどその他の英語圏の国では、その国ならではの使用法を反映した辞書がある。しかし、どの場合でも、全国的な規範は一つだけだ。

文法については、話し言葉を反映した規則、そして学校で習う規則がある。話し言葉を裏打ちする「規則」を覚えるのは簡単だ。その規則がどういうものなのか説明することはできなくとも、その言語の話者なら、文章が規則に沿っているかいないかがわかる。しかし、学校で学ぶ規則、特に会話で使われることのない規則はわかりにくい。残すべき価値のある法則や構造は誰にでもわかりやすいものだ。もちろん、私たちが一生使わないような規則もある。

それでは文法チェッカーは何の役に立つのだろう。そもそもこのツールは心強い校正者だ。キーボードで入力するとき誤って「The reasons was unclear」とタイプしてしまうことがある。読み返せば誤りに気づくだろう（"was"は複数形の"were"にする必要がある）。このように、文法チェッカーが文章の単数形または複数形を一致させてくれるだけなら、それは文法能力を失ったことにはならない。編集でジーヴズの力を借りたということだ。

ほかの場合についても考えてみよう。標準的な英語の規則の一部を学んだことがないとする。特に、会話とはかけ離れた規則だ。たとえば、みなさんが高校生で、友人と一緒にモバイルアプリを制作し、学校のイノベーション基金の支援を受けたいと考えているとする。あなたは申請書にこう書く。「Sam and me have written a terrific new app（サムと私は、素晴らしい新たなアプリを作りました）」。話し言葉をそのまま文字にしたのだ。文法チェッカーが「Sam and me」を「Sam and I」に修正してくれれば、資金を支援されるかもしれない。ソフトウェアがあなたの将来的な話し方、あるいは書き方を変えはしないが、今のところはこれで十分だ。

文法チェッカーについて語るときに考慮すべきは、その言語を流暢に話すことのできない人々のことだ。文法チェッカー、とりわけ誤りを発見した際にそれに関する説明を提供するチェッカーは、貴重な学習ツールになる可能性がある。何が間違っていたのか確認し、その理由について読み、二度と同じ過ちを繰り返さないようにすることができるからだ。しかし、実際に間違いの理由を確認するのはもちろん、今後過ちを繰り返さないように気をつけるかどうかは、その人次第だ。こうした人々には、文法能力の維持ではなく獲得が課題になる。

〈書き直す〉

書くことは読むことと同じく、私たち自身やほかの人の言葉を映し出す訓練にあたる。ウラジーミル・ナボコフのよく知られている言葉に「ひとは書物を読むことはできない。ただ再読することができるだけだ」〔『ナボコフの文学講義』野島秀勝訳、河出書房新社、二〇一三年、五七ページ所収〕というものがある。この格言はフィクションだけでなく、原則としてさまざまな表現形式に当てはまる。もちろん、書くこと自体にも当てはまる。書くことの第一歩は書き直すことだからだ。

アーネスト・ヘミングウェイは「初稿はなんであれクソだ」といったとされているが、彼の言行は一致していた。ヘミングウェイは作品を何度も書き直すことで知られていた。事実、『武器よさらば』では四十七とおりの結末を書いたという[6]。

ヘミングウェイは初稿を手で書き、その後タイピングして、それから手で編集していた。ワープロは下書きと書き直しのやり方に革命を起こした。何度も書き直しを提出させられるのでない限り、私たちはたった一つのバージョン、たった一つのファイルに修正を加えていく。文章や段落そのものを簡単に追加したり、削除したり、配置を換えたりできるのだから、実に楽だ。だが、今日の編集プロセスで失われたのは、バージョンごとの変化を目で見て知る機会、そしてもともとの言葉遣いや配置に編集し直す機会である。自分で書いたものの変更履歴を使用して、すべてのバージョンを保存しておけばいいと言われるかもしれない。しかし、わざわざそんなことをする人がいるだろうか？

デジタルで編集する際の「タイムマシン」の欠如を、現代の若者たちも認識している。私が実施したアンケートの参加者の一人は、手で紙に書くことの何が好きかと問われ、こう答えた。

「自分で書いた内容や加えた変更を目で見ることができます。コンピューターでは、修正してしまえば変更した箇所を確認することができません」

現実的に考えると、書くことを生業《なりわい》とする人なら下書きを印刷して手で修正することがあるかもしれない。しかし、学生たちは滅多にそんなことをしない。小論文を提出する前に少なくとも二回書き直すようにと告げれば、忍び笑いが聞こえるだろう。多くの学生にとっては、一度書いたらそれでおしまいなのだ。

書き直すことを学ぶのはスキルの一つだ。だが、ほかの人が書いた文章が書き直されたものか否かを推測するのは、ますます難しくなりつつある。ワープロは、著者が幾度も書き直したという証拠を覆い隠してしまう世界初の技術だ。さらに高度なＡＩ文章作成ツールは、それに続くカムフラージュ技術だが、この二つの取り組みは異なる。Grammarly（グラマリー）などのプログラムが提案してきた変更を受け入れれば、初稿を書き直したような気持ちになれる。ところが実際に書き直しを担っているのは、Grammarlyだ。しかも表面的な書き直しでしかない。

〈**手書き**〉

手書きについての話はもう聞きあきたと思っているかもしれない。もはや多くの人が手で文章を書いていない現代では。私たちはキーボードやキーパッドを使って文書の入力、メールやテキストの作成、ＳＮＳへの投稿をおこなっている。銀行でも署名することはほとんどない。金融取引の多くも電子でおこなわれている。契約書でさえ、DocuSign（ドキュサイン）のようなツールを用いればオンラインで完結する。配管工事の書類など、手で署名する必要があるときでも、iPadの画面に指で文字を書けば済む。

前章では、心理学者たちが突き止めた、手で書くことの認知的な利点について説明した。しかし、この研究結果も、手書きとは思考するための手段だという昨今の若者たちのコメントほどの衝撃はない。手で書くことで、

「自分の考えを辿ることができる」

というのだ。

4．個人の文章の特徴をAIから守れるだろうか？

デジタル技術に溢れた生活を送るうえで忌むべき副次的影響は個人情報を盗まれることだ。狙われるのは社会保障番号やクレジットカード番号、銀行口座などだが、最近では声や顔まで盗られていく。窃盗とデジタルの文章作成とくれば、当然盗用の問題が出てくる。だが私の懸念はもっととらえにくいものだ。つまり、ＡＩソフトウェアの指示どおりの方法で書いたり、提案にいやいや従ったりした結果、私たちの個性とも言える文章が徐々に失われていく。

アメリカの学校は長年、「授業でテスト対策しかやっていない」と非難されてきた。特に標準学

力テストへの対策だ。このせいで失われるのは、教師自身が作り上げ、生徒がより多くを学ぶことができるようなカリキュラムの健全さだ。テストで高得点をとるために、生徒たちは、ＥＴＳでの小論文の書き方を指導される。多音節語を多く使いなさい。五段落小論《エッセイ》のフォーマットに沿って書きなさい。もともとはＥＴＳの人間の採点者が、そして今ではe-rater（ｅレーター）ソフトウェアが、提出物でこうした要素を探すための訓練を受けている。[7]

ヘミングウェイは多音節語を知っていたに違いないが、やたらと長い単語を使って文章を飾り立てようとしなかった。そして五段落小論については、もともと一九五〇年代後半にアメリカで考案されたもので、ただのでっちあげでしかない。[8] 第一段落で序論を、次の三段落で三つの点からなる本論を展開し、最後の段落で結論を述べるという書き方がうまくいくこともあるだろう。だが、論点が一つしかない――あるいは六つある――場合はどうなる？ 画一化された五段落小論の手法で書こうとすると、小論文を無理やり引き延ばしたり（ほかの論点を探す）か切り落としたり（削除または統合）しないと、高得点は望めない。[9]

高得点をとることを目的として書くのが、言葉を操る方法だとすれば、書くジーヴズであるＡＩを活用することもまたもう一つの方法と言える。ただその場合、ＡＩが生成した言葉や文章を自分のものとして発表したければ、策略が必要になる。人間が書き始めた文章の続きをＡＩが書くのか（Gmailスマート作成や予測入力）、人間が選んだ単語や文法の代替を提案してもらうのか（Grammarly やWordtune［ワードチューン］）。

本書のさまざまな箇所で、ＡＩを利用して書いた文章に書き手が抱く懸念について紹介してきた。自動生成されたニュース記事は人間が書いた記事より型にはまったものになりやすい。機械翻訳のポストエディットをおこなう翻訳者は、コンピューターの訳したものを提示されると、創造性が叩き潰され「既存の枠組みにとらわれずに考える」ことが難しくなると答えている。

誰もがジャーナリストや翻訳者ではないが、私たちは皆、日常的に文章を書いている。日々の文章作成——Microsoft WordやGrammarlyや、予測入力プログラムで——のなかでこそ、個性的な書き方は影響を受けやすい。書くというのは一人でするもので、孤独な作業だ。孤独だからこそ、自分に言うべきことがあるか、うまく伝えられているかという不安が生まれてくる。その言語を流暢に話せるにしろ話せないにしろ、自信のない書き手にはＡＩのジーヴズの存在はありがたいはずだ。

問題は、自分が書いた文章についてのジーヴズの提案を信頼すべきかどうかだ。ここで思い浮かぶのが、テレビの医薬品広告には次の注意事項を記載しなければならないということだ。「成分のアレルギーをお持ちの場合は服用しないでください」。しかし、実際に服用するまで、自分にアレルギーがあるかどうかはわからないのではないか。同じように、WordやGrammarlyから提案があったとき、文章に自信がない人は、その助言を受け入れるべきかどうかがわからないのではないか？

私の心配を裏付けるように、この章を書いているときWordがメッセージを表示した。ラメシュバブ・プラグナナンダは「インドの（Indian）新たな神童」であると書いたところ、「包括性」のフラグがつけられ、「この単語には先住民族に対する偏見が含まれている可能性があります」ということで、「先住民族（Indigenous）」または「ネイティブアメリカン（Native American）」に置き換えるよう提案された。もちろん、プラグが暮らす国には「先住」民族も存在する。だが彼らはインドの先住民族であって、プラグはその一人ではない。

Wordの提案は無視することにした。ヒンドゥー語に由来するプラグの名前はもちろん、チェスを発明してからずっとこのゲームで遊んできたインドという国の歴史からも、「インドの（Indian）」という言葉の意味は明らかだからだ。だが、それほど自信のない書き手なら、この言葉を「ネイティブアメリカンの」に置き換えてしまうかもしれない。そうすれば意味不明な文章ができあがってしまう。

こうした場合、どうすればいいのだろう。最終的な決定をするのは自分であるべきで、それにはもっともな理由がある。私が実施したアンケートで、ある学生が答えたとおり、予測入力の落とし穴とは、

「母語のことは、ソフトウェアより私のほうがよく知っています」


ということなのだ。

書くときの声《ヴォイス》に対する課題は精度や文法ではなく、文体《スタイル》だという場合もある。アメリカン大学で大学院向けの歴史ある奨学金に申請するために、小論文の下書きを作成していた学生たちのことを思い出してほしい。学生が小論全体の文体と調和する「in the near future（近い将来）」という言葉を選んでいたのに対して、マイクロソフトはより唐突で味気のない「soon（すぐに）」という言葉を提案した。「can be exacerbated（増幅した）」と書いた学生は「worsened（悪化した）」ではなくこの言葉をあえて選んだはずだ。完成稿でも自分の主張を貫いて、機械の助言を無視できたのな

らいいのだが。
Wordや Grammarlyなどのソフトウェアの提案を受け入れて文章を直すことは、元の文章をそのままにしておくより、かなりの努力が要る。効率の問題ではない。自信の度合いの問題なのだ。別の意見をいつ受け入れるべきか、アルゴリズムではなく自分の主張をいつ大切にするべきかを知ることだ。

5．ＡＩは著者であることの意味に再定義を迫っているか？

文法や文体を修正するプログラムは誤った検知をすることもあるが、現代のＡＩツールは、私たちの下書きの修正を見事にやってのける。ＡＩが独自に相当量の文章を生成できるようになったわけだから、アドルフ・ナイプの夢はほぼ叶ったと言える。だが、編集者または書き手としてのＡＩについては、この成功物語に人間がどう対処すべきかという問題がまだ残っている。私は大学教育に携わってきたので、まず大学での状況を見てみることにしよう。

問題をまとめるとこうなる。すぐに、もしくは近い将来、教員は学生が提出した課題のうち実際に彼らが自分で書いたのがどれくらいか判断できなくなり、評価を下すのが難しくなるだろう。本来なら、学生と教員は課題について時間をかけて対話し、学生に複数回書き直させることが望ましい。しかし学術界で五十年近く過ごしてきた私は、それが理想論でしかないこともわかっている。

これはＡＩに限ったことではない。たとえば、レポート代行を頼んだり友人の課題を写したり、という問題は昔からあった。だが大規模言語モデルで実行されるプログラムの商用化に伴い、学生たちが個人的に論文工場にアクセスする可能性は大いに高まった。さらに、プログラムが洗練され、誰かの文体を模倣できるようになれば、不正行為発見の最後の砦（「モーガンにこれほど巧みな文章が書けるわけないじゃないか」などの気づき）が崩されることになる。

教育上の問題について心配しているのは私だけではない。二〇二二年九月から十月に、アメリカの教育者たちやジャーナリストたちは、大覚醒《グレート・アウェイクニング》を体験したようだ。雑誌やニュース記事の見出しにはこのような言葉が躍った。「ＡＩが学生の不正行為を容易にしつつある」。「人工知能は大学での作文を殺すのか？」と訊ねた人もいた。[10] 今後に不安を抱く人がいる一方で、技術との連携を学生に教えたほうがいいと言う人もいる。また、（少なくとも今のところは）心配する必要はないという人もいる。現在学生が利用できる文章生成プログラムはそれほど優れたものではないし、特に小論文で必要となる局所的な知識はＡＩのデータセットには含まれていないのだから、と。

ただし、それはすべてChatGPTが誕生する前の話だ。

いまやＧＰＴ－３とその後継ツールは翻訳者として優れた腕前を披露しており、ChatGPTが英語以外を話す国でも注目を集めているというのも驚くに値しない。ここでノルウェーで起きていることを紹介しよう。[11]

十二月五日、ChatGPTがリリースされた直後、ノルウェー言語技術教育協会（Association for Norwegian Language Arts Education、ノルウェー語と文学を教える教師たちの組合）はノルウェー政府に投書した。協会が気にかけていたのは次のようなものだった。

「長期的に見れば［ＡＩ文章生成は］ノルウェー国民の書き方および読み方のスキルや民主主義、新たな思考や知識の育成を阻むだろう」[12]

その後も議論は続いた。クリスティアニア大学のモッテン・イルゲンスは「この技術は明らかにあらゆる教育の完全性を損なうものだ」と言っている。[13] 教師組合の理事、シーヴ・ソラス・ヴァランドは「人工知能が阻んでいるのは、生徒の文章力にほかならない」と説く。ヴァランドは、書くことを通じてこそ、

「理由づけ、文章の構造、議論、掘り下げて考えること、創造的および批判的になること、反省、反論、分析、解釈などについて、生徒に教えることができる」[14]

と主張している。

ノルウェー人にとって生成ＡＩの主な問題とは、文章を書くことを思考するためのツールとして使う機会を生徒から奪っていることだ。一方、アメリカ人が気にしているのは、不正行為の防止だ。これらの問題に、どう対応すればいいのか。アメリカ人からの提言では、大規模言語モデルを使った学生があぶり出されるような課題を出すことに重きが置かれていた。本質的には、学生を叩くことを目的とした課題の設計だ。まずは取り締まり、その後教育するというスタンスだ。

一方ノルウェーの立場は異なり、ものを書くことは学習プロセスの一環だと主張している。ベルゲン大学で北欧文学を教えるエイリーク・ヴァッセンデンは、「受動的な情報の収集を要する」課題（ChatGPTなどが得意なこと）を避け、代わりに「見解や情報の切れ端を見つけ、整理し、まとめる」プロセスを重視するよう助言している。[15] ヴァランドもまた（ＡＩが生成できる）テキストの解釈に関

する作文と、「テキストを理解し意味を見出すという生徒の行為」とを区別することを呼びかけている。[16] 教育はあくまでも旅路であり、目的地ではないのだ。

教育者からの提案を読んでいると、どこか郷愁を感じる。たとえば、イルゲンスは「授業への口頭の参加、口頭試験にもっと焦点を当てるべきだ」と言うが、[17] これは十九世紀後半にハーバード大学の英語Aクラスができ、チャールズ・エリオットが口頭試験から筆記試験に切り替えたときのことを思い起こさせるではないか。当時、筆記試験に切り替えたのは、学生の数が多く、口頭での評価が難しかったからだ。そして筆記試験の明らかな効率性は言わずもがなである。今度は、再び口頭での評価に戻ることで「これを書いたのは誰なのか」という問題は解決される。だが、口頭試験を取り入れる学校が増えるとは考えにくい。

ノルウェーの教師組合は昔ながらの、別の解決策を提案している。生徒に「より長い文章を手で書かせる」というものだ。[18] とはいえ、これが実際的でないことは認めている。それはそうだろう。だが、これまで見てきた手で書くことの利点が活かされるのはもちろん、教師は誰が何を書いたのかしっかり把握することができる、という効果はある。

自分ではいい解決策が思いつかないまま、私はChatGPTという悪の巣窟へ飛び込み、次のような質問を投げかけてみた。「チャットボットが学生に代わって小論文を書けるようになったら、作文講師は何をすればいいですか?」。ChatGPTの回答（私は二度訊ねた）は驚くほど訴求力があり、そして長文だった。最初の質問で得られた回答を次にまとめよう。こちらは教室でできることが中心となっている。

・特定の文体や形式で書くことではなく、論理的思考のスキルと分析の仕方を教えることに重きを置く。

・共同作業やグループワークを多く取り入れる。学生は連携してアイデアのブレインストーミング、書いたものの共有、フィードバックの提供をおこなうことができる。

たしかに、そうすれば学生も自分で文章を書くことができるようになるだろう。二度目の質問に対する回答には関係のないことも含まれていたが、教師の役割に焦点が当たっていた。

・チャットボットは、訓練を受けた専門知識があり助言のできる作文講師の代わりをすることはできない。

・作文講師は引き続き調査の実施方法やきちんと整理して書くことを教えるべきだ。

いささか抽象的で、実際的なアドバイスとは言えない。教師はその仕事を続けるべきだということ以外は。

テック企業が解決してくれるかもしれない。序章で私は、ＡＩが生成した文章に、ＡＩのデジタルの印を挿入することを提案した[19]。OpenAIはまさにそのようなプロジェクトに取り組んでいるところだ。当初ＡＩが暗号解読のために開発されていたことを考えると、コードに対する「鍵」があるときのみ検知される信号（印）をＡＩ生成の文章に埋め込むことがOpenAIの手法だというのは皮肉である。ＡＩではなく人間が書いた文章だと判断できるようになるには、ユーザー（学校、出版社、政府組織など）はOpenAIとパートナーシップを結んだうえでコードにアクセスしなければならない。だが、これらの組織はすでにTurnitin（ターンイットイン）と連携が済んでいる。

実は、より簡単なテストがすでにある。OpenAIと、ＧＰＴ－２がリリースされた際に協力した複数の組織のおかげだ。Hugging Face（ハギング・フェイス）が一般公開したこのツールは、GPT-2 Output Detector Demo（ＧＰＴ－２アウトプット・ディテクター・デモ）と呼ばれている。[20] 検証したい文章を入力すると、プログラムが「本物（人間）」から「偽物（ＡＩ）」までのスケールを使用した確率スコアを返す。システムは初期の大規模言語モデル向けに設計されているが、ChatGPTが生成した文章と、私が自分で書いた文章を入力したときも、正解率は非常に高かった。私は自分がボットだとみなされずにすんでほっとした。しかし注意を怠ってはならない。文章が短ければ予測の精度は下がる。特に、ＡＩが書いた文章を特定できなくなるのだ。

ChatGPTのリリースからほんの数週間後、エドワード・ティアンはGPTZero（ＧＰＴゼロ）という、ＡＩ生成の文章を特定するプログラムを作った。ティアンが率直に述べているとおり、このツールはまだ完璧からは程遠いが、進化し続けている。そして第10章で説明したように、ほかの検出ツールも続々と誕生している。

二〇二三年二月時点で、ティアンは新たにエドテック〔EducationとTechnologyからなる造語。テクノロジーを活用した教育を指す〕企業のK16 Solutions（K16ソリューションズ）と連携し、初等教育や高等教育で採用されているCanvas（キャンバス）やBlackboard（ブラックボード）などの主な学習管理システム（ＬＭＳ、教育課程のオンラインプラットフォームで使用されるソフトウェア）にGPTZeroを埋め込むことを発表した。[21] Turnitinのように、生徒が新たに書いた提出物と、その生徒が以前書いたもの（およびTurnitinのデータセットに含まれる何十億もの作品）を比較して盗用を検出する仕組みだ。ティアンのモデルでは、生徒はＬＭＳを通じて課題を提出し（すでに広く用いられている手法だ）、提出物は自動的にGPTZeroを通過する。

商業の世界を見ると、著者であることに関する問題は、利益を得るのは誰かというところに行きつく。あなたが作成した作品――あなたの知的財産――がウェブで公開されているのなら、ＡＩモデルはそれを利用できるし、ほかの人間のユーザーもその作品から利益を得ることができる。アーティストが心配しているのは、独自のスタイルで制作したオリジナル作品を誰かがＡＩ画像生成ツールを使ってでっちあげ、それを自分が新しく作ったものとして売り出すことだ。この問題に対処するために、OpenAIやＤＡＬＬ‐Ｅと連携しているShutterstock（シャッターストック）は基金を設立し、ＡＩの画像生成に使用されるShutterstockにオリジナル作品をアップロードしている人間のクリエイターに報酬を払うようにした[22]。

アーティストだけではない。人間の翻訳者も、自ら翻訳した文書がオンラインで閲覧できるようになれば、機械翻訳プログラムがそれにアクセスして、翻訳者に使用料を支払うことなく、ほかのプロジェクトに転用する可能性があることを恐れている。プログラミング業界ではGitHub（ギットハブ）のCopilot（コパイロット。OpenAIのCodex［コーデックス］で構築された製品で、現在はマイクロソフトが版権を持っている）に対する訴訟が起きた。GitHubに投稿されたコードをほかのユーザーが再利用した場合、元の作成者にどのような権利が発生するのか、著作権法ではまだ明らかにされていない[23]。

著作権といえば、現代の著者は作品が自分のものだという権利を維持できるのだろうか。もういくつか訴訟が起きてからでないと、しっかりした法律が定められることはないだろう。全国的にも、そしておそらく国際的にもいまだ不明だが、ＡＩが生成した作品の著者になるのは誰なのか、あるいは何なのか。法律が追いつくのを待っているあいだに、私はChatGPTの意見を聞いてみることにした。

まず「ＧＰＴが書いた短篇小説に著作権が生じることはありますか？」と質問してみた。すると、あっという間に返事が返ってきた。

「OpenAIによってトレーニングされた大規模言語モデルである私は、著作権およびその他の知的財産を持つことができません。私の主な機能は、ユーザーが私によるインプットに基づき、人間らしい文章を生成するのを助けることです」

大規模言語モデルは人間ではないので、ChatGPTの発言はアメリカ法に則している。だが注意深い科学者（少なくとも頑固な研究者）である私は、この質問結果が再現可能かどうかを考えた。大規模言語モデルは大規模なデータセットから情報を抽出するため、再度データプールを参照した場合も、同じ回答を導き出せるとは限らないからだ。そこで、もう一度同じ質問をしてみたところ、最初とは違う回答が返ってきた。

「OpenAIによってトレーニングされた大規模言語モデルである私は、インターネットを閲覧したりトレーニングデータ外の情報にアクセスしたりすることができません。ＧＰＴが書いた短篇小説に著作権が発生するかについてたしかな回答を提供することはできません」

同じ質問の繰り返しに、ChatGPTはイライラし始めたのだろうか。偶然にも、最初の文章は決まり文句で、多くのChatGPTの回答と同じようなものだった。

私はもう一度同じ質問をしてみることにした。今度は、ChatGPTは自信ありげに、一度目とは正反対の回答に辿り着いた。

「GPTが書いた短篇小説に著作権が生じることはありえます。それについては人間の著者によるオリジナル作品と同様です。その作品を著作権で保護するには、オリジナルであり、確固とした形態があることが重要です。たとえば文書化または録音されていることなどです。GPTが書いた短篇小説がこれらの要件を満たしていれば、著作権保護を受けることができます」

アメリカ著作権局にもそう言ってほしいものだ。ChatGPTのようなボットで遊ぶのはたしかに楽しい。しかし、回答をすべて信じてはならない。

著者について考えるとき、頭にひっかかっていた問題がもう一つだけあった。それは人間の正直さと信頼にまつわる問題だ。誰もが嘘をつくし、それを暴こうとすることも多くある。だがインターネット、そしていまやAIの言語生成のために、不正行為はあらゆるところで発生するようになっただけでなく、見落とされることも多くなった。盗用検出ツールはウサギのように増え続け、世界中の学校がTurnitinのようなプログラムに頼っている。学術誌や政府機関はiThenticate（iセンティケート）を通じて提出物を管理している。大規模言語モデルを使用して「新しい」文章を生成するCopysmith（コピースミス）のようなアプリですら、盗用チェックをおこなっている。

何十年ものあいだ文章を書き続けると同時に、他人が書いたものを評価し続けてきた私のような学者であり書き手である者は、壁が迫りつつあるような気がしている。これからは何かを書いたら、まず盗用検出ツールに合格しなければならない。私は盗用やその他の不正行為を容赦したくないし、不正行為につながる圧力（や倫理観の不足）についても理解している。それでも、書き手と読み手のあいだの信頼がこれほどまでに損なわれた世界になっていくことを嘆かわしく思っている。

6．AIは書くことを職業にしている人を脅かしているか？

私は占い師ではないし、抜け目のないギャンブラーでもない。しかし、AIツールを活用するホワイトカラーの将来的な雇用の見通しを予測する経済学者たちが常に正しいわけではない、ということには留意する必要がある。その予測のなかには悲観的なものも楽観的なものもあり、「短期的」なものと「長期的」なものがある。

二〇二二年後半にいくつも出版されたのが、人間の雇用の見通しは実はそれほどひどくなるわけではないとする記事や報告書だった。クライヴ・トンプソンは『ワイアード』に、AIが人間の能力を強化することを歓迎すべきだという記事を発表した。[24] ファルハッド・マンジューが『ニューヨーク・タイムズ』に書いた記事にも、「ロボットとの戦いで勝っているのは人間の雇用者（In the Battle with Robots, Human Workers Are Winning）」というタイトルがつけられている。[25] マンジューは、アメリカ合衆国労働省労働統計局（ＢＬＳ）の研究分析官、マイケル・ハンデルによる報告書を引用している。[26] ハンデルはBLSの予測およびその他の文献に基づいて、AIと自動化の活用が進みつつある職業を幅広く予測した。

その職業のうちの三つが、本書でも紹介したジャーナリズム、法律、翻訳だ。[27] ハンデルが出した結論は、本質的に本書の第8章の議論と一致するものだった。

・**ジャーナリズム**：雇用者数はここ数十年のあいだ減少し続けているため、二〇一九年から二〇二九年におけるニュース関連の雇用の減少予測は目新しいものではない。

・**法律**：二〇二九年までのBLSの予測では、弁護士およびパラリーガルの雇用数はわずかに増大する。これを裏付けるため、ハンデルはダナ・リーマスとフランク・レヴィの論文を引用している。これは本書でも紹介した。リーマスとレヴィは、法曹界の仕事には多様な作業が含まれており、AIが人間の代わりになれるものとそうでないものがあるとしていた。法律関係の文章作成については、現時点でのAIの機能に基づく予測にとどまり、将来的にどうなるかには言及していない。

・**翻訳**：ハンデルは、主にグローバリゼーションのおかげで翻訳者と通訳者の雇用数は増加傾向にあるとしている。ただし、それらのうちのどの程度が「いい」仕事かどうか、つまりポストエディターとして機械翻訳を修正するのではなく、意義のある仕事に取り組めるかどうかについては言及していない。

日常的におこなっている文章作成を、ジーヴズとしてのAIにどの程度頼るかは私たち自身の判断による。しかし、ビジネスや専門職の世界では状況が異なる。資本主義が影響を与えることが多いからだ。たとえば、利益を増やすという名目であまりに多くの製造業を海外に移した結果、アメリカ経済が麻痺することになるとは、誰も想像していなかった。ところがそれが現実のことになった。さまざまな職業でのＡＩの使用について個人が口を挟めることはないが、少なくとも状況を見守り続けることはできる。

将来を予想するとき、二つの点に留意してほしい。一つ目は品質だ。どのような作業なら、ＡＩは人間と同程度の品質を提供できるのか。翻訳者の例を見ればわかるとおり、専門家でなければ区別できないこともある。ヨーロッパで実施したアンケートでは、ある回答者がこうコメントしていた。

「翻訳者の［雇用への］脅威はほとんどの場合、ＡＩ翻訳の品質を判断する術《すべ》のない非翻訳者によってもたらされています」

Google翻訳のようなツールをいつでも使えるからといって、そこで提示される翻訳の精度や品質が高いとは限らない。発注者はときには急いでいるから、あるいはコストがかかるからという理由で、低い品質で妥協することもある。しかし私たちは、翻訳については支払った料金分の品質しか手に入らないことを肝に銘じるべきだ。

もう一つの課題が、あらゆる種類の将来的な仕事——高度な能力の拡張、つまりＡＩによる人間の代替ではなく、連携を含む——に備える方法だ。スタンフォード大学で放射線学と生物医学情報学を教えるカーティス・ラングロッツはこう話す。

「「ＡＩは放射線技師の代わりになるか」というのは「誤った質問」だ。（中略）正しい答えはこうである。「ＡＩを活用する放射線技師は、活用しない放射線技師の代わりとなる」」[28]

私たちの役目は、人間とＡＩとのあいだの理想的な均衡を見つけることなのだ。では、次の問いに移ろう。

7．ＡＩとの「協業」と「（主導権の）引き渡し」を分ける線はどこにあるのか？

かつて、多くの数学教科書の巻末に問題の答えが掲載されていた。最近出版されている自己学習型の外国語教科書でもそうだ。さて、あなたは答えを考えてから正解を確認するタイプだろうか。それとも先に正解を見てしまうタイプだろうか。自分で考えることを省いてしまうと、たいして学んだことにはならない。

担当の編集者または著者代行としてＡＩを使うことは、書き手として人間の代わりをさせることにはならない。自分で苦労して書くよりＡＩに任せたほうが楽だということだ。助けてもらうのは――自転車の電動アシスト機能を使って丘をのぼることなど――いいとしても、自分らしさや表現能力を失うのは別問題だ。懸命な選択をおこなったと自分自身を騙すのはたやすい。どう考えても二百カロリーを超えているフレンチクルーラーを「たったの百カロリーだから」と自分に言い聞かすことはできる（ダイエット中の夫はよくそう言っていた）。「何を書けばいいのかわからないから、ChatGPTに助けてもらおう」と思うことがあるかもしれない。だが、ブレインストーミングでのAIの利用はともかく、自分の創造力を眠らせてしまってはならない。

序章で、スチュアート・ラッセルが考えたAIの乗っ取りを防ぐ方法について説明した。知能機械を開発するときは、不確実性を組み込んでおくこと。そうすれば人間が最終的な決定者になれる。アンケートのある回答者が同じようなことを書いていた。

「AIは便利ですが、一〇〇%依存できるほど優れていてはいけません」

つまり、わざとアキレス腱を作るのだ。WordやGrammarlyにも不足な点を残しておけば、人間は自分で注意するようになる。

最近ではAIについて「自動化ではなく拡張」というモットーをよく耳にする。人間中心のAIの目標はあくまでも人間の生活を改善することであり、人間の代わりをすることではない。ところが、しばしばその背後に潜んでいるのが、拡張とは効率性向上の名のもとにおこなわれるべきだという思い込みだ。

これは、国産を謳いながら、実際の製造は海外にアウトソースしている製品が多くあることに似ている。Appleデバイスの裏を見れば、小さな文字で「Designed by Apple in California. Assembled in China（カリフォルニア州にてアップルが設計。中国で製造）」と書かれている。靴も同じで、「デンマークの」靴メーカーECCO（エコー）は当初デンマークのブレデブロで製造をおこなっていたが、今ではインドネシア、タイ、スロバキア、そして中国に工場がある。数年前にコペンハーゲンを訪れたとき、私はＥＣＣＯの店舗に立ち寄った。そこで試着したサンダルは、私が二十年前に同じ店舗で購入した似たようなサンダルほど履き心地がよくなかった。そう漏らすと、販売員は弱々しく微笑み、「私たちデンマーク人にはもはやどうしようもないんです」と言った。重大なのは経済効率なのだ。

拡張と自動化の境界線はどんどん危うくなっている。これまでは、人間がもっとも得意とすることは人間に任せるべきだとされていた。他者との協業、予測のつかない状況への対処、創造的な仕事などである[29]。問題は、ＡＩにできることが増え続けているということだ。今ではＡＩがメンタルヘルスのカウンセリングをおこない、複雑な乳房Ｘ線写真を読み解き、短篇小説を書く。ＡＩにできないことは少なくなりつつある。

スタンフォード大学の人間中心のＡＩ研究所（Institute for Human-Centered Artificial Intelligence）で共同所長を務めるフェイフェイ・リーは、どのようなタスクであれば人間は喜んでロボットに任せ、どのようなタスクを自身でおこないたいと考えているか、という調査をしている。任せたいことのリストにはトイレ掃除などがある。他方で、人間が引き続き自身でおこないたいと考えているタスクとは、クリスマスプレゼントを開けることなどだ[30]。ロボットが苺《いちご》の収穫などの繊細なタスクを処理できるようになれば――実のところ現時点で九五％の精度で実行可能だ[31]――当然ながらプレゼントを開けることも可能になる。だが、人間はそれを望んでいない。

トイレ掃除とクリスマスプレゼントの例のように、書き手が望むＡＩ支援の形もさまざまだ。私たちは「できること」と「やってほしいこと」を区別するべきだ。人間とＡＩのやりとりを研究しているケイティ・イロンカ・ゲロは、多くの書き手にインタビューし、その二つの違いについて調査している。彼女がインタビューでする質問は次のようなものだ。

書く行為のなかで、非常に面倒で、自分でしなくていいなら助かると思う作業にはどのようなものがありますか？　ゼロから何かを創造するという、説明できないような喜びを感じるのはどのような作業ですか？　また、書くことについて何を一番大切にしていますか？[32]

書き手が自分でしたいと考えていることには構想――あらすじや結末を考えることなど――が含まれていた。ゲロがインタビューした書き手のなかには、構想こそが書くことを人間らしい営みにしていると考えていた人がいる。一方、次の単語や文章が思い浮かばないときにはＡＩの助けを借りたいと思っている人が多かった。それは大規模言語モデルの得意技だ。また、予測のつかないような要素を文章に取り入れたいと望むなら、それもＡＩの得意とするところだ。

私は、人間がものを書く際に下す決断について、ChatGPTはどう答えるかに興味があった。人間の文章作成にＡＩが及ぼす影響が大きくなっていることについて訊ねてみたところ、このような答えが返ってきた。

「ＡＩが人間の書き手に置き換わるのではないかという懸念を抱えている人もいますが、ＡＩとは書くプロセスを支援するツールでしかないのだと、肝に銘じておくことが大事です。最終的に、書く行為に対するＡＩの影響は、ＡＩをどのように使用するか、またどのように文章作成に組み込むかに対する人間の判断にかかっているのです」

完全ではないが、本質を突いていた回答だ。

8．（AI使用の）情報開示の規則があれば役立つのか？

ChatGPTに対するすさまじい熱狂は、ある意味興味深いものだった。このプログラムの基本構造は唯一無二ではない（グーグル、DeepMind、メタにも同じようなモデルがある）。革新的だったのは、ChatGPTが一般公開されたということだ。これによって何百万人もの人が使い勝手を試せるようになった。テクノロジーに詳しい人ならすでに把握していた中核技術について、突然誰もが知ることになったのである。大半の人にとって目新しく革新的なこの文章作成ツールを使ってできることや、その脅威に関する報道が過熱した。

大騒ぎを巻き起こしたのは教育分野でのChatGPTの使用だ。そこでは、さまざまな反応が見られた。「ChatGPTを禁止せよ！」と訴える人もいれば、ボットが持つ教育の可能性を信じようと説く人もいた。何かについて書くという課題は、西洋の教育では重要な位置を占めているため、迅速な対処が必要だとされたのも当然のことだ。

しかし、文章を書いているのは学生だけではない。誰もが生成ＡＩという著者の言いなりになっている。書くことが多い職業では、ＡＩはすでに十年以上活躍し続けている。また、私たちは一般の書き手として、すでにＡＩ搭載の編集ツールを長いあいだ使っている。Sudowrite、Jasper（ジャスパー）、Wordtuneなど、大規模言語モデル技術を組み込んだ商用プログラムがずいぶん前から発売されていて、料金を支払えば誰でも使うことができる。

今までと異なるのは、ついに転換期にきたと思われる点だ。文章を吐き出すＡＩツールはあって当たり前のものになった。おそらく規則を設けるべき時期に差しかかっている。

序章で、アイザック・アシモフのロボット三原則を紹介した。ロボットに許可される動作を説明するものだ。フランク・パスカーレの「ロボット新法」は、人間と機械が交差する場所に重点を置いている。「ロボットシステムとＡＩは人の職業を補完するべきで、置き換えるべきではない」「ロボットシステムとＡＩは人間のふりをしてはならない」などの原則がそれにあたる。

教育者、プロの書き手、一般の書き手は、ビッグ・テックが大規模言語モデルに詰め込む機能を指示することはできない。しかし、「人間のふりをする」機械は取り締まるべきではないだろうか。

二〇一九年、カリフォルニアは「ＢＯＴ法」を採択し、自動化プログラムを使って商業を奨励したり投票結果に影響を与えたりする場合、情報開示を要求することにした。[33] この「開示」制度があれば、「人間のふりをした」文章作成に対処できるはずだ。つまり、ＡＩが生成した文章を人間が書いたものだと主張するような場合への対応である。出版界ではすでに、ベータ・ライターが書いた『リチウムイオン電池』や、テンセントのドリームライターが書いた記事など、ＡＩが作った文章が本になっている。ニュース記事のなかには、ＡＩが執筆あるいは共同執筆した記事であることを開示しているものも多くなっている。学問的誠実性に関するポリシーの作成、メディアによる報道、法律事務所の書類作成などに対して、人間の名前で公開する文章をＡＩが執筆（あるいは執筆に貢献）した場合にその旨を記すことを義務づける指針を適用するべきかもしれない。

ＡＩが書き上げた（または作成を支援した）文章に対して、この制度を導入することは少なくとも原理上は可能だ。しかし先行きは危うい。ＡＩが文章をどの程度書けば、その旨を記載すべきなのか。ＡＩは今では文法と文体のプログラム（Microsoft EditorやGrammarlyなど）に入り込んでいる。Sudowriteのようなプログラムは増え続けるばかりだ。スペルチェックを使ったからといって、マイクロソフトを共著者とすべきだと主張する者はいないだろう。では、いったいどの時点で小説家は、Sudowriteが生成した文章を作品に組み込んだことに言及すべきなのか。

大規模言語モデルを共著者として認めることは、予想もつかない面倒を招くこともある。二〇二二年後半にChatGPTがリリースされたとき、多くの研究者がChatGPTを共著者として記すようになった。一方、複数の出版社が「ChatGPTのようなＡＩは学術論文の内容と誠実性の責任を負えないため、著者としての要件を満たしていない」と非難の声を上げた。逆にＡＩを使ったかどうかを表明すべきだと主張する出版社もあった。[34] 私たちは海図のない海域に足を踏み入れたと言えるだろう。

これらの問いは目新しいものではない。どんな書き手でも、友人や同僚に下書きを確認してほしいと依頼することはあるし、学生は教員が提案した語句の言い換えを取り入れる。提案したのが人間であれば、その厚恩について謝辞で言及するかどうか決める。「貢献者」や「共著者」として名前を挙げてもいい。

他者から支援を受けたと明記すべきなのに、そうしなかった場合、助けてくれた人がその事実を知る可能性はある。だが、ＡＩの場合は別だ。アルゴリズムには感情がなく、訴訟を起こすこともできない。とはいえ、信憑性警察を自称する人物が、ＡＩによって作成された文章であるという印の有無（プログラムを制作した会社がそのようなものを残している場合）を突きとめる可能性はある。また、計量文献学〔統計学的な手法で文献の分析や比較をおこなう学問〕を活用するプログラム――あるいは厳しい教師――なら、新たに作成された文章と書き手のこれまでの文章の違いを見つけることができるだろう。

しかし、このような認証を大規模におこなうことができるとは思えない。論理的な問題はもちろん、どの程度ＡＩを使用した場合にそれを申告すべきなのかについての、わかりやすい規則がないからだ。

私自身の得点表：言葉を分割する

文は人なり。私よりはるかに流暢に、洞察力に満ちた文を書く人々は数えきれないほどいる。だが、たとえ綴りが誤っていたとしても、文章がぎこちなかったとしても、私の言葉は私自身の意識と今までの経験が作り出したものだ。私個人の得点表をつける際に、これは重要なことだ。

現在は、ＡＩプログラムが瞬く間にニュース記事を作成できる時代だ。ＥＴＳのソフトウェアは、私よりずっと速く学生の小論文を採点し、私なら見逃すかもしれない誤りを検知することができる。だが私が書くとき、私の名を冠した文章ができあがる。採点するとき、私はその文章を書いた人とつながろうとしている。

このつながりがいかに重要か。それは、学生時代にある経験をして以来、私の脳に刻み込まれている。大学二年生だった私は、文字通り「賢い道化」〔聡明さと愚かさが同居していること〕だった。目立っていたのは「道化」の部分だ。英語を専攻したいと考えて、詩人のＪ・Ｖ・カニンガムによる「プラトンからドライデンへの文芸批評」という授業を受けることにした。クラスメイトの多くは四年生または大学院生で、彼ら向けのコースだった。

最初の文章作成課題の議題ははっきりと覚えていないが、四苦八苦しながら取り組んだことが記憶に残っている。私の頭ではまったく太刀打ちできなかったのだ。愚者に容赦しないカニンガム教授はすべてお見通しだったらしい。返ってきた課題の最初のページに、たった一言のコメントが斜め書きされていた。


イデアの歴史を寄せ集めた稚拙な文章です。F

先生はもちろん正しかった。私は自分の傷を舐めながら、分析することと書くことを学ぼうと誓った。技能と教養のある人間の読み手が、習い始めたばかりの者に厳しく接してくれたことに深く感謝している。

ＡＩの文法やスタイルチェッカーには、これほど率直で効果のあるコメントはできないだろう。ChatGPTやその後継プログラムはより優れた小論文を書けるかもしれない。それほど洞察に富むわけではなくとも、当時の私よりはまともにイデアの歴史について説明できるだろう。だがカニンガム教授の課題の目的は高得点をとることではなかった。文学の道に進もうとしている私という人間が、何百年も前に生きた著者たちと関わりを持ち、彼らが書いたことを理解しようと努めることだった。その過程で、私は分析的に考えること、自分らしい文章を書くことに一歩近づいたのだと思いたい。

書くことは、私たちの意識を助け、ほかの人間とのつながりを実現する光の剣だ。ジーヴズとしてのＡＩの効率性がどれほど上がろうとも、この剣を輝やかせ続けられるかどうかは私たち自身にかかっている。

謝辞

謝辞を書くとき、配偶者への感謝の言葉は最後にとっておけ、と言われる。感謝の内容については皆さんもご存じだろう。ソウルメイトが精神的な支えとなってくれたことを賛美するのだ。食事を作れなかったり、家族の行事をキャンセルしたりしても、文句を言わずにいてくれたことなどに対する謝意だ。私の場合も、このすべてが当てはまる。だが今回は、真っ先にニキル・バッタチャーヤ（私の配偶者）に感謝を伝えたい。本書は彼なしでは誕生しなかった。

何十年にもわたり、ニキルは私の心のなかに、コンピューターとＡＩに関する興味の種をまいてくれた。一九七九年にはApple II Plusを買うように、その五年後には初期のMacintosh（マッキントッシュ）に買いかえるよう力説した。一九八〇年代初頭には、二人で毎週何キロも歩いて通学し、マイクロコンピューターに関する講義を受け、ＡＡＡＩ（現在のアメリカ人工知能学会［Association for the Advancement of Artificial Intelligence］）の初期の会議にも数回出席した。その後、大きな転機が訪れた。ニューヨーク科学アカデミー（New York Academy of Sciences）がＡＩ会議を開催したのだ。出席者には、コンピューター科学や哲学といった分野の巨匠たちが含まれていた。しかも、偶然にもニキルと私は、あのアイザック・アシモフと夕食の席をともにしたのである。

ニキルは、コンピューター言語について言語学者の視点から本を書くべきだと私を説得にかかった。その結果、『コンピューター言語：当惑している人のためのガイド（Computer Languages: A

Guide for the Perplexed 未邦訳)』ができあがった。コンピューター科学者でない私自身も、当惑しつつこの旅路に乗り出したと言える。そして、たった一人のチアリーダーであるニキルのおかげでゴールのテープを切り、本の出版に漕ぎつけることができた。

次に感謝を伝えたいのは、文芸エージェントのフェリシア・イースだ。私たちは『コンピューター言語』を皮切りに、三十年以上苦楽をともにしてきた。フェリシアは私を励ますやり方、専門分野に安住するばかりではいけないと説得する方法を知り尽くしていて、目の前にある課題と向き合うよう仕向けてくれた。フェリシア、いつも鋭いアドバイスをありがとう。

それから、本書にさまざまな方法で携わってくださった皆様に感謝を伝えたい。モデナ・レッジョ・エミリア大学の友人マリーナ・ボンディは、私を客員教授および夏期講習の講師としてモデナ大学に迎えてくれた。滞在中、私はAIと言語について思考を重ね、AIや書くことに関するアンケートを実施する機会にも恵まれた。グラツィエ・ミーレ！　オタワ大学のリン・ボウカーは、過去そして現在におけるAIと翻訳の複雑な関係性について学ぶ際に、貴重なガイド役を務めてくれた(クリスマス休暇の週でも、私の質問にすばやく答えてくれて本当にありがとう)。カナダ人の三人の弁護士――ジョン・ラスキン、レスリー・マッカラム、ジェシー・ビートソン――は法律、書くこと、AIに関するアイデア(そして参考文献)を惜しみなく共有してくれた。また、本書における法曹に関する議論の確固とした基盤を作ってくれた。

その他の人々からも助言、リソース、さまざまな支援を受けた(アルファベット順に感謝を伝える。クミ・イシヤマ、ナタリア・ルーシン、マリア・マリアーニ、リサ・プラトニク、ヒルデガン・ストール、レスリー・ウォートン、エヴァ・ウィトコウスカ［名前を挙げた理由は本人がご存知のはずだ］)。

この原稿の一部あるいはすべてを読んでくださった優しい方々にも心から感謝を申し上げる。こちらでもアルファベット順に感謝を伝える。リン・ボウカー、メアリー・フィンドリー、ナタリア・クチルコワ、アン・マンゲン、レスリー・マッカラム、ロンネケ・ファン・デル・プラス。みなさんの鋭い批評眼のおかげで正しい事実を記し、危うい間違いを修正し、明確化が必要な文章について再考することができた。また、建設的な提案をくださった外部のレビュアーの皆様にも感謝する（いただいた提案はほとんどすべてを取り入れた）。

スタンフォード大学出版で出版することを決めたのは、故郷に錦を飾るようなものだ。一九六八年から一九七二年にかけて、私は当時のスタンフォード大学言語委員会で大学院研究を行っていた。卒業後も、少なくとも五、六回はこの研究所に戻ってきた。スタンフォード大学行動科学高等研究センターで客員研究員として働いたこともある。しかし、この出版局から本を出すのは今回が初めてだ。

スタンフォード大学出版は私を非常に温かく迎えてくれた。本書（と私）を導いてくれた編集者のエリカ・ウェッターとアソシエイト編集者のキャロリン・マッカシックに、心からの感謝を捧げる。レビューや出版プロセスに携わってくださった皆様、特に多くの文脈の弱点をしっかり指摘してくれた校閲者のジェニファー・ゴードンに感謝を伝えたい。ジェニファーは、ＡＩプログラムがトップクラスの人間の編集者の代わりなどできないという、生きた証である。このようなチームの一員となれて幸いだった。

チームといえば、アメリカン大学のコミュニケーションとメディア学のアソシエイト・ディレクターであるレベッカ・バスは、長年にわたり私の研究の（独創的な）支援者であり宣伝者でもある。

レベッカには、ランチをおごるくらいではすまないほどの借りがある。

最後に、アラン・チューリングから現代の大規模言語モデルの開発者まで、大勢のＡＩ研究者に感謝を伝えたい。文章を書く能力や技術を含む人間の知的活動に、コンピューターはどう取って代わるのか、あるいはどう補完するのかについて、考えるきっかけを与えてくれた。本書が、驚くほど賢い現代の文章作成機械の可能性——善かれ悪しかれ——を理解する一助となれば幸いである。

訳者あとがき

本書は、言語学者ナオミ・S・バロン（Naomi S. Baron）の*Who Wrote This: How AI and the Lure of Efficiency Threaten Human Writing*（Stanford University Press, 2023）の全訳である。ＡＩ（人工知能）が人間の言語活動はもちろん、社会や文化、個々人の生活や教育の現場にどのような影響を与えたのか、そして今後どうなるのか、という視点に立って書かれている。

言うまでもなく、ＡＩはここ数年で非常に身近なものになった。知らず知らずのうちに生活のなかに入り込み、掃除ロボットからありとあらゆるタスクをこなすSiriやAlexa、さらには車の自動運転や自動駐車の機能、外国語を瞬時に日本語に翻訳するアプリ、囲碁や将棋の対局ソフト、指示通りにイラストを描いたり作曲したりするソフトの登場など、枚挙にいとまがない。最近では、ＡＩが人間に代わってものを書くことがますます増えているが（ＡＩが書いた短篇小説まで出版されている）、人間のほうもこうした事態にもはや驚かなくなっている。

本書では主に、人間が書くことから何を見出してきたのかを探るために、言語や文字の発生からＡＩの誕生、さらにはアラン・チューリングの論文や世界を震撼させたChatGPTの誕生までを紹介している。訳者がもっとも興味を抱いたのは、言語の世界がどのように変わるかを論じた第Ⅲ部である。ＡＩの進化に大きな影響を受けざるを得ない三つの職種のなかに、ジャーナリストと弁護士に並んで翻訳者が挙げられている。なぜこの三種か、と言えば、大規模言語データを包括したＡ

Ｉの力が遺憾なく発揮される部門であるからとのことで、当事者としては心穏やかではいられない指摘であった。

著者のナオミ・Ｓ・バロンは言語学者でありアメリカン大学の名誉教授で、ブランダイス大学で英米文学を学び、言語学で博士号を取得した。バロンは子どもの言語習得に関する研究をおこなう一方、コンピューターを介したコミュニケーションに興味を抱き、『オールウェイズ・オン：オンラインとモバイルの世界の言語（Always On: Language in an Online and Mobile World, 2008 未邦訳）』や『スクリーンの文字：デジタル世界で読むことの運命（Words On screen: The Fate of Reading in a Digital World, 2015 未邦訳）』など、デジタル時代の言語にまつわる本や論文を数多く発表してきた。また一九七〇年代から AＩの動向を追ってきた人物でもある。第四次ＡＩブーム（二〇一二年）が始まる前に「ものを書くＡＩ」に注目してこの本を執筆するようになったのも頷ける。

文章生成の分野で目覚ましい進歩を遂げたＡＩが人間の書く能力を脅かしている、と考えるようになったバロンは、言語学者ならではの多様な視点から、実際にこの世界で何が起きているのかを掘り下げていく。バロンはＡＩを全面的に否定したり、その使用に反対したりはしていない。その根底にあるのが、序章に書かれているとおり、「書くことは人間の重要なスキルであり、この技術があって初めて、考えが明確になり、感情を表現し、知識や経験を他者に分け与え、新しく世界を見る方法を創り出すことができる」という考えだ。つまり、彼女が人間の言語の能力を信じているからにほかならない。何かを深く考えることや書きたいという衝動を持つことは、たとえ人間の知能を超えるＡＩが登場したとしても、ＡＩにできることではないからだ。

だからこそ私たちはバロンの警告するとおり、人間に与えられた書くという「魔法の剣」を錆び付かせないようにすることが肝心だ。

「今日のＡＩに関する報告は、インクが乾くよりも早く時代遅れになる」とバロンが述べているとおり、書くＡＩは日進月歩の成長を遂げている。そのため、本書がアメリカで刊行された二〇二三年九月以降の状況について記しておきたい。

第８章で名前だけ紹介した「ＡＩ法務アシスタント」Harvey（ハーヴィー）は法曹界に一大旋風を巻き起こし、その顧客リストに大手法律事務所の名が連なるようになった。先にも触れたが、デジタル革命の影響をもっとも受けにくいと考えられていた弁護士がいよいよＡＩに取って代わるのではないかという議論が生じ、これにはますます注目が集まっている。

第５章で「ディープラーニングの父」として紹介されているジェフリー・ヒントンは、二〇二四年十月に人工ニューラルネットワークによる機械学習の発展に貢献したという理由でノーベル物理学賞を受賞し、ＡＩが人類の発展に貢献していることを広く知らしめることになった。もっともヒルトンは、人工知能の機械が持つリスクについて自由に発信したいと考えて二〇二三年五月にグーグルを退職し、急激な進化を遂げるＡＩについて「核戦争並みの脅威を秘めている」「何が真実かわからなくなる」と警鐘を鳴らしている。

二〇二四年八月から、Google検索では生成ＡＩがまとめた「AI Overview」が最上位に表示されるようになり、ユーザーはさまざまなサイトを閲覧する代わりにこの部分だけを確認してすますようになっている。多くの人が文章を書くために使用するMicrosoft Wordでは、新しい文書を開くと生成ＡＩの「Copilot」を使って下書きを作るように促す文章が表示される。

二〇二四年十一月には、複数形式のデータを同時に処理できるモダール機能を備えたChatGPT-4oがリリースされた。

さらに二〇二五年、トランプ米大統領が就任直後の一月二十日に、バイデン前大統領が署名した、安全かつ信頼できるＡＩの開発と使用を企業に求める大統領令を撤回し、一月二十三日には人工知能に対する規制緩和を指示する大統領令（Removing Barriers to Amerikan Leadership in AI）を発表した。

また一月二十日には、中国のＡＩ企業のDeepSeek（ディープシーク）がChatGPT超えと噂される言語モデル、DeepSeek-R1をリリースした。R1は時間をかけて深く「思考」することで、ＡＩが苦手だとされた論理的な推論問題などで精度の高い回答を導き出せるという。この新星の登場で、アメリカのＡＩ開発企業による一強時代に終焉が訪れるのではないかと大騒ぎになったが、DeepSeek-R1が中国という国家の見解に沿った回答を返す（あるいは返さない）ことから、ＡＩに含まれる偏見の問題があらためて話題になっている。刻々と新たなニュースが飛び込んでくるこの不透明な時代にＡＩの行く末を予測することなど不可能だろう。

実は古屋は、一九八五年に『日曜日のコンピュータ読本：ＢＡＳＩＣから人工知能までの面白情報ランド』渡辺茂監修（ダイヤモンド社、The Complete Computer Compendium by Mike Edelhart, Doug Garr）という本を出版した。初めての訳書だった。ちょうどオフィスや家庭にワープロやコンピューターが浸透しはじめた頃で、半導体の誕生や人工知能、プログラム言語、スーパーコンピューターの可能性、未来社会への展望などが楽しく紹介されていた。それから四十年、コンピューターを取り巻く状況はこれほどまでに激変し、人の生き方や社会のあり方も大きく変わった。ＡＩが社会だけではなく人の脳のなかにまで入ってきた今、人間を人間たらしめていることもまた変化せざるを得ないのかもしれない。その変化の行き着く先にどのような景色が広がっているのか。

本書は、人の予想を超えた未来が到来することを警告する作品であると同時に、人の能力の限界とＡＩの能力の限界とを教えてくれる啓蒙の書でもある。ＡＩの使い方を考えるうえで、少しでも参考になれば幸いである。

翻訳に際しては、「古屋美登里　翻訳塾」の塾生である山口が文献調査と最初の翻訳をおこない、その訳文を古屋が逐一原文と対照し、表現を整え、文体を統一した。そのため、亜紀書房の小原央明さんには普段以上のご苦労をおかけした。心より御礼申し上げます。ありがとうございました。

二〇二五年二月二日

古屋美登里
山口真果

原注

序章

1. Dahl 1996, p. 15.（邦訳『あなたに似た人』田口俊樹訳、早川書房、2013年）
2. M. Anderson 2022.
3. Vincent April 17, 2018.
4. Basu 2021.
5. Clarke et al. 2021.
6. AIが書いた文章と人間が書いた文章を区別するために開発されたAIツール、SCARECROWに関してはDou et al. 2022を参照。
7. “What Grades Can AI Get in College?” n.d.
8. Thunström 2022. GPT Generative Pretrained Transformer et al. 2022. にて論文を確認できる。
9. Gutman-Wei 2019.
10. Patterson and Linden 1981（邦訳『ココ、お話しよう』都守淳夫訳、どうぶつ社、1995年）; Savage-Rumbaugh 1994.（邦訳『人と話すサル「カンジ」』石館康平訳、講談社、1997年）
11. R. Brown 1980.
12. Terrace 1979.（邦訳『ニム：手話で語るチンパンジー』中野尚彦訳、新思索社、1986年）
13. N.Chomsky 1959; Skinner 1957.
14. N. Chomsky 1966.（邦訳『デカルト派言語学：合理主義思想の歴史の一章』川本茂雄訳、みすず書房、1976年）
15. McCoy et al. 2021.
16. https://livestream.com/rutgersitv/chomsky/videos/100919931（50:00より）
17. Garfinkel n.d. で引用。
18. Knight 2022.
19. McKinney et al. 2020.
20. Barber 2021; Hie et al. 2021.
21. Iliad, Book 18.（邦訳『イリアス』松平千秋訳、岩波書店、1992年）
22. このダイダロスこそがクレタ島の迷宮を設計し、さらに不運な息子であるイカロスのために翼を作った。
23. Aristotle, Politics, Book I, Part IV.（邦訳『政治学』上・下、三浦洋訳、光文社、2023年）
24. Brynjolfsson and McAfee 2014（邦訳『ザ・セカンド・マシン・エイジ』村井章子訳、日経BP、2015年）; Levy and Marnane 2004; McAfee and Brynjolfsson 2017（邦訳『プラットフォームの経済学：機械は人と企業の未来をどう変える?』村井章子訳、日経BP、2018年）; D. Susskind 2020（邦訳『WORLD WITHOUT WORK：AI時代の新「大きな政府」論』上原裕美子訳、みすず書房、2022年）; Susskind and Susskind 2015.（邦訳『プロフェッショナルの未来：AI、IoT時代に専門家が生き残る方法』小林啓倫訳、朝日新聞出版、2017年）
25. Asimov 1981.（邦訳『われはロボット』小尾芙佐訳、早川書房、1950年）
26. Pasquale 2020.
27. S. Russell 2019, p. 173.
28. Moncada 1983.

29. “Voters Turn Down Ban” 1983.
30. AIによる助言もバイアスを反映している可能性がある。Christian 2020を参照。
31. Strubell et al. 2019.
32. Heaven December 8, 2021.
32. Heaven December 8, 2021.
33. その他の手法については、Heaven May 3, 2022 ; Theron 2022; “Workshop on Foundation Models” 2021を参照。
34. Garber 2013で引用。
35. https://googlefeud.com
36. https://www.wired.com/video/series/google-autocomplete-inverviews
37. https://www.studiosabia.com/wired-autocomplete-interview
38. Gibbs 2016.
39. Abid et al. 2021.
40. Ngo and Sakhaee 2022.
41. Bavarian Broadcasting n.d.
42. Lee and Lai 2021.
43. Hsu and Thompson 2023.
44. Heikkilä August 31, 2022.
45. European Union 2016, Article 39.
46. この課題に関する説明については、Casey et al. 2019を参照。
47. Vincent January 12, 2018.
48. Mac 2021.
49. Buolamwini and Gebru 2018. AIアルゴリズムが不平等の連鎖を生む仕組みについては、Noble 2018.（邦訳『抑圧のアルゴリズム：検索エンジンは人種主義をいかに強化するか』大久保彩・前田春香・佐倉統解説、明石書店、2024年）を参照。DeepMindによる言語モデルの有害性排除に関する課題の分析については、Welbl et al. 2021を参照。
50. https://ai.google/principles/
51. Bender et al. 2021.
52. For a detailed account, see Simonite 2021.
53. Metz 2021.
54. Broussard 2018.（邦訳『AIには何ができないか：データジャーナリストが現場で考える』北村京子訳、作品社、2019年）などを参照。
55. Marcus 2022.
56. https://www.youtube.com/watch?v=PBdZi_JtV4c
57. マーカスのアイデアについてはMarcus and Davis 2019を参照。
58. Marshall 2021.
59. Silverstone and Hirsch 1992.
60. Baym 2010, pp. 45–49.
61. Ling 2012.
62. Wright n.d.
63. Mori 2012.（「不気味の谷」『Energy（エナジー）』第七巻第四号、エッソ・スタンダード石油、1970年）
64. Gault 2022.
65. Neate 2021.

66. T. Adams 2010.
67. https://www.nextrembrandt.com
68. Klingemann 2020.
69. Zeitchik 2021.
70. Jefferson 1949, p. 1110.
71. Tiku 2022.
72. Gebru and Mitchell 2022.
73. US Food and Drug Administration n.d.

第 1 章

1. "Gorham's Cave Complex" n.d.; "Neanderthals" n.d.
2. "Australia" 2021.
3. "How Sequoyah" 2020.
4. ハングルの利点については、次を参照。https://www.youtube.com/watch?v=MYT9VagKJQQ
5. "Year of China" n.d.
6. Mallery 1972.
7. "Cracking the Maya Code" n.d.
8. Bloomfield 1933, p. 21.（邦訳『言語』三宅鴻・日野資純訳、大修館書店、1987 年）
9. R. Harris 2000 など。
10. N. Baron 1998, N. Baron 2008; Crystal 2001; a continuing skein of articles in the *Journal of Computer-Mediated Communication*.
11. Cressy 1980, pp. 178, 176.
12. *Waldorf Today* n.d.
13. C. Chomsky 1971, C. Chomsky 1979.
14. LaFranchi 1984; Martin and Friedberg 1986; Slavin 1991.
15. Plutarch *Aristides* 7.（邦訳『プルタルコス英雄伝』上・中・下、プルタルコス著、村川堅太郎編「アリステイデス」安藤弘訳、筑摩書房、1996 年）
16. Tsu 2022.
17. Cressy 1980, p. 117.
18. Messenger 2015.
19. "International Literacy Day 2021" 2021.
20. 線文字 B の前に存在していた線文字 A は、ミノア語を書くために使用されていたと考えられるがわかっていないことが多い。線文字 A は、少なくともほとんどの人の意見によると、解読されていない。
21. Coulmas 1989, pp. 164–165.
22. Goody and Watt 1963.
23. Biblical Archaeology Society 2020.
24. Halverson 1992.
25. Olson 1994, p. 242.
26. N. Baron 2000.
27. W. Harris 1989.
28. Greenfield and Bruner 1966.

29. Scribner and Cole 1981.
30. Costandi 2016.（邦訳『脳は変わる：ニューロプラスティシティ』水谷淳訳、日本評論社、2017 年）
31. Elbert et al. 1995; Peng and Park 2019.
32. Maguire et al. 2000.
33. Dehaene 2009; Dehaene et al. 2015.
34. 兵士以外では、生い立ちが似ている専業主婦も研究対象となった。
35. Carreiras et al. 2009.
36. Dehaene et al. 2010.
37. Skeide et al. 2017.
38. Hutton et al. 2020a; Hutton et al. 2020b; Horowitz-Kraus and Hutton 2018.
39. Goldman 2021. https://www.braingate.org/about-braingate/ も参照。
40. C. Zimmer 2014.
41. Plato Phaedrus 275a–275b.（邦訳『パイドロス』藤沢令夫訳、岩波書店、1967 年）

第 2 章

1. Chadwick 1959.
2. Benson 1975.
3. Authors Guild n.d.
4. N. Baron 2000, pp. 48–53.
5. Minnis 1988, p. 12.
6. Minnis 1988, pp. 196–197, 199.
7. Feather 1994, p. 191.
8. イギリスの著作権については「アイデアを表現する著作物を保護するのであって（中略）元となるアイデアを保護するのではない」と記されている（『イギリス著作権法』、2021 年）。アメリカ合衆国著作権局は、著作権が「オリジナルの著作物」に適用される一方、「事実、アイデア、システム、操作方法は保護されないが、これらを表現する方法を保護する場合がある」（“What Does Copyright Protect?” n.d.）としている。
9. “UK Copyright Law” 2021; “Copyright Basics” n.d.
10. Slater 2014.
11. Naruto v. *Slater* 2016.
12. US Copyright Office 2014, § 313.2.
13. Samuelson 1986, p. 1199.
14. US Constitution, Article 1, Section 8, Clause 8.（アメリカ合衆国憲法、第 1 章第 8 条第 8 項）
15. Bridy 2012, para. 51.
16. Grimmelmann 2016a; Grimmelmann 2016b.
17. “Summary of the Berne Convention” n.d.
18. Bridy 2016, p. 400（New Zealand Copyright Act of 1994 を引用）。
19. Zhou n.d.
20. https:// lifearchitect.ai/ books-by-ai/ などを参照。
21. Samuelson 2020.
22. 元々 *Chronicle of Higher Education*（1976 年）に記載。
23. Lunsford et al. 2017, p. iii. 原文ではイタリック表記。

24. Brogaard et al. 2018; C. Flaherty 2017.
25. 本節および次節では、Aerogramme Writers' Studio ("Why I Write" 2014) にまとめられた引用を多く参照した。どの言葉を本節あるいは次節に含めるかは私自身が判断したが、自由に再分類していただいてかまわない。
26. Nin 1974.
27. Z. Smith 2006.
28. Coelho 1996.（邦訳『ピエドラ川のほとりで私は泣いた』山川紘矢・山川亜希子訳、KADOKAWA、2000 年）
29. Green n.d.（邦訳『アラスカを追いかけて』金原瑞人訳、岩波書店、2017 年）
30. Flood 2009 で引用。
31. Zafón n.d.
32. Wiesel 1985.
33. この言葉は引用されることが多いが、出典は見つけられなかった。
34. 順序については *Quote Investigator* n.d. を参照。
35. これらの言葉、特にオコナーのものは、多くの出版物およびオンラインにて引用されている。*NPR* 2005. だが、出典を見つけるのは困難である。
36. 1964 年のインタビュー。
37. Dahl 1984.（邦訳『少年』田口俊樹訳、早川書房、2022 年）
38. "Chinese Dissident" 2001.
39. Liukkonen 2008.
40. Shepherd n.d.
41. Lahiri 2017, p. 18.
42. A. Flaherty 2004.（邦訳『書きたがる脳：言語と創造性の科学』茂木健一郎解説、吉田利子訳、ランダムハウス講談社、2006 年）
43. Crouse 2022.
44. NACE 2018.
45. NACE 2022.

第 3 章

1. Swift 1991.
2. Scragg 1974.
3. Scragg 1974, p. 90 に記載。
4. Crystal 2006; Curzan 2014; Leonard 1929.
5. Crystal 2006, pp. 107–108.
6. リンドレー・マレーはアメリカ人だったが、イギリスに移住してから *English Grammar* を出版した。
7. Abadi 2018.
8. Yates 1989.
9. Davies 1982, appendix, Table 1.
10. Eliot 1869a. *The Atlantic Monthly* は *The Atlantic* に改名した。
11. Fithian 1950.
12. Eliot 1869b.

13. Diehl 1978.
14. Schiff n.d.
15. M. Mitchell n.d. a.
16. M. Mitchell n.d. b.
17. Myers 1996, p. 38.
18. Wozniak 1978, p. 8. Brereton 1995, p. 4 に記載。
19. Kennedy 1980.
20. Harvard University Archives Research Guides n.d., 1869–1870, p. 39.
21. "When Greek and Latin Ruled" 1914.
22. Harvard University Archives Research Guides n.d., 1869–1870, pp. 34–39.
23. E. Abbott 1876; Hill 1874. 教科書の要件一覧については、Harvard University Archives Research Guides n.d., 1874–1875, p. 44 を参照。
24. Brereton 1995, p. 34.
25. Briggs 1888; Brereton 1995, p. 60 にも記載。
26. Harvard University Archives Research Guides n.d., 1884–1885, p. 74; 1885–1886, p. 42.
27. Brereton 1995, p. 11.
28. D. Russell 2002, p. 341 fn 38.
29. Reid 1959, p. 254.
30. C. Adams et al. 1897; Brereton 1995, p. 112 にも記載。
31. 代表的な英語学部のライティングプログラムの説明については、Payne 1895 を参照 ; Brereton 1995, pp. 157–186 にも記載。
32. Lounsbury 1911; Brereton 1995, p. 280 にも記載。
33. Brereton 1995, p. 127.
34. Lounsbury 1911; Brereton 1995, pp. 282, 283 にも記載。
35. ここでは、AI が多く活用されている数学やコンピューター科学の課題採点ではなく、文章作成の課題採点についてのみ議論している。Swafford 2021 を参照。
36. Brereton 1995, p. 18.
37. Brereton 1995, p. 22.
38. S. Brown et al. 1994.
39. Phelps 1912; Brereton 1995, p. 288 にも記載。
40. Lounsbury 1911; Brereton 1995, p. 270 にも記載。
41. C. Adams et al. 1892; Brereton 1995, p. 76 にも記載。
42. この後の歴史については、Gallagher 2003 を参照した。
43. 標準テストの歴史、およびジェイムズ・コナントが果たした役割については、N. Lehmann 1999（邦訳『ビッグ・テスト：アメリカの大学入試制度：知的エリート階級はいかにつくられたか』久野温穏訳、早川書房、2001 年）を参照。
44. ETS は徐々に、大学（SAT）および大学院（GRE）の入試だけでなく、高校生の学業成績（PSAT）、アドバンスト・プレイスメント・テスト（AP テスト）、英語を母語としない人向けの英語力確認テスト（TOEFL）、教育免許の交付（Praxis）、専門カレッジレベルの知識分野（CLEP）の監督もおこなうようになった。また、前期教育においては全米学力調査（NAEP）の管理もおこなっている。ただし、多くの場合、専門課程の入学試験は今でもアメリカ・ロースクール入学判定協議会（LSAT）や米国医科大学協会（MCAT）などの組織が担っている。
45. これらのできごとの順序については主に Jacobsen n.d. を参考にした。また、Hartocollis et al.

2021 も参照。
46. College Board n.d.; Hartocollis et al. 2021.
47. Page 1966, p. 239.
48. 教科書出版社の Pearson (Intelligent Essay Assessor) など、その他の企業もコンピューターベースの小論文採点ビジネスに参入した。
49. ETS n.d. a.
50. Attali et al. 2010; Monaghan and Bridgeman 2005.
51. アメリカの特許の承継(すべて一般公開されている)の他に、コンピューター会議で発表された論文、および ETS 従業員が編集した 2 冊の研究ハンドブックがある ; Shermis and Burstein 2013; Yan et al. 2020 を参照。ETS による 50 年におよぶ小論文採点の自動化の歴史については、Klebanov and Madnani 2020 を参照。
52. Kincaid et al. 1975.
53. Burstein et al. 2010; Klebanov et al. 2017.
54. ETS n.d. b.
55. CCCC 2004.
56. White 1969, p. 167.
57. T. Smith 2018 で引用。
58. Powers et al. 2001.
59. Winerip 2012 で引用。
60. Perelman 2020.
61. Cahill et al. 2018, p. 204.
62. Burstein et al. 2001; Burstein et al. 2004.
63. ETS Global n.d.

第 4 章

1. M. Roberts 2019.
2. エニグママシンの歴史については、Copeland 2004 および"History of the Enigma" n.d. を参照した。
3. Copeland 2004, p. 228.
4. エニグママシンの仕組みについては、https://www.youtube.com/watch?v=DBn2J4x0NQ4 を参照。
5. https://csenigma.pl/en/
6. ブレッチリー・パークでのチューリングの取り組みおよび次節の(チューリングと人工知能に関する)内容については、Copeland 2004 を参照した。
7. Alexander n.d.
8. 暗号解読の仕組みについては、Copeland 2004, pp. 217–266 を参照。
9. Copeland 2004, p. 218.
10. Kindy 2022.
11. Turing 1937. この論文が提出されたのは 1936 年(1936 年の論文と呼ばれている)だが、発表されたのは 1937 年である。
12. 元の原稿はイギリス国立物理学研究所(National Physical Laboratory)のウェブサイトにて公開されている。参照はこれらのページ番号に基づく。
13. Turing 1948, p. 107.
14. Turing 1948, p. 117.

15. Turing 1948, p. 127.
16. Turing 1950, p. 433.
17. Turing 1950, p. 434.
18. Turing 1951, in Copeland 2004, pp. 482, 483.
19. Turing 1951, in Copeland 2004, p. 485.
20. Turing et al. 1952, in Copeland 2004, p. 500.
21. Turing et al. 1952, in Copeland 2004, p. 502.
22. J. McCarthy 2006.
23. J. McCarthy 2006.
24. Moor 2006, pp. 88–89.
25. Navarria 2016.
26. エキスパートシステムに関するこの議論については、Russell and Norvig 2021 を参照した。
27. " 'Expert System' Picks Key Workers' Brains" 1989; Oravec 2014.
28. デイヴィッド・ハンソンが開発したソフィアについて詳しくは、https://www.hansonrobotics.com/sophia/ と https://www.youtube.com/watch?v=Sq36J9pNaEo を参照。
29. K. Johnson 2021.
30. https://guides.loc.gov/this-month-in-business-history/july/zip-code-introduced
31. Matan et al. 1991.
32. LeCun et al. 1998.
33. Li n.d.
34. https://www.image-net.org/about.php
35. Copeland 2004, p. 353.
36. Copeland 2004, pp. 562–563.
37. N. Chomsky 1993, p. 93（邦訳『言語と思考』大石正幸訳、松柏社、1999 年）。Copeland 2004, p. 565 で引用。
38. Michie 1986, p. 78. Copeland 2004, p. 562 で引用。
39. 年表については Copeland 2004, pp. 356–358 および chap. 16 を参照した。
40. Koch 2016.
41. Heaven February 23, 2022 で引用。
42. タンパク質折りたたみに関するこの後の議論は、主に Callaway 2020 と Heaven February 23, 2022 を参照した。
43. Callaway 2020 で引用。
44. スタンフォード大学基盤モデル研究センター（Stanford Center for Research on Foundation Models）を参照：https://crfm.stanford.edu
45. Russell and Norvig 2021 に多くの情報が記載されている；未来に関する技術的に地に足がついた興味深い議論を求める方は、Lee and Qiufan 2021（邦訳『AI 2041：人工知能が変える 20 年後の未来』中原尚哉訳、文藝春秋、2022 年）を確認していただきたい。

第 5 章

1. Sapir 1921, p. 39.（邦訳『言語：ことばの研究序説』安藤貞雄訳、岩波書店、1998 年）
2. この遷移に関する詳細な概要については、Russell and Norvig 2021, pp. 24–25 を参照。
3. Turing 1951, in Copeland 2004, p. 485.

4. Samuel 1959.
5. ニューロンについての簡単な説明は、"What Is a Neuron?" n.d. を参照；この単語の起源については Jabr 2012 を参照。
6. チューリングは 1948 年、電気回路は人間の神経に似ていると書いている。
7. "New Navy Device Learns by Doing" 1958.
8. Minsky and Papert 1969.（邦訳『パーセプトロン 改訂版』中野馨・坂口豊訳、パーソナルメディア、1993 年）
9. この一覧は、三人がチューリング賞を受賞した際に計算機学会（Association for Computing Machinery）が公開したプレスリリース（"Fathers of the Deep Learning Revolution Receive ACM A. M. Turing Award" 2019）に基づく。
10. Chung 2019.
11. Vaswani et al. 2017.
12. Devlin et al. 2018.
13. 2021 年、Google 検索は新たな Transformer モデルであり、BERT の 1000 倍強力な MUM（Multitask Unified Model）を採用した；Nayak 2021 を参照。
14. その後、さらに 20 億ドルの資金が投じられた。2023 年 1 月には、追加で 100 億ドルをかけて ChatGPT をマイクロソフト製品に統合することが決定した。Heikkilä January 17, 2023 を参照。
15. "Pope Ditches Latin as Official Language of Vatican Synod" 2014.
16. van Bezooijen 1995.
17. Lorenz 2021.
18. Baker and Gillick n.d.
19. Hao 2021.
20. Limbong 2021.
21. Jee 2022.
22. https://cloud.google.com/text-to-speech
23. Jia and Weiss 2019.
24. Crystal 2010.
25. Heaven March 29, 2022.
26. Ives and Mozur 2021.
27. Shah and Bender 2022.
28. Kim et al. 2021.
29. Potthast et al. 2020.
30. https://www.gov.scot/publications/scottish-governments-gaelic-language-plan-2022–2027/pages/4/
31. マイクロソフトの初期の TrueText のような音声修正ソフトウェアは約 10 年前から使用可能である。更新モデルも引き続き開発されている（Lou and Johnson 2020 などを参照）。

第 6 章

1. Bach 2018.
2. Hutchins 2002.
3. 手紙は Weaver 1949 に記載。
4. Bowker 2012; Weaver 1964. この分野へのウィーバーの興味関心について教えてくれたリン・ボウカーに感謝する。

5. Bar-Hillel 1951.
6. Walker 2015.
7. *Language and Machines* 1966. 詳細な概要については Hutchins 1996 を参照。
8. W. Lehmann n.d.
9. Slocum n.d.
10. https://www.systran.net/en/translate/
11. Gotti et al. 2014. 1990 年代初頭におけるその他の計画の説明については、Bennett 1995 を参照。
12. Thouin 1982, p. 43. この側面について教えてくれたリン・ボウカーに感謝する。
13. P. Brown et al. 1988.
14. Bowker and Buitrago Ciro 2019, p. 42.
15. Cho et al. 2014; Kalchbrenner and Blunsom 2013.
16. 技術的な詳細については Wu et al. 2016 を、New York Times Magazine については Lewis-Kraus 2016 を参照。
17. Brynjolfsson et al. 2019.
18. この逸話は何百年にもわたりさまざまな文学や芸術で言及されてきたが、どの程度真実であるかは不明である。Beard 2007, pp. 81ff を参照。
19. Lynne Bowker, 個人的なやりとり、December 19, 2022.
20. 機械翻訳のジェンダーバイアスについては、Savoldi et al. 2021 を参照。
21. ジェンダーバランスは国によって異なる ; Ramakrishnan et al. 2014 を参照。
22. https://www.aamc.org/news-insights/nation-s-physician-workforce-evolves-more-women-bit-older-and-toward-different-specialties; https://www.ncsbn.org/workforce.htm
23. M. Johnson 2020.
24. Boroditsky et al. 2003.
25. N. Baron 1981.
26. Weaver 1949.
27. これらの問題の簡潔な概要については、Boroditsky 2018 を参照。
28. https://cotoacademy.com/japanese-color-blue-green-aoi-midori- 青 - 緑 / これらの言語の問題について確認してくれたクミ・イシヤマに感謝する。
29. 一般公開前に 2022 年のデータを閲覧させてくれたナタリア・ルーシンと米国現代語学文学協会（Modern Language Association）に感謝する ; https:// www.mla.org/Resources/Guidelines-and-Data/Reports-and-Professional-Guidelines/Teaching-Enrollments-and-Programs/Enrollments-in-Languages-Other-Than-English-in-United-States-Institutions-of-Higher-Education; https://apps.mla.org/ flsurvey_search を参照。
30. Bar-Hillel 1960.

第 7 章

1. Vincent April 10, 2019.
2. Cohen 2008.
3. Bosker 2013.
4. Baines 2017; Strachey 1954.
5. S. Roberts 2017.
6. “Listening to the Music of Turing’s Computer” 2016.
7. Henrickson 2021.

8. Weizenbaum 1966.
9. Nelson 1980.（邦訳『リテラリーマシン：ハイパーテキスト原論』竹内郁雄・斉藤康己監訳、ハイテクノロジー・コミュニケーションズ訳、アスキー、1994年）
10. Bush 1945. *The Atlantic Monthly* は *The Atlantic* に改名した。
11. Wolf 1995.
12. ブッシュの Memex からワールド・ワイド・ウェブへの変遷については、Barnet and Tofts 2013 を参照。
13. Montfort 2008.
14. Meehan 1977.
15. Wardrip-Fruin 2006.
16. Schank and Abelson 1977.
17. Landow 1992, p. 41.（邦訳『ハイパーテクスト：活字とコンピュータが出会うとき』若島正・板倉厳一郎・河田学訳、ジャストシステム、1996年）
18. Montfort 2008.
19. Coover 1992.
20. Coover 1993. ハイパーテキスト小説が抱える問題に関する文学的な分析については、Mangen and van der Weel 2017 を参照。
21. S. Johnson 2013.
22. 新しい *Quarterly Review* 向けの 1749 年の広告。Forster 2001, p. 171 で引用。
23. N. Baron 2015, pp. 45–56.
24. Fyfe 2021 を参照した。
25. Luhn 1958.
26. Luhn 1958, p. 160.
27. Springer et al. 1991.
28. Ruby 2023.
29. https://www.cmswire.com/customer-experience/gartner-names-content-marketing-leaders-appsflyer-names-svp-and-other-news/
30. Alkan n.d.
31. Nizinsky 2022.

第 8 章

1. https://github.com/openai/dalle-2-preview/blob/main/system-card.md# econosumic
2. "Spurned Love Leads to Knitting Invention" 2014.
3. Conniff 2011.
4. D. Susskind 2020, p. 19.（邦訳『WORLD WITHOUT WORK：AI 時代の新「大きな政府」論』上原裕美子訳、みすず書房、2022年）
5. Brynjolfsson and McAfee 2014.（邦訳『ザ・セカンド・マシン・エイジ』村井章子訳、日経 BP、2015年）
6. Strachey 1954, p. 31.
7. Tyson and Zysman 2022.
8. Bommasani et al. 2021, p. 149.
9. Terrell 2019 で引用。
10. Chalaby 1998.

11. Walker and Matsa September 20, 2021.
12. Shearer 2021.
13. Fassler 2012.
14. Colford 2014.
15. Eide 2019.
16. Clerwall 2014.
17. Thurman et al. 2017.
18. Holmes 2016 で引用。
19. "Newspapers Fact Sheet" 2021.
20. Walker and Matsa May 21, 2021.
21. Edmonds 2022.
22. Diakopoulos 2019; Eldridge and Franklin 2019; Marconi 2020; Thurman et al. 2021 など。
23. Fassler 2012 で引用。
24. Colford 2014 で引用。
25. Eide 2019 で引用。
26. Carlson 2015, p. 421 で引用。
27. "Microsoft 'to Replace Journalists with Robots' " 2020.
28. Oremus 2021.
29. 訴訟での AI の使用については、Presser et al. 2021 を参照することをおすすめする。
30. https://en.wikipedia.org/wiki/LexisNexis
31. https://lexmachina.com legal-analytics/
32. https://www.lexisnexis.com/en-us/products/context.page
33. Moran 2020.
34. Heller et al. 2021, p. 116.
35. その他の例については、Swanburg 2021 を参照。
36. https://www.legalmation.com/platform-overview/
37. Wiggers November 23, 2022.
38. https://www.americanbar.org/content/dam/aba/administrative/market_research/2022-national-lawyer-population-survey.pdf
39. https://www.bls.gov/oes/current/oes232011. htm
40. R. Susskind 2017, p. 188.
41. 人間の弁護士の需要は引き続き大きいと考えている人は他にも多く存在する。Fagan 2022; Legg and Bell 2020; Markovic 2019; Pasquale 2018 などを参照。
42. Remus and Levy 2017, pp. 519–520.
43. https://www.bls.gov/ooh/legal/paralegals-and-legal-assistants.htm
44. https://www.bls.gov/ooh/legal/lawyers.htm
45. Dickler 2009.
46. AI と翻訳について助言してくれたリン・ボウカーに感謝する。
47. Duff 1981; Gellerstam 1986.
48. M. Baker 1996.
49. Baroni and Bernardini 2006.
50. Vanmassenhove et al. 2021.
51. Bowker 2002.

52. https://www.bls.gov/ooh/media-and-communication/interpreters-and-translators.htm#tab-6
53. https://www.languagewire.com/en/blog/top-translation-companies
54. https://www.prnewswire.com/news-releases/machine-translation-market-to-value-usd-7-5-billion-by-2030--says-global-market-insights-inc-301563769.html
55. 無料の翻訳プログラムは入力したデータを保持し、それを再利用あるいは別の用途で使用する一方、有料プラットフォームではそのようなことはないとリン・ボウカーから指摘があった。さらに、有料プラットフォームでは法律などの翻訳領域に合わせてAIをトレーニングすることが可能である。個人的なやりとり、December 19, 2022.
56. Wetsman 2021.
57. Bowker and Buitrago Ciro 2019.
58. Toral 2019.
59. Pielmeier and O'Mara 2020.
60. Lynne Bowker, 個人的なやりとり、December 19, 2022.
61. Stewart 2021; Udagawa 2021.
62. Motion 1999.
63. Kenny and Winters 2020; Zhang 2016.
64. Kenny and Winters 2020.
65. Moorkens et al. 2018 で引用。
66. Moorkens et al. 2018 で引用。
67. Guerberof Arenas and Toral 2020, Guerberof Arenas and Toral 2022.
68. Guerberof Arenas and Toral 2020 で引用。

第9章

1. Bruner 1962, p. 18. 原文ではイタリック表記。
2. Csikszentmihalyi 2013, p. 27.（邦訳『クリエイティヴィティ：フロー体験と創造性の心理学』浅川希洋志・須藤祐二・石村郁夫訳、世界思想社、2016年）
3. Stein 1953, p. 311.
4. Vitale 2013.
5. Parkey 2021.
6. Merrotsy 2013.
7. Luckenback 1986, p. 9.
8. Boden 1991; Csikszentmihalyi 2013（邦訳前掲）; Gardner 1993.
9. Csikszentmihalyi 2013, p. 7.（邦訳前掲）
10. Csikszentmihalyi 1998, p. 81.
11. Kaufman and Beghetto 2009.
12. Gardner 1993.
13. Csikszentmihalyi 2013.（邦訳前掲）
14. Richtel 2022, p. 10.
15. "Calculus Created in India" 2007.
16. Boden 1991, p. 32. 原文ではイタリック表記。
17. Menick 2016 で引用。
18. Guilford 1950, p. 446.

19. Dietrich 2019.
20. 創造性に関する神経学的な説明については、Abraham 2018; Nalbantian and Matthews 2019を参照。
21. Andreasen 2005, pp. 70 ff.（『天才の脳科学：創造性はいかに創られるか』長野敬・太田英彦訳、青土社、2007年）
22. Zedelius and Schooler 2020.
23. Andreasen 2005, p. 74.（邦訳前掲）
24. Andreasen 2005.（邦訳前掲）
25. Gardner 1983.
26. Jauk et al. 2013.
27. Gardner 1983.
28. Andreasen 2005, pp. 127ff.（邦訳前掲）
29. Richtel 2022, p. 233のインタビューに記載。
30. Aristotle Problemata XXX. 1 953a10–14.（『アリストテレス全集　十三　問題集』内山勝利・神崎繁・中畑正志編集、岩波書店、2014年）
31. Ellis 1926.
32. Andreasen 2005, p. 95.（邦訳前掲）
33. Kyaga 2015.
34. Grant 2018.
35. De Kamper and McGinn 2021.
36. Siegal 2015.
37. M. Brown 2020.
38. Boyd and Pennebaker 2015, p. 577.
39. T. Adams 2010.
40. du Sautoy 2019, pp. 200 ff.
41. G. Johnson 1997で引用。
42. 詳しくはElgammal 2021を参照。動画での議論および楽曲のサンプルについてはhttps://www.youtube.com/watch?v=kS6h1TKuOrwを参照。
43. Miller 2019, p. 113.
44. https://www.nextrembrandt.comおよびBrinkhof 2021を参照。
45. Brinkhof 2021.
46. “Is Artificial Intelligence Set to Become Art’s Next Medium?” 2018.
47. Ranjit 2021で引用。
48. Lau et al. 2020.
49. Wilk 2021.
50. Jozuka 2016.
51. https://www.ted.com/talks/oscar_schwartz_can_a_computer_write_poetry
52. http://bregman.dartmouth.edu/turingtests/competition2018
53. Rockmore 2020.
54. Wilk 2021.
55. Zacharias et al. n.d.
56. Boden 1998, p. 355.
57. Shane 2021.
58. AIストーリーテリングのチュートリアルについては、Riedl 2021を参照。

59. 一部の議論については Fletcher and Larson 2022 と Chun and Elkins 2022 を参照。
60. Boden 1991, p. 5.
61. J. Kaufman 2018, p. 740.

第 10 章

1. Hancock et al. 2020.
2. Earnest 2012.
3. Teitelman 1966.
4. Engber 2014.
5. Engber 2014.
6. Wilson 2008.
7. B. Zimmer 2011.
8. Ganapati 2010.
9. Kocienda 2018.
10. B. Zimmer 2011.
11. Selinger 2015.
12. Arnold et al. 2020.
13. Dobrin 1990.
14. 実験は 2020 年 7 月におこなった。Word は進化し続けているため、同じ結果は出ない可能性がある。
15. Curzan 2014; McGee and Ericsson 2002.
16. Herrington and Moran 2012, p. 226.
17. Lytvyn 2021.
18. www.grammarly.com
19. https://support.grammarly.com/hc/en-us/articles/360029743831-Introducing-our-expert-writing-service
20. バイアスを排除して包括性を実現しようという Microsoft Editor と Grammarly の両方による試みには鋭い意見が寄せられた。D. Baron 2022; Onion 2022 などを参照。
21. https://mentormywriting.org
22. https://www.cmu.edu/dietrich/english/research-and-publications/docus-cope.html
23. Burstein et al. 1998; Klebanov et al. 2017.
24. https://www.grammarly.com/press/research/docs/grammarlystudentsurvey-121018133119-phpapp01.pdf
25. de Beer 2020.
26. 両方の問題の説明については Mayne 2021 を参照。
27. Finley 2021, p. 6; C. Flaherty 2021.
28. N. Baron 2002.
29. Lubrano 1997, p. 124.
30. アメリカでのグリーティングカードの歴史については、Shank 2004 を参照。
31. Berrong 2021.
32. Chen et al. 2019.
33. Corrado 2015.
34. A. McCarthy 2019.

35. https://www.wordtune.com
36. https://www.articleforge.com Article Forge は独自の知識検索エンジンで実行されている。
37. Neely 2016.
38. N. Anderson 2021.
39. Mallon 1989.
40. McCabe 2005.
41. Krokoscz 2021; Nordling 2018 などを参照。
42. Mesa 2022.
43. Clarke and Lancaster 2006.
44. Newton 2018.
45. Kansara and Main 2021.
46. Abalkina 2021.
47. Cu and Hochman 2023.
48. Else 2023.
49. Choi et al. 2023.
50. Bommarito and Katz 2022.
51. Kung et al. 2022.
52. Chaski 2012.
53. https://marketing-tii-statamic-assets-us-west-2.s3-us-west-2.amazonaws.com/marketing/our-content-databases_brochure_us_0322.pdf
54. https://www.turnitin.com/blog/ai-writing-the-challenge-and-opportunity-in-front-of-education-now; https://www.turnitin.com/blog/sneak-preview-of-turnitins-ai-writing-and-chatgpt-detection-capability
55. Bowman 2023; https://gptzero.me
56. E. Mitchell et al. 2023; https://openai.com/blog/new-ai-classifier-for-indicating-ai-written-text/
57. Caren 2021.
58. https://www.turnitin.com/products/ithenticate
59. Tomar 2012.
60. https://help.turnitin.com/feedback-studio/flags.htm

第 11 章

1. Switek 2011.
2. "Duplicating Polygraph" n.d.
3. https://www.monticello.org/site/research-and-collections/polygraph
4. Trithemius 1974.
5. Febvre and Martin 1976, p. 74.（邦訳『書物の出現』関根素子ほか訳、筑摩書房、1998 年）
6. Brynjolfsson 2022.
7. Card et al. 1983.
8. Shneiderman 1987.
9. Xu 2019.
10. Monarch 2021.（邦訳『Human-in-the-Loop 機械学習：人間参加型 AI のための能動学習とアノテーション』上田隼也・角野為耶・伊藤寛祥訳、共立出版、2023 年）
11. https://research.ibm.com/blog/what-is-human-centered-ai; Shneiderman 2022.

12. Murati 2022. ムラティは OpenAI のコーディングプログラム、Codex の利点という文脈で議論を展開している。
13. Scott 2022, p. 79.
14. S. Levy 1997 で引用。
15. Thompson February 18, 2022.
16. Kasparov 2010.
17. https://linuxhint.com/history-of-linux/
18. https://certificates.creativecommons.org/cccertedu/chapter/1-1-the-story-of-creative-commons/
19. Heaven May 3, 2022.
20. H. Shah n.d.
21. Thompson March 15, 2022.
22. https://www.mhanational.org/number-people-reporting-anxiety-and-depression-nationwide-start-pandemic-hits-all-time-high
23. https://www.apa.org/ptsd-guideline/patients-and-families/cognitive-behavioral
24. https://woebothealth.com/img/2021/07/Woebot-Health-Research-Bibliography-July-2021-1.pdf
25. Jee and Heaven 2021; https://iesogroup.com
26. "Aligning Language Models to Follow Instructions" 2022.
27. https://openai.com/blog/chatgpt/
28. Heikkilä September 22, 2022.
29. ワンの考え方については Wang 2019 を参照。この後の議論は、ワンによる概要に基づいている。
30. Wang 2019.
31. https://ccrma.stanford.edu/~ge/ocarina/
32. https://slork.stanford.edu
33. S. Kaufman 2020. チャンの作品の一部を閲覧するには、チャンの TED トーク（https://www.ted.com/talks/sougwen_chung_why_i_draw_with_robots）を参照。
34. https://copysmith.ai/jarvis-vs-copysmith/
35. https://www.sudowrite.com; https://gpt3demo.com/apps/sudowrite
36. Dzieza 2022.
37. https://authors.ai/marlowe/
38. Archer and Jockers 2016.（邦訳『ベストセラーコード：「売れる文章」を見きわめる驚異のアルゴリズム』西内啓解説、川添節子訳、日経ＢＰ、2017 年）
39. Rose 2020.
40. Fingas 2020.
41. Miller 2019, chap. 37.
42. Huang et al. 2020.
43. https://computationalcreativity.net
44. https://www.improvisedshakespeare.com
45. Branch et al. 2021.
46. Roemmele 2021.
47. Vara 2021.
48. https://hai.stanford.edu/events/2022-hai-fall-conference-ai-loop-humans-charge

原 注

第 12 章

1. N. Baron 2015; N. Baron 2021.
2. UNIMORE の英語学および翻訳学教授、マリーナ・ボンディによる研究への協力に深く感謝する。
3. 英語のスペリングの歴史に関する活発な議論については、Crystal 2012 および Horobin 2013（邦訳『スペリングの英語史』堀田隆一訳、早川書房、2017 年）を参照。
4. Sealfon 2019; Riley 2022.
5. Ehri 2000; Hayes and Berninger 2014; Joshi et al. 2008.
6. Jansen et al. 2021.
7. Martin-Lacroux and Lacroux 2017.
8. N. Baron 2008, chap. 5.
9. Park and Baron 2018.
10. Saenger 1982, pp. 381, 386–387.
11. 手で書くことの近代の歴史については Thornton 1996 を参照。
12. Brick 2013.
13. J. Flaherty 2015.
14. Shapiro 2014.
15. Mangen and Schilhab 2012.
16. Mangen and Velay 2010.
17. James 2017.
18. Berninger et al. 2006.
19. Askvik et al. 2021.
20. Midling 2020 のインタビューに記載。
21. R. Abbott et al. 2010; Berninger et al. 2002.
22. Hall et al. 2015; Longcamp et al. 2005.
23. Alstad et al. 2015.
24. Mueller and Oppenheimer 2014.
25. Morehead et al. 2019; Urry et al. 2021.

終章

1. Holpuch 2022.
2. Kasparov 2007.（邦訳『決定力を鍛える：チェス世界王者に学ぶ生き方の秘訣』近藤隆文訳、NHK 出版、2007 年）
3. https://retrocomputingforum.com/t/machines-should-work-people-should-think-ibm-1967/1913
4. Connors and Lunsford 1988.
5. Lunsford and Lunsford 2008.
6. Temple 2012.
7. テーマや結論のステートメント（5 段落小論の要素）を発見する ETS の AI ソフトウェアについては、Burstein and Marcu 2003 を参照。
8. Tremmel 2011.
9. 5 段落小論に対する批判については、Warner 2018 を参照。

10. D'Agostino 2022; Graham 2022; Peritz 2022; Schatten 2022.
11. ノルウェーの状況について教えてくれたアン・マンゲンに感謝する。
12. Eriksen 2022 で引用。
13. Eriksen 2022 で引用。
14. Valand 2022. 原文ではイタリック表記。
15. Eriksen 2022 で引用。
16. Valand 2022.
17. Eriksen 2022 で引用。
18. Eriksen 2022 で引用。
19. Heikkilä January 27, 2023; Wiggers December 10, 2022.
20. https://huggingface.co/openai-detector
21. https://gptzero.substack.com/p/gptzero-classrooms
22. Vincent October 25, 2022.
23. Krill 2022.
24. Thompson October 13, 2022.
25. Manjoo 2022.
26. Handel 2022.
27. ハンデルの分析では「ジャーナリスト」職に PR スペシャリストが含まれている。
28. Manjoo 2022 で引用。
29. Tegmark 2017, p. 121. Roose 2021（邦訳『AI が職場にやってきた：機械まかせにならないための9つのルール』田沢恭子訳、草思社、2023 年）も参照。
30. Hoffman 2022.
31. Evans 2022.
32. Gero 2022.
33. Diresta 2019.
34. Stokel-Walker 2023.

参考文献

Abadi, M. (March 26, 2018). "Americans and British People Spell Things Differently Largely Thanks to One Man with an Opinion." *Business Insider*. https://www.businessinsider.com/spelling-american-vs-british-noah-webster-2018-3

Abalkina, A. (2021). "Publication and Collaboration Anomalies in Academic Papers Originating from a Paper Mill: Evidence from a Russia-Based Paper Mill." https://arxiv.org/abs/2112.13322

Abbott, E. A. (1876). *How to Write Clearly: Rules and Exercises on English Composition*. Roberts Brothers. https://www.google.com/books/edition/How_to_Write_Clearly/NAZKAAAAIAAJ?hl=en&gbpv=1&pg=PA3&printsec=frontcover

Abbott, R. D., Berninger, V. W., and Fayol, M. (2010). "Longitudinal Relationships of Levels of Language in Writing and Between Writing and Reading in Grades 1 to 7." *Journal of Educational Psychology* 102(2): 281–298.

Abid, A., Farooqi, M., and Zou, J. (June 17, 2021). "Large Language Models Associate Muslims with Violence." *Nature Machine Intelligence* 3: 461–463. https://www.nature.com/articles/s42256-021-00359-2

Abraham, A. (2018). *The Neuroscience of Creativity*. Cambridge University Press.

Adams, C. F., Godkin, E. L., and Nutter, G. R. (1897). "Report of the Committee on Composition and Rhetoric." In J. C. Brereton, ed. (1995), *The Origins of Composition Studies in the American Colleges*, 1875–1925. University of Pittsburgh Press, pp. 101–127.

Adams, C. F., Godkin, E. L., and Quincy, J. (1892). "Report of the Committee on Composition and Rhetoric." In J. C. Brereton, ed. (1995), *The Origins of Composition Studies in the American Colleges*, 1875–1925. University of Pittsburgh Press, pp. 73–100.

Adams, T. (July 10, 2010). "David Cope: 'You Pushed the Button and Out Came Hundreds and Thousands of Sonatas.' " *Guardian*. https://www.theguardian.com/technology/2010/jul/11/david-cope-computer-composer

Alexander, C. H. O' D. (n.d.). "Cryptographic History of Work on the German Naval Enigma." Typescript, pp. 19–20. http://www.alanturing.net/turing_archive/archive/b/b01/B01–022.html

"Aligning Language Models to Follow Instructions" (January 27, 2022). *OpenAI Blog*. https://openai.com/blog/instruction-following/

Alkan, S. R. (n.d.). "The Copywriter of Tomorrow—How Companies Transform Text into a Revenue Driver Through a Copy Director." *AX Semantics*. https://en.ax-semantics.com/blog/how-copy-directors-transform-textinto-a-turnover-driver/

Alstad, Z., et al. (2015). "Modes of Alphabet Letter Production During Middle Childhood and Adolescence: Interrelationships with Each Other and Other Writing Skills." Journal of Writing Research 6(3): 199–231. https://www.ncbi.nlm.nih.gov/pmc/articles/PMC4433034/pdf/nihms-644747.pdf

Anderson, M. (December 9, 2022). "Preventing 'Hallucination' in GPT-3 and Other Complex Language Models." *Unite.AI*. https://www.unite.ai/preventing-hallucination-in-gpt-3-and-other-complex-language-models/

Anderson, N. (May 14, 2021). "University of South Carolina President Resigns After Plagiarism Incident in Commencement Speech." *Washington Post*. https://www.washingtonpost.com/education/2021/05/13/university-south-carolina-president-resigns-caslen/

Andreasen, N. C. (2005). *The Creating Brain*. Dana Press.（邦訳『天才の脳科学：創造性はいかに創られるか』長野敬・太田英彦訳、青土社、2007年）

Archer, J., and Jockers, M. (2016). T*he Bestseller Code: Anatomy of the Blockbuster Novel.* St. Martin' s Press.（邦訳『ベストセラーコード「売れる文章」を見きわめる驚異のアルゴリズム』西内啓解説、川添節子訳、日経BP、2017年）

Arnold, K. C., Chauncey, K., and Gajos, K. Z. (2020). "Predictive Text Encourages Predictable Writing." IUI ' 20. Intelligent User Interfaces. Association for Computing Machinery. https://www.eecs.harvard.edu/~kgajos/papers/2020/arnold20predictive.pdf

Asimov, I. (1981). "The Three Laws." *Compute* 18 (November): 18. https://archive.org/details/1981-11-compute-magazine/page/n19/mode/1up?view=theater

Askvik, E. O., van der Weel, F. R., and van der Meer, A. L. H. (2021). "The Importance of Cursive Handwriting over Typing for Learning in the Classroom: A High-Density EEG Study of 12-Year-Old Children and Young Adults." *Frontiers in Psychology* 11, Article 1810. https://www.frontiersin.org/articles/10.3389/fpsyg.2020.01810/full

Attali, Y., Bridgeman, B., and Trapani, C. (2010), "Performance of a Generic Approach in Automated Essay Scoring." *Journal of Technology, Learning, and Assessment* 10(3). https://ejournals.bc.edu/index.php/jtla/article/view/1603/1455

"Australia: Oldest Rock Art is 17,300-Year-Old Kangaroo" (February 23, 2021). *BBC News*. https://www.bbc.com/news/world-australia-56164484

Authors Guild (n.d.). "Who We Are." https://www.authorsguild.org/who-we-are/

Bach, N. (August 8, 2018). "Facebook Apologizes for Algorithm Mishap That Threw Balloons and Confetti on Indonesia Earthquake Posts." *Fortune*.

Baines, S. (February 13, 2017). "Can You Code Love?" *Science and Industry Museum*. Manchester, UK. https://blog.scienceandindustrymuseum.org.uk/can-you-code-love/

Baker, J., and Gillick, L. (n.d.). "Progress Report for DARPA SLS Program at Dragon Systems, Inc." https://aclanthology.org/H91–1088.pdf

Baker, M. (1996). "Corpus-Based Translation Studies: The Challenges That Lie Ahead." In H. Somers, ed., *Terminology, LSP, and Translation: Studies in Language Engineering in Honour of Juan C. Sage*r. John Benjamins, pp. 175–186.

Barber, G. (January 14, 2021). "Can an AI Predict the Language of Viral Mutation?" *Wired*. https://www.wired.com/story/can-an-ai-predict-the-language-of-viral-mutation/

Bar-Hillel, Y. (1951). "The Present State of Research on Mechanical Translation." *American Documentation* 2(4): 229–237.

Bar-Hillel, Y. (1960). "The Present Status of Automatic Translation of Languages." *Advances in Computers* 1:91–163. https://docplayer.net/167179-The-present-status-of-automatic-translation-of-languages.html

Barnet, B., and Tofts, D. (2013), "Too Dimensional: Literary and Technical Images of Potentiality in the History of Hypertext." In R. Siemens and S. Schreibman, eds., *A Companion to Digital Literary Studies*. Wiley-Blackwell, pp. 283–300.

Baron, D. (January 15, 2022). "Microsoft' s Word Wokeness Checker Is Asleep on the Job." *The Web of Language*. https://blogs.illinois.edu/view/25/520413787

Baron, N. S. (1981). *Speech, Writing, and Sign*. Indiana University Press.

Baron, N. S. (1998). "Letters by Phone or Speech by Other Means: The Linguistics of Email." *Language and*

Communication 18: 133–170.

Baron, N. S. (2000). *Alphabet to Email: How Written English Evolved and Where It's Heading.* Routledge.

Baron, N. S. (2002). "Who Sets Email Style? Prescriptivism, Coping Strategies, and Democratizing Communication Access." *The Information Society* 18: 403–413.

Baron, N. S. (2008). *Always On: Language in an Online and Mobile World.* Oxford University Press.

Baron, N. S. (2015). *Words Onscreen: The Fate of Reading in a Digital World.* Oxford University Press.

Baron, N. S. (2021). *How We Read Now: Strategic Choices for Print, Screen, and Audio.* Oxford University Press.

Baroni, M., and Bernardini, S. (2006). "A New Approach to the Study of Translationese: Machine-Learning the Difference Between Original and Translated Text." *Literary and Linguistic Computing* 21(3): 259–274.

Barthes, R. (1970). *S/Z.* Editions du Seuil.（邦訳『S/Z　バルザック『サラジーヌ』の構造分析』沢崎浩平訳、みすず書房、1973年）

Barthes, R. (1977 [1967]). "Death of the Author." In *Image, Music, Text*, trans. S. Heath. Hill & Wang, pp. 142–148.（邦訳『第三の意味：映像と演劇と音楽と』沢崎浩平訳、みすず書房、1998年）

Basu, T. (December 16, 2021). "The Metaverse Has a Groping Problem Already." *MIT Technology Review.* https://www.technologyreview.com/2021/12/16/1042516/the-metaverse-has-a-groping-problem/

Bavarian Broadcasting (n.d.). "Objective or Biased: On the Questionable Use of Artificial Intelligence for Job Applications." https://interaktiv.br.de/ki-bewerbung/en/index.html

Baym, N. (2010). *Personal Connections in the Digital Age.* Polity.

Beard, M. (2007). *The Roman Triumph.* Harvard University Press.

Bender, E. M., et al. (2021). "On the Dangers of Stochastic Parrots: Can Language Models Be Too Big?" FAccT ' 21, March 3–10. https://dl.acm.org/doi/pdf/10.1145/3442188.3445922

Bennett, W. S. (1995). "Machine Translation in North America." In E. F. K. Koerner and R. E. Asher, eds., *Concise History of the Language Sciences.* Pergamon, pp. 445–451.

Benson, E. (1975). "The Quipu: 'Written' Texts in Ancient Peru." *Princeton University Library Chronicle* 37: 11–23.

Berninger, V. W., et al. (2002). "Writing and Reading: Connections Between Language by Hand and Language by Eye." *Journal of Learning Disabilities* 35(1):39–56.

Berninger, V. W., et al. (2006). "Early Development of Language by Hand: Composing, Reading, Listening, and Speaking Connections; Three Letter-Writing Modes; and Fast Mapping in Spelling." *Developmental Neuropsychology* 29(1): 61–92.

Berrong, T. (March 19, 2021). "Sending Cards and Letters: Our Best Advice and Ideas." *Hallmark.* https://ideas.hallmark.com/articles/card-ideas/sending-cards-and-letters-our-best-advice-and-ideas/

Biblical Archaeology Society (2020). "Epistles: FAQ: Did Ancient Hebrew Have Vowels?" *Biblical Archaeology Review* 46(2). https://www.baslibrary.org/biblical-archaeology-review/46/2/24

Bloomfield, L. (1933). *Language.* Holt, Rinehart & Winston.（邦訳『言語』三宅鴻・日野資純訳、大修館書店、1987年）

Boden, M. A. (1991). *The Creative Mind: Myths and Mechanisms.* Basic.

Boden, M. A. (1998). "Creativity and Artificial Intelligence." *Artificial Intelligence* 103: 347–356.

Bommarito, M. J., and Katz, D. M. (December 31, 2022). "GPT Takes the Bar Exam." https://papers.ssrn.com/sol3/papers.cfm?abstract_id=4314839

Bommasani, R., et al. (August 18, 2021). "On the Opportunities and Risks of Foundation Models." Stanford Institute for Human-Centered Artificial Intelligence, Center for Research on Foundation Models.

https://arxiv.org/pdf/2108.07258.pdf

Boroditsky, L. (May 2, 2018). "How Language Shapes the Way We Think." *TED Talk*. https://www.youtube.com/watch?v=RKK7wGAYP6k

Boroditsky, L., Schmidt, L. A., and Phillips, W. (2003). "Sex, Syntax and Semantics." In D. Gentner and S. Goldin-Meadow, eds., *Language in Mind: Advances in the Study of Language and Thought*. MIT Press, pp. 61–79.

Bosker, B. (February 11, 2013). "Philip Parker' s Trick for Authoring over 1 Million Books: Don' t Write." *Huff Post*. https://www.huffpost.com/entry/philip-parker-books_n_2648820

Bowker, L. (2002). *Computer-Aided Translation Technology*. University of Ottawa Press.

Bowker, L. (2012). "Through the MT Looking Glass: Warren Weaver—Machine Translation Pioneer and Literary Translation Enthusiast." *Circuit* 116: 33–34.

Bowker, L., and Buitrago Ciro, J. (2019). *Machine Translation and Global Reach*. Emerald.

Bowman, E. (January 9, 2023). "A College Student Created an App That Can Tell Whether AI Wrote an Essay." *NPR*. https://www.npr.org/2023/01/09/1147549845/gptzero-ai-chatgpt-edward-tian-plagiarism

Boyd, R. L., and Pennebaker, J. W. (2015). "Did Shakespeare Write *Double Falsehood*? Identifying Individuals by Creating Psychological Signatures with Text Analysis." *Psychological Science* 26(5): 570–582. https://journals.sagepub.com/doi/abs/10.1177/0956797614566658

Branch, B., Mirowski, P., and Mathewson, K. (2021). "Collaborative Storytelling with Human Actors and AI Narrators." *Proceedings of the 12th International Conference on Computational Creativity*, pp. 97–101. https://arxiv.org/abs/2109.14728

Brereton, J. C., ed. (1995). *The Origins of Composition Studies in the American College, 1875–1925*. University of Pittsburgh Press.

Brick, M. (August 23, 2013). "Conservatives Are Very Upset That Kids These Days Can' t Write in Cursive." *New York Magazine*. https://nymag.com/intelligencer/2013/08/conservatives-rally-to-defend-fancy-handwriting.html

Bridy, A. (2012). "Coding Creativity: Copyright and the Artificially Intelligent Author." *Stanford Technology Law Review* 5: 1–28.

Bridy, A. (2016). "The Evolution of Authorship: Work Made by Code." *Columbia Journal of Law and the Arts* 39(3): 395–401.

Briggs, L. B. R. (1888). "The Harvard Admission Examination in English," in *The Academy*. In J. C. Brereton, ed. (1995), *The Origins of Composition Studies in the American College, 1875–1925*. University of Pittsburgh Press, pp. 57–73.

Brinkhof, T. (August 23, 2021). "How to Paint Like Rembrandt, According to Artificial Intelligence." *Discover Magazine*. https://www.discovermagazine.com/technology/how-to-paint-like-rembrandt-according-to-artificial-intelligence

Brogaard, J., Engelberg, J., and Van Wesep, E. (2018). "Do Economists Swing for the Fences After Tenure?" *Journal of Economic Perspectives* 32(1): 179–194. https://www.aeaweb.org/articles?id=10.1257/jep.32.1.179

Broussard, M. (2018). *Artificial Unintelligence: How Computers Misunderstand the World*. MIT Press.（邦訳『AIには何ができないか：データジャーナリストが現場で考える』北村京子訳、作品社、2019年）

Brown, M. (August 30, 2020). " 'Fake' Rembrandt Came from Artist' s Workshop and Is Possibly Genuine." *Guardian*. https://www.theguardian.com/artanddesign/2020/aug/30/fake-rembrandt-came-from-artists-workshop-and-is-possibly-genuine-ashmolean-oxford

Brown, P., et al. (1988). "A Statistical Approach to Language Translation." *Proceedings of the 12th Conference*

on Computational Linguistics, vol. 1, pp. 71–76.

Brown, R. (1980). "The First Sentences of Child and Chimpanzee." In T. A. Sebeok and J. Umiker-Sebeok, eds., *Speaking of Apes*. Topics in Contemporary Semiotics. Springer, pp. 85–101.

Brown, S. C., Meyer, P. R., and Enos, T. (1994). "Doctoral Programs in Rhetoric and Composition: A Catalog of the Profession." *Rhetoric Review* 12(2): 240–251.

Bruner, J. (1962). "The Condition of Creativity." In *On Knowing: Essays for the Left Hand*. Belknap, pp. 17–30.

Brynjolfsson, E. (2022). "The Turing Trap: The Promise and Peril of Human-Like Artificial Intelligence." *Daedalus* 151(2): 272–287.

Brynjolfsson, E., Hui, X., and Liu, M. (2019). "Does Machine Translation Affect International Trade? Evidence from a Large Digital Platform." *Management Science* 65(12): 5449–5460.

Brynjolfsson, E., and McAfee, A. (2014). *The Second Machine Age*. W. W. Norton.（邦訳『ザ・セカンド・マシン・エイジ』村井章子訳、日経BP、2015年）

Buolamwini, J., and Gebru, T. (2018). "Gender Shades: Intersectional Accuracy Disparities in Commercial Gender Classification." *Proceedings of Machine Learning Research* 81: 1–15.

Burstein, J., et al. (1998). "Computer Analysis of Essay Content for Automated Score Prediction: A Prototype Automated Scoring System for GMAT Analytical Writing Assessment Essays." *ETS Research Report Series*, pp. i–67. https://onlinelibrary.wiley.com/doi/abs/10.1002/j.2333–8504.1998.tb01764.x

Burstein, J., Chodorow, M., and Leacock, C. (2004). "Automated Essay Evaluation: The Criterion Online Writing Service." *AI Magazine* 25(3): 27–36. https://ojs.aaai.org//index.php/aimagazine/article/view/1774

Burstein, J., Leacock, C., and Swartz, R. (2001). "Automated Evaluation of Essays and Short Answers." ETS Technologies, Inc. https://citeseerx.ist.psu.edu/viewdoc/download?doi=10.1.1.58.6253&rep=rep1&type=pdf

Burstein, J., and Marcu, D. (2003). "A Machine Learning Approach for Identification of Thesis and Conclusion Statements in Student Essays." *Computers and the Humanities* 37: 455–467.

Burstein, J., Tetreault, J., and Andreyev, S. (2010). "Using Entity-Based Features to Model Coherence in Student Essays." In *Human Language Technologies: The 2010 Annual Conference of the North American Chapter of the Association for Computational Linguistics*, pp. 681–684. https://aclanthology.org/N10–1099.pdf

Bush, V. (1945). "As We May Think." *The Atlantic* [*The Atlantic Monthly*] (July). https://www.theatlantic.com/magazine/archive/1945/07/as-we-may-think/303881/

Cahill, A., Chodorow, M., and Flor, M. (2018). "Developing an e-rater Advisory to Detect Babel-Generated Essays." *Journal of Writing Analytics* 2: 203–224. https://wac.colostate.edu/docs/jwa/vol2/cahill.pdf

"Calculus Created in India 250 Years Before Newton: Study" (August 14, 2007). *CBC News*. https://www.cbc.ca/news/science/calculus-created-in-india-250-years-before-newton-study-1.632433

Callaway, E. (November 30, 2020). " 'It Will Change Everything' : DeepMind' s AI Makes Gigantic Leap in Solving Protein Structures." *Nature* 588: 203–204. https://www.nature.com/articles/d41586-020-03348-4

Card, S. K., Moran, T. P., and Newell, A. (1983). *The Psychology of Human–Computer Interaction*. Lawrence Erlbaum.

Caren, C. (January 21, 2021). "A New Path and Purpose for Turnitin." *Turnitin*. https://www.turnitin.comblog/a-new-path-and-purpose-forturnitin

Carlson, M. (2015). “The Robotic Reporter.” *Digital Journalism* 3(3): 416–431.
Carreiras, M., et al. (2009). “An Anatomical Signature for Literacy.” *Nature* 461 (October): 983–986.
Casey, B., Farhangi, A., and Vogl, R. (2019). “Rethinking Explainable Machines: The GDPR’ s ‘Right to Explanation’ Debate and the Rise of Algorithmic Audits in Enterprise.” *Berkeley Technology Law Journal* 34: 143–188. https://btlj.org/data/articles2019/34_1/04_Casey_Web.pdf
CCCC (2004). “Teaching, Learning, and Assessing Writing in Digital Environments.” Conference on College Composition & Communication Committee on Teaching, Learning, and Assessing Writing in Digital Environments. https://dtext.org/f14/505/readings/ncte-CCCC-digital-environments.pdf
Chadwick, J. (1959). “A Prehistoric Bureaucracy.” *Diogenes* 26: 7–18.
Chalaby, J. K. (1998). *The Invention of Journalism*. St. Martin’ s Press.
Chaski, C. W. (2012). “Author Identification in the Forensic Setting.” In P. M. Tiersma and L. M. Solon, eds., *Oxford Handbook of Language and Law*. Oxford University Press, pp. 489–503.
Chen, M. X., et al. (2019). “Gmail Smart Compose: Real-Time Assisted Writing.” *KDD ’19*. Knowledge Discovery and Data Mining. Association for Computing Machinery. https://arxiv.org/abs/1906.00080
“Chinese Dissident, Winner of Nobel Literature Prize, Writes to Survive” (December 19, 2001). *Record-Courier*. http://recordcourier.www.clients.ellington-cms.com/news/2001/dec/19/chinese-dissident-winner-of-nobel-literature-prize/
Cho, K., et al. (2014). “On the Properties of Neural Translation: Encoder–Decoder Approaches.” *Eighth Workshop on Syntax, Semantics and Structure in Statistical Translation. Association for Computational Linguistics*, pp. 103–111. https://arxiv.org/abs/1409.1259
Choi, J. H., et al. (January 25, 2023). “ChatGPT Goes to Law School.” https://papers.ssrn.com/sol3/papers.cfm?abstract_id=4335905
Chomsky, C. (1971). “Write First, Read Later.” *Childhood Education* 47(6): 296-299.
Chomsky, C. (1979). “Approaching Reading Through Invented Spelling.” In L. Resnick and P. Weaver, eds., *Theory and Practice of Early Reading*, vol. 2. Lawrence Erlbaum, pp. 43–65.
Chomsky, N. (1957). *Syntactic Structures*. Mouton.（邦訳『統辞構造論』福井直樹・辻子美保子訳、岩波書店、2014年）
Chomsky, N. (1959). “A Review of B. F. Skinner’ s Verbal Behavior.” *Language* 35(1): 26–58.
Chomsky, N. (1966). *Cartesian Linguistics*. Harper and Row.（邦訳『デカルト派言語学：合理主義思想の歴史の一章』川本茂雄訳、みすず書房、1976年）
Chomsky, N. (1993). *Language and Thought*. Moyer Bell.（邦訳『言語と思考』大石正幸訳、松柏社、1999年）
Christian, B. (2020). *The Alignment Problem: Machine Learning and Human Values*. W. W. Norton.
Chun, J., and Elkins, K. (2022). “What the Rise of AI Means for Narrative Studies: A Response to ‘Why Computers Will Never Read (or Write) Literature’ by Angus Fletcher.” *Narrative* 30(1): 104–113.
Chung, E. (March 27, 2019). “Canadian Researchers Who Taught AI to Learn Like Humans Win $1M Turing Award.” *CBC News*. https://www.cbc.ca/news/science/turing-award-ai-deep-learning-1.5070415
Clark, E., et al. (2021). “All That’ s ‘Human’ Is Not Gold: Evaluating Human Evaluation of Generated Text.” In *Proceedings of the 59th Annual Meeting of the Association of Computational Linguistics and the 11th International Joint Conference on Natural Language Processing*, vol. 1: long papers, pp. 7282–7296. https://arxiv.org/abs/2107.00061
Clarke, R., and Lancaster, T. (2006). “Eliminating the Successor to Plagiarism? Identifying the Usage of Contract Cheating Sites.” *Proceedings of 2nd International Plagiarism Conference*. JISC Plagiarism Advisory

Service, Newcastle, UK.

Clerwall, C. (2014). "Enter the Robot Journalist: Users' Perceptions of Automated Content." *Journalism Practice* 8(5): 519–531.

Coelho, P. (1996 [1994 in Portuguese]). *By the River Piedra I Sat and Wept*. Trans. Alan R. Clarke. https://docs.google.com/viewer?a=v&pid=sites&srcid=ZGVmYXVsdGRvbWFpbnxsaWJyY3NjfGd4OjVmMDg5MWU5YTllMDNiN2Y（邦訳『ピエドラ川のほとりで私は泣いた』山川紘矢・山川亜希子訳、KADOKAWA、2000年）

Cohen, N. (April 14, 2008). "He Wrote 200,000 Books (But Computers Did Some of the Work)." *New York Times*. https://www.nytimes.com/2008/04/14/business/media/14link.html

Colford, P. (June 30, 2014). "A Leap Forward in Quarterly Earnings Stories." *Blog AP*. https://blog.ap.org/announcements/a-leap-forward-in-quarterly-earnings-stories

College Board (n.d.). "Chapter 10. About the SAT Writing and Language Test." SAT Suite of Assessments. https://satsuite.collegeboard.org/media/pdf/official-sat-study-guide-about-writing-language-test.pdf

Conniff, R. (March 2011). "What the Luddites Really Fought Against." *Smithsonian Magazine*. https://www.smithsonianmag.com/history/what-the-luddites-really-fought-against-264412/

Connors, R. and Lunsford, A. A. (1988). "Frequency of Formal Errors in Current College Writing, or Ma and Pa Kettle Do Research." *College Composition and Communication* 39(4): 395–409.

Coover, R. (June 21, 1992). "The End of Books." *New York Times Book Review*. https://archive.nytimes.com/www.nytimes.com/books/98/09/27/specials/coover-end.html?pagewanted=all

Coover, R. (August 29, 1993). "Hyperfiction: Novels for the Computer." *New York Times Book Review*. https://archive.nytimes.com/www.nytimes.com/books/98/09/27/specials/coover-hyperfiction.html?_r=4

Copeland, B. J., ed. (2004). *The Essential Turing*. Oxford University Press.

"Copyright Basics" (n.d.). *US Copyright Office*. https://www.copyright.gov/circs/circ01.pdf

Corrado, G. (November 3, 2015). "Computer, Respond to This Email." *Google AI Blog*. https://ai.googleblog.com/2015/11/computer-respond-to-this-email.html

Costandi, M. (2016). *Neuroplasticity*. MIT Press.（邦訳『脳は変わる：ニューロプラスティシティ』水谷淳訳、日本評論社、2017年）

Coulmas, F. (1989). *Writing Systems of the World*. Blackwell.

"Cracking the Maya Code" (n.d.). *PBS Nova*. https://www.pbs.org/wgbh/nova/mayacode/time-nf.html

Cressy, D. (1980). *Literacy and the Social Order: Reading and Writing in Tudor and Stuart England*. Cambridge University Press.

Crouse, L. (January 28, 2022). "I Ditched My Smart Watch, and I Don' t Regret It." *New York Times*. https://www.nytimes.com/2022/01/28/opinion/smartwatch-health-body.html

Crystal, D. (2001). *Language and the Internet*. Cambridge University Press.

Crystal, D. (2006). *The Fight for English*. Oxford University Press.

Crystal, D. (2010). "Semantic Targeting: Past, Present, and Future." *Aslib Proceedings: New Information Perspectives* 62(4/5): 355–365.

Crystal, D. (2012). *Spell It Out*. St. Martin' s Press.

Csikszentmihalyi, M. (1998). "Letters from the Field." *Roeper Review* 21(1): 80–81.

Csikszentmihalyi, M. (2013 [1997]). *Creativity: The Psychology of Discovery and Inventio*n. Harper Perennial Modern Classics.（邦訳『クリエイティヴィティ：フロー体験と創造性の心理学』浅川希洋志・石村郁夫・須藤祐二訳、世界思想社、2016年）

Cu, M. A., and Hochman, S. (January 22, 2023). "Scores of Stanford Students Used ChatGPT on Final

Exams, Survey Suggests." *Stanford Daily.* https://stanforddaily.com/2023/01/22/scores-of-stanford-students-used-chatgpt-on-final-exams-survey-suggests/

Curzan, A. (2014). *Fixing English: Prescriptivism and Language History.* Cambridge University Press.

D'Agostino, S. (October 26, 2022). "Machines Can Craft Essays. How Should Writing Be Taught Now?" Inside Higher Ed. https://www.insidehighered.com/news/2022/10/26/machines-can-craft-essays-how-should-writing-be-taught-now

Dahl, R. (1984). *Boy: Tales of Childhood.* Farrar, Straus, Giroux.（邦訳『少年』田口俊樹訳、早川書房、2022年）

Dahl, R. (1996 [1953]). "The Great Automatic Grammatizator" . In *The Great Automatic Grammatizator and Other Stories.* Viking, pp. 9-34.（邦訳『あなたに似た人』「偉大なる自動文章製造機」田口俊樹訳、早川書房、2013年）

Davies, M. W. (1982). *Woman's Place Is at the Typewriter: Office Work and Office Workers, 1870–1930.* Temple University Press.

de Beer, D. (November 3, 2020). "Grammarly Both Helps, Hinders Students." *The Standard.* The American School in London. https://standard.asl.org/16178/opinions/does-grammarly-help-or-hinder-students/

Dehaene, S. (2009). *Reading in the Brain.* Viking.

Dehaene, S., et al. (2010). "How Learning to Read Changes the Cortical Networks for Vision and Language." *Science 330* (December): 1359–1364.

Dehaene, S., et al. (2015). "Illiterate to Literate: Behavioural and Cerebral Changes Induced by Reading Acquisition." *Nature Reviews Neuroscience* 16 (April): 234–244.

De Kamper, G., and McGinn, I. (May 21, 2021). "How We Proved a Rembrandt Painting Owned by the University of Pretoria Was a Fake." *Sunday Times.* https://www.timeslive.co.za/news/sci-tech/2021-05-21-how-we-proved-a-rembrandt-painting-owned-by-the-university-of-pretoria-was-a-fake/

Devlin, J., et al. (2018). "BERT: Pre-Training of Deep Bidirectional Transformers for Language Understanding." https://arxiv.org/abs/1810.04805

Diakopoulos, N. (2019). *Automating the News: How Algorithms Are Rewriting the Media.* Harvard University Press.

Dickler, J. (May 1, 2009). "Getting Paid Not to Work." *CNN Money.* https://money.cnn.com/2009/04/30/news/economy/legal_deferrals/

Didion, J. (December 5, 1976). "Why I Write." *New York Times.* https://www.nytimes.com/1976/12/05/archives/why-i-write-why-i-write.html

Diehl, C. (1978). *Americans and German Scholarship, 1770–1870.* Yale University Press.

Dietrich, A. (2019). "Types of Creativity." *Psychonomic Bulletin & Review* 26: 1–12.

Diresta, R. (July 24, 2019). "A New Law Makes Bots Identify Themselves." *Wired.* https://www.wired.com/story/law-makes-bots-identify-themselves/

Dobrin, D. N. (1990). "A New Grammar Checker." *Computers and the Humanities* 24(1/2): 67–80.

Dou, Y., et al. (2022). "Is GPT-3 Text Indistinguishable from Human Text? SCARECROW: A Framework for Scrutinizing Machine Text." In *Proceedings of the 60th Meeting of the Association for Computational Linguistics*, vol. 1: long papers, pp. 7250–7274. https://arxiv.org/abs/2107.01294

Duff, A. (1981). *The Third Language.* Pergamon.

"Duplicating Polygraph" (n.d.). NYU Department of Media, Culture, and Communication. http://cultureandcommunication.org/deadmedia/index.php/Duplicating_Polygraph

du Sautoy, M. (2019). *The Creativity Code.* 4th Estate.

Dzieza, J. (July 20, 2022). "The Great Fiction of AI." *The Verge.* https://www.theverge.com/c/23194235/ai-fiction-writing-amazon-kindle-sudowrite-jasper

Earnest, L. (November 26, 2012). "Oral History of Lester D. 'Les' Earnest." Interviewed by Dag Spicer. Computer History Museum. https://archive.computerhistory.org/resources/access/text/2013/05/102746589-05-01-acc.pdf

Edmonds, R. (June 29, 2022). "An Updated Survey of US Newspapers Finds 360 More Have Closed Since 2019." *Poynter.* https://www.poynter.org/business-work/2022/an-updated-survey-of-us-newspapers-finds-360-more-have-closed-since-2019/

Ehri, L. C. (2000). "Learning to Read and Learning to Spell: Two Sides of a Coin." *Topics in Language Disorders* 20(3): 19–36.

Eide, N. (May 16, 2019). "All About 'Bertie' : Overhauling CMS Technology at Forbes." *CIODIVE.* https://www.ciodive.com/news/all-about-bertie-overhauling-cms-technology-at-forbes/554871/

Elbert, T., et al. (1995). "Increased Cortical Representation of the Fingers of the Left Hand in String Players." *Science* 270(5234): 305–307.

Eldridge, S., and Franklin, B., eds. (2019). *Routledge Handbook of Developments in Digital Journalism Studies.* Routledge.

Elgammal, A. (September 24, 2021). "How a Team of Musicologists and Computer Scientists Completed Beethoven' s Unfinished 10th Symphony." *The Conversation.* https://theconversation.comhow-a-team-of-musicologists-and-computer-scientists-completed-beethovens-unfinished-10th-symphony-168160

Eliot, C. W. (1869a). "The New Education." *The Atlantic* [*The Atlantic Monthly*] (February). https://www.theatlantic.com/magazine/archive/1869/02/the-new-education/309049/

Eliot, C. W. (1869b). Inaugural Address as President of Harvard College. https://homepages.uc.edu/~martinj/Ideal%20University/5.%20%20The%2019th%20Century%20American%20College/Eliot%20-%20Inauguration%20Address%201869.pdf

Ellis, H. (1926). *A Study of British Genius.* Houghton Mifflin.

Else, H. (January 19, 2023). "Abstracts Written by ChatGPT Fool Scientists." *Nature* 613: 423. https://www.nature.com/articles/d41586-023-00056-7

Engber, D. (June 6, 2014). "Who Made That Autocorrect?" *New York Times Magazine.* https://www.nytimes.com/2014/06/08/magazine/who-made-that-autocorrect.html

Eriksen, D. (December 7, 2022). "Teachers Despair over New Artificial Intelligence." *NRK Culture.* https://www.nrk.no/kultur/laerere-fortvilet-over-ny-kunstig-intelligens-1.16210580（ノルウェー語）Microsoft翻訳を使用して英訳。

ETS (n.d. a). "ETS Proficiency Profile: Optional Essay." https://www.ets.org/proficiency-profile/about/test-content.html

ETS (n.d. b). "e-rater Scoring Engine." https://www.ets.org/erater/how.html

ETS Global (n.d.). "Criterion." https://www.etsglobal.org/fr/en/test-type-family/criterion

European Union (April 27, 2016). "Regulation (EU) 2016/679 of the European Parliament and of the Council: On the Protection of Natural Persons with Regard to the Processing of Personal Data and on the Free Movement of Such Data." https://eur-lex.europa.eu/legal-content/EN/TXT/PDF/?uri=CELEX:32016R0679

Evans, C. (October 20, 2022). " 'The Robot Is Doing the Job' : Robots Help Pick Strawberries in California

amid Drought, Labor Shortage." *CBS News*. https://www.cbsnews.com/news/robots-pick-strawberries-california/

"'Expert System' Picks Key Workers' Brains" (November 7, 1989). *LA Times*. https://www.latimes.com/archives/la-xpm-1989-11-07-fi-1112-story.html

Fagan, F. (2022). "Law' s Computational Paradox." *Virginal Journal of Law and Technology* 26 (4). https://static1.squarespace.com/static/5e793709295d7b60295b2d29/t/63aa63a45c647b201f553c70/1672111013175/v26i4.Fagan.pdf

Fassler, J. (April 12, 2012). "Can the Computers at Narrative Science Replace Paid Writers?" *The Atlantic*. https://www.theatlantic.com/entertainment/archive/2012/04/can-the-computers-at-narrative-science-replace-paid-writers/255631/

"Fathers of the Deep Learning Revolution Receive ACM A. M. Turing Award" (March 27, 2019). *Association for Computing Machinery*. https://www.acm.org/media-center/2019/march/turing-award-2018

Feather, J. (1994). *Publishing, Piracy, and Politics: A Historical Study of Copyright in Britain*. Mansell.

Febvre, L., and Martin, H.-J. (1976). *The Coming of the Book*. Trans. D. Gerard. NLB.（邦訳『書物の出現』関根素子・長谷川輝夫・宮下志朗・月村辰雄訳、筑摩書房、1998年）

Fingas, J. (December 12, 2020). "Netflix Explains How It Uses AI to Sell You on a Show." *Engadget*. https://www.engadget.com/netflix-explains-ai-for-show-marketing-201524601.html

Finley, A. (2021). *How College Contributes to Workforce Success*. Association of American Colleges and Universities, Hanover Research. https://www.aacu.org/research/how-college-contributes-to-workforce-success

Fithian, D. F. (1950). *Charles W. Eliot's Contributions to Education*. PhD dissertation, University of Arizona. https://repository.arizona.edu/bitstream/handle/10150/318982/AZU_TD_BOX3_E9791_1950_29pdf?sequence=1&isAllowed=y

Flaherty, A. (2004). *The Midnight Disease*. Houghton Mifflin.（邦訳『書きたがる脳：言語と創造性の科学』茂木健一郎・吉田利子訳、ランダムハウス講談社、2006年）

Flaherty, C. (October 18, 2017). "Productivity: Age Is Just a Number." *Inside Higher Ed*. https://www.insidehighered.com/news/2017/10/18/new-study-pushes-back-decades-studies-suggesting-scientific-productivity-peaks-early

Flaherty, C. (April 6, 2021). "What Employers Want." *Inside Higher Ed*. https://www.insidehighered.com/news/2021/04/06/aacu-survey-finds-employers-want-candidates-liberal-arts-skills-cite-preparedness

Flaherty, J. (February 24, 2015). "Meet Bond, the Robot That Creates Handwritten Notes for You." *Wired*. https://www.wired.com/2015/02/meet-bond-robot-creates-handwritten-notes/

Fletcher, A., and Larson, E. J. (January 25, 2022). "Optimizing Machines Is Perilous. Consider 'Creatively Adequate' AI." *Wired*. https://www.wired.com/story/artificial-intelligence-data-future-optimization-antifragility/

Flood, A. (March 2, 2009). "Writing Is 'No Fun,' Says Tóibín." *Guardian*. https://www.theguardian.com/books/2009/mar/02/colm-toibin-writing-pleasure

Forster, A. (2001). "Review Journals and the Reading Public." In I. Rivers, ed., *Books and Their Readers in Eighteenth-Century England: New Essays*. Leicester University Press, pp. 171–190.

Fyfe, A. (July 8, 2021). "Where Did the Practice of 'Abstracts' Come From?" *A History of Scientific Journals*. https://arts.st-andrews.ac.uk/philosoph-icaltransactions/where-did-the-practice-of-abstracts-come-from/

Gallagher, C. J. (2003). "Reconciling a Tradition of Testing with a New Learning Paradigm." *Educational Psychology Review* 15(1): 83–99.

Galton, F. (1869). *Hereditary Genius*. Macmillan.（邦訳『天才と遺伝』原口鶴子訳、早稲田大学出版部、1915年）

Ganapati, P. (September 23, 2010). "How T9 Predictive Text Input Changed Mobile Phones." *Wired*. https://www.wired.com/2010/09/martin-king-t9-dies/

Garber, M. (August 23, 2013). "How Google' s Autocomplete Was ... Created/Invented/Born." *The Atlantic*. https://www.theatlantic.com/technol-ogy/archive/2013/08/how-googles-autocomplete-was-created-invented-born/278991/

Gardner, H. (1983). *Frames of Mind: The Theory of Multiple Intelligences*. Basic.

Gardner, H. (1993). *Creating Minds*. Basic.

Garfinkel, S. (n.d.). "Building 20: A Survey." Reflections on MIT' s Building 20. https://ic.media.mit.edu/projects/JBW/ARTICLES/SIMSONG.HTM

Gault, M. (August 31, 2022). "An AI-Generated Artwork Won First Place at a State Fair Fine Arts Competition, and Artists Are Pissed." *Motherboard*. https://www.vice.com/en/article/bvmvqm/an-ai-generated-artwork-won-first-place-at-a-state-fair-fine-arts-competition-and-artists-are-pissed

Gebru, T., and Mitchell, M. (June 17, 2022). "We Warned Google That People Might Believe AI Was Sentient. Now It' s Happening." *Washington Post*. https://www.washingtonpost.com/opinions/2022/06/17/google-ai-ethics-sentient-lemoine-warning/

Gellerstam, M. (1986). "Translationese in Swedish Novels Translated from English." *Scandinavian Symposium on Translation Theory*. CWK Gleerup, pp. 88–95.

Gero, K. I. (December 2, 2022). "AI Reveals the Most Human Parts of Writing." *Wired*. https://www.wired.com/story/artificial-intelligence-writing-art/

Gibbs, S. (December 5, 2016). "Google Alters Search Autocomplete to Remove 'Are Jews Evil' Suggestion." *Guardian*. https://www.theguardian.com/technology/2016/dec/05/google-alters-search-autocomplete-remove-are-jews-evil-suggestion

Goldman, B. (May 12, 2021). "Software Turns 'Mental Handwriting' into On-Screen Words, Sentences." *Stanford Medicine News Center*. https://med.stanford.edu/news/all-news/2021/05/software-turns-handwriting-thoughts-into-on-screen-text.html

Goodfellow, I. J., et al. (2014). "Generative Adversarial Nets." NIPS 14. *Proceedings of the 27th International Conference on Neural Information Processing Systems*, vol. 2, pp. 2672–2680. https://arxiv.org/abs/1406.2661

Goody, J., and Watt, I. (1963). "The Consequences of Literacy." *Comparative Studies in Society and History* 5(3): 304–345.

"Gorham's Cave Complex" (n.d.). *UNESCO*. https://whc.unesco.org/en/list/1500/

Gotti, F., Langlais, P., and Lapalme, G. (2014). "Designing a Machine Translation System for Canadian Weather Warnings: A Case Study." *Natural Language Engineering* 20(3): 399–433.

GPT Generative Pretrained Transformer, Thunström, A. O., and Steingrimsson, S. (2022). "Can GPT-3 Write an Academic Paper on Itself, with Minimal Human Input?" *HAL Open Science*. https://hal.archives-ouvertes.fr/hal-03701250/document

Graham, S. S. (October 24, 2022). "AI-Generated Essays Are Nothing to Worry About." *Inside Higher Ed*. https://www.insidehighered.com/views/2022/10/24/ai-generated-essays-are-nothing-worry-about-opinion

Grant, D. (July 10, 2018). "The Problem with Studies Claiming Artists Have Higher Rates of Mental Illness." *Observer*. https://observer.com/2018/07/psychiatrists-say-studies-linking-artists-and-mental-

illness-are-flawed/

Green, J. (n.d.). Reading Guide, *Looking for Alaska*. Penguin Random House Canada. https://www.penguinrandomhouse.ca/books/292717/looking-for-alaska-by-john-green/9780593109069/reading-guide（邦訳『アラスカを追いかけて』金原瑞人訳、岩波書店、2017年）

Greenfield, P., and Bruner, J. (1966). "Culture and Cognitive Growth." *Journal of Psychology* 1: 89–107.

Grimmelmann, J. (2016a). "Copyright for Literate Robots." *Iowa Law Review* 101: 657–681.

Grimmelmann, J. (2016b). "There' s No Such Thing as a Computer-Authored Work—And It' s a Good Thing, Too." *Columbia Journal of Law and the Arts* 39: 403–416.

Guerberof Arenas, A., and Toral, A. (2020). "The Impact of Post-Editing and Machine Translation on Creativity and Reading Experience." *Translation Spaces* 9(2): 255–282.

Guerberof Arenas, A., and Toral, A. (2022). "Creativity in Translation: Machine Translation as a Constraint for Literary Texts." *Translation Spaces* 11(2): 184–212.

Guilford, J. P. (1950). "Creativity." *American Psychologist* 5(9): 444–454.

Gutman-Wei, R. (December 12, 2019). "A 'Mic Drop' on a Theory of Language Evolution." *The Atlantic*. https://www.theatlantic.com/science/archive/2019/12/when-did-ancient-humans-start-speak/603484/

Hall, A. H., et al. (2015). "Examining the Effects of Preschool Writing Instruction on Emergent Literacy Skills: A Systematic Review of the Literature." *Literacy Research and Instruction* 54: 115–134. https://tigerprints.clemson.edu/cgi/viewcontent.cgi?article=1040&context=eugene_pubs

Halverson, J. (1992). "Goody and the Implosion of the Literacy Thesis." *Man* 27: 301–317.

Hancock, J., Naaman, M., and Levy, K. (2020). "AI-Mediated Communication: Definition, Research Agenda, and Ethical Considerations." *Journal of Computer-Mediated Communicatio*n 25: 89–100. https://academic.oup.com/jcmc/article/25/1/89/5714020

Handel, M. (July 2022). "Growth Trends for Selected Occupations Considered at Risk from Automation." *Monthly Labor Review*. US Bureau of Labor Statistics. https://www.bls.gov/opub/mlr/2022/article/growth-trends-for-selected-occupations-considered-at-risk-from-automation.htm

Hao, K. (July 9, 2021). "AI Voice Actors Sound More Human Than Ever—and They' re Ready to Hire." *MIT Technology Review*. https://www.technologyreview.com/2021/07/09/1028140/ai-voice-actors-sound-human/

Harris, R. (2000). *Rethinking Writing*. Indiana University Press.

Harris, W. V. (1989). *Ancient Literacy*. Cambridge University Press.

Hartocollis, A., Taylor, K., and Saul, S. (January 19, 2021). "Retooling During Pandemic, the SAT Will Drop Essay and Subject Tests." *New York Times*. https://www.nytimes.com/2021/01/19/us/sat-essay-subject-tests.html

Harvard University Archives Research Guides (n.d.). "Harvard Presidents Reports, 1826–1995." https://guides.library.harvard.edu/c.php?g=638791&p=4471938

Havelock, E. (1963). *Preface to Plato*. Harvard University Press.（邦訳『プラトン序説』村岡晋一訳、新書館、1997年）

Hayes, J., and Berninger, V. (2014). "Cognitive Processes in Writing: A Framework." In B. Arfe, J. Dockrell, and V. Berninger, eds., *Writing Development in Children with Hearing Loss, Dyslexia, or Oral Language Problems*. Oxford University Press, pp. 3–15.

Heaven, W. D. (December 8, 2021). "DeepMind Says Its New Language Model Can Beat Others 25 Times Its Size." *MIT Technology Review*. https://www.technologyreview.com/2021/12/08/1041557/deepmind-

language-model-beat-others-25-times-size-gpt-3-megatron/

Heaven, W. D. (February 23, 2022). "This Is the Reason Demis Hassabis Started DeepMind." *MIT Technology Review*. https://www.technologyreview.com/2022/02/23/1045016/ai-deepmind-demis-hassabis-alphafold/

Heaven, W. D. (March 29, 2022). "Chatbots Could One Day Replace Search Engines. Here' s Why That' s a Terrible Idea." *MIT Technology Review*. https://www.technologyreview.com/2022/03/29/1048439/chatbots-replace-search-engine-terrible-idea/

Heaven, W. D. (May 3, 2022). "Meta Has Built a Massive New Language AI—and It' s Giving It Away for Free." *MIT Technology Review*. https://www.technologyreview.com/2022/05/03/1051691/meta-ai-large-language-model-gpt3-ethics-huggingface-transparency/

Heikkilä, M. (August 31, 2022). "What Does GPT-3 'Know' About Me?" *MIT Technology Review*. https://www.technologyreview.com/2022/08/31/1058800/what-does-gpt-3-know-about-me/

Heikkilä, M. (September 22, 2022). "DeepMind' s New Chatbot Uses Google Searches Plus Humans to Give Better Answers." *MIT Technology Review*. https://www.technologyreview.com/2022/09/22/1059922/deepminds-new-chatbot-uses-google-searches-plus-humans-to-give-better-answers/

Heikkilä, M. (January 17, 2023). "Here' s How Microsoft Could Use ChatGPT." *MIT Technology Review*. https://www.technologyreview.com/2023/01/17/1067014/heres-how-microsoft-could-use-chatgpt/

Heikkilä, M. (January 27, 2023). "A Watermark for Chatbots Can Spot Text Written by an AI." *MIT Technology Review*. https://www.technolo-gyreview.com/2023/01/27/1067338/a-watermark-for-chatbots-can-spot-text-written-by-an-ai/

Heller, J., Safdie, L., and Arrendondo, P. (2021). "AI in Legal Research." In N. Waisberg and H. Alexander, eds., *AI for Lawyers*. Wiley, pp. 107–118.

Henrickson, L. (April 4, 2021). "Constructing the Other Half of The Policeman' s Beard." *Electronic Book Review*. https://electronicbookreview.com/essay/constructing-the-other-half-of-the-policemans-beard/

Herrington, A., and Moran, C. (2012). "Writing to a Machine Is Not Writing at All." In N. Elliot and L. Perelman, eds., *Writing Assessment in the 21st Century: Essays in Honor of Edward M. Whit*e. Hampton, pp. 219–232.

Hie, B., et al. (January 15, 2021). "Learning the Language of Viral Evolution and Escape." *Science*. https://www.science.org/doi/10.1126/science.abd7331

Hill, A. S. (1874). *General Rules for Punctuation and for the Use of Capital Letters*. John Wilson & Son. https://www.google.com/books/edition/General_Rules_for_Punctuation_and_for_th/CTkAAAAAYAAJ?hl=en&gbpv=1&pg=PA1&printsec=frontcover

"History of the Enigma" (n.d.). *Crypto Museum*. https://www.cryptomuseum.com/crypto/enigma/hist.htm

Hoffman, R. (September 27, 2022). "AI' s Human Factor." *Greylock*. https://greylock.com/greymatter/ais-human-factor/

Hofstadter, D. (1979). *Gödel, Escher, Bach*. Basic.（邦訳『ゲーデル、エッシャー、バッハ　あるいは不思議の環』野崎昭弘・はやしはじめ・柳瀬尚紀訳、白揚社、2005年）

Holmes, J. (April 3, 2016). "AI Is Already Making Inroads into Journalism but Could It Win a Pulitzer?" *Guardian*. https://www.theguardian.com/media/2016/apr/03/artificla-intelligence-robot-reporter-pulitzer-prize

Holpuch, A. (February 23, 2022). "16-Year-Old Chess Prodigy Defeats World Champion Magnus Carlsen." *New York Times*. https://www.nytimes.com/2022/02/23/arts/chess-magnus-carlsen-rameshbabu-praggnanandhaa.html

Horobin, S. (2013). *Does Spelling Matter?* Oxford University Press.（邦訳『スペリングの英語史』堀田隆一訳、早川書房、2017年）

Horowitz-Kraus, T., and Hutton, J. S. (2018). "Brain Connectivity in Children Is Increased by the Time They Spend Reading Books and Decreased by the Length of Exposure to Screen-Based Media." *Acta Paediatrica* 107(4): 685–693.

"How Sequoyah, Who Did Not Read or Write, Created a Written Language for the Cherokee Nation from Scratch" (November 24, 2020). *PBS American Masters*. https://www.pbs.org/wnet/americanmasters/blog/how-sequoyah-who-did-not-read-or-write-created-a-written-language-for-the-cherokee-nation-from-scratch/

Hsu, T., and Thompson, S. A. (February 8, 2023). "Disinformation Researchers Raise Alarms About A.I. Chatbots." *New York Times*. https://www.nytimes.com/2023/02/08/technology/ai-chatbots-disinformation.html

Huang, C.-Z. A., et al. (2020). "AI Song Contest: Human–AI Co-Creation in Songwriting." *21st International Society for Music Information Retrieval Conference*. https://arxiv.org/abs/2010.05388

Hutchins, J. (1996). "ALPAC: The (In)famous Report." *MT News International* 14: 9–12. https://aclanthology.org/www.mt-archive.info/90/MTNI-1996-Hutchins.pdf

Hutchins, J. (2002). "Two Precursors of Machine Translation: Artsrouni and Trojanskij." https://citeseerx.ist.psu.edu/viewdoc/download?doi=10.1.1.14.2564&rep=rep1&type=pdf

Hutton, J. S., et al. (2020a). "Associations Between Home Literacy Environment, Brain White Matter Integrity and Cognitive Abilities in Preschool-Age Children." *Acta Paediatrica* 109(7): 1376–1386.

Hutton, J. S., et al. (2020b). "Associations Between Screen-Based Media Use and Brain White Matter Integrity in Preschool-Aged Children." *JAMA Pediatrics* 174(1).

"International Literacy Day 2021: Literacy for a Human Centred Recovery: Narrowing the Digital Divide" (2021) *UNESCO*. https://en.unesco.org/sites/default/files/ild-2021-fact-sheet.pdf

"Is Artificial Intelligence Set to Become Art's Next Medium?" (December 12, 2018). *Christie's*. https://www.christies.com/features/a-collaboration-be-tween-two-artists-one-human-one-a-machine-9332-1.aspx

Ives, M., and Mozur, P. (June 4, 2021). "India' s 'Ugliest' Language? Google Had an Answer (and Drew a Backlash)." *New York Times*. https://www.nytimes.com/2021/06/04/world/asia/google-india-language-kannada.html

Jabr, F. (May 14, 2012). "Know Your Neurons: The Discovery and Naming of the Neuron." *Scientific American*. https://blogs.scientificamerican.com/brainwaves/know-your-neurons-the-discovery-and-naming-of-the-neuron/

Jacobsen, E. (n.d.). "A (Mostly) Brief History of the SAT and ACT Tests." https://www.erikthered.com/tutor/sat-act-history.html

James, K. (2017). "The Importance of Handwriting Experience on the Development of the Literate Brain." *Current Directions in Psychological Science* 26(6): 502–508.

Jansen, T., et al. (2021). "Don' t Just Judge the Spelling! The Influence of Spelling on Assessing Second-Language Student Essays." *Frontline Learning Research* 9(1): 44–65. https://files.eric.ed.gov/fulltext/EJ1284840.pdf

Jauk, E., et al. (2013). "The Relationship Between Intelligence and Creativity: New Support for the Threshold Hypothesis by Means of Empirical Breakpoint Detection." *Intelligence* 41(4): 212–221.

Jee, C. (October 18, 2022). "Technology That Lets Us 'Speak' to Our Dead Relatives. Are We Ready?" *MIT Technology Review*. https://www.technologyreview.com/2022/10/18/1061320/digital-clones-of-dead-people/

Jee, C., and Heaven, W. D. (December 6, 2021). "The Therapists Using AI to Make Therapy Better." *MIT Technology Review*. https://www.technologyreview.com/2021/12/06/1041345/ai-nlp-mental-health-better-therapists-psychology-cbt/

Jefferson, G. (1949). "The Mind of Mechanical Man." Lister Oration for 1949. *British Medical Journal* 1: 1105–1110.

Jia, Y., and Weiss, R. (May 15, 2019). "Introducing Translatotron: An End-to-End Speech-to-Speech Translation Model." *Google AI Blog*. https://ai.googleblog.com/2019/05/introducing-translatotron-end-to-end.html

Johnson, G. (November 11, 1997). "Undiscovered Bach? No, a Computer Wrote It." *New York Times*. https://www.nytimes.com/1997/11/11/science/undiscovered-bach-no-a-computer-wrote-it.html

Johnson, K. (November 2, 2021). "Facebook Drops Facial Recognition to Tag People in Photos." *Wired*. https://www.wired.com/story/facebook-drops-facial-recognition-tag-people-photos/

Johnson, M. (April 20, 2020). "A Scalable Approach to Reducing Gender Bias in Google Translate." *Google AI Blog*. https://ai.googleblog.com/2020/04/a-scalable-approach-to-reducing-gender.html

Johnson, S. (April 16, 2013). "Why No One Clicked on the Great Hypertext Story," *Wired*. https://www.wired.com/2013/04/hypertext/

Joshi, R. M., et al. (2008). "How Words Cast Their Spell: Spelling Is an Integral Part of Learning the Language, Not a Matter of Memorization." *American Educator* 32(4): 6–16. https://www.aft.org/sites/default/files/periodicals/joshi.pdf

Jozuka, E. (March 24, 2016). "A Japanese AI Almost Won a Literary Prize." *Vice*. https://www.vice.com/en/article/wnxnjn/a-japanese-ai-almost-won-a-literary-prize

Kalchbrenner, N., and Blunsom, P. (2013). "Recurrent Continuous Translation Models." In *Proceedings of the ACL Conference on Empirical Methods in Natural Language Processing*, pp. 1700–1709.

Kansara, R., and Main, E. (September 9, 2021). "The Kenyans Who Are Helping the World to Cheat." *BBC News*. https://www.bbc.com/news/blogs-trending-58465189

Kasparov, G. (2007). *How Life Imitates Chess: Making the Right Moves, from the Board to the Boardroom*. Bloomsbury.（邦訳『決定力を鍛える：チェス世界王者に学ぶ生き方の秘訣』近藤隆文訳、NHK出版、2007年）

Kasparov, G. (February 11, 2010). "The Chess Master and the Computer" (review of Diego Rasskin-Gutman, Chess Metaphors, MIT Press). In *The New York Review of Books*. https://www.nybooks.com/articles/2010/02/11/the-chess-master-and-the-computer/

Kaufman J. C. (2018). "Finding Meaning with Creativity in the Past, Present, and Future." *Perspectives on Psychological Science* 13(6): 734–749.

Kaufman, J. C., and Beghetto, R. A. (2009). "Beyond Big and Little: The Four C Model of Creativity." *Review of General Psychology* 13(1): 1–12.

Kaufman, S. L. (November 5, 2020). "Artist Sougwen Chung Wanted Collaborators. So She Designed and Built Her Own AI Robots." *Washington Post*. https://www.washingtonpost.com/business/2020/11/05/ai-artificial-intelligence-art-sougwen-chung/

Kennedy, H. (1980). "The First Written Examinations at Harvard College." *American Mathematical Monthly*

87(6): 483–486.

Kenny, D., and Winters, M. (2020). "Machine Translation, Ethics and the Literary Translator' s Voice." *Translation Spaces* 9(1): 123–149.

Kim, J., et al. (2021). "Which Linguist Invented the Lightbulb? Presupposition Verification for Question-Answering." *ACL 2021*. https://arxiv.org/pdf/2101.00391.pdf

Kincaid, J. P., et al. (February 1975). "Derivation of New Readability Formulas: Automated Readability Index (Fog Count and Flesch Reading Ease Formula) for Navy Enlisted Personnel." *Research Branch Report 8–75*. https://apps.dtic.mil/sti/pdfs/ADA006655.pdf

Kindy, D. (November 11, 2022). "Nazi Ciphers Were No Match for WWII Code-Breaking Heroine." *Washington Post*. https://www.washingtonpost.com/history/2022/11/11/julia-parsons-woman-codebreaker-wwii/

Klebanov, B. B., Gyawali, B., and Song, Y. (2017). "Detecting Good Arguments in a Non-Topic-Specific Way: An Oxymoron?" In *Proceedings of the 55th Meeting of the Association for Computational Linguistics*, short papers, pp. 244–249.

Klebanov, B. B., and Madnani, N. (2020). "Automated Evaluation of Writing—50 Years and Counting." In *Proceedings of the 58th Meeting of the Association for Computational Linguistics*, pp. 7796–7810.

Klingemann, M. (July 18, 2020). "Another Attempt at a Longer Piece. An Imaginary Jerome K. Jerome Writes About Twitter." *Twitter*投稿。 https://twitter.com/quasimondo/status/1284509525500989445?lang=en

Knight, W. (December 7, 2022). "ChatGPT' s Most Charming Trick Is Also Its Biggest Flaw." *Wired*. https://www.wired.com/story/openai-chatgpts-most-charming-trick-hides-its-biggest-flaw/

Koch, C. (March 19, 2016). "How the Computer Beat the Go Master." *Scientific American*. https://www.scientificamerican.com/article/how-the-computer-beat-the-go-master/

Kocienda, K. (September 4, 2018). "I Invented the iPhone' s Autocorrect. Sorry About That, and You' re Welcome." *Wired*. https://www.wired.com/story/opinion-i-invented-autocorrect/

Krill, P. (November 10, 2022). "GitHub Faces Lawsuit over Copilot AI Coding Assistant." *InfoWorld*. https://www.infoworld.com/article/3679748/github-faces-lawsuit-over-copilot-coding-tool.html

Krokoscz, M. (2021). "Plagiarism in Articles Published in Journals Indexed in the Scientific Periodicals Electronic Library (SPELL): A Comparative Analysis Between 2013 and 2018." *International Journal for Academic Integrity* 17(1). https://edintegrity.biomedcentral.com/articles/10.1007/s40979-020-00063-5

Kung, T. H., et al. (December 21, 2022). "Performance of ChatGPT on USMLE: Potential for AI-Assisted Medical Education Using Large Language Models." https://www.medrxiv.org/content/10.1101/2022.12.19.22283643v2.full

Kyaga, S. (2015). *Creativity and Mental Illness*. Palgrave Macmillan/Springer Nature.

LaFranchi, H. (April 27, 1984). "John Martin' s 'Writing to Read' : A New Way to Teach Reading." *Christian Science Monitor*. https://www.csmonitor.com/1984/0427/042701.html

Lahiri, J. (2017). "Introduction" to Domenico Starnone, *Ties*. Trans. J. Lahiri. Europa Editions, pp. 11–19.

Landow, G. (1992). *Hypertext: The Convergence of Contemporary Critical Theory and Technology*. Johns Hopkins University Press.（邦訳『ハイパーテクスト：活字とコンピュータが出会うとき』若島正・河田学・板倉 厳一郎訳、ジャストシステム、1996年）

Language and Machines: Computers in Translation and Linguistics (1966). Automatic Language Processing Advisory Committee, National Academy of Sciences. https://nap.nationalacademies.org/resource/alpac_

lm/ARC000005.pdf Lau, J. H., et al. (April 30, 2020).

Lau, J. H., et al. (April 30, 2020). "This AI Poet Mastered Rhythm, Rhyme, and Natural Language to Write Like Shakespeare." *IEEE Spectrum.* https://spectrum.ieee.org/artificial-intelligence/machine-learn-ing/this-ai-poet-mastered-rhythm-rhyme-and-natural-language-to-write-like-shakespeare

LeCun, Y., et al. (1998). "Gradient-Based Learning Applied to Document Recognition." *Proceedings of the IEEE* 86(11): 2278–2324.

Lee, K.-F., and Qiufan, C. (2021). *AI 2041: Ten Visions for Our Future.* Currency.（邦訳『AI 2041：人工知能が変える20年後の未来』中原尚哉訳、文藝春秋、2022年）

Lee, N. T., and Lai, S. (December 20, 2021). "Why New York City Is Cracking Down on AI in Hiring." *Brookings Education Blog Tech Tank.* https://www.brookings.edu/blog/techtank/2021/12/20/why-new-york-city-is-cracking-down-on-ai-in-hiring/

Legg, M., and Bell, F. (2020). *Artificial Intelligence and the Legal Profession.* Hart.

Lehmann, N. (1999). *The Big Test: The Secret History of the American Meritocracy.* Farrar, Straus and Giroux.（邦訳『ビッグ・テスト：アメリカの大学入試制度：知的エリート階級はいかにつくられたか』久野温穏訳、早川書房、2001年）

Lehmann, W. P. (n.d.). "Machine Translation at Texas: The Early Years." Linguistics Research Center, University of Texas at Austin. https://liberalarts.utexas.edu/lrc/about/history/machine-translation-at-texas/early-years.php

Leonard, S. (1929). *The Doctrine of Correctness in English Usage, 1700–1800.* Russell and Russell.

Levy, F., and Marnane, R. (2004). *The New Division of Labor.* Russell Sage Foundation.

Levy, S. (May 18, 1997). "Big Blue' s Hand of God." *Newsweek.* https://www.newsweek.com/big-blues-hand-god-173076

Lewis-Kraus, G. (December 14, 2016). "The Great A.I. Awakening." *New York Times Magazine.* https://www.nytimes.com/2016/12/14/magazine/the-great-ai-awakening.html

Li, F.-F. (n.d.). "ImageNet: Crowdsourcing, Benchmarking, and Other Cool Things." Stanford University. https://www.image-net.org/static_files/papers/ImageNet_2010.pdf

Limbong, A. (July 16, 2021). "AI Brought Anthony Bourdain' s Voice Back to Life. Should It Have?" *NPR.* https://www.npr.org/2021/07/16/1016838440/ai-brought-anthony-bourdains-voice-back-to-life-should-it-have

Ling, R. (2012). *Taken for Grantedness.* MIT Press.

"Listening to the Music of Turing's Computer" (October 1, 2016). *BBC News.* https://www.bbc.com/news/magazine-37507707

Liukkonen, P. (2008). "James Fenimore Cooper (1789–1851)." https://web.archive.org/web/20140823203150/http:/www.kirjasto.sci.fi/jfcooper.htm

Longcamp, M., Zerbato-Poudou, M.-T., and Velay, J.-L. (2005). "The Influence of Writing Practice on Letter Recognition in Preschool Children: A Comparison Between Handwriting and Typing." *Acta Psychologica* 119: 67–79.

Lorenz, T. (April 29, 2021). "What Is 'Cheugy' ? You Know It When You See It." *New York Times.* https://www.nytimes.com/2021/04/29/style/cheugy.html

Lou, P. J., and Johnson, M. (2020). "End-to-End Speech Recognition and Disfluency Removal." *Findings of the Association for Computational Linguistics.* EMNLP 2020, pp. 2051–2061. https://arxiv.org/abs/2009.10298

Lounsbury, T. L. (1911). "Compulsory Composition in Colleges," in Harper' s Monthly 123: 866–880. In J.

C. Brereton, ed. (1995), *The Origins of Composition Studies in the American College, 1875–1925*. University of Pittsburgh Press, pp. 261–286.
Lubrano, A. (1997). *The Telegraph: How Technology Innovation Caused Social Change*. Routledge.
Luckenbach, T. A. (1986). "Encouraging 'little c' and 'Big C' Creativity." *Research Management* 29(2): 9–10.
Luhn, H. P. (1958). "The Automatic Creation of Literature Abstracts." *IBM Journal* (April): 159–165.
Lunsford, A., et al. (2017). *Everyone's an Author*, 2nd ed. W. W. Norton.
Lunsford, A. A., and Lunsford, K. J. (2008). " 'Mistakes Are a Fact of Life' : A National Comparative Study." *College Composition and Communication* 59(4): 781–806.
Lytvyn, M. (March 31, 2021). "A History of Innovation at Grammarly." *Grammarly Blog*. https://www.grammarly.com/blog/grammarly-12-year-history/

Mac, R. (September 3, 2021). "Facebook Apologizes After A.I. Puts 'Primates' Label on Video of Black Men." *New York Times*. https://www.nytimes.com/2021/09/03/technology/facebook-ai-race-primates.html
Maguire, E. A., et al. (2000). "Navigation-Related Structural Change in the Hippocampi of Taxi Drivers." *Proceedings of the National Academy of Sciences* 97(8): 4398–4403.
Mallery, G. (1972 [1893]). *Picture-Writing of the American Indians*. 2 vols. Dover.
Mallon, T. (1989). *Stolen Words*. Ticknor & Fields.
Mangen, A., and Schilhab, T. (2012). "An Embodied View of Reading: Theoretical Considerations, Empirical Findings, and Educational Implications." In S. Matre and A. Skaftun, eds., *Skriv! Les!* Akademika Forlag. https://www.academia.edu/3850051/Mangen_A_and_Schilhab_T_2012_An_embodied_view_of_reading_Theoretical_considerations_empirical_findings_and_educa-tional_implications
Mangen, A., and van der Weel, A. (2017). "Why Don' t We Read Hypertext Novels?" *Convergence* 23(2): 166–181.
Mangen, A., and Velay, J.-L. (2010). "Digitizing Literacy: Reflections on the Haptics of Writing." In M. H. Zadeh, ed., *Advances in Haptics*, pp. 385–401. https://www.intechopen.com/chapters/9927
Manjoo, F. (October 7, 2022). "In the Battle with Robots, Human Workers Are Winning." *New York Times*. https://www.nytimes.com/2022/10/07/opinion/machines-ai-employment.html
Marconi, F. (2020). *Newsmakers: Artificial Intelligence and the Future of Journalism*. Columbia University Press.
Marcus, G. (December 29, 2022). "The Dark Risk of Large Language Models." *Wired*. https://www.wired.com/story/large-language-models-artificial-intelligence/
Marcus, G., and Davis, E. (2019). *Rebooting AI: Building AI We Can Trust*. Pantheon.
Markovic, M. (2019). "Rise of the Robot Lawyer?" *Arizona Law Review* 61(2): 325–350.
Marshall, M. (January 7, 2021). "Humans May Have Domesticated Dogs by Accident by Sharing Excess Meat." *New Scientist*. https://www.newscientist.com/article/2264329-humans-may-have-domesticated-dogs-by-accident-by-sharing-excess-meat/
Martin, J. H., and Friedberg, A. (1986). *Writing to Read*. Warner.
Martin-Lacroux, C., and Lacroux, A. (2017). "Do Employers Forgive Applicants' Bad Spelling in Résumés?" *Business and Professional Communication Quarterly* 80(3): 321–335.
Matan, O., et al. (1991). "Reading Handwritten Digits: A Zip Code Recognition System." *AT&T 1991 Report*. https://ieeexplore.ieee.org/document/144441
Mayne, D. (January 26, 2021). "Revisiting Grammarly: An Imperfect Tool for Final Editing." Writing Center, University of Wisconsin–Madison. https://dept.writing.wisc.edu/blog/revisiting-grammarly/

comment-page-1/

McAfee, A., and Brynjolfsson, E. (2017). *Machine, Platform, Crowd.* W. W. Norton.（邦訳『プラットフォームの経済学：機械は人と企業の未来をどう変える?』村井章子訳、日経BP、2018年）

McCabe, D. L. (2005). "Cheating Among College and University Students: A North American Perspective." *International Journal for Educational Integrity* 1(1). https://ojs.unisa.edu.au/index.php/ijei/article/view/14

McCarthy, A. (August 12, 2019). "How 'Smart' Email Could Change the Way We Talk." *BBC Future.* https://www.bbc.com/future/article/20190812-how-ai-powered-predictive-text-affects-your-brain

McCarthy, J. (2006). "The Dartmouth Workshop—As Planned and As It Happened." http://www-formal.stanford.edu/jmc/ slides/dartmouth/ dartmouth/ node1. html

McCarthy, J., et al. (August 31, 1955). "A Proposal for the Dartmouth Summer Research Project on Artificial Intelligence." Proposal to the Rockefeller Foundation. http://www-formal.stanford.edu/jmc/history/dartmouth/dartmouth.html

McCoy, R. T., et al. (November 18, 2021). "How Much Do Language Models Copy from Their Training Data? Evaluating Linguistic Novelty in Text Generation Using RAVEN." https://arxiv.org/pdf/2111.09509.pdf

McCulloch, W. S., and Pitts, W. (1943). "A Logical Calculus of the Ideas Immanent in Nervous Activity." *Bulletin of Mathematical Biophysics* 5: 115–133.

McGee, T., and Ericsson, P. (2002). "The Politics of the Program: MS Word as the Invisible Grammarian." *Computers and Composition* 19: 453–470.

McKinney, S. M., et al. (January 1, 2020). "International Evaluation of an AI System for Breast Cancer Screening." *Nature* 577: 89–94. https://www.nature.com/articles/s41586-019-1799-6

Meehan, J. R. (1977). "Tale-Spin: An Interactive Program That Writes Stories." In *Proceedings of the 5th International Joint Conference on Artificial Intelligence*, vol. 1, pp. 91–98. http://cs.uky.edu/~sgware/reading/papers/meehan-1977tale.pdf

Menick, J. (2016). "Move 37: Artificial Intelligence, Randomness, and Creativity." *Mousse Magazine* 55 + 53. https://www.johnmenick.com/writing/move-37-alpha-go-deep-mind.html

Merrotsy, P. (2013). "A Note on Big-C Creativity and Little-c Creativity." *Creativity Research Journal* 25(4): 474–476.

Mesa, N. (March 11, 2022). "UNC Research Chief Admits to Plagiarism, Resigns." *The Scientist.* https://www.the-scientist.com/news-opinion/unc-research-chief-admits-to-plagiarism-resigns-69797

Messenger, R. (August 9, 2015). "The Wonderful World of Typewriters." *ozTypewriter.* https://oztypewriter.blogspot.com/2015/08/street-scribes-in-istanbul.html

Metz, C. (February 19, 2021). "A Second Google A.I. Researcher Says the Company Fired Her." *New York Times.* https://www.nytimes.com/2021/02/19/technology/google-ethical-artificial-intelligence-team.html

Michie, D. (1986). *On Machine Intelligence*, 2nd ed. Ellis Horwood.

"Microsoft 'to Replace Journalists with Robots' " (May 30, 2020). *BBC News.* https://www.bbc.com/news/world-us-canada-52860247

Midling, A. S. (October 1, 2020). "Why Writing by Hand Makes Kids Smarter." *Norwegian SciTech News.* https://norwegianscitechnews.com/2020/10/why-writing-by-hand-makes-kids-smarter/

Miller, A. I. (2019). *The Artist in the Machine.* MIT Press.

Minnis, A. J. (1988). *Medieval Theory of Authorship*, 2nd ed. University of Pennsylvania Press.

Minsky, M., and Papert, S. (1969). *Perceptrons.* MIT Press.（邦訳『パーセプトロン 改訂版』中野馨・坂口豊訳、パーソナルメディア、1993年）

Mitchell, E., et al. (January 26, 2023). "DetectGPT: ZeroShot Machine-Generated Text Detection Using Probability Curvature." https://arxiv.org/pdf/2301.11305v1.pdf
Mitchell, M. (n.d. a). "Curriculum." Excerpt from *Encyclopedia Brunoniana*. https://www.brown.edu/Administration/News_Bureau/Databases/Encyclopedia/search.php?serial=C0780
Mitchell, M. (n.d. b). "Philermenian Society." Excerpt from *Encyclopedia Brunoniana*. https://www.brown.edu/Administration/News_Bureau/Databases/Encyclopedia/search.php?serial=P0190
Monaghan, W., and Bridgeman, B. (April 2005). "E-rater as a Quality Control on Human Scores." *ETS R&D Connections*. https://www.ets.org/Media/Research/pdf/RD_Connections2.pdf
Monarch, R. (M.) (2021). *Human-in-the-Loop Machine Learning*. https://www.manning.com/books/human-in-the-loop-machine-learning#toc（邦訳『Human-in-the-Loop機械学習: 人間参加型AIのための能動学習とアノテーション』上田隼也・角野為耶・伊藤寛祥訳、共立出版、2023年）
Moncada, C. (December 15, 1983). "Takoma Park Votes Itself a Nuclear-Free Zone." *Washington Post*. https://www.washingtonpost.com/archive/local/1983/12/15/takoma-park-votes-itself-a-nuclear-free-zone/e8664144-8055-47ac-8a4e-1925ce22b6e4/
Montfort, N. (2008), "Riddle Machines: The History and Nature of Interactive Fiction." In S. Schreibman and R. Siemens, eds., *A Companion to Digital Literacy Studies*. Blackwell, pp. 267–282.
Moor, J. (2006). "The Dartmouth College Artificial Intelligence Conference: The Next Fifty Years." *AI Magazine* 27(4): 87–91.
Moorkens, J., et al. (2018). "Translators' Perceptions of Literary Post-Editing Using Statistical and Neural Machine Translation." *Translation Spaces* 7(2): 240–262.
Moran, L. (February 25, 2020). "Casetext Launches Automated Brief-Writing Product." *ABA Journal*. https://www.abajournal.com/news/article/casetext-launches-automated-brief-writing-product
Morehead, K., Dunlosky, J., and Rawson, K.A. (2019). "How Much Mightier Is the Pen Than the Keyboard for Note-Taking? A Replication and Extension of Mueller and Oppenheimer (2014)." *Educational Psychology Review* 31: 753–780.
Mori, M. (June 12, 2012). "The Uncanny Valley." *IEEE Spectrum*. https://spectrum.ieee.org/the-uncanny-valley
Motion, A. (September 25, 1999). "Magnificent in Its Remoteness, Beowulf Is Also Shockingly Vivid." *Financial Times*.
Mueller, P. A., and Oppenheimer, D. M. (2014). "The Pen Is Mightier Than the Keyboard: Advantages of Longhand over Laptop Note Taking." *Psychological Science* 25(6): 1159–1168.
Murati, E. (2022). "Language & Coding Creativity." *Daedalus* 151(2): 156–167.
Myers, D. G. (1996). *The Elephants Teach: Creative Writing Since 1880*. Prentice-Hall.

NACE (December 12, 2018). "Employers Want to See These Attributes on Students' Resumes." National Association of Colleges and Employers.
NACE (February 15, 2022). "The Attributes Employers Want to See on College Students' Resumes." National Association of Colleges and Employers.
Nalbantian, S., and Matthews, P. M., eds. (2019). *Secrets of Creativity: What Neuroscience, the Arts, and Our Minds Reveal*. Oxford University Press.
Naruto v. Slater (2016). Order Granting Motions to Dismiss. https://scholar.google.com/scholar_case?case=2028474831558505548&hl=en&as_sdt=6=scholarr
Navarria, G. (November 2, 2016). "How the Internet Was Born: From the ARPANET to the Internet."

The Conversation. https://theconversa-tion.com/how-the-internet-was-born-from-the-arpanet-to-the-internet-68072

Nayak, P. (May 18, 2021). "MUM: A New AI Milestone for Understanding Information." *Google Blog.* https://blog.google/products/search/introducing-mum/

"Neanderthals" (n.d.). *Gibraltar National Museum.* https://www.gibmuseum.gi/world-heritage/neanderthals

Neate, R. (December 15, 2021). "Sotheby' s Sells Record $ 7.3bn of Art So Far in 2021." *Guardian.* https://www.theguardian.com/artanddesign/2021/dec/15/sothebys-record-sales-art-2021-auction-house

Neely, B. (July 20, 2016). "Trump Speechwriter Accepts Responsibility for Using Michelle Obama' s Words." *NPR.* https://www.npr.org/2016/07/20/486758596/trump-speechwriter-accepts-responsibility-for-using-michelle-obamas-words

Nelson, T. (1980). *Literacy Machines.* https://archive.org/details/literarymachines00nels/page/n1/mode/2up（邦訳『リテラリーマシン：ハイパーテキスト原論』竹内郁雄・斉藤康己監訳、ハイテクノロジー・コミュニケーションズ訳、アスキー、1994年）

"New Navy Device Learns by Doing" (July 8, 1958). *New York Times.* https://www.nytimes.com/1958/07/08/archives/new-navy-device-learns-by-doing-psychologist-shows-embryo-of.html

"Newspapers Fact Sheet" (June 29, 2021). *Pew Research Center.* https://www.pewresearch.org/journalism/fact-sheet/newspapers/

Newton, P. M. (2018). "How Common Is Commercial Contract Cheating in Higher Education and Is It Increasing? A Systematic Review." *Frontiers in Education* 3, Article 67. https://www.frontiersin.org/articles/10.3389/feduc.2018.00067/full

Ngo, H., and Sakhaee, E. (2022). "Chapter 3: Technical AI Ethics." In *Artificial Intelligence Index Report 2022.* Stanford University Institute for Human-Centered Artificial Intelligence. https://aiindex.stanford.edu/wp-content/uploads/2022/03/2022-AI-Index-Report_Master.pdf

Nin, Anaïs. (1974). *The Diary of Anaïs Nin, Volume 5: 1947–1955.* Ed. and preface by Gunther Stuhlmann. Harcourt Brace Jovanovich.

Nizinsky, B. (2022). "AI Is Coming for Copywriters." *LinkedIn.* https://www.linkedin.com/pulse/ai-coming-copywriters-brian-nizinsky

Noble, S. (2018). *Algorithms of Oppression: How Search Engines Reinforce Racism.* New York University Press.（邦訳『抑圧のアルゴリズム：検索エンジンは人種主義をいかに強化するか』前田春香・佐倉統解説、大久保彩訳、明石書店、2024年）

Nordling, L. (November 16, 2018). "Widespread Plagiarism Detected in Many Medical Journals Based in Africa." *Nature.* https://www.nature.com/articles/d41586-018-07462-2

NPR (September 30, 2005). "Joan Didion Survives 'The Year of Magical Thinking.' " https://www.npr.org/transcripts/4866010

Olson, D. (1994). *The World on Paper: The Conceptual and Cognitive Implications of Writing and Reading.* Cambridge University Press.

Onion, R. (February 8, 2022). "Why Grammarly' s New Suggestions for Writing About Slavery Were Always Going to Miss the Mark." *Slate.* https://slate.com/technology/2022/02/grammarly-slavery-language-suggestions.html

Oravec, J. A. (2014). "Expert Systems and Knowledge-Based Engineering (1984–1991)." *International Journal of Designs for Living* 5(2): 66–75.

Oremus, W. (October 12, 2021). "Lawmakers' Latest Idea to Fix Facebook: Regulate the Algorithm."

Washington Post. https://www.washingtonpost.com/technology/2021/10/12/congress-regulate-facebook-algorithm/
Orwell, G. (1946). "Why I Write." *Gangrel* 4 (Summer).

Page, E. (1966). "The Imminence of Grading Essays by Computer." *The Phi Delta Kappan* 47(5): 238–243.
Park, S., and Baron, N. S. (2018). "Experiences of Writing on Smartphones, Laptops, and Paper." In J. Vincent and L. Haddon, eds., *Smartphone Cultures*. Routledge, pp. 150–162.
Parkey, K. (June 6, 2021). "John Wayne Coined the Term 'The Big C' While Doing Cancer Awareness Outreach." *Outsider*. https://outsider.com/entertainment/john-wayne-coined-term-the-big-c-cancer-awareness/
Pasquale, F. (2018). "A Rule of Persons, Not Machines: The Limits of Legal Automation." https://digitalcommons.law.umaryland.edu/cgi/viewcontent.cgi?article=2616&context=fac_pubs
Pasquale, F. (2020). *New Laws of Robotics*. Belknap.
Patterson, F., and Linden, E. (1981). *The Education of Koko*. Holt, Rinehart & Winston.（邦訳『ココ、お話しよう』都守淳夫訳、どうぶつ社、1995年）
Payne, W. M., ed. (1895). *English in American Universities, by Professors in the English Departments of Twenty Representative Institutions*. D.C. Heath. Selections in J. C. Brereton, ed. (1995), *The Origins of Composition Studies in the American College, 1875–1925*. University of Pittsburgh Press, pp. 157–186.
Peng, J., and Park, W. (June 4, 2019). "The Remarkable 'Plasticity' of Musicians' Brains." *BBC*. https://www.bbc.com/worklife/article/20190604-the-woman-who-feels-music-on-her-skin
Perelman, L. (2020). "The BABEL Generator and E-Rater: 21st Century Writing Constructs and Automated Essay Scoring (AES)." *Journal of Writing Assessment* 13(1). https://escholarship.org/uc/item/263565cq
Peritz, A. (September 6, 2022). "A.I. Is Making It Easier Than Ever for Students to Cheat." *Slate*. https://slate.com/technology/2022/09/ai-students-writing-cheating-sudowrite.html
Phelps, W. L. (1912). "English Composition" in *Teaching in School and College*. Macmillan. In J. C. Brereton, ed. (1995), *The Origins of Composition Studies in the American College, 1875–1925*. University of Pittsburgh Press, pp. 287–291.
Pielmeier, H., and O' Mara, P. (January 2020). "The State of the Linguistic Supply Chain: Translators and Interpreters in 2020." *CSA Research*. https://cdn2.hubspot.net/hubfs/4041721/Newsletter/The%20State%20of%20the%20Linguist%20Supply%20Chain%202020.pdf
"Pope Ditches Latin as Official Language of Vatican Synod" (October 6, 2014). *Reuters*. https://www.reuters.com/article/us-popelatin/pope-ditches-latin-as-official-language-of-vatican-synod-idUSKCN0HV1O220141006
Potthast, M., Hagen, M., and Stein, B. (June 2020). "The Dilemma of the Direct Answer." *ACM SIGIR Forum* 54(1). https://webis.de/downloads/publications/papers/potthast_2020j.pdf
Powers, D. E., et al. (2001). "Stumping e-Rater: Challenging the Validity of Automated Essay Scoring." *Computers in Human Behavior* 18(2): 103–134.
Presser, J., Beatson, J., and Chan, G., eds. (2021). *Litigating Artificial Intelligence*. Emond.

Quote Investigator (n.d.). "How Can I Know What I Think Till I See What I Say?" https://quoteinvestigator.com/2019/12/11/know-say/

Ramakrishnan, A., Sambuco, D., and Jagsi, R. (2014). "Women' s Participation in the Medical Profession:

Insights from Experiences in Japan, Scandinavia, Russia, and Eastern Europe." *Journal of Women's Health* 23(11): 927–934.

Ranjit, J. (October 6, 2021). "UK Pavilion: A Poetic Expression Designed by Es Devlin at Dubai Expo 2020." *Parametric Architecture*. https://parametric-architecture.com/uk-pavilion-a-poetic-expression-designed-by-es-devlin-at-dubai-expo-2020/

Reid, R. F. (1959). "The Boylston Professorship of Rhetoric and Oratory, 1806–1904: A Case Study in Changing Concepts of Rhetoric and Pedagogy." *Quarterly Journal of Speech* 45(3): 239–257.

Remus, D., and Levy, F. (2017). "Can Robots be Lawyers? Computers, Lawyers, and the Practice of Law." *Georgetown Journal of Legal Ethics* 30(3): 501–558.

Richtel, M. (2022). *Inspired.* Mariner.

Riedl, M. (January 4, 2021). "An Introduction to AI Story Generation." *Medium*. https://mark-riedl.medium.com/an-introduction-to-ai-story-generation-7f99a450f615

Riley, M. (January 30, 2022). "The Scripps National Spelling Bee." *The Science Academic Stem Magnet*. https://www.thescienceacademystemmagnet.org/2022/01/30/the-scripps-national-spelling-bee/

Roberts, M. S. (May 1, 2019). "Young Composer 'Solves' Elgar' s Enigma—and It' s Pretty Convincing." *Classic fM*. https://www.classicfm.com/composers/elgar/news/young-composer-solves-enigma/

Roberts, S. (February 14, 2017). "Christopher Strachey' s Nineteen-Fifties Love Machine." *New Yorker*. https://www.newyorker.com/tech/annals-of-technology/christopher-stracheys-nineteen-fifties-love-machine

Rockmore, D. (January 7, 2020). "What Happens When Machines Learn to Write Poetry?" *New Yorker*. https://www.newyorker.com/culture/annals-of-inquiry/the-mechanical-muse

Roemmele, M. (2021). "Inspiration Through Observation: Demonstrating the Influence of Automatically Generated Text on Creative Writing." In *Proceedings of the 12th International Conference on Computational Creativity*, pp. 52–61. https://arxiv.org/abs/2107.04007

Roose, K. (2021). *Futureproof.* Random House.（邦訳『AIが職場にやってきた：機械まかせにならないための9つのルール』田沢恭子訳、草思社、2023年）

Rose, S. (January 16, 2020). " 'It' s a War Between Technology and a Donkey' —How AI is Shaking Up Hollywood." *Guardian*. https://www.theguardian.com/film/2020/jan/16/its-a-war-between-technology-and-a-donkey-how-ai-is-shaking-up-hollywood

Ruby, D. (March 9, 2023). "Jasper AI Review 2023." *DemandSage*. https://www.demandsage.com/jasper-ai-review/

Rumelhart, D., Hinton, G., and Williams, R. (1986). "Learning Internal Representations by Error Propagation." In D. E. Rumelhart, J. L. McClelland, and PDP Research Group, eds., *Parallel Distributed Processing: Explorations in the Microstructure of Cognition, Vol. 1: Foundations*. MIT Press, pp. 318–362.

Russell, D. R. (2002 [1991]). *Writing in the Academic Disciplines*. Southern Illinois University Press.

Russell, S. (2019). *Human Compatible*. Penguin Random House.（邦訳『AI新生：人間互換の知能をつくる』松井信彦訳、みすず書房、2021年）

Russell, S., and Norvig, P. (2021). *Artificial Intelligence: A Modern Approach*, 4th ed. Pearson Education.

Saenger, P. (1982). "Silent Reading: Its Impact on Late Medieval Script and Society." *Viator* 13: 367–414.

Samuel, A. L. (1959). "Some Studies in Machine Learning Using the Game of Checkers." *IBM Journal of Research and Development* 3(3): 210–229.

Samuelson, P. (1986). "Allocating Ownership Rights in Computer-Generated Works." *University of Pittsburgh Law Review* 47: 1185–1228.

Samuelson, P. (2020). "AI Authorship?" *Communications of the ACM* 63(7): 20–22.

Sapir, E. (1921). *Language*. Harcourt, Brace.（邦訳『言語：ことばの研究序説』安藤貞雄訳、岩波書店、1998年）

Savage-Rumbaugh, S. (1994). *Kanzi: The Ape on the Brink of the Human Mind*. Wiley.（邦訳『人と話すサル「カンジ」』石館康平訳、講談社、1997年）

Savoldi, B., et al. (2021). "Gender Bias in Machine Translation." *Transactions of the Association for Computational Linguistics* 9: 845–874. https://arxiv.org/abs/2104.06001

Schank, R. C., and Abelson, R. P. (1977). *Scripts, Plans, Goals and Understanding: An Inquiry into Human Knowledge Structures*. Lawrence Erlbaum.

Schatten, J. (September 14, 2022). "Will Artificial Intelligence Kill College Writing?" *Chronicle of Higher Education*. https://www.chronicle.com/article/will-artificial-intelligence-kill-college-writing

Schiff, J. (n.d.). "A Brief History of Yale." Yale University Library. https://guides.library.yale.edu/yalehistory

Scott, K. (2022). "I Do Not Think It Means What You Think It Means: Artificial Intelligence, Cognitive Work & Scale." *Daedalus* 151(2): 75–84.

Scragg, D. G. (1974). *A History of English Spelling*. Barnes and Noble.

Scribner, S., and M. Cole (1981). *The Psychology of Literacy*. Harvard University Press.

Sealfon, R. (May 2019). "The History of the Spelling Bee." *Smithsonian Magazine*. https://www.smithsonianmag.com/arts-culture/history-spelling-bee-180971916/

Selinger, E. (January 15, 2015). "Will Autocomplete Make You Too Predictable?" *BBC Future*. https://www.bbc.com/future/article/20150115-is-autocorrect-making-you-boring

Shah, C., and Bender, E. M. (2022). "Situating Search." CHIIR ' 22. Association for Computing Machinery. https://dl.acm.org/doi/pdf/10.1145/3498366.3505816

Shah, H. (n.d.). "How GitHub Democratized Coding, Built a $ 2 Billion Business, and Found a New Home at Microsoft." *Nira Blog*. https://nira.com/github-history/

Shahriar, S. (2021). "GAN Computers Generate Arts? A Survey on Visual Arts, Music, and Literary Text Generation Using Generative Adversarial Network." https://arxiv.org/abs/2108.03857v2

Shane, J. (December 30, 2021). "New Years Resolutions Generated by AI." *AI Weirdness*. https://www.aiweirdness.com/new-years-resolutions-generated-by-ai/

Shank, B. (2004). *A Token of My Affection: Greeting Cards and American Business Culture*. Columbia University Press.

Shapiro, L., ed. (2014). *The Routledge Handbook of Embodied Cognitio*n. Routledge.

Shearer, E. (January 12, 2021). "More Than Eight-in-Ten Americans Get News from Digital Devices." *Pew Research Center*. https://www.pewresearch.org/fact-tank/2021/01/12/more-than-eight-in-ten-americans-get-news-from-digital-devices/

Shepherd, R. (n.d.). "Why I Write." *Poets.org*. https://poets.org/text/why-i-write

Shermis, M. D., and Burstein, J., eds. (2013). *Handbook of Automated Essay Evaluation*. Routledge.

Shneiderman, B. (1987). *Designing the User Interface: Strategies for Effective Human–Computer Interaction*. Addison-Wesley.

Shneiderman, B. (2022). *Human-Centered AI*. Oxford University Press.

Siegal, N. (June 9, 2015). "Disputed Painting Is Declared an Authentic Rembrandt After Decades." *New York Times*. https://www.nytimes.com/2015/06/09/arts/international/lifting-doubt-over-a-rembrandt.html

Silverstone, R., and Hirsch, E., eds. (1992). *Consuming Technologies: Media and Information in Domestic Spaces*. Routledge.

Simonite, T. (June 8, 2021). "What Really Happened When Google Ousted Timnit Gebru." *Wired*. https://www.wired.com/story/google-timnit-gebru-ai-what-really-happened/

Sinclair, U. (1906). The Jungle. Doubleday, Page.（邦訳『ジャングル』亀井俊介・巽孝之監修、大井浩二訳、松柏社、2009年）

Skeide, M., et al. (2017). "Learning to Read Alters Cortico-Subcortical Cross-Talk in the Visual System of Illiterates." *Sciences Advances* 3(5): 1–7.

Skinner, B. F. (1957). *Verbal Behavior*. Copley.

Slater, D. (2014). *Wildlife Personalities*. Blurb.

Slavin, R. E. (1991). "Reading Effects of IBM' s 'Writing to Read' Program: A Review of Evaluations." *Educational Evaluation and Policy Analysis* 13(1): 1–11.

Slocum, J. (n.d.). "Machine Translation at Texas: The Later Years." Linguistics Research Center, University of Texas at Austin. https://liberalarts.utexas.edu/lrc/about/history/machine-translation-at-texas/later-years.php

Smith, T. (June 30, 2018). "More States Opting to 'Robo-Grade' Student Essays by Computer." *NPR*. https://www.npr.org/transcripts/624373367?storyId=624373367?storyId=624373367

Smith, Z. (July 15, 2006). "On the Beginning." *Guardian*. https://www.theguardian.com/books/2006/jul/15/zadiesmith

Springer, S., Buta, P., and Wolf, T. C. (1991). "Automatic Letter Composition for Customer Service." *Proceedings of the Third Conference on Innovative Applications of Artificial Intelligence*. AAAI. https://www.researchgate.net/publication/221016496_Automatic_Letter_Composition_for_Customer_Service

"Spurned Love Leads to Knitting Invention" (November 13, 2014). *BBC Home*. Nottingham. https://www.bbc.co.uk/nottingham/content/arti-cles/2009/07/20/william_lee_knitting_frame_feature.shtml

Stein, M. I. (1953). "Creativity and Culture." *Journal of Psychology* 36: 311–322.

Stewart, S. (October 15, 2021). "Translators Fight for Credit on Their Own Book Covers." *Publishers Weekly*. https://www.publishersweekly.com/pw/by-topic/industry-news/publisher-news/article/87649-translators-fight-for-credit-on-their-own-book-covers.html

Stokel-Walker, C. (January 18, 2023). "ChatGPT Listed as Author on Research Papers: Many Scientists Disapprove." *Nature*. https://www.nature.com/articles/d41586-023-00107-z

Strachey, C. (1954). "The 'Thinking' Machine." *Encounter* 3(4): 25–31. +B520

Strubell, E., Ganesh, A., and McCallum, A. (2019). "Energy and Policy Considerations for Deep Learning in NLP." https://arxiv.org/pdf/1906.02243.pdf

"Summary of the Berne Convention for the Protection of Literary and Artistic Works (1886)" (n.d.). *World Intellectual Property Organization*. https://www.wipo.int/treaties/en/ip/berne/summary_berne.html

Susskind, D. (2020). *A World Without Work*. Metropolitan.（邦訳『WORLD WITHOUT WORK：AI時代の新「大きな政府」論』上原裕美子訳、みすず書房、2022年）

Susskind, R. (2017). *Tomorrow's Lawyers*, 2nd ed. Oxford University Press.

Susskind, R., and Susskind, D. (2015). *The Future of the Professions*. Oxford University Press.（邦訳『プロフェッショナルの未来：AI、IoT時代に専門家が生き残る方法』小林啓倫訳、朝日新聞出版、2017年）

Swafford, I. (July 27, 2021). "First-of-Its-Kind Stanford Machine Learning Tool Streamlines Student Feedback Process for Computer Science Professors." *Stanford News*. https://news.stanford.edu/2021/07/27/ai-tool-streamlines-feedback-coding-homework/

Swanburg, C. (2021). "Research and Writing." In J. R. Presser, J. Beatson, and G. Chan, eds., *Litigating Artificial Intelligence*. Emond, pp. 505–524.

Swift, J. (1991 [1712]). "A Proposal for Correcting, Improving and Ascertaining the English Tongue." In T. Crowley, *Proper English? Readings in Language, History, and Cultural Identify*. Routledge, p. 37.

Switek, B. (2011). "Mastodon Fossil Throws Up Questions over 'Rapid' Extinction." *Nature*. https://www.nature.com/articles/news.2011.606

Tegmark, M. (2017). *Life 3.0: Being Human in the Age of Artificial Intelligence*. Knopf.（邦訳『LIFE3.0：人工知能時代に人間であるということ』水谷淳訳、紀伊國屋書店出版部、2019年）

Teitelman, W. (1966). *PILOT: A Step Toward Man–Computer Symbiosis*. MA thesis, Department of Mathematics, Massachusetts Institute of Technology. https://apps.dtic.mil/sti/pdfs/AD0638446.pdf

Temple, E. (June 5, 2012). "A New Edition of 'A Farewell to Arms' Contains over 40 Alternate Endings." *Flavorwire*. https://www.flavorwire.com/305974/a-new-edition-of-a-farewell-to-arms-contains-hemingways-40-alternate-endings

Terrace, H. (1979). *Nim*. Knopf.（邦訳『ニム：手話で語るチンパンジー』中野尚彦訳、新思索社、1986年）

Terrell, E. (January 17, 2019). "When a Quote Is Not (Exactly) a Quote: The Business of America Is Business Edition." *Library of Congress Blogs*. https://blogs.loc.gov/inside_adams/2019/01/when-a-quote-is-not-exactly-a-quote-the-business-of-america-is-business-edition/

Theron, D. (July 28, 2022). "Getting Started with Bloom." *Towards Data Science*. https://towardsdatascience.com/getting-started-with-bloom-9e3295459b65

Thompson, C. (February 18, 2022). "What the History of AI Tells Us About Its Future." *MIT Technology Review*. https://www.technologyreview.com/2022/02/18/1044709/ibm-deep-blue-ai-history/

Thompson, C. (March 15, 2022). "It' s Like GPT-3 but for Code—Fun, Fast, and Full of Flaws." *Wired*. https://www.wired.com/story/openai-copilot-autocomplete-for-code/

Thompson, C. (October 13, 2022). "AI Shouldn' t Compete with Workers—It Should Supercharge Them." *Wired*. https://www.wired.com/story/ai-shouldnt-compete-with-workers-it-should-supercharge-them-turing-trap/

Thornton, T. P. (1996). *Handwriting in America*. Yale University Press.

Thouin, B. (1982). "The METEO System." In V. Lawson, ed., *Practical Experience of Machine Translation*. North-Holland, pp. 39–44.

Thunström, A. O. (June 30, 2022). "We Asked GPT-3 to Write an Academic Paper About Itself—and Then We Tried to Get It Published." *Scientific American*. https://www.scientificamerican.com/article/we-asked-gpt-3-to-write-an-academic-paper-about-itself-mdash-then-we-tried-to-get-it-published/

Thurman, N., Dörr, K., and Kunert, J. (2017). "When Reporters Get Hands-On with Robo-Writing." *Digital Journalism* 5(10): 1240–1259.

Thurman, N., Lewis, S. C., and Kunert, J., eds. (2021). *Algorithms, Automation, and News*. Routledge.

Tiku, N. (June 11, 2022). "The Google Engineer Who Thinks the Company' s AI Has Come to Life." *Washington Post*. https://www.washingtonpost.com/technology/2022/06/11/google-ai-lamda-blake-lemoine/

Tomar, D. (2012). *The Shadow Scholar*. Bloomsbury.

Toral, A. (2019). "Post-Editese: An Exacerbated Translationese." In *Proceedings of Machine Translation Summit XVII, Research Track*, pp. 273–281. Dublin, European Association for Machine Translation.

Tremmel, M. (2011). "What to Make of the Five-Paragraph Theme." *Teaching English in the Two-Year College* 39(1): 29–42.

Trithemius, J. (1974 [1492]). *In Praise of Scribes (De Laude Scriptorum)*. Ed. K. Arnold, trans. R. Behrendt. Coronado.

Tsu, J. (2022). *Kingdom of Characters: The Language Revolution That Made China Modern*. Penguin Random House.

Turing, A. (1937). "On Computable Numbers, with an Application to the Entscheidungsproblem." *Proceedings of the London Mathematical Society* 42: 230–265.

Turing, A. (1948). "Intelligent Machinery." National Physical Laboratory. https://www.npl.co.uk/getattachment/about-us/History/Famous-faces/Alan-Turing/80916595-Intelligent-Machinery.pdf?lang=en-GB. 次にも掲載。B. J. Copeland, ed. (2004), *The Essential Turing*. Oxford University Press, pp. 410–432.

Turing, A. (1950). "Computing Machinery and Intelligence." *Mind* 59(236): 433–460.

Turing, A. (May 15, 1951). "Can Digital Computers Think?" BBC Radio Program. 次にも掲載。B. J. Copeland, ed. (2004), *The Essential Turing*. Oxford University Press, pp. 482–486.

Turing, A., et al. (January 10, 1952). "Can Automatic Calculating Machines Be Said to Think?" BBC Radio Program. 次にも掲載。B. J. Copeland, ed. (2004), *The Essential Turing*. Oxford University Press, pp. 494–506.

Tyson, L. D., and Zysman, J. (2022). "Automation, AI & Work." *Daedalus* 151(2): 256–271.

Udagawa, A. F. (January 1, 2021). "New Year' s Resolution: #Namethetranslator." *GLLI*. https://glli-us.org/2021/01/01/new-years-resolution-namethetranslator/

"UK Copyright Law: Fact Sheet P-01" (2021). *UK Copyright Service*. https://copyrightservice.co.uk/copyright/p01_uk_copyright_law

Urry, H. L., et al. (2021). "Don' t Ditch the Laptop Just Yet: A Direct Replication of Mueller and Oppenheimer' s (2014) Study 1 Plus Mini Meta-Analyses Across Similar Studies." *Psychological Science* 32(3): 326–339.

US Copyright Office (2014). *Compendium of US Copyright Office Practices*, 3rd ed. § 313.2.

US Food and Drug Administration (n.d.). "When and Why Was FDA Formed?" https://www.fda.gov/about-fda/fda-basics/when-and-why-was-fda-formed

Valand, S. S. (December 19, 2022). "Is It Now That the Living Writing Dies?" *Klassekampen*. https://klassekampen.no/utgave/2022-12-19/debatt-er-det-na-den-levende-skriften-dor1/（ノルウェー語）Microsoft 翻訳を使用して英訳。

van Bezooijen, R. (1995). "Sociocultural Aspects of Pitch Differences Between Japanese and Dutch Women." *Language and Speech* 38(3): 253–265.

Vanmassenhove, E., Shterionov, D., and Gwilliam, M. (2021). "Machine Translationese: Effects of Algorithmic Bias on Linguistic Complexity in Machine Translation." *Proceedings of the 16th Conference of the European Chapter of the Association for Computational Linguistics: Main Volume*. https://aclanthology.org/2021.eacl-main.188/

Vara, V. (August 9, 2021). "Ghosts." *The Believer Magazine*. https://www.thebeliever.net/ghosts

Vaswani, A., et al. (2017). "Attention Is All You Need." 31st Conference on Neural Information Processing Systems (NIPS 2017). https://arxiv.org/abs/1706.03762

Vincent, J. (January 12, 2018). "Google 'Fixed' Its Racist Algorithm by Removing Gorillas from Its Image-Labeling Tech." *The Verge*. https://www.theverge.com/2018/1/12/16882408/google-racist-gorillas-photo-recognition-algorithm-ai

Vincent, J. (April 17, 2018). "Watch Jordan Peele Use AI to Make Barack Obama Deliver a PSA About Fake News." *The Verge*. https://www.theverge.com/tldr/2018/4/17/17247334/ai-fake-news-video-barack-obama-jordan-peele-buzzfeed

Vincent, J. (April 10, 2019). "The First AI-Generated Textbook Shows What Robot Writers Are Actually Good At." *The Verge*. https://www.theverge.com/2019/4/10/18304558/ai-writing-academic-research-book-springer-nature-artificial-intelligence

Vincent, J. (October 25, 2022). "Shutterstock Will Start Selling AI-Generated Stock Imagery with Help from OpenAI." *The Verge*. https://www.theverge.com/2022/10/25/23422359/shutterstock-ai-generated-art-openai-dall-e-partnership-contributors-fund-reimbursement

Vitale, T. (February 17, 2013). " 'Amory Show' That Shocked America in 1913, Celebrates 100." *NPR*. https://www.npr.org/2013/02/17/172002686/armory-show-that-shocked-america-in-1913-celebrates-100

"Voters Turn Down Ban on Nuclear Arms Work in Massachusetts City." (November 12, 1983). *Washington Post*. https://www.washingtonpost.com/archive/politics/1983/11/12/voters-turn-down-ban-on-nuclear-arms-work-in-mas-sachusetts-city/c6e9c205–782e-4dbe-8365-053ae3e46229/

Waldorf Today (n.d.). "7 Benefits of Waldorf s 'Writing to Read' Approach." From Nelson Waldorf School. https://www.waldorftoday.com/2018/05/7-benefits-of-waldorfs-writing-to-read-approach/

Walker, M., and Matsa, K. E. (May 21, 2021). "A Third of Large U.S. Newspapers Experienced Layoffs in 2020, More Than in 2019." *Pew Research Center*. https://www.pewresearch.org/fact-tank/2021/05/21/a-third-of-large-u-s-newspapers-experienced-layoffs-in-2020-more-than-in-2019/

Walker, M., and Matsa, K. E. (September 20, 2021). "News Consumption Across Social Media in 2021." *Pew Research Center*. https://www.pewre-search.org/journalism/2021/09/20/news-consumption-across-social-media-in-2021/

Walker, P. R. (November 23, 2015). "The Trials and Triumphs of Leon Dostert ' 28." Occidental College. https://www.oxy.edu/magazine/issues/fall-2015/trials-and-triumphs-leon-dostert-28

Wang, G. (October 20, 2019). "Humans in the Loop: The Design of Interactive AI Systems." *Stanford University Human-Centered Artificial Intelligence*. https://hai.stanford.edu/news/humans-loop-design-interactive-ai-systems

Wardrip-Fruin, N. (September 13, 2006). "The Story of Meehan' s Tale-Spin." *Grand Text Auto*. https://grandtextauto.soe.ucsc.edu/2006/09/13/the-story-of-meehans-tale-spin/

Warner, J. (2018). *Why They Can't Write*. Johns Hopkins University Press.

Weaver, W. (1949). "Translation." Memorandum. Rockefeller Foundation. http://gunkelweb.com/coms493/texts/weaver_translation.pdf

Weaver, W. (1964). *Alice in Many Tongues*. University of Wisconsin Press.

Weizenbaum, J. (1966). "ELIZA—A Computer Program for the Study of Natural Language Communication Between Men and Machines." *Communications of the ACM* 9: 36–45.

Welbl, J., et al. (2021). "Challenges in Detoxifying Language Models." DeepMind. https://arxiv.org/pdf/2109.07445.pdf

Wetsman, N. (March 9, 2021). "Google Translate Still Isn' t Good Enough for Medical Instructions." *The Verge*. https://www.theverge.com/2021/3/9/22319225/google-translate-medical-instructions-unreliable

"What Does Copyright Protect?" (n.d.). *US Copyright Office*. https://www.copyright.gov/help/faq/faq-protect.html

"What Grades Can AI Get in College?" (n.d.). *EduRef.net*. https://best-universities.net/features/what-grades-

can-ai-get-in-college/
"What Is a Neuron?" (n.d.). *Queensland Brain Institute*. University of Queensland, Australia. https://qbi.uq.edu.au/brain/brain-anatomy/what-neuron
"When Greek and Latin Ruled" (September 29, 1914). *Harvard Crimson*. https://www.thecrimson.com/article/1914/9/29/when-greek-and-latin-ruled-pthe/
White, E. M. (1969). "Writing for Nobody." *College English* 31(2): 166–168.
"Why I Write: 23 Fascinating Quotes from Famous Authors" (March 27, 2014). *Aerogramme Writers' Studio*. https://www.aerogrammestudio.com/2014/03/27/why-i-write-23-quotes-famous-authors/
Wiesel, E. (April 14, 1985). "Why Would I Write: Making No Become Yes." *New York Times*. https://www.nytimes.com/1985/04/14/books/why-would-i-write-making-no-become-yes.html
Wiggers, K. (November 23, 2022). "Harvey, Which Uses AI to Answer Legal Questions, Lands Cash from OpenAI." *TechCrunch*. https://tech-crunch.com/2022/11/23/harvey-which-uses-ai-to-answer-legal-questions-lands-cash-from-openai/
Wiggers, K. (December 10, 2022). "OpenAI' s Attempts to Watermark AI Text Hit Limits." *TechCrunch*. https://techcrunch.com/2022/12/10/openais-attempts-to-watermark-ai-text-hit-limits/
Wilk, E. (March 28, 2021). "What AI Can Teach Us About the Myth of Human Genius." *The Atlantic*. https://www.theatlantic.com/culture/archive/2021/03/pharmako-ai-possibilities-machine-creativity/618435/
Wilson, C. (November 6, 2008). "Introducing President 'Barracks Boatman' —Updated." *Slate*. https://slate.com/news-and-politics/2008/11/introducing-president-barracks-boatman-updated.html
Winerip, M. (April 22, 2012). "Facing a Robo-Grader? Just Keep Obfuscating Mellifluously." *New York Times*. https://www.nytimes.com/2012/04/23/education/robo-readers-used-to-grade-test-essays.html
Wolf, G. (1995). "The Curse of Xanadu." *Wired*. https://www.wired.com/1995/06/xanadu/
"Workshop on Foundation Models" (August 23–24, 2021). Stanford University Institute for Human-Centered Artificial Intelligence. https://crfm.stanford.edu/workshop.html
Wozniak, J. M. (1978). *English Composition in Eastern Colleges, 1850–1940*. University Press of America.
Wright, L. (n.d.). "The History of Microsoft Word." *CORE*. https://www.core.co.uk/blog/blog/history-microsoft-word
Wu, Y., et al. (2016). "Google' s Neural Machine Translation System: Bridging the Gap Between Human and Machine Translation." https://arxiv.org/abs/1609.08144

Xu, Wei (2019). "Toward Human-Centered AI: A Perspective from Human–Computer Interaction." *Interactions* 26(4): 42–46.

Yan, D., Rupp, A. A., and Foltz, P. W., eds. (2020). *Handbook of Automated Scoring: Theory into Practice*. Chapman and Hall/ CRC.
Yates, J. (1989). *Control Through Communication*. Johns Hopkins University Press.
"Year of China: Introduction to Chinese Characters" (n.d.). *Brown University*. https://www.brown.edu/about/administration/international-affairs/year-of-china/language-and-cultural-resources/introduction-chinese-characters/introduction-chinese-characters

Zacharias, T., Taklikar, A., and Giryes, R. (n.d.). "Extending the Vocabulary of Fictional Languages Using Neural Networks." https://arxiv.org/pdf/2201.07288.pdf

Zafón, C. R. (n.d.). "Why I Write." Carlos Ruiz Zafón. https://www.carlosruizzafon.co.uk/landing-page/carlos-ruiz-zafon/carlos-ruiz-zafon-why-i-write/

Zedelius, C. M., and Schooler, J. W. (2020). "Capturing the Dynamics of Creative Daydreaming." In D. D. Preiss, D. Cosmelli, and J. C. Kaufman, eds., *Creativity and the Wandering Mind.* Academic, pp. 55–72.

Zeitchik, S. (November 26, 2021). "We Asked a Computer Program to Imitate Gay Talese' s Writing. Then We Asked Talese What He Thought." *Washington Post.* https://www.washingtonpost.com/technology/2021/11/26/sudowrite-gpt3-talese-imitate/

Zhang, Q.-x. (2016). "Translator' s Voice in Translated Texts." *Journal of Literature and Art Studies* 6(2): 178–185. http://www.davidpublisher.com/Public/uploads/Contribute/568c7f57043fe.pdf

Zhou, B. (n.d.). "Artificial Intelligence and Copyright Protection—Judicial Practice in Chinese Courts." https://www.wipo.int/export/sites/www/about-ip/en/artificial_intelligence/conversation_ip_ai/pdf/ms_china_1_en.pdf

Zimmer, B. (January 13, 2011). "Auto(in) correct." *New Yok Times Magazine.* https://www.nytimes.com/2011/01/16/magazine/16FOB-onlanguage-t.html

Zimmer, C. (June 20, 2014). "This Is Your Brain on Writing." *New York Times.* https://www.nytimes.com/2014/06/19/science/researching-the-brain-of-writers.html

主要キーワード

戯曲や一部の小説など、従来の書籍の冒頭には、登場人物の一覧《ドラマチス・ペルソナ》があり、これから始まる物語の道しるべの役割を果たす。これとは反対に、私は巻末に一覧を記載することにした。目的は、主な頭字語やAI用語に関する簡潔かつワンストップの参照先を提供することだ。さらに、本セクションの名称を現代風に変えた。「主要《メイン》」とは「第一の《プライマリ》」（あるいは、今では化石のような「メインフレームコンピューター」を連想する方もいるだろう）を意味する。「キーワード」〔原文ではcharacter〕は「登場人物」（あるいは洒落た言い方をするなら、私たちが書く記号）だ。登場人物一覧としては皮肉なことに、人間はいない。だが人間の名前、および本書で使用した多くの用語は、索引に記載している。

「主要キーワード」に登場する言葉、そして登場しない言葉について簡単に記しておく。

- **頭字語（略語）について**：すべてではないが、ほとんどがAI関係のものである。一見頭字語のようだが実はそうではない単語（ELIZAなど）、あるいは多くの人が何の略か知らない単語（LaMDAなど）は、「定義」セクションに収めた。
- **定義について（簡潔な説明）**：一部の技術用語に関しては、こちらにのみ定義を収録しており、合理化を図るため本文には説明をつけ加えていない。AI以外の文脈でも使用される言葉（ポストエディットなど）もいくつか含まれている。また、誰もが知っている単語、たとえば「スペルチェック」や「オートコンプリート」などは省いた。AI企業の名称についても同様だ。マイクロソフトやグーグルについて知らない人はいない（ので一覧に加えていない）が、誰もがDeepMindやAI21 Labsについて知っているわけではない（ので含めた）。

頭字語

ACE　自動コンピューティングエンジン（Automatic Computing Engine）
ACM　米国計算機協会（Association for Computing Machinery）
AGI　汎用人工知能（artificial general intelligence）
AI-MC　人工知能を介したコミュニケーション（artificial intelligence-mediated communication）
ALPAC　自動言語処理諮問委員会（Automatic Language Processing Advisory Committee）
API　アプリケーション・プログラミング・インターフェース（application programming interface）
ARPANET　米国高等研究計画局ネットワーク（Advanced Research Projects Agency Network）
BABEL　基本自動BS小論言語生成ツール（Basic Automatic BS Essay Language Generator）
BERT　Transformer（トランスフォーマー）による双方向エンコーダ表現（bidirectional encoder representations from transformers）
BLEU　二言語評価代行（BiLingual Evaluation Understudy）
CBT　認知行動療法（cognitive behavioral therapy）
CCCC　大学英作文およびコミュニケーション会議（Conference on College Composition and Communication）
CERN　欧州原子核研究機構（Conseil Européen pour la Recherche Nucléaire、European Council for Nuclear Research）
CMC　コンピューターを介したコミュニケーション（computer-mediated communication）

DARPA 国防高等研究計画局（Defense Advanced Research Projects Agency）
ETS 教育試験サービス（Educational Testing Service）
fMRI 機能的磁気共鳴画像（functional magnetic resonance imaging）
GAN 敵対的生成ネットワーク（generative adversarial network）
GMAT ビジネススクール入学適正試験（Graduate Management Admission Test）
GPT トレーニング済み生成トランスフォーマー（generative pretrained transformer）
GPU 画像処理装置（graphics processing unit）
GRE 大学院進学適正試験（Graduate Record Examinations）
HCI 人間とコンピューターのやりとり、ヒューマン・コンピューター・インタラクション（human-computer interaction）
HTTP ハイパーテキスト・トランスファー・プロトコル（hypertext transfer protocol）
LLM 大規模言語モデル（large language model）
LSTM 長・短期記憶ニューラルネットワーク（long short term memory neural network）
MFA 芸術修士号（master of fine arts）
MLA 米国現代語学文学協会（Modern Language Association of America）
MRI 磁気共鳴画像（magnetic resonance imaging）
MUD マルチユーザーダンジョン（multi-user dungeon）［のちに「マルチユーザーディメンション（multi-user dimension）」を指すようになる］
MUM マルチタスク・ユニファイド・モデル（multitask unified model）
NCTE 全米英語教師評議会（National Council of Teachers of English）
NLP 自然言語処理（natural language processing）
NPL イギリス国立物理学研究所（National Physical Laboratory）
NSF 全米科学財団（National Science Foundation）
OCR 光学式文字認識（optical character recognition）
PEG プロジェクト・エッセイ・グレード（Project Essay Grade）
PET 陽電子放出断層撮影（positron emission tomography）
RNN 回帰型ニューラルネットワーク（recurrent neural network）
SAT 大学進学適正試験（Scholatic Aptitude Test、現在は進学適正試験ではなく「SAT」と呼ばれている）
SMS ショート・メッセージ・サービス（Short Message Service）
T9 シングルタップによる文字入力方式（text on 9 keys）
TOEFL 外国語としての英語試験（Test of English as a Foreign Language）

主なAI用語および名前の簡単な定義

AI21 Labs（AI21ラブズ） 独自の大規模言語モデルを人間の文章作成パートナーとして使用する、イスラエルの企業。
Alignment Problem（アラインメント問題） AIの意思決定によってもたらされる倫理的リスクおよび存在に関わるリスクに対処すること。
Alphabet（アルファベット） グーグルの親会社。
AlphaFold（アルファフォールド） タンパク質折りたたみを解読するDeepMindのプログラム。
AlphaGo（アルファ碁） 2016年、碁の対戦にてイ・セドルを破ったDeepMindのプログラム。
Analytical Engine（解析機関） チャールズ・バベッジが考案した汎用コンピューター。

主要キーワード

Article Forge（アーティクル・フォージ） 独自の知識検索エンジンを使用して記事、ブログ投稿、小論などの文章を生成する営利企業。

Artifical General Intelligence（AGI：汎用人工知能） 機械がたった一つあるいは限定的なタスクだけでなく、人間のあらゆる知的活動を模倣できるという概念。

ASIMO（アシモ） 2022年まで東京の日本科学未来館に展示されていたヒューマノイドロボット。

Automated Insights（オートメーテッド・インサイツ） AIを使用してデータに基づくニュース記事を書いていた初期の営利企業。

Babel Fish（バベル魚、バベルフィッシュ） ダグラス・アダムスによる『銀河ヒッチハイク・ガイド』に登場する即時翻訳を行う魚。また、初期の検索エンジンAltaVista（アルタビスタ）で使用されていた翻訳ツール。

Backpropagation（バックプロパゲーション） ニューラルネットワークを改善するためのトレーニングに使われる学習用アルゴリズム。畳み込みニューラルネットワークで使用される。Rumelhart 1986を参照のこと。

Back Translation（バックトランスレーション） ソース言語からターゲット言語に翻訳した後、再度ソース言語に翻訳し直し、元の文章と比較すること。逆翻訳。

Bard（バード） グーグルが2023年にリリースしたチャットボット。LaMDAの小型版で実行されている。

BERT（バート） グーグルの初期のTransformerで、Google検索に利用されていた重要なアプリケーション。

BlenderBot 3（ブレンダーボット3） 2022年にメタがリリースしたチャットボット。OPT-175Bで実行されている。

BLEUスコア（BLEU score） 書字の機械翻訳と人間がおこなった指標となる翻訳を比較して、機械翻訳の成功度を測るためのスコア。

Bombe（ボンブ） 第二次世界大戦中、イギリスのブレッチリー・パークで使用されていた電気機械暗号解読装置。

ChatGPT（チャットGPT） OpenAIが2022年11月にリリースしたチャットボット。

Codex（コーデックス） 自然言語の入力を使用してコンピューターコードを生成する、OpenAIのプログラム。マイクロソフトおよびGitHubとのパートナーシップを通じてCopilot（コパイロット）に統合された。

Cognitive Systems（コグニティブ・システムズ） ロジャー・シャンクが設立した会社で、ビジネスタスクに自然言語処理を使用した。

Colossus（コロッサス） 第二次世界大戦時、暗号解析に役立てるため開発されたイギリスのコンピューター。

Contract Cheating（論文代行） 誰かを雇ってレポートを書いてもらい、そのレポートを自分が書いたものとして提出すること。「論文工場」の新たな名称。

Convolutional Neural Networks（畳み込みニューラルネットワーク） データの構造化配列に対処するため使用されるディープラーニング・ニューラル・ネットワーク。画像分類や自然言語処理など、さまざまなAIタスクに用いられる。

Copilot（コパイロット） 自然言語の入力からコンピューターコードを生成するプログラム。OpenAIのCodex上に構築される。GitHubで使用可能。

Copysmith（コピースミス） ビジネスの文章作成用に制作された、大規模言語モデル（GPT-3）を使用した商用プログラム。

Criterion（クライテリオン） 学校で使用できる、ETSのオンライン文章作成ツール。e-rater（e

レーター）に基づく。

DALL-E（ダリ） OpenAIによる、自然言語の入力からグラフィック画像を生成するツールの初期モデル。DALL-E2（ダリ2）に置き換えられた。競合ツールにMidjourney（ミッドジャーニー）やStable Diffusion（ステーブル・ディフュージョン）がある。

Deep Blue（ディープ・ブルー） IBMによるチェス対戦プログラムで、1997年にガルリ・カスパロフを打ち負かした。

Deep Learning（深層学習、ディープラーニング） ニューラルネットワークを用いた機械学習の手法。ディープ・ニューラル・ネットワークと呼ばれることもある。

DeepMind（ディープマインド） デミス・ハッサビスが共同設立したAI企業。現在はAlphabetが所有している。

Deep Neural Networks（ディープ・ニューラル・ネットワーク） 人間の脳との類似に基づく機械学習の手法。複数のレイヤーがある。ディープラーニングと呼ばれることもある。

Difference Engine（階差機関、ディファレンス・エンジン） チャールズ・バベッジが考案した、特別な目的用の計算機械。

ELIZA（イライザ） ジョゼフ・ワイゼンバウムが1960年に開発した、ロジャーズ式の心理療法士を模倣するプログラム。

ENIAC（エニアック） 第二次世界大戦中に、弾道計算を行うためペンシルベニア大学で構築されたコンピューター。

Enigma Machine（エニグマ暗号機） ドイツが開発し、第二次世界大戦で幅広く使用した暗号機械。

e-rater（eレーター） 一部のETS試験の小論要素を評価するための自然言語処理ツール。

Expert Systems（エキスパートシステム） 1970～80年代に人気があったAIモデル。特化型の知識ベースで推論エンジンを実行した。

Explainable AI（説明可能なAI） プログラムが結果を導き出した方法を公開するディープ・ラーニング・プログラムを設計するという概念。

Ferranti Mark I（フェランティ・マーク1） 1951年にマンチェスター大学が開発したコンピューター。

Foundation Model（基盤モデル） スタンフォード大学の人間中心のAI研究所が大規模言語モデルにつけた名称。

Galactica（ギャラクティカ） メタが2022年にリリースしたものの、すぐに取り下げた科学ベースの大規模言語モデル。

Generative Adversarial Network（GAN、敵対的生成ネットワーク） 二つのニューラルネットワークを競わせ、どちらがより正確な予測を行うかを決定するディープ・ラーニング・モデル。GANの仕組みについてはGoodfellow 2014を、視覚芸術、音楽、文学における例についてはShahriar 2021を参照のこと。

Generative AI（生成AI） 人工知能を使用してテキスト、画像、音楽、コンピューターコードなどの新たな作品を作ること。

GitHub（ギットハブ） ソフトウェアのホスティングプラットフォーム。現在はマイクロソフトが所有している。

Gmailスマート作成 2018年にグーグルがリリースしたプログラム。新しいメールで文章の続きを予測し、自動入力する。

Gmailスマートリプライ 2015年にグーグルがリリースしたプログラム。メールの返信文を自動作成して提案する。

GPT-3 OpenAIが開発し、幅広く使用されている大規模言語モデル。2023年3月にはGPT-4が誕生した。

GPTZero（GPTゼロ） エドワード・ティアンが制作した、テキストがChatGPTによって書かれたものかどうかを検出するプログラム。

Grammarly（グラマリー） ユーザーが書いた文章を編集するため、広く使用されている商用プログラム。

Grammatical Gender（文法的性） 名詞（場合によっては代名詞、冠詞、形容詞も）が文法的に男性形、女性形、または中性形であるという多くの言語に存在する特徴。例：ドイツ語の「die Brucke（橋）」は文法的に女性形である。

Human-computer Interaction（ヒューマン・コンピューター・インタラクション） コンピューターと、コンピューターを使用する人間とのやりとりを説明する独自の用語。

Humans in the Loop（ヒューマンズ・イン・ザ・ループ、人間参加型のループ） AIプログラムを使用する人間の役割を説明する最新の用語。「ヒューマン・イン・ザ・ループ」と単数形が用いられることの方が多い。

Hyperlink（ハイパーリンク） デジタルのロケーション同士のつながり。元々は同一文書内のつながりを示したが、最近ではウェブ全体で使用される。

Hypertext Fiction（ハイパーテキスト小説） ハイパーリンクを使用して文章をつなげ、物語を構築すること。

ImageNet（イメージネット） フェイフェイ・リーたちによって開発された大規模な画像データセット。

InstructGPT（インストラクトGPT） OpenAIが初期のGPT-3バージョンをもとに改良した大規模言語モデル。ChatGPTはInstructGPTの「きょうだい」モデルだとされている。

iThenticate（iセンティケート） 学術誌や政府機関などのプロフェッショナルな環境で使用される、Turnitinの盗用検出ツール。

Jasper（ジャスパー） 大規模言語モデル（GPT-3）を使用したビジネス文書作成用の商用プログラム。

LaMDA（ラムダ） グーグルが開発した大規模言語モデル。この小型のバージョンがグーグルのチャットボット、Bardに搭載されている。

Large Language Model（大規模言語モデル） 大規模なデータセットを使用して、文章の次の言葉を予測するプログラミングスキーム。例：GPT-3、LaMDA。

LexisNexis（レクシスネクシス） 商用の英米法判例およびニュースの検索データベース。

Long Short Term Memory Neural Network（LSTM、長・短期記憶ニューラルネットワーク） 回帰型ニューラルネットワークの一バージョン。一つのデータポイントだけではなく、データのシーケンスに言及できる。

Machine Learning（機械学習） コンピュータープログラムが経時的に自らのパフォーマンスを改善（「学習」）するモデル。

Memex（メメックス） 人間のあらゆる知識を収めた文書をつなげる、ヴァネヴァー・ブッシュが想像した機械。

Meta（メタ） フェイスブックの親会社。

METAL（メタル）プロジェクト テキサス大学オースティン校の機械翻訳プロジェクト。

Microsoftエディター Microsoft Word（およびその他のマイクロソフトプログラム）で使用できる、編集機能を提供するAI搭載型ツール。2020年にリリースされた。主な競合ツールはGrammarly。

Midjourney（ミッドジャーニー） 自然言語のインプットから画像を生成するプログラム。DALL-E2やStable Diffusionでも同じような技術が使用されている。

MUM（マム） 現在Google検索の基盤となっているTransformerモデル。BERTを置き換えた。

Narrative Science（ナラティブ・サイエンス） AIを使用してデータからニュース記事を生成していた初期の営利企業。

Natural Gender（自然的性） 現実世界の名詞の性。「ram（雄羊）」「ewe（雌羊）」など。

Natural Language Generation（自然言語生成） 人間が作成を始めた文章の完成を含む、新しい文章の作成に使用される自然言語処理のこと。

Natural Language Processing（NLP、自然言語処理） コンピューターを使用して人間の言語を生成、「理解」するという大規模な取り組み。

Natural Language Understanding（自然言語理解） 自然言語処理の一環で、単語や文章の解釈を含む。AIは人間による言語理解を模倣できるが、人間のように理解できるわけではない。

Neural Network（ニューラルネットワーク） AIにおいては、人間の神経連絡との類似に基づくプログラミングモデルのこと。複数の層を含むネットワークはディープ・ニューラル・ネットワークと呼ばれる。

OpenAI（オープンAI） サンフランシスコの企業。GPT-3、DALL-E、Codex、ChatGPT、GPT-4などを開発した。

OPT-175B メタのオープン大規模言語モデル。チャットボットのBlenderbot 3に使用されている。

Perceptron（パーセプトロン） 単層のニューラルネットワーク。

Post-editing（ポストエディット） 人間または機械が翻訳した文章を人間が編集すること。事後編集。

Reinforcement Learning（強化学習） 機械学習の一種で、AIがトレーニングで望ましい行動をした場合に報酬を与え、望ましくない行動をしたときには報酬を与えないこと。InstructGPTとSparrowでは、トレーニングに人間が参加して、生成される回答の改良に努めた。

RETRO（レトロ） DeepMindがエネルギー消費を削減するために設計した言語モデル。

Shakey（シェーキー） AIを活用した世界初のモバイルロボット。

SHRDLU（シュルドゥルー） テリー・ウィノグラッドによる初期のプログラム。ロボットの手を使用してブロックの配置換えをおこなった。

Source Language（ソース言語） 翻訳の原文の言語。

Sparrow（スパロー） 大規模言語モデル、Chinchillaに基づくDeepMindのチャットボット。

Speech Recognition（音声認識） AIを使用して話し言葉を処理し、それを音声の文字変換、音声から音声への翻訳、仮想エージェントとのやりとりなどに活用すること。

Speech Synthesis（音声合成） AIを使用して文章を音声に変換すること。メールの音読など。

Stable Diffusion（ステーブル・ディフュージョン） 自然言語のインプットから画像を生成するプログラム。DALL-E 2やMidjourneyと同様の技術を使用している。

Stanford HAI スタンフォード大学の人間中心のAI研究所。

Sudowrite（スードライト） GPT-3で実行される、商用の文章生成プログラム。一般の書き手やフィクションの著者などに活用されている。

SYSTRAN（シストラン） ピーター・トマが元々ジョージタウン大学で開発した機械翻訳システム。

Tale-Spin（テイルスピン） ジェイムズ・ミーハンが開発した、初期の物語生成プログラム。

Target Language（ターゲット言語） 翻訳の対象となる言語。

TAUM-METEO（トームメテオ） モントリオール大学で開発された、天気予報の機械翻訳システム。

Transformer（トランスフォーマー） 2017年に発表されたニューラルネットワーク構造。大規模言語モデル構築の礎。

Translatorese（翻訳調） 翻訳プロセスで発生する独特の文体のこと。

Turnitin（ターンイットイン） 教育機関で広く使用されている商用の盗用検出ツール。

Uncanny Valley（不気味の谷） 森政弘が提唱した現象で、AIがあまりに人間に似すぎているときに人間が抱く感情を説明する。

Watson（ワトソン） 「ジェパディ！」で活用された、IBMの自然言語処理プログラム。現在では科学、ビジネス、翻訳に使用されている。

Wordtune（ワードチューン） 文章の書き直しを提案するAI21 Labsのプログラム。

Writing Mentor（ライティング・メンター） 生徒や学生向けの、ETSのオンライン文章作成講師。Googleドキュメントのアドオンアプリとして提供されている。e-raterに基づく。

Wu Dao 2.0（悟道2.0） 北京智源人工智能研究院のTransformerモデル。

XANADU（ザナドゥ） テッド・ネルソンが提案したユニバーサルライブラリーのシステム。ヴァネヴァー・ブッシュのMemexから着想を得た。

図版出典

図1. Jason M. Allen with Midjourney《Théâtre D'opéra Spatial》2022.
Wikimedia Commons (https://commons.wikimedia.org/wiki/File:Théâtre_D'opéra_Spatial.jpg)
Per the U.S. Copyright Office, PD
図2.《Modern Times》1936. Derected by Charles Chaplin
図3. Kiowa winter count by Anko.
National Anthropological Archives, Smithsonian Institution
図4. Early Greek alphabet on pottery.
National Archaeological Museum of Athens / photo by Marsyas (Wikimedia Commons, https://commons.wikimedia.org/wiki/File:NAMA_Alphabet_grec.jpg , CC BY 2.5)
図5. Military Model Enigma I.
Museo della Scienza e della Tecnologia "Leonardo da Vinci" / photo by Alessandro Nassiri (Wikimedia commons, https://commons.wikimedia.org/wiki/File:Enigma_(crittografia)_-_Museo_scienza_e_tecnologia_Milano.jpg , CC BY-SA 4.0)
図6. Ferranti Mark 1.
University of Toronto Archives, 2005-57-1MS
図7. Michelangelo Buonarroti《Moses》c.1513–1515.
San Pietro in Vincoli
図8. ELIZA.
Wikimedia Commons (https://commons.wikimedia.org/wiki/File:ELIZA_conversation.png)
図9. Pieter Bruegel the Elder《The Tower of Babel》1563.
Kunsthistorisches Museum Wien
図10. Michelangelo Buonarroti《Creazione di Adamo》1508-1512.
Sistine Chapel
図11. ING Group《The Next Rembrandt》2016.
Wikimedia Commons (https://upload.wikimedia.org/wikipedia/commons/7/74/The_Next_Rembrandt_3.jpg, CC BY 2.0)
図12. Rembrandt《The Night Watch》1642.
Rijksmuseum Amsterdam

＊上記の図版は、すべて日本語版の編集で新たに付け加えられたものである。

ナオミ・S・バロン　Naomi S. Baron

言語学者。アメリカン大学名誉教授。長年にわたりIT技術が言語に及ぼす影響の研究をおこない、アメリカ記号学会元会長も務めた。現在も、コンピューターやモバイルデバイスの黎明期からAIまで、テクノロジーによる読み書きの変遷について考察を続けている。著書に『How We Read Now: Strategic Choices for Print, Screen, and Audio』（2021年）、『Words Onscreen』（2015年）、『Always On』（2008年）など。

古屋美登里　Midori Furuya

翻訳家。著書に『雑な読書』『楽な読書』（共にシンコーミュージック）。訳書にエドワード・ケアリー『望楼館追想』『呑み込まれた男』、アイアマンガー三部作（以上東京創元社）、デイヴィッド・フィンケル『アメリカの悪夢』、トム・ゴールド『月の番人』、ナタリー・リヴィングストン『ロスチャイルドの女たち』（以上亜紀書房）、ジョディ・カンター他『その名を暴け』（新潮文庫）ほか多数。

山口真果　Maika Yamaguchi

翻訳家。ヨーク大学政治学部卒。共訳に『Scream! 絶叫コレクション　不気味な叫び』所収トーニャ・ハーリー「ショーウィンドウの女の子」、『Scream! 絶叫コレクション　消えない叫び』所収リサ・モートン「サメがいた夏」（共に三辺律子監訳、理論社）がある。

書《か》くことのメディア史《し》
AIは人間《にんげん》の言語《げんご》能力《のうりょく》に何《なに》をもたらすのか

2025年4月6日 第1版第1刷発行

著　者　ナオミ・S・バロン
訳　者　古屋美登里
　　　　山口真果
発行者　株式会社亜紀書房
　　　　郵便番号 101-0051
　　　　東京都千代田区神田神保町1-32
　　　　電話 03-5280-0261
　　　　振替 00100-9-144037
　　　　https://www.akishobo.com
装　丁　國枝達也
DTP　山口良二
印刷·製本　株式会社トライ　https://www.try-sky.com

Printed in Japan
ISBN 978-4-7505-1867-1　C0030